한국사 시민강좌

제43집

일조각

Number 43 AUGUST 2008

The Citizens' Forum on Korean History

ILCHOKAK

독자에게 드리는 글

I

1948년 8월 15일 대한민국이 국내외에 건국을 선포한 지 꼭 60년이 지났다. 일제로부터 해방을 맞아 3년간 복잡한 국제정세 속에 극심한 좌우 대립의 소용돌이를 경험한 끝에 국토가 분단된 상태로 남쪽에 대한민국이 탄생하여 일주갑一周甲에 도달한 것이다. 그동안 숱한 시련과 난관에 봉착했으나 그것을 극복하며 꾸준히 성장해 이제 대한민국은 세계가 주목하는 존재로 우뚝 서게 되었고, 북쪽을 도우며 온전한 통일국가의 수립을 바라볼 수 있게 되었다.

이렇게 볼 때, 60년이란 짧지 않은 시간 속에 쌓인 대한민국 성립과 발전의 역사는 적극적으로 조명될 시점에 이르렀다고 할 수 있다. 이러한 점에 유의하여 『한국사 시민강좌』는 일찍이 1945년의 해방을 중시하여 특집으로 「해방정국」(제12집)과 「해방 직후 新國家 構想들」(제17집)을 다루었고, 뒤이어 1948년의 대한민국 건국에 주목하여 「大韓民國 建國史의 새로운 이해」(제38집)라는 주제로 특집을 마련한 바 있다. 그런데 이번에 대한민국 건국 60주년을 기념하여 '대한민국을 세운 사람들'이라는 주제로 대 특집을 마련하게 되었는데, 이것은 물론 앞서 말한 『한국사 시민강좌』의 편집 방향을 일보 진전시킨 것이다.

'대한민국을 세운 사람들' 이란 다른 말로 표현하면 대한민국 건국에 공헌한 인물들을 가리킨다. 그러므로 당시 해방공간의 대립과 갈등의 소용돌이 속에서 건국사업에 동참하여 중요한 역할을 한 사람들을 추적하는 것이 이번 특집의 내용이 될 것이다. 그러나 여기에서 우리는 단순한 인물사의 편집이 아니라 해방공간에서 대한민국의 건국과 관련된 활동과 역할의 종합화를 꾀하려고 했다. 즉 '인물로 본 대한민국 건국사' 를 꾸미고 싶었다.

이러한 뜻에 따라 이번 『한국사 시민강좌』의 '대한민국을 세운 사람들' 에 해당되는 인물은 모두 32명이다. 당초 인물 선정의 기준과 범위를 정하고 인물을 고르는 일이 쉽지 않았다. 여기에서 우리가 가장 먼저 유의한 점은 대한민국의 건국이 당시 복잡한 정황 속에서 어떤 특정 정파의 정치적 승리로 달성되었다기보다는 식민지체제에서 속히 벗어나 자유민주적 독립국가가 수립되기를 열망하는 광범위한 민족적 요구에 따른 결과로 보아야 한다는 것이었다. 따라서 정치 부문에서뿐 아니라 경제, 사회, 문화의 여러 부문에서도 해당 인물을 찾기로 하였다. 이것은 대한민국의 건국에 대해 정치권 바깥의 모든 부문에서 일어난 새로운 변화와 운동까지 아울러 살핌으로써 그것을 넓은 시야에서 사실과 부합되게 이해할 수 있게 되리라 여겨지는 것이다.

그리하여 정치권 바깥의 많은 부문에서도 해당자들이 선정되었는데, 그중에는 우파적 입장에서 좌파와 대결하며 정치적 활동을 벌인 경우가 많았지만, 그와는 달리 정치와 거리를 두고 해당 부문을 지키면서 소임에 충실함으로써 사회와 국가의 기능을 되살리는 데 이바지한 사람들도 있었다. 대부분 우파적 입장에서 5·10선거에 참여하고 이승만 대통령을 지지하는 입장을 취했으나 김창숙의 경우처럼 시종일관 이승만을 비판하며 정치 일선에서 활약하다가 한 발짝 물러나 교육 활동을 펼쳐 크게 공헌한 사례도 있었다. 반면에 김구는 우파의 입장에서 이승만과 더불어 최고의 지도자로 활약했으나 막판에 통일에 대한 집념 때문에 총선에 반대하고 정부 수립에 부정적 영향을 미쳤으므로 대상자에 오를 수 없었다.

이렇게 선정된 인물을 대상으로 32명의 집필자가 옥고를 보내주었다. 역사학자, 정치학자 이외에도 해당 분야와 인물에 정통한 최고 전문가들로 이루어진 집필자들은 여러 가지 힘든 여건 아래에서도 편집 취지에 부응하여 해방공간에서의 활약을 중심으로 그 인물들의 면모와 업적을 충실히 알려주었다. 특히 개인만을 다룬 인물사가 아니라 당시 그들 각자가 활동한 분야를 중심으로 당시 정황을 서술함으로써 인물을 통해 대한민국 건국사를 재조명할 수 있게 해주었다.

II

이 책에 수록된 사람들 가운데 첫 번째 정치 · 외교 부문에서는 8명이 다루어졌는데, 집필자들은 충실하게 그들이 벌인 정치 활동을 알려주고, 해방정국의 정치 상황을 정리해주면서 자유민주체제의 대한민국 정부가 들어서는 사정을 일깨워주었다. 건국대통령 이승만이 미국을 중시하는 외교독립노선을 추구한 끝에 미국의 주도로 유엔을 통한 대한민국의 건국이 이루어진다는 인식과 초대 부통령 이시영이 50~60명의 가족을 이끌고 중국에 망명하여 끝까지 임시정부를 지킨 끝에 귀국하여 일부 임정요인과 함께 대한민국의 요직에 오른다는 사실은 이 시기 역사를 설명하는 두 기둥이 될 수 있을 것이다.

해방정국에 강력한 영향력을 지닌 정치인으로서 소박한 풍모와 겸양의 자세로 화합과 조정에 앞장선 김성수가 있었다. 실상 그의 사고와 행동의 기조는 반공과 자유민주체제였고, 그가 정치세력의 규합에 진력하고, 이승만을 도와 그 세력기반이 된 것도 그 때문이었다. 김성수뿐 아니라 여기에 오른 모든 인물이 우파였는데, 특히 조병옥의 경우는 미국에서 경제학을 전공하며 자본주의와 자유민주주의에 대한 신념이 투철했기 때문에 미군정청 경무부장으로서 좌익세력을 제압하고, 특히 5 · 10선거를 무사히 치를 수 있도록 함으로써 대한민국 정부 수립에 큰 공헌을 했다. 그렇다면 대한민국 건국은, 혼미한 해방정국 속에 이미 말한 사람들 외에 신익희, 장덕수, 윤치영 등 식견과 지략을 지닌 우파의 인사들이 많이 활동했고, 그들이 김성수와 같은 조정자를 매개로 결집됨으로써 그것을 정치적 기반으로 이루어졌다고 할 수 있을 것이다. 그 밖에 천주교계 대표로 정계에 들어와 이 시기의 국제무대에서 외교가로 활약한 장면도 흥미로운 인물이다.

두 번째 군사 · 법률 · 경제 부문에서는 7명을 만날 수 있는데, 먼저 군사 분야의 사람이 이범석과 이응준이다. 여기에서 전자는 중국에서 항일무장투쟁을 한 광복군 출신이요, 후자는 일본 육사 출신의 일본군 고급장교 출신인데 양자가 각기 국방부장관과 육군총참모장으로서 대한민국 국군의 창설에 함께 참가하였고, 실제로 국군의 최고지휘부 구성에 광복군 출신과 일본 육사 출신이 균형을 맞추도록 한 점은 매우 흥미롭다고 여겨진다. 법률 분야에서는 대한민국 초대 대법원장을 역임하고 사법부의 아버지로 불린 김병로와 헌법교수로서 대한민국 헌법 초안을 기초하고 헌법 제정에 주요 역할을 한 유진오를 볼 수 있는데, 유진오가 헌법의 기본정신과 기본원칙으로 제시했던 내용이 흥미롭다. 경제 분야에서는 조봉암, 김용완, 백두진을 선정하였다. 조봉암은 실상 좌익에서 전향한 중도파로서 정치적 비중이 크지만, 대한민국 초대 농림부장관으로서 농지개혁법시안을 작성, 공포했으므로 여기에서 다루어졌다. 기업가로서의 김용완과 금융인으로서의 백두진은 당시 초창기의 불안정한 상황에서 각기 빈사상태의 경방공장을 가동시키고, 새로이 인수한 조선은행을 실질적으로 이끌어나감으로써 취약한 경제계가 어려움을 극복하고 어느 정도 안정을 되찾는 데 중요한 역할을 했다.

세 번째 교육 · 학술 · 문화 부문에는 가장 많은 10명의 인물이 올랐다. 교육과 학술은 서로 상통한다고 볼 수 있으나 편의상 구분한다면, 교육 분야로 간주된 사람은 오천석, 백낙준, 김창숙이다. 해방이 되자 가장 큰 혼란과 어려움에 빠진 것이 교육계였다. 우선 학교의 문을 열고 일제 식민지체제의 교육을 한국의 교육으로 탈바꿈하는 일이 급선무였는데, 오천석이 미군정청의 학무책임자로서 이러한 기초적 업무를 수행하였다. 그는 교육심의회를 주관하면서 교육제도 개편, 고등교육 확대 등을 추진하여 대한민국의 새로운 교육체계가 잡힐 수 있게 했다. 백낙준과 김창숙은 각기 연희대학교와 성균관대학을 세우고 키웠는데, 전자는 홍익인간이란 대한민국 교육이념 정립에 주도적 역할을 했고, 후자는 유학자 출신의 두드러진 독립운동가로 점차 정치 활동을 접으며 유교부흥운동과 교육에 열중했다는 점이 주목된다. 학술 분야에서는 한학과 국학에 정통하며 민족주의 사학의 정통을 계승하는 정인보, 두드러진 한글학자로 조선어학회 사건으로 투옥되었다가 해방과 더불어 석방된 최현배, 실증사학의 대가로 진단학회를 세운 이병도, 그리고 병리학의 권위자로 일본 제국대학 교수에 올랐던 윤일선이 다루어졌다. 그들은 해방공간에서 각기 활발한 활동을 벌였는데, 정인보는 저작에 힘쓰며 간혹 정치에 간여하다가 대한민국의 초대 감찰위원장으로 추대되었다. 최현배는 군정청 편수국장으로 다시 찾은 국어를 가다듬고 교과서를 편찬하는 일에 전력을 기울였다. 이병도는 국사 강의와 서울대학교 사학과의 개설에 힘을 기울이며, 연구와 저술도 병행했고, 윤일선은 의학계를 대표하는 입장에서 고등교육정책에 간여하고 경성대학 의학부장을 거쳐 서울대학교대학원장에 임명되었다. 그들은 학문적 권위를 바탕으로 새로운 학술계의 정립에 진력하였다. 문화 분야에서는 미술의 고희동, 음악의 현제명, 그리고 문학의 김광섭이 다루어졌다. 고희동과 현제명은 그 분야의 거두로서 해방공간에서 고희동이 문화계와 정당에 관여한 데 반해 현제명은 음악전문교육기관의 개설에 힘을 기울였다. 일제와 투쟁한 경력의 소유자로서 김광섭은 좌파문인조직에 대항해 새로운 한국문단을 조직하는 데 앞장섰다. 그들은 제각기 다른 형태로 현실에 대응하면서도 직접 또는 간접으로 대한민국의 건국에 이바지하였다.

마지막 네 번째는 언론·종교·여성 부문으로 7명을 다루었다. 언론 분야에서는 미군정기 민정장관을 지낸 안재홍과 해방 직후 서울신문사 주필 겸 편집국장으로 좌우의 대결을 조화시키고 아우르려 한 이관구를 다루었다. 특히 민족운동가, 역사가로서 언론 활동을 벌였던 안재홍은 해방공간에서 신민족주의를 주창한 중도우파 정치가요, 『한성신문』을 발행한 언론인으로서 언론 구국의 국사로 높이 평가되었다. 종교 분야에서는 기독교계의 함태영과 한경직을, 불교계의 김법린을 다루었다. 해방공간에서 종교의 역할이 컸는데, 앞서 다른 부문에서 천주교의 장면과 유교의 김창숙을 내세운 바 있다. 일찍이 개화기부터 활동한 함태영은 해방 당시 72세의 원로목사였다. 그는 해방공간에서 기독교 조직을 재편성하는 한편, 신탁통치반대운동을 벌였는데, 대한민국 정부 수립 이후 심계원장에 오르고 뒤에 부통령을 지냈다. 해방 직후 북한의 기독교 박해 때문에 월남한 한경직은 영락교회를 세워 이북 피난민을 대상으로 목회 활동을 하면서 공산주의를 비판하고 기독교적 민주주의 국가 건설을 주장하였다. 앞 시기에 불교계에서 활약이 컸던 김법린은 해방과 동시에 친일적인 불교교단을 인수하여 새로운 총무원 조직을 꾸리며 불교계를 변모시켰다. 그는 교육사업으로 동국대학교 설립을 주도하고 불교계를 대표하여 입법의원이 되었으며, 대한민국 정부가 수립되면서 감찰위원회 위원에 피임되고, 뒤에 문교부장관에도 올랐다. 끝으로 여성 분야에는 김활란과 임영신이 올랐다. 김활란은 최초로 미국 박사학위를 받은 여성으로 해방이 되자 이화여자대학교를 발전시키고 여성교육의 전문화와 국제화를 도모하는 한편 대한민국 정부승인을 받기 위한 외교 활동을 펼쳤다. 일찍이 3 · 1운동에 나섰던 임영신은 미국 유학에서 돌아와 교육운영에 종사하다가 해방공간에서는 대한여자국민당을 만들고 정치적으로 이승만을 돕다가 대한민국 초대 상공부장관이 되었다. 두 사람은 여성의 지위 향상과 교육을 위해 힘쓴 여성계 지도자이지만, 모두 대한민국 건국에 직접 공헌하였던 것이다.

III

이 책에서 「대한민국을 세운 사람들」과 만나면서 우리는 무엇을 느낄 수 있을까? 우선 식민지 시기 30여 년간의 단절을 극복하는 역사의 연결고리를 대한민국의 건국과 대한민국을 세운 사람들에게서 찾을 수 있다는 점이다. 3 · 1운동으로 성립한 대한민국임시정부가 30년 가까이 존립하였고, 대한민국이 건국할 때 헌법에서 그 법통을 임정臨政에서 찾았을 뿐 아니라 임정의 지도자였던 이승만, 이시영, 신익희 등이 나라의 수뇌부를 차지하였다. 그리고 조선왕조 시대 관찰사의 요직을 역임한 이시영이 새 정부의 부통령으로 취임한 것을 비롯하여 함태영, 이승만, 김창숙, 고희동 등도 그 시대에 관직에 오르거나 뚜렷한 활동을 벌였던 존재로서 '대한민국을 세운 사람들'에 오른 것이다.

다음으로 일제에 항거한 독립투쟁이나 국내의 민족운동에 참가한 수많은 지도자의 피땀 어린 활동의 결정체가 대한민국이란 사실을 다시 확인하였다는 점이다. 해외에서 항일투쟁을 벌인 이승만, 이시영, 신익희, 이범석, 김창숙 등과 국내에서 민족운동을 한 김성수, 조병옥, 김병로, 안재홍, 함태영, 김법린 등은 여러 가지 형태와 방식으로 운동을 펼치면서 대부분은 처절하고 고통스런 삶을 이어가며 민족과 독립을 위해 많은 것을 희생하였다. 뛰어난 경륜, 지략과 실천력뿐 아니라 엄격한 도덕성 때문에 그들은 해방공간에서 지도자로서 많은 호응을 얻어 그 힘을 발휘하며 대한민국 건국의 원동력이 되었다고 여겨진다.

또한 일제 식민지 아래 고통 속에서 전승傳承 축적된 실력과 자산이 신생 대한민국이 국가로서 새롭게 체제를 갖추고 기능하는 데 기초가 되었다는 점을 소홀히 할 수 없다. 특히 교육 · 학술 · 문화의 경우, 개화기에 싹튼 새로운 기운을 소중히 계승하면서도 일제 시기에 일본이나 해외유학을 통해 많은 것을 배워 발전시키고 쌓아올렸던 것인데, 그것들을 자산으로 새 나라를 꾸릴 수 있었다. 군사軍事 면에서 광복군과 일본 육사 출신이 국군 창설의 두 기둥이 되었다는 점도 시사적이다. 그렇다면 친일파 문제가 매우 중요하면서도 결코 단순한 것이 아니라는 점을 이해할 수 있을 것이다.

그리고 해방공간에서 정치는 물론 거의 모든 부문에서 제기된 좌우 대립의 심각성에 눈을 돌리지 않을 수 없다. 이것은 단순한 사상적 대립의 문제가 아니라 국가의 체제와 운명이 달린 것으로, 그 배경에는 세계를 공산화하려는 소련의 전략과 그것을 저지하려는 미국의 입장이 작용하면서 사태를 더욱 어렵게 만들었다. 그러나 자유민주체제에 확신을 가진 우익의 정치지도자들은 이미 공산화된 북한을 좇아 남한 역시 공산화하여 통일을 이루기보다는 우선 남한에 독립적인 자유민주국가를 세우는 편이 낫겠다는 데에 뜻을 모았고, 국민이 선거에 의해 그것에 동의함으로써 대한민국이 건국될 수 있었다. 이와 같은 사실을 기초로 분단된 남북문제의 실마리를 바르게 풀어나가는 것이 중요한 과제로 떠오른다고 하겠다.

2008년 8월

편집위원 **민현구**

| 차례 |

이승만, 건국대통령

유영익

1. 머리말

우남雩南 이승만李承晩(1875~1965)은 1948년 대한민국 건국에 절대적으로 공헌한 '건국대통령'이다. 그는 1945년 10월 오랫동안의 미국 망명생활을 끝내고 해방된 조국에 돌아와 미 · 소 양대국이 모스크바 3상회의에서 결

柳永益 연세대학교 국제학대학원 한국학 석좌교수.

저서로는 『이승만의 삶과 꿈 : 대통령이 되기까지』(중앙일보사, 1996), 『젊은 날의 이승만 : 한성감옥생활(1899~1904)과 옥중잡기 연구』(연세대학교 출판부, 2002) 등이 있으며, 편서로는 『이승만 연구―독립운동과 대한민국 건국―』(연세대학교 출판부, 2000), 『이승만 대통령 재평가』(연세대학교 출판부, 2006) 등이 있다. 이 글에 관련된 논저로는 Henry Chung, *Korea and the United States Through War and Peace*, 1943~1960(Yonsei University Press, 2000) 등이 있다.

의한 4대국의 5년간 신탁통치안을 배격하고 그 대신 유엔UN이라는 국제기구의 권위를 빌어—유엔한국임시위원단의 감시하에 실시된 총선거를 통해— '자율적' 으로 남한에 대한민국을 수립하는 데 앞장섰다. 그에게는 대내적으로 남한의 대다수 국민을 설득 · 지도하고 대외적으로 미국 조야의 지도자들로부터 지지를 얻어낼 수 있는 탁월한 정치 · 외교적 능력이 있었다. 이러한 그의 능력은 태어날 때부터 지닌 비범한 자질과 국내외에서 받은 우수한 교육 이외에 장기간에 걸친 개혁활동 및 독립운동을 통해서 온축된 결과였다.

이 글에서는 우선 해방 전까지의 이승만의 생애를 독립운동을 중심으로 살핀 다음 그가 해방공간(1945~1948)에서 어떻게 대한민국을 건국하였는지 밝혀보고자 한다.

2. 초기 교육과 개혁 활동

이승만은 조선왕국에 대한 일제의 침략야욕이 바야흐로 노골화된 1875년에 황해도 평산에서 태어났다. 그는 세종대왕의 맏형인 양녕대군의 16대손으로서 신분상 왕족에 속하였지만 집안에 7대조 이래 벼슬한 인물이 없었기 때문에 가세가 빈한하였다. 만 2세 때 서울로 이주한 그는 남대문 근처 낙동과 도동에 있는 서당에서 과거 급제를 목표로 한문과 유학 공부에 몰두함으로써 동양 고전과 역사에 통달하였다.

1894년 여름 조선에서 청일전쟁이 발발하면서 갑오경장의 시책 중 하나로 과거제도가 폐지되자 이승만은 이듬해 4월 미국인 감리교 선교사가 설립한 배재학당에 입학하여 2년간 영어와 신학문을 익혔다. 이때 그는 갑신정변에 가담하였다가 정변이 '3일 천하' 로 끝나자 미국으로 망명, 의사자격증을 획득하고 미국 시민이 되어 귀국한 서재필 '박사'의 강의를 들으면서 미국 문명과 민주주의 정치사상 및 제도에 매료되었다. 이승만은 1896년 여름에 거행된 배재학당 졸업식에서 800여 국내외 내빈들 앞에서 '조선의 독립The Independence of Korea'이라는 주제로 영어 연설을 함으로써 온 장안이 주목하는 유명인사가 되었다. 이때부터 그는 '한국의 독립'을 실현하기 위해 온 생애를 바쳤다.

배재학당 졸업 후 이승만은 『매일신문』 창간을 통해 자유, 평등, 민권, 국권 등 근대적 정치사상을 전파하는 한편, 만민공동회의 가두 연사로서 '부패·무능'한 정부를 비판하는 데 선봉을 섰다. 그는 독립협회의 추천을 받아 약관 23세로 1898년 11월에 개원된 우리나라 최초의 태아적 국회, 즉 중추원中樞院의 의관議官으로 임명되었다. 이후 그는 고종황제의 퇴위와 내각 중심의 입헌군주제 정치를 실현하려는 급진개혁파 일당의 쿠데타 음모에 가담하였다. 불행히도 이 음모가 사전에 발각되자 이승만은 1899년 1월 경무청에 구금되었고, 그해 7월에 열린 평리원 재판에서 종신형 언도를 받아 한성감옥서漢城監獄署에 수감되었다. 이후 그는 세 차례에 걸친 고종의 특사 조치로 5년 8개월간 감옥생활을 하였다.

이승만은 경무청에 수감된 후 자신에게 내려질 사형선고를 기다리는 한계상황에서 기독교에 입신하였다. 그는 양반 출신 지식인 가운데 국내에서 거의 처음으로 개신교에 개종한 인물이었다. 하나님을 믿게 된 그는 옥중에서 성경반을 조직하고 기독교 전도에 열을 올린 결과 이상재·유성준 등 옥중동료 40여 명을 기독교에 개종시켰다. 그는 '옥중학교'와 '옥중도서실'을 개설·운영하는 한편, 영문 서적과 신문·잡지를 탐독하는 가운데 한국 최초의 '영한사전' 편찬을 시도하였고 『제국신문』에 논설을 기고하면서 『독립정신』을 저술하였다.

3. 처녀 외교와 미국유학

이승만은 러일전쟁이 진행되던 1904년 8월에 한성감옥에서 석방된 후, 그 해 11월에 고종황제 측근의 친미파 관료인 민영환과 한규설의 밀명을 받아 미국으로 파견되었다. 그의 사명은 러일강화회의에서 중재역을 맡게 될 미국 루스벨트Theodore Roosevelt 대통령을 만나 미국이 조선과 체결한 수호통상조약(1882)에 의거하여 전후戰後에 대한제국이 독립을 보존할 수 있도록 거중조정에 나서줄 것을 요청하는 것이었다. 포츠머스강화회의를 앞둔 1905년 8월 4일에 이승만은 루스벨트 대통령을 만나 한국의 독립 보전을 요청하였지만, 루스벨트는 이 요청을 완곡하게 사절하였다. 미국은 그해 7월 27일에 일본과 가쓰라-태프트 밀약을 체결한 바 있었다. 이로써 이승만의 처녀 외교는 실패로 끝났다.

사행使行에 실패한 이승만은 미국 동부에 위치한 조지워싱턴대학, 하버드대학 및 프린스턴대학에 입학하여 이들 대학에서 각각 학사, 석사, 박사 과정을 이수한 끝에 1910년 7월 프린스턴대학교에서 「미국의 영향을 받은 국제법상 중립Neutrality As Influenced by the United States」이라는 제목의 논문으로 박사 학위를 취득하였다. 이때 그의 나이는 35세였다. 이승만은 한국 역사상 최초로 서양사, 정치학 및 국제법 등 근대적 학문을 연마한 국제정치학자였다. 그가 미국의 명문대학에서 5년이라는 짧은 기간에 학사, 석사, 박사 학위를 모두 취득한 것은 동서양 교육사상 유례가 드문 쾌거였다.

4. 서울과 하와이에서의 기독교 교육 활동

박사 학위 취득 후 이승만은 1910년 10월 일제의 식민지로 전락한 조국에 돌아와 황성기독교청년회(지금의 서울 YMCA) 부설 학교의 학감직을 맡아 청소년들에게 성경과 서양사 및 국제법 등을 가르치는 한편, 전국에 YMCA 망을 구축하는 일에 혼신의 힘을 기울였다. 이듬해 11월 조선총독부가 조작한 '105인 사건' 이 터지자 이승만은 미국으로 망명하여 1913년 2월 하와이에 정착하였다.

이 무렵 하와이 군도群島에는 1902~1905년간 사탕수수밭의 노동자로 이주한 한국인 5,000여 명이 살고 있었다. 이승만은 이들 동포를 규합하고 그들의 지원을 받으면서 장기적 안목의 독립운동을 펼쳤다. 그는 1913년 9월에 『태평양잡지』를 창간하는 한편, 미 감리교 선교부에서 운영하던 한인중앙학원의 교장직을 맡아 2세 한인들에게 민족주의 교육을 실시하였다.

1918년에는 한인들이 자력으로 운영하는 '한인기독학원' 과 '한인기독교회' 를 설립하였다. 이처럼 점진적 실력양성운동을 벌이던 이승만은 무력양성론을 내세워 하와이에 '대조선국민군단' 을 창설한 박용만과 충돌하였다. 이 무렵부터 이승만은 재미한인사회 일각에서 '분열주의자' 로 낙인찍혔다.

5. 3 · 1운동 전후의 독립운동

제1차 세계대전이 끝나자 샌프란시스코에 본부를 둔 대한인국민회 중앙총회(회장 안창호)는 이승만 · 정한경을 파리에서 열릴 강화회의에 참석할 한국대표로 임명하였다. 이를 계기로 이승만은 일약 국제무대에서 한민족의 독립열망을 대변할 정치 · 외교가로 부상하였다. 그는 1919년 1월 초 하와이를 떠나 워싱턴 D.C.에 도착, 파리 행에 필요한 여행권을 얻으려고 노력하였으나 미국무성의 협조 거부로 실패하였다. 이승만은 1919년 3월 3일에 정한경과 공동명의로 파리강화회의에 참석 중인 윌슨 대통령에게 장차 완전한 독립을 준다는 보장하에 한국을 새로 창설될 국제연맹의 위임통치하에 둘 것을 요청하는 청원서를 제출하였다. 이에 대해 윌슨은 아무런 반응도 보이지 않았다. 그렇지만 이승만 · 정한경의 위임통치 청원은 상해와 북경에 있는 일부 독립운동가들 간에 두고두고 이승만을 비판하는 빌미가 되었다.

한국 독립에 대한 미국 정부의 관심을 유도하기 위하여 이승만은 1919년 2월 13일 서재필을 설득하여 필라델피아에서 '한인대회'를 소집하였다. 이에 따라 4월 14일부터 4월 16일까지 3일간 '한인대표자대회The First Korean Congress'가 개최되었다. 100여 명의 애국지사들이 모여 영어로 진행된 이 회의에서 이승만을 비롯한 참가자들은 다섯 개의 결의문을 심의 · 채택하였다. 그중 하나인 「한국인의 목표와 열망The Aims and Aspirations of Koreans (일명 필라델피아 총대표회 종지宗旨)」에는 "우리는 백성의 교육수준을 감안하되 가급적으로 미국의 정체를 본뜬 정부를 갖기를 제안한다. 앞으로 10년간 정부의 권력을 집중시키는 것이 필요할 것이다"라는 등의 의미심장한 내용이 담겨 있었다.[1]

6. 대한민국임시정부 대통령으로서의 활동

이승만은 국내에서 3 · 1운동이 발발하였다는 소식을 3월 10일에야 필라델피아에서 전해 들었다. 그는 4월 11일 상해에서 수립된 대한민국임시정부의 국무총리로 선출된 데 이어 4월 23일에는 서울에서 선포된 한성임시정부의 집정관총재執政官總裁로 추대되었다. 이때 그의 나이는 44세였다. 이승만은 그해 6월 14일부터 '대한공화국 대통령President of the Republic of

1 유영익, 「3 · 1운동 後 서재필의 신대한新大韓 건국 구상」, 김용덕 등 편, 『서재필과 그 시대』, 서재필 기념회, 2003, 370~381쪽.

Korea'을 자칭하면서 윌슨 대통령을 위시한 각국 수반과 파리강화회의 의장에게 대한민국임시정부의 수립을 통고하고 임시정부의 승인을 요구하였다. 그러나 파리강화회의는 한국문제를 완전히 외면한 채 6월 26일 폐막하였다.

이승만은 1919년 8월 25일에 한성임시정부 집정관총재의 직권으로 워싱턴 D.C.에 구미위원부The Korean Commission to America and Europe for the Republic of Korea를 설립하였다. 이 기구의 목적은 독립운동자금을 모금하고 그 돈으로써 대한민국임시정부 승인획득을 위한 외교 및 선전 활동을 펼치는 것이었다. 이승만은 1920년 12월 상해로 건너가 다음 해 5월 말까지 반년간 그곳에 머물면서 임시대통령의 직무를 수행하였다. 1921년 11월 미국의 주도하에 워싱턴군축회의The Washington Disarmament Conference(1921. 11. 12~1922. 2. 6)가 열리자 구미위원부는 이를 절호의 기회로 인식하고 '한국대표단'을 구성하여 총력적인 외교를 펼쳤다. 이 대표단에는 단장 이승만, 부단장 서재필, 서기 정한경, 법률고문 돌프Frederick A. Dolph, 특별고문 토머스Charles S. Thomas(전 상원의원)가 있었다. 그러나 워싱턴회의에 참석한 각국 대표, 특히 미국대표단 단장인 휴즈Charles E. Hughes 국무장관은 한국대표단에게 회의 출석권 또는 발언권을 허용하지 않았을 뿐 아니라 한국대표단이 제출한 문건들에 대해서도 적극적인 관심을 보여주지 않았다. 이로써 한국대표단의 외교는 완전히 실패하였다.[2]

이승만과 구미위원부의 외교·선전 활동이 소기의 성과를 거두지 못하자 상해와 북경의 독립운동가들 간에 그의 신망이 크게 떨어졌다. 이승만을 적극 후원하였던 임시정부의 기호파 내각은 워싱턴회의의 종결 후 붕괴하고, 임시의정원 내에서도 기호파가 실세하였다. 워싱턴회의의 결과에 환멸을 느낀

---

2 고정휴, 『이승만과 한국독립운동』, 연세대학교 출판부, 2004, 390~418쪽 참조.

중국 내 한국독립운동가들 가운데 김규식 · 여운형 등 52명은 1922년 1월 모스크바에서 개최된 극동노동자회의에 참석하여 소련에 대한 기대감을 드러내는가 하면, 안창호 · 박은식 등은 북경과 만주에 있는 반反이승만 인사들과 합세하여 1923년 1월부터 6월까지 상해에서 '국민대표회의'를 개최하고 임시정부의 개조 혹은 창조를 논의하였다. 이러한 분위기를 배경으로 1925년 3월 안창호 계열의 서북파와 최창식 · 여운형 등 상해파 고려공산당이 주도권을 장악한 임시정부는 이승만에 대한 탄핵을 단행하는 동시에 구미위원부에 대한 폐지령을 내렸다. 그러나 이승만은 4월 29일 「대통령선포문」을 발포하여 상해 임시의정원의 탄핵 조치가 '정부 전복을 꾀하는 자들의 위법망행違法妄行'이라고 규탄하고 자기는 "한성정부의 대표적 외교기관인 구미위원부를 유지하여 외교선전사업을 계속 진행하겠다"고 선언하였다.[3]

7. 유럽에서의 외교 · 선전 활동

1931년 9월에 개시된 일본의 만주침략은 상해임시정부와 미주한인사회로부터 점차 고립된 이승만에게 명예로운 탈출구를 제공하였다. 그는 소위 만주사변을 계기로 미국과 유럽에서 고조된 반일감정을 한층 더 조장하고 미 · 일전쟁을 앞당기는 데 기여할 목적으로 1933년 2월 스위스의 제네바에서 (일제의 만주 침략을 규탄하는 「리튼 보고서The Lytton Report」의 채택 여부를 결정하기 위해) 개최 예정인 국제연맹 총회The League of Nations Assembly에 참석하여 외교 · 선전활동을 벌이기로 결심하였다. 이를 위해 그는 1932년 11월 10일 김구가 국무령으로 이끌고 있던 상해임시정부로부터 국제연맹총회 대

3 윤대원, 『상해시기 대한민국임시정부 연구』, 서울대학교 출판부, 2006, 244~252쪽.

한민국임시정부 전권대사로 임명받았다. 그리고 스팀슨Henry L. Stimson 국무장관에게서 미국 출국에 필요한 외교관 여권을 발급 받고, 하와이 동지회가 마련해준 외교활동비를 갖고 제네바로 향하였다.

1933년 1월 4일 제네바에 도착한 이승만은 중국 대표단과 긴밀히 협력하면서 일제의 군부가 급조한 만주국의 괴뢰성을 폭로하고 만주에 거주하는 100만 명의 한국인 이주자들이 자기가 원하는 국적을 선택할 권리가 있다는 점을 강조하는 선전 활동을 펼쳤다. 그는 2월 8일에 자신의 주장을 담은 성명서를 국제연맹 사무국과 국제연맹 회원국 대표들, 그리고 세계 주요 신문과 방송 기자들에게 배포한 다음 저명한 신문기자들과 인터뷰하였다. 3월 20일 그는 제네바에서 집필한 『만주에 있는 한국인*The Koreans in Manchuria*』이라는 책자를 국제연맹 사무총장에게 자기의 편지와 함께 보내면서 국제사회가 일찍이 일본의 한국병탄을 묵인하였기 때문에 지금과 같은 만주 침략사태가 발생하였다고 지적하고 국제연맹이 한국인의 호소를 귀담아 듣고 문제해결에 임할 것을 당부하였다. 이러한 다각적인 활동을 통해 이승만은 2월 24일 국제연맹 본회의에서 「리튼 보고서」가 채택되고 이어서 3월 27일에 일본이 국제연맹을 탈퇴하는 데 간접적으로 기여하였다.[4]

8. 태평양전쟁기 임시정부 승인획득 노력

1933년 8월에 뉴욕으로 귀환한 이승만은 제네바 체류 중 한 호텔 식당에서 우연히 만나 사귄 프란체스카 도너Francesca Donner와 이듬해 10월 8일 결혼식을 올렸다. 그 후 하와이에서 거주하던 이승만 부부는 제2차 세계대전이

4 손세일, 「한국민족주의의 두 유형—이승만과 김구—」, 『월간조선』, 2006년 8월호, 554~578쪽 참조.

발발한 직후인 1939년 말에 워싱턴 D.C.에 정착하였다. 이때 이승만은 오랫동안 예상하고 고대하였던 미·일 간 전쟁이 임박함을 예감하고 『일본내막기 *Japan Inside Out*』라는 영문저서의 집필에 몰두하여 1941년 여름에 출판하였다. 이 책에서 그는 한반도와 만주 그리고 중국을 침략한 군국주의 일본이 세계 정복의 야욕을 달성하기 위해 불원간 태평양에서 미국에 도전할 것이라 예고하면서 미국이 당장 실력으로써 일본을 제재하지 않으면 미·일 간 충돌은 불가피하다고 주장하였다. 이승만이 예고한 대로 1941년 12월 7일 진주만 사건이 터지면서 태평양전쟁이 개시되었다.

태평양전쟁기(1941~1945)에 이승만은 미국으로부터 중경重慶에 위치한 대한민국임시정부의 승인을 획득하는 데 목적을 둔 외교와 선전 활동에 총력을 기울였다. 그는 이때 임시정부로부터 주미외교위원부 위원장으로 임명되어 대미외교의 전권을 위임 받았다. 1941년 12월 9일에 이승만은 미국무성을 방문하여 극동국장 혼백Stanley K. Hornbeck에게 임정의 신임장을 제출하고 임정 승인을 요청하였다. 이에 대해 혼백이 거부 반응을 보이자 이승만은 F. 루스벨트Franklin D. Roosevelt 대통령과 헐Cordell Hull 국무장관에게 직접 임정 승인을 요청하는 서한을 발송하였다. 1943년 2월 16일 이승만은 헐 국무장관에게 보낸 편지에서 미 국무부가 임시정부를 곧 승인하지 않으면 전후에 소련이 한반도에 '소비에트 한국공화국'을 수립할 것이라고 경고하였다.

이승만은 미국 정부의 임정 승인을 재촉하는 방법의 하나로서 1942년 1월 16일 '워싱턴 교회연합'의 회장이며 미 연방상원의 원목院牧인 해리스Frederick B. Harris(이사장), 주 캐나다 공사를 역임한 크롬웰James H. R. Cromwell(회장), 워싱턴 D.C.의 변호사 스태거스John W. Staggers, INS통신사 기자 윌리엄스Jay Jerome Williams 그리고 시러큐스대학의 언론학 교수 올리버Robert T. Oliver 등으로 구성된 '한미협회The Korean-American

Council'를 설립하고 이 협회 회원들로 하여금 편지와 개인 접촉을 통해 미 행정부에 임정 승인 압력을 가하였다. 이승만은 1942년 3·1절을 기하여 워싱턴 D.C.의 라파예트 호텔에서 한미협회와 '재미한족연합위원회'가 공동으로 주최하는 '한인자유대회The Korean Liberty Conference'를 개최하고 미 하원의원 커피John M. Coffee 등 10여 명의 미국인 명사들로 하여금 미 정부에 임정의 즉각 승인을 요구하는 연설을 하도록 하였다. 이 회의의 진행상황은 워싱턴의 WINX 방송망을 통해 미국 전역에 실황 중계되었기 때문에 상당한 선전효과를 거두었다.

한편 이승만은 1941년 7월에 창설된 미국의 COI(Coordinator of Information, 정보조정국, 국장 윌리엄 도노번William J. Donovan)과 그 후신인 합동참모부 산하의 전략첩보국Office of Strategic Services: OSS(1942년 6월 창설)과 접촉하여 일종의 참전외교를 시도하였다. 이승만은 COI 창설 당시부터 알게 된 OSS의 언론인 출신 부국장 굿펠로M. Preston Goodfellow 대령과 긴밀히 협력하면서 한국인 인력을 대일對日 게릴라전이나 사보타주 활동에 활용하는 방안을 강구하였다. 그 결과 COI와 OSS는 1942~1944년간 이승만이 추천한 38명의 한인 청년에게 무선통신 훈련, 해상전술 훈련 등 특수훈련을 시킨 다음 미군에 배속시켜 대일전쟁에 투입하였다. 그들 가운데 일부는 아이플러Carl Eifler 소령이 이끄는 특수작전부대인 '101지대'에 배속되어 1942~1943년간 미얀마와 중경을 오가며 OSS 활동을 벌였다.[5]

5 고정휴, 위의 책, 444~447쪽 ; 정병준, 『우남 이승만 연구』, 역사비평사, 2005, 245~246쪽과 249쪽 참조.

9. 샌프란시스코 유엔 창립총회에서의 선전 활동

이승만은 1945년 4월 25일부터 샌프란시스코에서 개최된 국제연합 창립 총회The United Nations Conference on International Organization(1945. 4. 25 ~6. 26)에 대한민국임시정부의 대표단장으로 모습을 나타내 다시 한번 세계 언론의 주목을 받았다. 총회 개최 전에 이승만은 미 국무부에 한국대표단의 회의 참석 가능성을 타진한 결과 국무부로부터 "주최국들의 합의에 따라 1945년 3월 1일 현재 유엔 가입국만이 샌프란시스코 회의에 초청받을 수 있다"는 이유로 참석권을 주지 못하겠다는 대답을 받았다. 따라서 샌프란시스코에 도착한 이승만은 총회 참가국들에게 한국 독립문제에 관심을 갖도록 만드는 데 초점을 둔 선전에 주력하였다.

이승만은 5월 초 소위 얄타밀약설을 폭로하였다. 그 내용인즉, 1945년 2월 얄타에서 개최되었던 회담에서 미국, 영국 및 러시아 정상들이 "일본과의 전쟁이 끝난 뒤까지 조선을 러시아의 영향권하에 두기로 합의하였다"는 것이었다. 이승만은 이 정보를 '비밀 정탐원'(소련 공산당을 탈당한 언론인 구베로우 Emile Gouvreau)으로부터 입수하였다고 말하였다. 그러고 나서 이승만은 3명의 미 하원 의원에게 이 정보를 보내어 그들의 주의를 환기한 다음 기자회견을 요청하고 '강대국 간의 비밀거래'를 공개적으로 비난하였다. 당시 유엔총회에서 뉴스거리가 별로 없던 기자들은 이승만의 발언을 대대적으로 보도하였다. 그 결과 이승만은 소련으로부터 극단적인 반소·반공주의자로 낙인찍히고 미국무성으로부터는 극도의 혐오 또는 기피 대상이 된 반면, 미국 내 보수적인 반공주의 세력(미군부와 공화당 내 일부 세력)으로부터는 높은 평가를 받게 되었다. 그들 가운데 한 사람이 아시아 우선주의자로서 반소·반공의식이 투철하였던 태평양 지역 연합군사령관 맥아더Douglas McArthur였다.[6]

10. 해방 후의 귀국

이승만은 1945년 8월 14일 밤 11시(미국 시간) 워싱턴의 자택에서 라디오 방송을 통해 일본의 항복 소식을 들었다. 그날 밤 자기 집에 모여든 동지들에게 이승만은 "소련이 어떻게 나올지가 걱정이다.…… 미국이 일을 지혜롭게 처리하지 못하면 한반도에서 민족주의자와 공산당 간에 피를 흘리게 될지도 모른다" 면서 해방 후 한국의 앞날을 우려하였다. 그는 8월 하순부터 굿펠로우 대령 등의 도움을 얻어 귀국 준비를 서둘렀지만, 이승만을 성가신 인물로 간주해온 미국무성은 여러 가지 핑계를 내세워 그에게 귀국 여행증을 발급해주지 않았다. 이승만은 결국 '한 개인적 자격자a qualified individual' 로 미 육군성 군사정보처 워싱턴 출장소에서 마련해준 군용기를 타고 귀국길에 올랐다.[7]

이승만은 동경을 경유하여 10월 16일 김포비행장에 도착하였다. 해방 후 두 달이 지나서야 33년간 몽매에도 잊지 못한 조국에 돌아왔던 것이다. 이때 그의 나이는 70세였다. 노년의 애국자에게 비추어진 조국은 옛날의 조국이 아니었다. 한국은 38선으로 갈려 이북은 소련군, 이남은 미군이 각각 점령한 상태였다. 남한에는 9월 9일부터 하지John R. Hodge 중장의 지휘하에 미군정이 실시되었는데, 한국인 정치지도자들은 해방 직후 좌, 우 및 중간파로 나뉘어 치열한 권력투쟁을 벌였다. 그들 가운데 여운형은 8월 15일 '건국준비위원회' 를 조직하여 전국적으로 조직망을 부식하였는가 하면, 박헌영이 재건한 공산당은 9월 6일에 '조선인민공화국(이하 인공)' 을 선포하고 9월 11일에 인공의 내각 명단을 발표하였다. 이승만은 이 명단에 주석으로 추대되어

---

6 정병준, 위의 책, 268쪽과 270쪽 ; 홍선표, 「1945년 샌프란시스코회의를 둘러싼 미주한인의 대응과 활동」, 『한국독립운동사연구』 제25집(2005. 12), 327~328쪽 참조.

7 이정식, 『대한민국의 기원』, 일조각, 2006, 314쪽.

있었다. 다른 한편 우익의 송진우 · 김성수 등은 9월 16일에 '한국민주당(이하 한민당)'을 결성하고 이승만을 영수로 추대하였다.

11. 대한민국 건국운동

한반도의 운명이 대국적으로 미 · 소 양국의 대한정책에 의해 좌우된다고 판단한 이승만은 미국이 1945년 12월 26일 모스크바 3상회의에서 소련과 합의한 4국에 의한 5년간의 신탁통치안을 어떻게 처리하는지를 관찰하면서 미군정에 대해 때로는 협력하고 때로는 대항하면서 나름대로 국가건설 작업을 추진하였다. 이 신탁통치안은 제1차 미소공동위원회(1946. 3. 20~5. 6)와 제2차 미소공동위원회(1947. 5. 21~7. 10 결렬)의 진행상항을 중심으로 구성되었다. 그는 다음과 같은 5단계의 우여곡절을 거쳐 1948년 8월 15일에 대한민국의 수립을 대내외에 선포하였다.

(1) 제1단계 : 정치세력 통합 시도(1945. 10~1945. 11)

서울에 도착한 이승만이 맨 먼저 시도한 것은 국내의 모든 정치세력을 자기의 지도하에 통합하는 것이었다. 그는 조선호텔에 여장을 푼 다음 날(10월 17일) 기자회견과 라디오 방송 연설을 통해 민족의 대동단결과 자주독립, 그리고 총선거를 통한 새로운 국가건설을 역설하였다. 그 후 10월 23일에 조선호텔에서 한민당, 공산당, 국민당(안재홍) 등 65개 정당 및 사회단체의 대표자 200여 명이 모인 자리에서 이승만은 사상과 감정의 차이를 초월하여 모두가 하나로 뭉칠 것을 호소하였다. 그 결과 그는 국내 정치세력의 통합기구로서 '조선독립촉성중앙협의회(이하 독촉중협)'을 발족하는 데 성공, 스스로 회장직에 취임하였다.

이승만은 11월 2일에 천도교 강당에서 개최된 독촉중협 제1차 회의에서 조선의 즉각적인 독립과 38선의 폐지, 신탁통치 절대반대, 그리고 국민선거에 의한 완전 독립과 통일된 민주정부의 수립 등 우리 민족의 통일된 의지를 미 · 소 · 영 · 중 등 4대 연합국에 전달하기 위한 메시지를 채택할 것을 제의하고 자신이 작성한 초안을 발표하였다. 이 메시지는 약간의 자구 수정을 거쳐 11월 4일에 연합국에 발송되었다.

독촉중협을 통한 이승만의 정치세력 통합노력은 공산당을 위시한 좌익 및 중간파 정당이 비협조적인 태도를 보임으로써 더는 진전되지 못하였다. 이승만은 10월 21일 라디오 방송을 통해 공산당과 협력할 의사를 밝혔고, 10월 31에는 박헌영과 면담하여 그로부터 협조 약속을 받았다. 그러나 공산당 측에서는 친일파 숙청을 먼저 해야만 독촉중협에 협조하겠다는 등 여러 가지 까다로운 조건을 내걸어 이승만의 대동단결 운동에 제동을 걸었다. 결국 이승만은 11월 7일 저녁 라디오 방송을 통해 공산당이 자기에게 준 인공의 주석직을 사퇴한다고 선언함으로써 공산당과의 관계를 단절하였다. 이에 맞서 공산당이 11월 16일에 독촉탈퇴를 선언하였고, 이어서 여운형의 인민당과 안재홍의 국민당 역시 독촉을 이탈하였다. 이리하여 이승만이 독촉중협을 통해 정치세력을 통합하고 자주적인 통일된 독립국가를 세우려던 노력은 수포로 돌아갔다.[8]

(2) 제2단계 : 반탁운동 전개 및 미군정과의 협력(1945. 12~1946. 5)

1945년 12월 28일 모스크바협정이 국내에 보도되자 11월 23일에 귀국한 중경 임정의 김구 및 김규식 등은 '신탁통치반대국민총동원위원회'를 조직

---

8 양동안, 『대한민국건국사 — 해방3년의 정치사』, 현음사, 2001, 141~154쪽 참조.

하여 대대적인 반탁운동을 전개하였다. 이승만은 이듬해 2월 8일 자신이 이끄는 독촉중협과 신탁통치반대국민총동원위원회를 통합하여 '대한독립촉성국민회(이하 독촉국민회)'를 발족하면서 반탁운동에 피치를 올렸다. 그 후 4월 중순부터 6월 하순까지 그는 영남과 호남 지역을 순행하면서 지방에서 반탁운동의 피치를 올렸다. 남선순행南鮮巡行을 통하여 그는 남한의 실정을 파악함과 동시에 득의의 웅변술을 발휘하여 남한 국민 간에 카리스마적 명성을 구축할 수 있었다. 그 결과 남한 각지에 수많은 독촉국민회 지회가 설립되고 '대한독립촉성국민회청년단', '대한독립촉성전국청년총동맹', '대한독립촉성애국부인회', '대한독립촉성노동총연맹' 등 우익 청년 · 여성 · 노동단체들이 결성됨으로써 우익세력이 전국적으로 좌익세력을 압도하는 현상이 나타났다. 이승만이 6월 11일 독촉국민회의 전국대표자대회에서 총재직에 취임하였을 때 그는 국내 최대의 우익 대중조직을 확고히 장악하고 있었다.[9]

이승만은 김구와 함께 반탁운동을 전개하되 미군정과의 대결을 불사하는 김구와는 달리 미군정과의 물리적 마찰을 가급적 피하고 미군정에 협조하는 태도를 나타내고 있었다. 특히 1946년 1월 중순에 자신의 지우 굿펠로우가 하지의 특별 정치고문으로 서울에 부임하였기 때문에 이승만과 미군정의 관계는 순탄하였다. 이승만은 2월 14일 하지 중장이 미군정의 최고자문기구로서 발족한 남조선대한국민대표민주의원The Representative Democratic Council of South Korea(이하 민주의원)의 의장직을 맡은 후 민주의원을 미군정의 자문기구가 아니라 자율적인 과도정권 수립을 추진하는 기구로 활용하기 시작하였다. 그러한 조치의 일환으로서 그는 민주의원을 통하여 1946년 3월 19일에 "① 전 국민의 완전한 정치 · 경제 · 교육적 평등의 원칙을 기초로 한

9 정병준, 앞의 책, 711쪽 ; 김보영, 「대한독립촉성국민회의 조직과 활동」, 한양대학교 대학원 석사학위 논문, 1994, 30~37쪽 참조.

독립국가와 평등사회를 건설함,…… ⑤ 적산敵産과 반역자反逆者의 재산은 공·사유를 물론하고 몰수함,…… ⑨ 모든 몰수 토지는 농민의 경작능력에 의준依準하여 재분배함, ⑩ 대지주의 토지도 동일한 원칙에서 재분배함(현 소유권자에 대해서는 적당히 보상), ⑪ 재분배된 토지에 관한 대가는 국가에 장기적으로 분납함,…… ⑰ 국가의 부담으로 의무교육제도를 실시함.……" 등의 항목이 포함된 27개조의 '임시정책 대강'을 의결·공포하였다. 그리고 1946년 9월에 임영신을 민주의원 집행위원으로 임명하여 미국에 파견, 유엔 총회에 한국문제를 상정하도록 조처하였다.[10]

이승만은 1946년 5월 미군정의 암묵적 협조하에 대한경제보국회(회장 김홍량→민규식)로부터 '애국금'이라는 명목으로 1천만 원의 정치자금을 획득하였다. 이것은 해방공간에서 한국인 정치인이 거둬드린 정치자금 가운데 최고의 액수였다. 이승만은 그 후에도 계속 우익 단체 및 우익 기업가들로부터 정치자금을 조달받았다. 예컨대 1946년 말~1947년 초에는 김성수, 백성욱 등과 우익단체로부터 도미외교 후원금 명목으로 14,704,820원 이상의 정치자금을 헌납받았다.[11]

이상과 같이 이승만은 1946년 중반까지 해방공간의 치열한 권력투쟁에서 승리하는 데 필수요건인 미군정의 지지, 강력한 대중조직, 막대한 정치자금을 확보함으로써 우익 진영 최고지도자로서의 위상을 굳혔다.[12]

(3) 제3단계 : 남한 단정 수립운동과 방미 외교(1946. 6~1947. 4)

이승만은 1946년 6월 3일 남선순행의 일환으로 정읍井邑에 들렀을 때, "이

10 리인수, 『대한민국의 건국』, 도서출판 촛불, 1988, 78쪽.
11 정병준, 앞의 책, 607~609쪽.
12 정병준, 위의 책, 600쪽.

제 우리는 무기 휴회된 공위가 재개될 기색도 보이지 않으며 통일정부를 고대하나 여의케 되지 않으니 우리는 남방만이라도 임시정부 혹은 위원회 같은 것을 조직하여 38이북에서 소련이 철퇴하도록 세계 공론에 호소하여야 될 것이니 여러분도 결심하여야 될 것이다"라는 내용의 남한자율정부 수립론, 즉 남한단정론을 제기하였다. 그는 38선 이북에 이미 1946년 2월부터 사실상의 단독정권이 수립되어 '민주개혁'이란 이름으로 급진적인 개혁작업이 추진되고 있는 데다 서울에서 개최되었던 제1차 미소공위가 5월 6일에 아무런 성과 없이 끝났기 때문에 남한에 '임시정부'를 수립하지 않으면 남한마저 공산화될 가능성이 있다고 우려하였던 것이다. 이승만은 6월 29일 대중조직인 '민족통일총본부(이하 민통)'를 결성하고 자율적인 단정수립운동에 착수하였다.

이전부터 이승만을 못마땅하게 여기고 있던 미국무성은 이승만이 '미·소 합의에 의한 한반도문제의 해결'이라는 미국의 기본정책에 배치되는 행동노선을 택하자 이승만을 배제하고 그 대신 '진보적 강령을 추진할 수 있는 지도자'를 물색·지원하라고 미군정에게 지시하였다. 그 결과 미군정은 5월 25일부터 굿펠로우 대신에 하지 장군의 정치고문이 된 버취Leonard Bertsch 중위를 앞세워 중도파 정치인 김규식과 여운형으로 하여금 좌우합작운동을 벌이게 하였다. 따라서 남한단정을 추진하는 이승만과 좌우합작운동을 지원하는 미군정 간에는 갈등이 불가피하게 되었다.[13]

미군정은 1946년 10월에 김규식과 여운형 간의 좌우합작이 일단 실패하였는데도 좌우합작위원회(위원장 김규식)를 중심으로 중도세력을 양성하는 노력을 지속하였다. 그 결과 남조선과도입법위원(의장 김규식)이 구성되어 12월 12일에 개원하였다. 이승만과 그의 지지세력은 입법위원 구성에서 소외되었

13 양동안, 「45~48년 기간에 있어서 이승만의 정치활동에 관한 연구」, 『정신문화연구』 제25권 제3호(2002. 2), 205쪽.

다. 그러자 이승만은 하지를 방문하여 좌우합작위원회 중심의 정권인수 계획을 포기하도록 요구하고 앞으로는 공개적으로 하지를 반대하겠다고 선언하였다. 그 후 이승만은 김구와 협의한 끝에 11월 25일 미국을 방문하여 미국정부와 여론에 직접 호소하여 미군정의 잘못을 시정하겠다고 공표하였다.

이승만은 하지의 방해를 무릅쓰고 맥아더의 도움을 받아 12월 2일 미국으로 떠났다. 12월 7일 워싱턴에 도착한 이승만은 트루먼 대통령 및 국무성 고위관리들과 만나 한국문제 해결에 관한 자신의 입장을 설명하고 또 유엔총회 의장을 만나 한국문제를 유엔총회에 상정해줄 것을 요청할 계획이었다. 그러나 그는 어느 누구도 만날 수 없었다. 이승만이 방미 기간 중 3월 10일에 만난 미정부의 고위 관리는 맥아더의 친구인 미국무성 점령지역 담당차관보 힐드링John Hilldring뿐이었다.

이승만은 1947년 1월 28일에 "① 남북조선이 통일되고 뒤이어 남북총선이 이루어질 때까지 남조선 지역에서 행정을 담당할 과도정부가 선거에 의해 수립되어야 한다. ② 남조선 지역의 과도정부는 조선문제에 관한 미 · 소 간의 직접적 협의를 방해하지 않는다는 조건으로 유엔에 가입되어야 하며 한반도에 대한 군사점령 및 기타 중요문제들에 관해 미국 및 소련과 직접 협상할 수 있도록 허용되어야 한다.…… ⑥ 남조선 지역에 주둔하는 미국 안보군은 미 · 소 양국의 점령군이 한반도에서 동시에 철수할 때까지 주둔해야 한다"는 등 6개항의 건의서를 미국무성에 제출하였다.

그 후 이승만은 언론매체들을 상대로 "미국무성 내 일부 분자는 공산주의에 기울어지고 있으며, 남조선 미군정 당국은 조선의 공산당 건설과 이에 대한 원조 노력을 계속하고 있다.…… 소위 좌우합작위원회가 조직되어 하지 중장은 남조선입법의원 중 관선의원의 상당한 수를 공산주의자에게 배정 · 임명하였다"는 등 미국무성과 하지를 비난하는 성명을 발표하였다. 그 결과 미국 정계 및 언론계에서 한국문제에 대해 관심이 있는 사람들은 미국의 대한정책에 변화가 필요함을 느끼게 되었다.

때마침 트루먼 대통령은 3월 12일의 의회 연설을 통해 미국의 대소정책을 유화 · 협력 추구정책으로부터 강경 · 봉쇄정책으로 전환하는 역사적인 '트루먼 독트린The Truman Doctrine'을 발표하였다. 이승만은 트루먼의 연설 직후 그에게 서한을 보내 트루먼 독트린을 찬양하고 "주한 미군정 당국에 각하의 정책을 따를 것과 민족주의자들과 공산주의자들 간의 연합과 협력(좌우합작)을 초래하려는 노력을 포기해줄 것을 지시해주기 바랍니다.…… 미군 점령지역에 과도적 독립정부를 즉각 수립하는 것은 공산주의의 진격을 저지하는 보루를 구축할 것이며 남북한의 통일을 초래할 것" 이라고 역설하였다.

1947년 3월 미국의 대외정책 또는 대한정책의 이 같은 중요한 변화는 이승만의 방미 활동으로 초래된 것은 아니었다. 그러나 이승만은 그것을 자신의 방미 활동의 결과라고 간주하였다. 이승만은 자신의 방미외교가 성공적이었다고 자부하면서 4월 21일 서울로 귀환하였다.[14]

(4) 제4단계 : 남한 총선 관철(1947. 5~1948. 5)

1947년 4월 말에 귀국한 이승만은 한동안 미군정에 의해 가택 연금을 당한 상태에서 김구와 함께 반탁운동을 전개하였다. 동시에 그는 (김구와 별도로) 총선거를 통한 남한정부 수립운동을 독자적으로 펼쳤다. 이승만은 7월 10일 남한정부 수립운동을 추진하기 위한 기관으로 한국민족대표자대회(이하 민대, 의장 배은희)를 발족시키고 8월 26일에는 민대 산하에 총선대책위원회(위원장 신익희)를 구성함으로써 총선 추진에 박차를 가하였다.[15]

---

14 양동안, 앞의 논문, 210쪽 ; 정용욱, 『해방 전후 미국의 대한정책』, 서울대학교 출판부, 2003, 309~315쪽 참조.

한편 미국무성이 이승만의 단정 수립노선에 부합하는 정책노선을 택하고 미군정이 이승만을 지지하게 되는 것은—트루먼 독트린 발포 이후 본격화된 미소 간의 냉전을 배경으로—미국이 한국문제를 유엔총회에 회부한 9월 17일 이후의 일이다. 그리고 하지와 이승만이 서로 화해하고 협력하게 되는 것은 유엔총회에서 11월 14일 남북한 인구비례에 의한 총선거를 실시하기로 결의한 다음인 12월부터였다.

유엔총회에서 '총선거'를 실시하기로 결의하자 이승만은 그것이 남한 지역만의 선거로 낙착될 것을 예상하고 민대에서 구성해 놓은 총선대책위원회를 중심으로 지방조직을 구성·확대하고 우익진영의 단합을 추진하였다. 총선거를 실시하기 위한 유엔한국임시위원단은 1948년 1월 8일 서울에 도착하지만, 북한 측은 유엔위원단의 북한방문 요청을 거절하였다. 유엔 소총회는 2월 26일에 선거가 가능한 지역, 즉 남한에서 총선거를 실시하기로 결의하였고, 미군정 사령관 하지는 5월 9일 남한 지역에서 총선을 실시한다고 발표하였다(후에 5월 9일이 개기일식이 발생하는 날로 밝혀져 5월 10일로 변경되었다). 그러자 이승만과 한민당은 되도록 많은 정치세력과 국민을 총선에 참여시키는 데 힘을 모았다. 이를 위해 가장 중요한 일은 같은 우익진영인 김구를 선거에 참여시키는 것이었다. 그러나 김구는 1월 하순에 남한총선에 불참할 것을 결심하고 김규식의 중도세력 및 좌익세력과 연대하여 남북지도자회담 곧 남북협상을 추진하는 운동을 적극적으로 전개하였다. 김구·김규식은 결국 남북협상에 참여하고 남한선거에 불참하였다.

김구와 김규식을 총선에 참여시키는 데 실패한 이승만과 한민당은 남한의 일반대중을 선거에 많이 참여시키고 선거를 '보호'하는 일에 주력하였다. 이

15 양동안, 앞의 논문, 213쪽.

승만은 자신을 추종하는 독촉국민회의, 민족대표자대회, 한민당, 전국학생총연맹, 서북청년회 등 국민운동 조직들을 총동원하여 총선거를 보호하는 한편, 자신의 추종세력들이 선거에 많이 진출할 수 있도록 지원하였다. 그 결과 2월 초부터 5·10선거일까지 좌익세력이 격렬한 선거방해 폭력투쟁을 전개하고, 김구·김규식이 남북협상을 추진하는 등 선거방해 활동을 전개하였는데도 선거인 등록율 86퍼센트에, 투표율 95.5퍼센트라는 압도적 다수의 남한 국민이 선거에 참여하였다. 이승만은 서울의 동대문 갑구에서 입후보하여 무투표로 당선되었다. 5·10선거에서는 이승만의 직계 추종조직인 독촉국민회와 대동청년단의 후보들, 그리고 한민당 소속 및 무소속으로 출마한 이승만 추종자들이 많이 당선되었다.

(5) 제5단계 : 헌법제정과 대한민국 수립(1948. 5~1948. 8)

5·10선거에서 당선된 국회의원들은 5월 31일에 역사적인 국회 개원식을 가졌다. 이 개원식에서 이승만은 재적의원 198명 중 188표의 압도적 다수의 지지로 국회의장에 선출되었다. 이승만은 인사말을 통해 "이 민국은 기미년 3월 1일에 우리 13도 대표들이 서울에 모여서 국민대회를 열고 대한독립민주국임을 세계에 공포하고 임시정부를 건설하여 민주주의의 기초를 세운 것이다.…… 오늘 여기서 열리는 국회는, 즉 국민대회의 계승"이라고 언명함으로써 새로 탄생한 정부가 1919년 한성임시정부의 법통을 계승하였음을 강조하였다.

국회는 개원식에 이어 헌법제정 작업에 착수하였다. 헌법의 정부형태 조항을 둘러싸고 이승만과 한민당이 대립하였다. 한민당은 원내에서 영향력이 가장 강한 집단인 자신들의 정계 주도권을 보장할 수 있는 의원내각제 정부형태의 채택을 기대한 데 반해, 초대 대통령에 선출될 것으로 예상되었던 이승만은 자기가 평소에 이상적이라고 생각하였던 대통령중심제 정부형태를 관철하려고 하였다. 정부형태를 둘러싼 이승만과 한민당의 줄다리기는 결국 이승만의 승리로 끝났다. 이렇게 해서 국호는 대한민국, 정부형태는 대통령중심제, 국회는 단원제, 그리고 농지개혁과 의무교육의 실시를 기약하는 헌법이 7월 17일 국회에서 통과 · 선포되었다.[16]

헌법이 공포된 지 3일 후인 7월 20일 국회에서 정 · 부통령 선거가 실시되었다. 선거 결과 이승만은 180표의 압도적 다수 지지로 대통령에 당선되었다. 그는 광복군의 지도자였던 이범석을 국무총리로 하는 초대 내각을 구성하였다. 해방 3주년이 되는 1948년 8월 15일, 드디어 대한민국 정부 수립이 대내외에 선포되었다.

12. 맺음말

이승만은 역사에 보기 드문 위재偉才였다. 그는 청년기 이래 일편단심 '한국의 독립'이라는 목표를 달성하는 사업에 전력투구하였다. 1919년 이후 해외 독립운동의 최고 지도자로 부상한 그는 한국 독립을 실현하기 위해서는 미국의 지원이 필수불가결임을 확신하고 미국 위주의 외교독립노선을 추구하였다. 이 과정에서 그는 이념이 다른 많은 독립운동가들에게 배척을 당하였고 미국 정부로부터 꾸준히 냉대를 받았다. 해방 후 귀국한 그는 국내에 정치기반을 구축한 다음 미국 정부로 하여금 자신이 구상한 남한단독정부 수립안을 채택하도록 설득하는 데 주력하였다. 때마침 소련과 냉전에 돌입한 미국은 결국 이승만의 주장을 받아들여 모스크바 3상회의에서 결의된 5년간의

16 유영익, 「이승만 국회의장과 대한민국 헌법 제정」, 『역사학보』 제189집(2006. 3), 134쪽.

신탁통치안을 포기하고 유엔을 통해 대한민국을 건국하는 쪽으로 정책을 변경하였다. 이것은 이승만 외교독립노선의 승리를 의미하였다. 이승만의 대한민국 건국은 '하나님과 밤새도록 씨름을 한 끝에 드디어 하나님의 축복을 받아내고야 만' 구약 성경의 인물 야곱의 이야기[17]를 연상시키는 필생의 대업大業이었다.

17 이 비유는 1946년 6월 23일에 하지가 굿펠로에게 보낸 서신에 나오는 것이다. 양동안, 앞의 책, 234쪽 ; Bruce Cumings, *The Origins of the Korean War: Liberation and the Emergence of Separate Regimes, 1945~1947*, Princeton, N.J.: Princeton University Press, 1981, 259쪽 참조.

이시영, 대한민국 초대 부통령

이태진

1. 머리말

대한민국 초대 부대통령 성재省齋 이시영李始榮(1869~1953)은 대한민국

李泰鎭 서울대학교 인문대학 국사학과 교수, 대한민국학술원 회원.

저서로는 『韓國社會史研究』(지식산업사, 1986), 『朝鮮儒教社會史論』(지식산업사, 1989), 『朝鮮後期의 政治와 軍營制 변천』(한국연구원, 1985), 『왕조의 유산—외규장각도서를 찾아서』(지식산업사, 1994), 『고종시대의 재조명』(태학사, 2000), 『의술과 인구 그리고 농업기술』(태학사, 2002), 『동경대생들에게 들려준 한국사』(태학사, 2005), 『韓國社會發展史論』(공저, 일조각, 1992), 『서울상업사』(공저, 태학사, 2000) 등이 있다. 편저서로는 『史料로 본 韓國文化史』 조선 전기편(일지사, 1984), 『朝鮮時代政治史의 再照明』(범조사, 1985 ; 태학사, 2003), 『일본의 대한제국 강점』(까치, 1995), 『한국병합, 성립하지 않았다』(태학사, 2001), 『한국병합의 불법성연구』(서울대학교 출판부, 2003) 등이 있으며, 「조선시대의 양반—개념과 연구동향」(『中國—社會と文化』 8, 東京大, 1993 ; 『學藝誌』 3, 육군사관학교 군사박물관, 1993) 등 한국의 정치사, 사회사, 대외관계사 등에 관한 많은 논문이 있다.

* 이 글에서는 『感時漫語 : 駁黃炎培之韓史觀』(이시영, 一潮閣, 1983), 『省齋李始榮小傳』(朴昌和, 乙酉文化社, 1984)을 참고하였다.

정부 요인 가운데 가장 연로한 인사였다. 초대 대통령 이승만보다 6년, 김구보다는 7년 연장이었다. 그는 대한민국 정부 인사 가운데 유일하게 조선왕조의 소과, 대과(문과)를 거친 사대부 출신이었다. 그는 홍문관 교리 등의 근시직으로 국왕(고종황제)과 세자(뒷날 순종황제)를 직접 가까이 모신 적이 있었다. 이러한 경력의 소유자가 근대국가인 대한민국의 초대 부대통령이 되었다는 것은 퍽 흥미롭고 역사적이다. 게다가 이에 이르기까지 그가 민족의 지도자로서 보여준 모습은 모범적이다. 그의 일대기는 단순한 개인사가 아니라 민족사 법통의 맥락을 읽게 하는 것이다. 그의 일생은 조선왕조, 대한제국 그리고 상해임시정부의 지층 위에 대한민국이 선 것을 그대로 보여준다. 사대부로서, 독립지사로서 조금도 흔들림이 없는 그의 모습은 민족의 반석 같은 느낌을 준다. 일제의 혹독한 통치는 많은 사람에게 망국에 대한 뼈저린 회한을 가지게 하였고, 그 회한은 '한말' 곧 우리 근대사에 대해 저주에 가까운 부정적 인식을 가지게 만들었다. 역사인식의 경련현상이라고 할까? 이시영의 일생은 이 증상을 펴는 데 효험이 기대되는 귀한 약재와 같다.

2. 청일전쟁 시찰의 왕명

이시영은 성재란 호를 썼다. 유가儒家의 '수성修省'의 정신을 담은 아호이다. 이시영은 1885년(고종 22년)에 소과에 합격하고, 1891년(고종 28년)에 대과인 증광시增廣試 병과丙科에 합격하였다. 본관은 경주이며 서울 출신이다. 부친 유승裕承은 이조판서를 지냈고 어머니도 동래 정씨의 명문가 출신이다. 외할아버지 정순조鄭順朝가 이조판서를 역임하였다. 개화기의 유명인사인 영의정 김홍집의 딸을 첫 부인으로 맞이하였다.

16세 때인 1885년 1월에 동몽교관童蒙敎官으로 임명된 것이 출세의 첫 걸음이었다. 이해에 소과에 합격한 뒤 이듬해에 남행南行 가주서假注書로 근정전에 처음 입시하고 18세 때인 1887년에 형조좌랑이 되었다. 그가 처음 조정에 나아간 1880년대는 결코 평온한 시대가 아니었다. 군주 고종(1852~1919)이 개화의 뜻을 가지고 일본에 조사시찰단朝士視察團, 청국에 영선사領選使 일행을 각각 보내 신문물 수용의 실태를 파악하거나 그 기술을 배워오게 하였다. 그리고 1882년 4월에는 미국과의 수호통상조약을 체결하였다. 아시아 지역에서는 유일하게 관세자주권을 실현한 조약이었다. 여기까지 개화의 발걸음은 경쾌하였다. 그러나 두 달 뒤 임오군란이 일어나면서 모든 것이 혼란에 빠졌다. 청국은 군란의 주모자 색출이란 명분으로 군대를 파견한 뒤 조선에 대해 속방화정책을 폈다. 군주는 러시아의 힘을 빌려 이에 저항하기도 하였지만 이것이 영국을 자극하여 거문도 사건이 일어나기도 하였다. 무엇보다도 일본이 군란의 최대 피해자란 것을 내세워 관세율을 내리게 하고 최혜국 조관을 요구하여 불평등 조약의 시대가 시작되었다.

이시영은 1888년 19세 때 동궁(세자)의 서연관書筵官으로 특선되어 4년 동안 세자의 강연을 받들었다. 1891년 증광 문과에 급제한 후에도 세자시강원에서 4년간 서연書筵에 입시하여 전후 8년간 세자를 모셨다. 이러한 세자와의 특별한 관계는 독립운동 기간에 군주와 황실을 잊을 수 없게 하였다. 1892년에 24세로 홍문관 교리, 수찬, 응교를 거쳐 규장각 직각直閣으로 시강원 문학을 겸하는 등 문한직을 두루 역임하였다. 그리고 1893년에는 사학교수四學教授로 선전관을 겸하고 사헌부, 사간원 등의 요직을 거쳤다.

1894년 이 나라에 검은 먹구름이 다가올 때, 이시영은 25세로 승정원 동부승지(정3품)가 되고 이어 우승지가 되었다. 뒤이어 참의내무부사參議內務府事, 궁내부宮內府 수석 참의에 특별히 임명되었다. 이해 초에 고부, 전주 지역에서 동학농민군이 봉기하고 일본군과 청군이 이를 진압한다는 명분으로 6월 초에 동시 출병하였다. 일본군은 동학농민군이 있는 전주가 아니라 서울로 바로 와서 조선정부에 대해 개혁을 강요하였다. 이 불법 진주는 조선정부의 내정개혁 없이는 농민군의 봉기가 다시 일어나지 않는다는 보장이 없다는 구실로 자행되었다. 8,000여 명의 1개 여단이 무력시위를 하는 가운데 개혁이 강요되었다. 조선정부는 농민군과는 얼마든지 협상이 가능하므로 이러한 내정간섭은 수용할 수 없다고 맞섰다. 일본 측은 1개월 이상 강요를 거듭하던 끝에 7월 23일 새벽 12시 30분에 1개 대대 병력을 경복궁에 투입하여 7시간 만에 궁을 장악하였다. 이시영은 이 희대의 불법사태 때 승지로서 군주를 지키고 있었다. 궁내부 수석 참의는 일본의 강요로 군국기무처가 발족하여 궁중과 부중府中을 분리하는 원칙 아래 생긴 궁내부의 근시직이었다.

고종은 경복궁이 일본군에 장악된 상태에서도 조선주재 일본공사 이노우에 가오루井上馨의 강요에 계속 맞서다가 청일전쟁에서 청군이 일본군에 밀리자 12월부터 유화적인 태도를 취하였다. 1895년 정월 이시영은 군주의 특명을 받고 관전사觀戰使로서 랴오둥 반도와 뤼순, 따이롄 항구 등 각지를 돌며 전황을 시찰하였다. 3개월간 관전한 다음 환국하여 현장에서 목격한 것을 군주에게 상세히 보고하였다. 군주가 청일전쟁의 실황을 파악하기 위해 몰래 이시영을 관전사로 임명하여 현지에 투입한 것은 고종의 군주로서의 알려지지 않은 면모이다. 일본이 청일전쟁의 개전을 이틀 앞두고 경복궁을 점거한 뒤, 조선 군주를 감금하다시피 하였지만, 군주가 이에 굴하지 않고 군주권을 지키는 방도를 최대로 강구하는 가운데 정세 판단을 위해 믿을 수 있는 신하를 비밀리에 청일전쟁의 현장에 투입하였던 것이다. 이시영의 복명서는 불행하게도 현재 전하지 않지만, 그 대강은 당시 중국의 육해군은 수적으로 월등히 많고 장비와 무기도 일본에 비하여 우세하였으나, 명령 계통과 통솔이 제대로 시행되고 있지 않은 것을 개탄하는 내용이었던 것으로 전한다.

관전사의 임무를 마친 뒤, 그는 정부가 일본 공사관의 손아귀에 잡힌 형세에서 일체의 직책에서 물러났다. 그리고 1895년 을미사변 직전에 장인 김홍집이 내각 총리대신으로 나아가게 되었을 때, 그는 극구 만류하였다. 실제로 김홍집은 아관파천 후 왕비 시해에 연루된 혐의로 군중의 뭇매를 맞아 사망하였다. 이러한 혼란 속에 그는 중형 우당友堂 회영會榮과 더불어 이상설李相卨, 여조현呂祖鉉, 이범세李範世, 서만순徐晩淳, 이강연李康演 등 국내의 고상한 명사들과 함께 서재나 조용한 산사에서 매일 회합하여 정치학이라든가 시문時文 또는 세계 통용의 법조문을 10년 동안 강습, 연구하면서 울적한 나날을 보냈다. 신민회新民會가 태동하는 장면이다.

3. 을사늑약의 현장을 지키면서

1896년 2월, 군주의 어가가 일본군이 장악한 경복궁을 빠져나와 러시아 공사관으로 옮겨갔다. 고종은 여기서 군주권을 회복한 뒤 근대국가 만들기와 산업 근대화의 발걸음을 다시 내디디면서 국체를 제국으로 승격하여 대한제국을 출범시켰다. 대한제국의 근대화사업(광무개혁)은 나름대로 적지 않은 성과를 빠른 속도로 달성하고 있었다. 청국, 일본 등의 외세의 간섭이 없었기 때문에 가능한 것이었다. 그러나 일본이 타이완 식민지 체제화를 마친 뒤 1900년 무렵부터 한반도 장악을 위한 군비 확장에 박차를 가하여 다시 최악의 상황이 다가왔다.

1904년 2월 6일, 일본은 대한제국의 국권을 빼앗을 목적으로 러시아와 전쟁을 벌였다. 인천으로 출동한 일본군은 러시아 군함 수 척을 예고도 없이 공격하고 서울, 뤼순, 따이롄 방향으로 진격하는 한편, 거제 진해로 들어온 부대는 한반도를 종단하여 한반도 전체가 일본군의 작전 지역이 되다시피 하였다. 이시영은 1904년 6월에 35세로 충청도 순찰사로 임명되었다. 일본군의 침략으로 위기상황에 빠진 전국 각지에 대한 정부의 독찰이 절박하여 황제가 그를 특별히 충청도 지역의 방백으로 기용하였던 것이다. 이시영은 처음에 사표를 올리고 나가지 않았으나 황제가 다시 반드시 부임해야 한다는 별판부別判付의 엄지를 내려 나아갔다. 황제는 전쟁이 일본군의 승리로 돌아가는 상황에서 일본의 목적이 무엇인지를 이미 예측한 가운데 1905년 1월 24일에 그를 외부 교섭국장으로 임용하였다. 10년 전 청일전쟁 때 그를 관전사로 전쟁의 현장으로 보낸 것과 같은 조치였다. 1905년 1월은 일본군이 드디어 뤼순을 함락하여 승기를 잡은 때였다.

교섭국장으로서 이시영이 한 일은 적지 않을 것으로 보인다. 그러나 기록의 인멸로 자세한 사정을 알 수 없다. 현재 전하는 기록으로는 영일동맹에 대해 외부대신 박제순과 함께 영국공사에게 강력히 항의한 사실 하나를 알 수 있다. 그의 전기에 다음과 같은 얘기가 전한다. 영일동맹으로 영국정부는 일본의 한국에 대한 우월권을 인정함으로써 외세는 더욱 불리해져서 일본인 누마노沼野가 외교부를 감시하는 상황이 벌어졌다. 사태가 이렇게 되자 이시영은 외부대신 박제순과 상의하여 영국공사 주이전朱爾典을 통해 영국정부에 힐책하는 내용의 문서를 비밀리에 발송하였다.

그 요지는 "동양평화를 파괴하고 한영조약에 위반되는 모든 성명은 곧 취소하라"는 것이었다. 이에 영국공사가 외부로 찾아와서 사과하면서 귀국의 공문은 곧 본국에 전보로 전달하고 회답을 기다리는 중이라고 밝혔다. 당시 어느 신문에 한국 외부에서 모종의 비밀 공문이 영국으로 갔다는 보도가 실리기도 하였다. 일본인들은 교섭국장 이시영을 더욱 경계하였다. 내용적으로 여기서 말하는 영일동맹은 1905년 8월 12일에 체결되었다고 하는 제2차 영일동맹으로 보인다. 이 동맹은 잘 알려졌듯이 영국정부가 일본의 한반도에 대한 배타적 지배권을 묵인하는 것으로 일본의 대한제국 국권 탈취 각본에 따른 것이었다.

일본은 1905년 5월 말에 대한해협을 통과하는 발틱함대를 격파하면서 러일전쟁을 사실상 종결시켰다. 이 '승전'을 배경으로 7월 27일에 가쓰라-태프트 밀약, 8월 12일에 제2차 영일동맹을 체결하여 미국, 영국에서 각각 한반도에 대한 일본의 배타적 지배권을 인정받았다. 그리고 이어 9월 5일에 포츠머스 강화조약이 체결된 뒤, 10월에 대한제국의 외교권 탈취의 각본을 완성시켰다.

1905년 11월 이토 히로부미伊藤博文가 특파대사로 서울에 와서 황제를 알현하고 일본 천황의 친서를 전하였다. 대한제국 외부는 11월 14일에 4개조로 된 조약의 초안을 전해 받았다. 교섭국장 이시영은 외부대신 박제순과 토의하면서 결사적 반대를 결의하고 국시를 엄격히 지킬 것을 함께 다짐하였다. 이시영은 폴란드 망국 직전에 폴란드 외부대신의 비장하고 참혹하기 그지없던 사화史話를 예로 들어 준절히 경계하였다. 그러나 이후로는 박제순을 만나지 못하였다. 11월 17일에 드디어 일본 측의 조약 강제가 벌어졌지만 교섭국장은 대신을 만날 수 없었다. 이시영은 전화로 현장에 있는 대신과 겨우 통화하여 대신으로부터 국권에 손상이 없도록 체결되었다는 답을 들었다. 그러나 강제된 조약의 내용은 그의 말과는 달랐다. 이시영은 나중에 박제순을 통렬히 매도하고 사직하였을뿐더러 자신의 조카와 박제순의 딸이 약혼한 것을 파약하고 박제순과 절교하였다.

1906년 9월에 황제는 부친 상중인 그를 평안남도 관찰사에 임명하였다. 그는 두 번이나 사표를 내면서 간곡히 거절하였지만 황제가 끝까지 받아들이지 않아 27일에 서임을 받았다. 황제로서는 러일전쟁이 끝난 뒤 서북지방의 중요성이 높아져 그가 필요하였던 것으로 보인다. 그는 황제가 거하고 있는 수옥헌漱玉軒으로 가서 장시간 입시하여 황제와 문답하였는데, 이것이 황제와의 마지막 만남이었다. 그는 관찰사 재임 중에 일본인에게 빼앗긴 민형사의 재판권을 되찾는 일부터 이루었다. 그리고 평양인 박인옥朴麟玉, 최광옥 두 사람을 막료로 삼아 정부를 자문하여 바른 정사를 펴기에 진력하였다. 유지 50명을 선발하여 학무위원으로 삼은 다음, 관하 24개 군에 공사재를 수집하여 각 고을마다 교육기관을 창설하고 적극적으로 학업을 장려하고 도내 수령들의 근무 성적 평가에도 학제 확립의 성과를 크게 반영하였다. 평안남도 관찰사로서의 그의 이러한 활약에 비추어볼 때, 수옥헌에서 황제와 나눈 대화가 바로 교육입국이었을 것으로 짐작된다. 황제는 을사늑약의 강제로 국운이 풍전등화와 같이 되자 전국 고을에 하사금을 내려 지방 유지들이 방방곡곡에 학교 세우기 운동을 벌일 것을 종용하였다. 교육이 일으켜지면 민족은 결코 망하지 않는다는 신념에서였다.

평안남도 관찰사 이시영의 노력은 반년이 지나지 않아 도내 각 고을마다 학교가 설립되고 학생들의 글 읽는 소리가 서로 연닿았다고 할 정도로 큰 성과를 거두었다. 전도에 학생대회가 계속 개최되고 수많은 군중이 구름처럼 모여 들어 시국 강연회가 벌어졌다고 한다. 일본인들은 그를 더욱 주시하였고, 그들의 농간으로 그는 결국 이듬해 관찰사직에서 물러나게 되고 말았다. 조정은 이미 일본 고문들에 의해 반 이상 장악되고 있었다. 하지만 황제는 어전회의에서 평남관찰사의 업적을 전해 듣고 그를 크게 칭찬하는 말을 여러 차례 하였다고 한다.

평양에서 서울로 돌아온 이시영은 1907년 6월 5일에 중추원의 칙임 의관議官으로 전임되었다. 그러나 한 달 뒤, 헤이그 특사 파견이 알려지면서 일본은 이를 구실로 고종황제를 강제로 퇴위시켰다. 이시영은 이 불행한 사태를 맞아 전과 같았으면 관계에서 완전히 은퇴하였을 것이다. 그러나 그는 1908년에 한성재판소장, 법부 민사국장, 고등법원 판사를 거치고 1909년에는 종2품 태극팔괘장 훈3등의 훈장을 배수하였다. 게다가 법전 조사와 문관 전고 및 법률기초 등의 위원을 겸하였다. 이시영은 1905년 말 을사늑약이 강제된 뒤 전덕기, 이동녕, 이회영, 이승훈, 안창호 등과 비밀결사를 조직하여 상동의 공옥攻玉학교를 거점으로 활동하였다. 그는 이를 감추기 위해 동지들의 요구에 따라 공직을 떠나지 않았다. 그 자신도 공직을 이용해 밖으로 국외 연락을 취하고 안으로는 애국 동지들의 모든 비밀 계획을 때때로 황제께 은밀히 알려드리려는 속셈이었다. 그러나 일본의 감시가 날로 심해져 이러한 지하공작도 한계가 있었다. 국외운동으로 전환하지 않을 수 없는 상황이 다가왔다.

4. 남만주에 신흥무관학교를 세우고

1909년 동지 이동녕, 중형 이회영, 장우순張祐淳 등이 국외 활동의 근거지를 탐색하고자 북만주 일대를 시찰하였다. 그러나 북로는 교통이 불편하여 포기하였다. 1910년(41세) 봄, 이시영은 세 사람으로 하여금 남만주 일대를 시찰하도록 하고 안뚱, 환런, 류허柳河, 퉁화通化 등지를 활동무대로 지정하였다. 큰 집에서 작은 집으로 옮기고 작은 집을 팔아 월세 방으로 옮겨 돈을 장만한 뒤 1910년 12월(음력) 말에 가족 50~60명을 6, 7대로 분산하여 서울을 떠났다.

이시영의 만주 국외 활동의 가장 빛나는 업적은 잘 알려져 있듯이 신흥무관新興武官학교의 창설과 운영이었다. 이 학교는 이시영 6형제의 가재 헌납으로 창설된 것으로 1912년 3월 통화현 하니허哈泥河, 류하현柳河縣 꾸산쯔孤山子에 교사와 부지를 마련하고 이회영과 이상룡李相龍의 이름으로 개교하였다. 이시영 형제가 이렇게 군사지휘관 양성학교를 제1차 사업으로 시작한 데는 이시영이 1895년에 왕명을 받들어 청일전쟁의 현장을 시찰한 것이 중요하게 작용하였을 것으로 짐작된다. 빼앗긴 국권을 되찾는 데는 군사력의 양성이 무엇보다도 중요하다는 것은 누구나 다 깨달을 수 있는 사안이다. 그러나 6형제가 모든 재산을 투입하는 결심은 특별한 관찰과 결심 없이는 있기 어려웠던 것이다. 전후 9년 동안 이규창李圭昶(장남), 변영태, 지청천, 이범석, 김도태金道泰, 윤기섭尹琦燮 등이 지도하여 초급장교 800여 명을 양성, 배출하여 청산리전투 등 대일 투쟁에 큰 무공을 세운 것은 널리 알려진 사실이다.

신흥무관학교 측은 1918년에 덕수궁에 감금되다시피 한 고종황제를 몰래 탈출하게 하여 항일 독립운동의 새로운 전기를 만들려고도 하였다. 이해 1월에 미국 대통령 윌슨이 14개조 발표에서 약소민족의 자결주의 취지를 선언한 뒤, 이회영이 국내에 잠입하여 덕수궁의 시종인 이교영李喬榮을 매개로 황제를 탈출시키기를 시도하였으나 일본의 감시가 심하여 실패하였다. 이른바 조선국권회복단 사건이다.

5. 상해 임시정부와 함께

1919년 1월, 일본에 저항해오던 고종황제가 갑자기 사망하였다. 일본 측은 윌슨 대통령의 민족자결주의 이후 고종황제가 다시 움직일 것을 경계하였다. 그런 경계 속에 황제가 독살되었다. 황제의 생각지 못한 죽음은 온 민족을 격분시켜 그 인산因山을 계기로 기미 독립만세 시위운동이 요원의 불길처럼 전국을 휩쓸었다. 이때 이시영은 이동녕, 조성환曺成煥, 이광李光 등 여러 독립지사와 함께 베이징에 거주하는 중형 이회영의 집에 모여 3·1 만세시위에 호응하는 운동을 전개하였다. 이 만세시위운동 후에는 국내 각지에서 독립운동을 한 애국인사들이 다수 상하이로 모여 들어 임시정부 수립을 의논하였다. 여운형呂運亨, 현순玄楯 두 사람이 대표로 베이징에 찾아와서 이시영, 이동녕 등에게 상하이로 올 것을 요청하였다. 이시영은 바로 임시정부 조직에 참여하여 법무총장으로 피선되었다. 대통령에는 이승만, 내무총장에는 노백린, 학무총장에는 신규식, 의정원의장에는 이동녕이 각각 피선되었다. 이시영은 법률 계통의 전문 관료로서의 경력을 살려 조소앙과 더불어 10조 헌법의 제정을 주도하였다. 이후 1926년에 박은식이 대통령이 되었을 때는 재무총장으로 수년간 임시정부 경비 조달에 많은 노력을 기울였다.

이시영은 1929년에 어느덧 60세를 맞이하였다. 이때 한국독립당 조직에 참여하여 감찰위원장에 피선되었지만, 사상분열의 분쟁을 보고 탈당을 성명하였고 곧 정당도 해산하였다. 1933년 임시정부가 주석제를 도입하여 부별책임제를 시행하였을 때 국무위원 겸 법무위원을 담당하였다. 1938년 중일전쟁의 확대로 중국의 장제스蔣介石 총통이 충칭重京으로 천도하여 임시정부도 이리로 옮겼다. 이시영은 1942년에 73세로 재무부장에 다시 피선되었다.

6. 대한민국 초대 부통령 피선

1945년 8월 15일 일본 쇼와昭和 천황이 무조건 항복하던 날, 충칭의 임시정부 요인들이 가장 많은 감격과 회한의 눈물을 흘렸을 것이다. 이시영을 포함한 요인들은 그해 11월, 장 총통이 마련해준 비행기로 상하이에 도착하고, 거기서 미국 비행기로 고국으로 귀환하였다. 불행하게도 미군정이 임시정부를 인정하지 않아 민간인 자격으로 귀국하는 아픔을 겪었다. 그는 76세였다. 이시영은 귀국 후 서대문의 경교장京橋莊에 숙소를 정하고 있다가 얼마 후 낙원동의 남의 집(장준영) 몇 간을 빌어 처소를 옮기었다. 그의 앞에는 이제 초미의 건국 과업이 놓여 있었다.

1946년 봄에 성균관 총재로 선임된 뒤 대한독립촉성국민회의 위원장에 피선되었다. 이 국민회는 임시정부가 환국한 후에 정권행사를 못하게 되었기 때문에 이승만이 중심이 되어 발족을 보게 된 것인데 그가 임시정부를 끝까지 지킨 공로로 위원장에 피선되었다. 그러나 고소 사건 등 내부 분란이 심하게 일어나 도의적 견지에서 위원장의 자리를 사퇴하였다. 1947년 9월 2일에 일체의 공직에서 물러난 후, 26일에는 임정 국무위원과 국민회의 의원도 사퇴하는 성명을 발표하였다. 사퇴의 가장 큰 이유는 '이른바 43차 의회의 자의自意 추진推進이었다. 임시정부 주석의 경력을 가진 김구는 1947년 2월 14~17일에 우익 단체를 통합 단일화하기 위해 국민의회란 것을 새로 조직하였다. 그러나 이 의회는 좌익은 물론 이승만 측으로부터도 호응을 받지 못하였다. 그래서 김구는 9월에 이승만과의 합류를 시도하였다. 이시영은 김구의 이러한 움직임에 대해 크게 불만을 표하였던 것이다. 그것은 자신이 위원장을 맡은 대한독립촉성국민회를 깨는 결과가 불 보듯 하면서 우익세력 결집으로서는 이중적인 것이고 명분을 가질 수 없는 것이기 때문이었다. 이시영은 사퇴 성명에서 대한민국 임시정부는 기미년 3천만 민족의 혈박血搏에서 탄생되어 해방 후 국제적인 '무리 압박'으로 인정받지 못하는 수치를 당하였지만 그 법통 정신만은 그다지 손상되지 않았는데 '43차 의회의 자의 추진'이 그 법통마저 교란시킬 우려를 금할 수 없게 하는 것이라고 경고하였던 것이다. 김구의 국민의회는 같은 해 10월에 조소앙 등을 내세워 좌익과의 제휴까지 시도하였지만 성공하지 못하였다. 임정의 두 요인 이시영과 김구는 여기서 갈림이 생겼다. 이해 11월 유엔은 한국위원회를 결성하고 총선에 의한 정부 수립을 제안하였고, 남한과는 달리 북한은 유엔한국위원회 위원단의 입북을 거부하였다. 김구는 이해 12월 22일에 남한 단독정부의 수립에 반대한다는 성명을 발표하고 민족 단일 정부에 대한 미련을 버리지 않았다. 임시정부 두 중요 인물이 서로 다른 시국관으로 입장이 크게 갈리는 순간이었다.

이시영은 정계의 심한 갈등 속에 모든 공직에서 사퇴하였으나 대종교의 사교司教 교질教秩은 그대로 유지하였다. 그는 근대국가 수립에서 민족의 정신적 지주의 확립이 무엇보다 중요하다는 인식에서 1910년 대종교 창설 때부터 이에 깊이 관계하였다. 그는 『감시만어感時漫語』(1934)라는 역사서를 지어 주체적 민족사관을 피력하기도 하였다.

1948년 이시영은 79세였다. 1월 18일에 그는 5월 10일로 예정된 총선거에 대해 성명서를 발표하였다. 미 · 소 양국에 의한 남북 분단과 남북 각기의 단독정부 수립이 불가피한 현실에서 우리가 해야 할 가장 큰 과업은 군정을 철폐하여 우리의 주권을 세우는 것인데, 이를 위해서는 남한 단독정부 수립을 위한 총선거가 최선의 선택이라고 밝혔다. 미소공동위원회의 실패로 유엔이 나서 제공한 이 기회를 놓치면 민족은 더 큰 수렁에 빠지고 말 것이므로 더는 왈가왈부하지 말 것을 국민에게 호소하였다. 3월 미군정 하지 사령관의 방문을 받은 자리에서 그는 자신의 입장을 다음과 같이 분명히 밝혔다. 즉 미군정 당국은 언어, 풍속이 달라 우리의 정세에 적합하게 판단하기는 어려운 일이 있었을 것이지만, 하지 사령관의 정사 처리는 기대에 못 미쳤다고 직언하였다. 그러면서 반미와 반군정을 혼동하지 말아 달라, 우리가 세계에 호소할 도리는 선거뿐이므로 나는 금번 총선거를 반대하지 않는다고 하였다.

이시영이 남한 단독정부 수립을 위한 총선거를 지지한 반면, 김구는 여전히 이에 반대하였다. 그는 1948년 3월에 북조선에 대해 남북협상을 제의하는 한편, 총선거 불참을 선언하고 4월 19~23일에 평양을 다녀왔다. 이시영은 1948년 6월 10일에 경교장으로 김구를 찾아갔다. 그는 김구에게 남북, 좌우 관계는 미온적으로 종결점이 나올 수 없는 것인데, 남북 협상 같은 것은 되풀이할 수 없는 것이니 더는 추진하지 말 것을 종용하였다. 계속하다가는 허물이 모두 당신에게 돌아오고 말 것이라고 간절하게 타이르기까지 하였다.

1948년 5월 10일 총선거의 결과로 제헌국회가 7월 1일에 열렸다. 이날 국회는 국호를 대한민국으로 정하였다. 이시영은 국호에 대해 이렇게 밝혔다. 즉 대한大韓은 독립국호로서, 개화 초기에 국제 간 편무계약이 있었던 것은 우리나라가 세계정세에 어두운 결과였으나, 1898년에 한청조약韓淸條約으로 "대청국 대황제 폐하가 대한국 대황제 폐하에게 삼가 묻는다"는 구절이 들어가 있듯이 대한제국의 이름으로 체결된 이 조약은 500년 이래 처음 이루어진 쌍무계약으로 치외법권까지 일체 평등이었으니, 우리가 지켜야 할 국호라고 하였다. 그리고 이 국호는 일본에 대한 배상문제에서도 유리할 것이라는 의견도 유의할 만하다고 하였다.

그는 대한민국 상해 임시정부의 요인으로서 임시정부가 국호를 대한민국으로 정한 내력을 잘 알고 있었다. 임정의 초기 헌법기초위원들은 당초 국호로 조선공화국을 준비하였다. 이에 대해 대의원 회의에서 다음과 같은 긴급 발의가 있었다. 즉 수개월 전 대한문大漢門 앞에서 시작된 만세시위의 함성은 대한제국 고종황제에 대한 국민의 절대적 충성의 증거로 지금 출발하는 나라의 국호는 대한제국을 계승하는 민국이란 뜻으로 대한민국이라고 하는 것이 옳다는 것이었다. 이 제의가 전폭적 지지를 받아 대한민국이란 국호가 처음 있게 되었던 것이다.

이해 1948년 7월 12일, 대한민국 헌법이 국회를 통과하고, 16일에는 대한민국 정부조직법이 통과하였다. 이어 20일에는 역사적인 초대 정부통령 선거를 실시하였다. 국회에서 거행된 이 선거에서 대통령에는 이승만, 부통령에는 이시영이 당선되었다. 198명의 의원 중 132표로 얻어 당선되었다.

7. 맺음말

조선왕조의 홍문관 교리에서 대한민국의 부통령에 이른 이시영의 이력은 한국현대사에서 퍽 홍미롭고 소중하다. 전통적인 유교교육을 받은 인물이 민족의 수난 극복을 어떻게 이끌고, 현대 국민 국가 수립에 어떻게 기여하였는지는 역사적으로 주목할 만한 소재이다. 흔히는 유가교육을 받은 사대부 출신이라면 그 사상의 낙후성을 먼저 떠올려 근현대의 정치에서는 부적한 존재로 알기 쉽지만 이시영의 경우 오히려 모범적이라 할 만하다. 이른바 해방공간에서 민족의 진로가 혼미한 가운데 그가 선택한 길은 지금에서 볼 때 가장 모범적인 답안이었다. 임정의 정통성을 견지한 인사 가운데 가장 주목할 만한 인물은 해방공간에서 김구와 이시영이었다고 한다면 김구는 모험적이었고 이시영은 중정中正의 도道를 찾고자 하였다. 현실적으로는 이승만이 국가를 대표하는 대통령에 피선되었지만 그는 임정의 법통성에 대한 기여에서 두 사람과는 다소 이질적이었다. 그 점에서 역사적으로 이시영의 존재는 대한민국 정부 수립에서 가장 주목해야 할 존재가 아닐까 싶다. 1949년에 그에게 수여된 건국훈장 대한민국장은 가장 적격의 대상을 찾았다고 할 수 있다.

부통령 이시영은 1951년 5월 9일에 대통령 이승만의 정치가 전횡으로 빗나간 것에 대해 결별을 선언하였다. 국정혼란과 사회부패상에 대한 책임을 통감한다는 요지의 대국민성명서를 발표하고 이승만 정부를 떠났다. 그는 1953년에 84세로 일생을 마쳤다. 그는 결코 권력의 정상을 바라본 정치인은 아니었다. 성재란 아호가 말하듯이 그는 민족이 걸어야 할 정도正道를 끝없이 구한 수성脩省의 민족지도자였다.

김성수, 자유민주주의 정치체제로 건국을 추구하다

백완기

1. 불가피한 정치인생

인촌仁村 김성수金性洙(1891~1955)는 조선조 빼어난 성리학자로서 문묘에 배향된 하서 김인후(1510~1560)의 13대 손으로 1891년 전북 고창군 부안면 인촌리에서 태어났다. 부친 김경중의 넷째 아들로 태어나서 3세 때 백부 김기중에게 입양된다. 생부와 양부 모두 재산을 이룩하는 데 크게 성공하였는데, 특이한 것은 둘 다 관료 출신으로서 선비이자 학자요 애국 계몽가였다는

白完基 고려대학교 명예교수.

저서로는 『한국정치론』(공저, 박영사, 1976), 『한국의 행정문화』(고려대학교 출판부, 1982), 『행정학』(박영사, 1984), 『민주주의 문화론』(나남출판, 1994), 『한국행정학의 기본문제들』(나남출판, 1996), 『성경과 민주주의』(예영커뮤니케이션, 1999), 『한국행정학 50년-문헌검토를 중심으로』(나남출판, 2005) 등이 있다. 논문으로는 「한국행정의 근대화에 대한 문화심리학적 접근」(『한국행정학보』 9, 1975), 「한국행정학의 학문성 정립문제-과학주의의 입장에서」(『한국정치학회보』 12, 1978), 「합리성에 관한 소고」(『한국정치학회보』 17, 1983) 등이 있다.

것이다. 생부 김경중은 『조선사 17권』(1907)과 『지산유고』를 남긴 학자요, 백부 김기중은 일찍부터 근대화와 신학문에 눈을 떠 신식교육을 위해서 영신학교를 세우고 호남학회도 가입한 바 있다. 거기에다 장인인 고정주도 호남의 큰 선비로서 호남학회를 설립하고 창흥의숙을 세우게 된다. 김성수는 바로 이곳에서 평생지기인 고하 송진우를 만나게 된다. 김성수의 이러한 가정배경은 훗날에 중앙고보를 맡아서 경영하고 『동아일보』를 창간하고 경성방직을 세우고 보성전문을 인수해서 고려대학교로 확장·발전시키는 데 재정적·정신적 기반이 된다.

김성수가 정치일선에 나서게 된 것은 한국민주당(이하 한민당)의 수석총무로서 당을 이끌던 고하 송진우의 암살과 더불어 시작된다. 본래 인촌은 정치에 뜻이 없었다. 그리고 정치인의 모습으로 태어나지도 않았다. 그는 화려한 외모를 지니지도 못하였고 대중을 휘어잡는 웅변술도 없었고 정치적 책략이나 술수와는 거리가 먼 사람이었다. 거기에다 남 앞에 나서기도 좋아하지 않았다. 싸우고 대결하는 것보다 생산하고 창조하고 건설하는 것이 체질에 맞았다. 일찍이 남 앞에 나서서 지휘하는 것보다는 뒤에서 도와주는 것이 자기 국량에 맞는다고 자평한 일도 있었다(『동아일보』 1924년 10월 23일자). 애당초 정치에 뜻이 없었던 김성수는 해방이 되자 정치는 송진우나 설산 장덕수에게 맡기고 자기는 원래의 포부였던 교육사업에 정진하려고 마음먹는다.

해방이 되면서 우남 이승만이 30년 이상의 오랜 망명생활을 마치고 고국에 돌아왔다. 김성수는 조선호텔로 이승만을 인사차 방문한다. 이때 이승만은 인촌을 반겨 맞으면서 건국을 위하여 서로 협력하면서 자기를 도와달라고 당부한다. 김성수는 자기는 정치에 나설 생각이 없기 때문에 직접 도와드리지는 못하지만 뒤에서 간접적으로는 성심껏 돕겠다고 약속한다. 그러나 인사치레상 한 협력의 약속이 훗날 건국과정에서 같은 노선을 걸으면서 그렇게 잘 지켜지리라고는 김성수 자신도 몰랐을 것이다. 사실 김성수는 15년 전에 구미여행 중 하와이로 가서 이승만을 만났다. 그때 김성수는 이승만의 식견, 애국심, 투쟁경력 등에 감동을 받고, 광복이 되면 이 사람이야말로 초대 대통령감이라고 믿게 되었다.

당의 수석총무로서 당을 이끌던 송진우가 괴한의 흉탄에 쓰러지자 한민당은 어찌할 바를 몰랐다. 좌우 대립으로 정국이 혼란에 혼란을 거듭하는 가운데 한민당으로서는 당을 이끌어갈 지도자 선출이 급선무 중의 급선무였다. 당의 중앙집행위원회는 김성수와 상의 한마디 없이 그를 수석총무로 선출해 버리고 일차로 장덕수를 보내 설득작업을 벌이지만 실패한다. 이차로 서상일과 백관수를 보내 역시 설득작업을 벌였지만 이 역시 실패하고 만다. 결국 마지막으로 가인 김병로를 보내 강권적으로 수락을 받아낸다. 김성수는 가족회의를 열어 부인 이아주 여사와 동생 김연수의 동의를 얻는다. 김연수는 정치자금도 내놓겠다고 약속한다.

2. 김성수와 여운형

김성수와 여운형은 인간적으로는 퍽이나 가까웠으나 이념과 노선이 달랐다. 해방정국은 미·소 양군의 한반도 분할점령과 좌우의 대립으로 극심한 사회혼란을 겪는다. 해방과 더불어 가장 먼저 선풍적 인기를 몰고 대중 앞에 나타난 지도자가 몽양 여운형이다. 그는 용모가 수려하고 대중을 휘어잡는 웅변술이 뛰어난 호걸로서 어디를 가나 인기를 몰고 다니는, 시쳇말로 떠오르는 스타였다. 그는 조선총독부의 엔도 류사쿠遠藤柳作 정무총감으로부터 치안책임과 일본인 생명과 재산을 보호해달라는 부탁에 대해 몇 가지 조건을 전제한 후 수락한다. 1943년에는 비밀리에 조직한 건국동맹을 기반으로 해방과 더불어 바로 좌우를 어우르는 건국준비위원회를 조직한다. 그는 건국을 위해서 송진우에게 서로 협력하자고 여러 차례 요청하기도 하는데 빈번히 거절당한다. 앞서 송진우도 조선총독부로부터 치안책임을 맡아달라는 부탁을 받은 바 있었지만 그는 자신은 그것을 맡을 만한 위치에 있지 않다고 거절한 바 있다. 송진우가 여운형의 부탁을 거절한 데에는 여러 가지 이유가 있겠지만 가장 큰 이유는 건국준비위원회가 좌익분자들로 우글거리는 집단이었기 때문이었다(심지연, 『한국민주당연구』 I, 풀빛, 1982, 38~39쪽). 처음에 합류한 민세 안재홍 부위원장이 건국준비위원회를 떠나게 되는 큰 이유 역시 좌익들의 이념투쟁 집단이라는 것이었다. 여운형이 좌익들의 등에 업혀 허수아비의 역할을 하였는지 아니면 좌익들을 이용해서 정국 주도의 역할을 하고 싶었는지는 쉽게 헤아리기 어렵지만 여하간 그가 만든 건국준비위원회와 인민공화국은 우익진영의 인사들, 특히 김성수와 한민당에게는 받아들일 수 없는 단체였다.

3. 임시정부의 법통 존중

한민당을 이끌면서 김성수가 가장 심혈을 기울였던 것은 중경의 임시정부(이하 임정)를 중심으로 한 우익진영의 결속이었다. 김성수는 결속을 다지기 위해서는 하루빨리 이승만을 대통령으로, 김구를 부통령으로 세워서 정부를 수립해야 한다고 생각한다. 좌익진영은 장안파다 재건파다 하면서 약간의 내부갈등을 겪었으나 결국 박헌영을 중심으로 지휘체계를 확립하고 여론매체를 동원해서 우익진영을 전면적으로 공격하고 나섰다. 이에 비해 우익진영의 민족주의세력은 단합과 결속을 다지지 못하였다. 초기에 이승만과 김구는 상호 협조적이었다. 김구는 이승만을 나이 면에서 또는 학식

면에서 선배로서 받들었다. 그러나 김구 휘하에 있는 사람들은 이승만을 달가워하지 않아 둘 사이를 떼어 놓으려고 하였다. 일례로 이승만이 귀국해서 독립촉성중앙협의회를 만들었을 때에 임정은 비슷한 단체인 특별정치위원회를 만들었다. 임정은 한민당도 곱게 보지 않았다. 한민당이 친일단체였다는 것이다. 그들은 한민당의 간부들이 경교장으로 김구를 찾아뵈러 갔을 때에 문 밖에서 4시간 이상이나 기다리게 하며 노골적으로 냉대하였다. 한민당 간부들은 심한 모욕감을 느꼈으나 건국이라는 대사를 앞두고 참을 수밖에 없었다. 임정이 귀국하였을 때에 한민당은 임정과 연석회의를 열고 후원금 900만 원을 전달한 일이 있었다. 이때 임정 요원들은 부정한 돈이라 하여 시비를 걸어왔다. 견디다 못한 송진우가 해공 신익희에게 "여보시오 해공! 임시정부는 정부요, 정부는 깨끗한 돈이나 더러운 돈이나 다 세금으로 걷어 들이는 법이요" 라고 하면서 언쟁을 벌인 바 있다(인촌기념회, 『인촌 김성수전』, 1976, 485쪽).

그러나 김성수와 한민당은 자기들에게 비우호적인 임정을 끝까지 지지하였다. 한민당으로서는 좌익세력을 막고, 동시에 군정의 종지부를 찍고, 하루빨리 정부를 세우기 위해서는 임정의 법통을 중심으로 정부를 세우는 길밖에 없다고 생각하였다. 송진우가 임정과 접촉할 때에 이들의 우월적 고자세에 마음고생을 한 일이 한두 번이 아니었다. 송진우가 김성수에게 울분을 털어놓을 때에 김성수는 "그들이 어떻게 생각하고 행동하든 지금은 그들을 받들고 나라를 세울 때라는 것을 잊지 말게" 라면서 충고를 거듭하였다. 송진우의 암살 배후에 한독당이 있다는 혐의로 한민당 내에서는 한국독립당(이하 한독당)에 유감을 지닌 사람들이 많았다. 그러나 김성수는 민족진영의 대동단결과 결속을 위해서 자기가 이끄는 한민당의 간판을 내리면서까지 한독당과 합당하려고 두 차례나 시도한다. 김성수는 사사로운 혐의나 감정문제로 큰일을 그르칠 수 없다고 생각하였기 때문이다. 김성수는 민족진영의 정당들은 합당되어야 한다고 거듭 주장하면서 백남훈, 장덕수와 더불어 한독당의 김구, 조완구, 국민당의 안재홍, 신한민족당의 김여식 등과 만나 회합을 갖고 4개 정당의 대표들을 모아 '합동교섭위원회'를 구성한다. 여기서 최종적인 합동방안을 작성하게 되는데 그 내용은 한독당의 당명 당시를 계승하고 김구를 당수로 하고 한독당에서 중앙집행위원회 정·부위원장과 14개의 부서 중 총무, 재정, 선전, 조직을 맡는다는 것이었다. 또한 나머지는 3개 정당이 나누어 가지고 입당도 개인 자격으로 하라는 것이었다. 김성수, 장덕수, 백남훈이 한민당 대표로 참여해서 만든 이 합동안은 한민당 중앙집행위원회에 회부되었다. 그러나 이것은 합당이 아니라 헌당獻黨이라는 이유로 압도적으로 부결되고 만다. 김성수는 당보다는 민족진영의 단결을 통한 건국이 더욱 중요하다고 생각하였으나 그의 생각과 의지는 수포로 돌아가고 말았다.

4. 반탁과 반공에 전력투구

한민당은 위에서 이야기한 대로 임정의 법통을 존중하고 임정에서 만든 '비상정치회의'에 찬성한다. 이어서 한민당의 적극적인 종용으로 이승만과 김구가 합류하는데 이로써 임정의 비상정치회의는 '비상국민회의'로 명칭이 바뀌었다. 비상국민회의는 '최고정무위원회'를 구성하기로 하고 이승만과 김구가 인선한 28명으로 최고정무위원회를 구성한다. 그런데 이 기구는 이후 '남조선대한국민대표민주의원'으로 명칭이 바뀌고 그 역할도 미군정의 자문기관으로 변질되어 버렸다.

좌익진영에서도 신탁통치에 찬성하면서(초기에는 반대하였음) 북쪽과의 연계 속에서 좌익정권을 수립하려고 온갖 노력을 다하고 있었는데 그중에서도 박헌영의 술책과 선동은 두드러졌다. 박헌영은 1946년 1월 8일에 『뉴욕타임스』 기자와의 회견에서 조선에 대한 소련 1국의 신탁통치를 주장하고 5년 후에는 조선이 소련연방에 편입되기를 희망한다고 하였다. 이러한 사건이 있고 얼마 안 되어 좌익진영은 대동단결을 부르짖으며 '민주주의 민족전선'을 결성하고 여운형, 박헌영, 허헌, 김원봉을 의장단으로 추대하였다. 이들 좌익진영과 북조선은 이승만, 김구, 김성수를 3대 민족반역자로 몰아세우면서 좌익정권을 수립하는 데 혈안이 되었다. 김성수가 이끄는 한민당은 반탁과 반공에 한 치의 양보도 하지 않고 전력투구하면서 싸웠다. 이 무렵 김성수는 생명의 위협 속에서 살게 된다. 공산당은 물론 심지어 극우세력까지도 김성수의 생명을 노리고 있었다. 김성수에 대한 암살계획이 세 차례나 밝혀져 그때마다 범인들이 체포되었다(『동아일보』 1946년 8월 29일자, 1947년 12월 3일자, 1948년 7월 2일자).

5. 군정에 대한 협력적 자세

미군이 남한 지역을 점령하면서 군정을 펼치게 된다. 그러나 그들은 여러 가지 면에서 국민으로부터 호감을 사지 못한다. 우선 일제의 관료기구와 관료들을 그대로 씀으로써 식민통치의 잔재를 청산하지 못하였고, 조선 사정에 너무 어두웠으며, 하는 처사들이 우왕좌왕하여 갈피를 못 잡는 경우가 비일비재였다. 따라서 좌익세력인 인민공화국이나 공산당은 말할 것도 없고, 김구와 이승만마저 등을 돌리고 있었다. 군정은 인민공화국을 정부로 인정하지 않았다. 인민공화당은 존재할 수 있어도 인민공화국은 존재할 수 없다는 것이었다. 게다가 임정 역시 정부로 인정할 수 없다는 것이 군정의 확고한 입장이었다. 그들은 임정을 정식 정부로 인정할 수 없는 이유로 여러 가지를 거론하였지만 무엇보다 임시정부가 국민의 보통선거를 거쳐 설립된 정부가 아니라는 것을 가장 큰 이유로 들었다(이정식, 『대한민국의 기원』, 일조각, 2006, 88~92쪽). 군정과 이승만과의 관계도 대단히 껄끄럽고 대립적이었다. 이러한 이유로 이승만은, 군정장관 하지는 상대할 인물이 되지 못한다고 생각하고 별도로 미국으로 가서 독자적으로 활동을 한다. 이때 한민당은 이승만의 미국행에 경제적으로 도움을 준다. 군정에서 가장 호감을 가지고 대한 인물은 우사 김규식이었다.

김성수와 한민당은 군정과 협력관계를 유지하고 있었다. 그 당시 상황으로 보아서 남한의 공산화를 막고 치안과 질서를 유지하기 위해서는 협력이 불가피하였다. 그리고 한민당에는 구미유학을 마친 지식인들이 많이 참여하고 있어 언어소통 면에서도 큰 문제가 없었고 이에 따라 자연스럽게 접촉할 기회도 많았다. 1945년 10월에 미군정은 군정장관 고문 11명을 임명하였는데 김성수도 여기에 포함되었고 호선互選에 따라서 의장으로도 선출된다. 김성수는 수단과 방법을 가리지 않고 남한의 적색화를 노리는 공산세력을 막아야 한다는 주위의 권고로 고문직을 받아들인다. 이때 한민당은 경무부장인 조병옥을 통해서 군정에게 인민공화국의 불법화와 인민위원회의 해체를 강력하게 요청한다(심지연, 앞의 책, 76~77쪽).

임정의 법통을 존중하면서 임정을 지지한 한민당도 임정이 군정을 상대로 정권을 내놓으라고 할 때에 임정의 처사에 반대하였다. 임정이 군정을 부인하고 독립을 선포하면 큰 혼란이 일어나고 공산당이 어부지리를 얻게 될 것이라는 것이 한민당의 판단이었다. 즉 임정이 정권을 인수할 때에 극성스러운 좌익세력의 공산화 전략을 막을 수 없다고 생각하였다. 실제 임정 내에는 좌익세력이 적지 않게 포진하고 있었다. 김구는 우익으로 인식되었지만 그의 민족지상주의적 이념은 상황을 위태롭게 몰고 갈 수도 있었다. 훗날 김구가 남북협상 길을 떠나면서 "나에게는 좌도 없고 우도 없다. 오직 민족의 통일이 있을 뿐이다"라고 심경을 피력한 일이 있었다. 바로 이러한 자세를 위태롭게 생각한 김성수는 김구와 길을 달리하게 된다.

군정은 자신들의 입지를 넓히고 강화하기 위해서 김규식과 여운형을 중심으로 '좌우합작위원회'를 만든다. 한민당은 이에 대해서 강력하게 비판하고 나선다. 이러한 행위는 공산당에 대한 유화책이라는 것이다.

6. 이승만, 김성수 그리고 트루먼 독트린

국민의 기대 속에서 1946년 3월에 미소공동위원회가 서울에서 열린다. 통일정부 수립을 목적으로 하는 만큼 국민의 기대와 희망은 컸다. 그러나 회의는 처음부터 양자의 의견 대립으로 난항을 거듭하게 된다. 소련은 모스크바 3상회의에서 내린 결정을 수락한 정당만을 협의 대상으로 하자고 주장하고, 미국은 언론의 자유를 내세워 반대하는 단체도 협의 대상이 되어야 한다고 주장하고 나섰다. 우여곡절의 난항을 거듭하면서 결국 제1차 미소공동위원회는 5월에 결렬되고 무기휴회로 들어간다. 1947년 5월에 제2차 미소공동위원회가 다시 서울에서 열린다. 그러나 소련은 종전의 자세를 굽히지 않고 모스크바 3상회의 결정을 지지하는 정당만 협의 대상이 된다고 거듭 주장하면서 서울을 떠나 평양으로 가버렸다.

이승만이나 한민당의 김성수는 처음부터 미소공동위원회에 대해서 큰 기대를 하지 않았다. 이들은 벌써 양국 간의 냉전의 논리를 터득하고 있었다. 이승만은 제1차 미소공동위원회가 결렬되고 재개될 희망이 보이지 않자 바로 6월에 전북 정읍에서 남쪽만이라도 임시정부 혹은 위원회 같은 것을 조직해야 한다고 주장한다. 이 발언은 대한민국정부 수립의 출발점으로 역사적인 연설이다. 모든 단체들이 반대하고 미국무성과 군정청까지도 부인하고 나설 때에 오직 한민당만이 지지하고 나선다. 이승만이 1946년 12월에 미국에서 독자적인 외교 활동을 벌이는 동안 1947년 3월에 '트루먼 독트린'이 천명된다. 내용의 핵심은 자유를 지키기 위해서 공산주의에 힘으로 대항해야 한다는 것이다. 여기에 근거하여 국무장관 마셜은 미소공동위원회 재개를 촉구하고 이것이 여의치 못하면 남쪽에서만이라도 정부를 세워야 한다고 주장한다. 이로써 남한만의 자유민주주의 정치체제 수립, 즉 단정의 수립 분위기가 무르익기 시작하였다. 제2차 미소공동위원회가 결렬되자 3개월 만인 8월에 트루먼 대통령 특사인 웨더마이어 장군이 내한한다. 그는 남조선만의 선거 가부문제를 놓고 의견을 들었는데 이승만과 김성수는 찬성을 표하였고, 김구와 김규식은 반대 의사를 표명하였다. 이어서 마셜 국무장관은 9월 17일에 조선문제를 유엔에 넘긴다. 소련 대표는 조선문제는 미 · 소 양국이 다룰 문제이지 유엔에서 결코 다룰 수 있는 문제가 아니라고 펄펄 뛰었지만 유엔 총회는 41 : 6(기권 7)으로 의제로 채택한다. 유엔 총회는 여러 가지 우여곡절과 과정을 거쳐 11월 14일에 한국의 총선문제에 관해서 43 : 0(기권 6)으로 결의안을 통과시키는데, 그 골자는 1948년 3월 31일 이전까지 남북이 함께 총선을 실시하여 정부를 수립하고, 이것을 감시하기 위해서 유엔 한국위원단을 구성해서 파견한다는 것이었다.

이 무렵 김성수는 또 한 번의 큰 비통을 겪는다. 김성수와 한민당의 장량이라고 불렀던 장덕수가 12월 2일에 제기동 자택에서 괴한의 흉탄에 쓰러진 것이다. 그는 빼어난 이론가요, 웅변가였다. 그가 암살을 당하였을 때에 미국무성은 한국은 아까운 인물을 잃었다고 애도를 표하기도 하였다. 김성수에게 장덕수는 남다른 동지요, 한 몸 같은 사람이었다. 정치문제를 위시한 거의 모든 문제를 장덕수에 의존해서 풀어왔는데 그가 쓰러지니 김성수로서는 망연

자실할 수밖에 없었다. 후일에 김성수는 "고하의 죽음이 민족해방의 대가였다면, 설산의 죽음은 대한민국의 독립을 가져오기 위한 희생이었다" 라고 술회한 바 있다(인촌기념회, 앞의 책, 531쪽).

1948년, 1월에 유엔한국위원단이 내한한다. 이들은 조선인 대표들과 협의하겠다고 하면서 그 명단을 발표하였는데 여기에는 이승만, 김구, 김규식, 조만식, 김성수, 허헌, 박헌영, 김일성의 9명이 들어 있었다. 이승만은 소련의 방해로 남북을 통한 선거가 안 되면 남한만이라도 총선을 실시해서 통일정부를 세워야 한다고 주장한다. 김구는 미 · 소 양군이 철퇴한 다음 남북요인회담을 열어서 총선거를 실시할 것을 주장한다. 김규식은 소련이 북한 지역의 입경을 거부한다면 유엔 소총회가 대책을 재심해야 하며, 남북요인회담이 강구되어야 한다고 주장한다. 김성수는 소련의 거부로 남북 총선이 불가능하면 남조선만이라도 선거를 실시해야 한다고 이승만과 같은 입장을 밝힌다. 유엔 소총회는 1948년 2월에 "한국위원단은 전 조선에서 선거를 실시하도록 추진하고, 이것이 불가능하면 선거가 가능한 지역 내에서만이라도 선거를 실시할 것" 을 요구하는 미국의 제안을 31 : 2(기권 11)로 가결하였다.

7. 남북협상에 대한 회의적 자세

김구와 김규식은 유엔한국위원단에 남북요인회담의 알선을 요구하고 북조선 주둔 소련군 사령관에게 편지를 보내 김일성, 김두봉과 함께 서울에서 만나자고 제의한다. 이 요청이 거절되자 김구와 김규식은 연명으로 김일성과 김두봉에게 "남북 정치지도자 간의 정치협상을 통해서 통일정부수립의 방안을 토의하자" 라는 편지를 비밀리에 보낸다. 평양방송은 김구, 김규식의 요청과는 별도로 "남조선 단독정부 수립에 반대하는 남조선 정당 사회단체에 고함" 이라는 초청장을 보내면서 4월 17일에 연석회의를 열자고 제의한다. 김구와 김규식은 남북협상을 위해서 북행한다. 여기서 김구, 김규식, 김일성, 김두봉이 4자회담을 가지게 된다. 그러나 이 4자회담은 북한의 공산정권을 정당화해주는 역할밖에 하지 못하였다. 김성수는 남북협상은 총선에 대한 방해공작이라고 주장하면서 다음과 같이 피력하였다.

> 남북회담에 위대한 지도자들이 참석하였다 할지라도 그것은 남조선의 민의를 대표하였다고 볼 수 없으며 또 과반의 남북회담은 하등의 성과도 없었다. …… 남북회담의 선거방해 공작은 총선거에 하등의 영향을 주지 못하였다(『동아일보』 1948년 5월 16일자).

그러면 이 무렵의 북한 정황을 잠깐 살펴보기로 한다. 소련은 진주와 동시에 북조선의 각 도에 인민위원회를 설치하고 이것을 통합하는 통일정부 수립을 모색하고 있었다. 1946년 2월에 김일성이 북조선임시인민위원회 위원장에 취임하면서 독재체제를 구축하고 3월에 토지혁명을 단행한다. 동시에 조만식 등 민족주의 우파세력들을 숙청하여 버린다. 일사불란하게 공산주의체제를 확립시켜 놓고 통일정부를 위한 남북협상을 벌이자고 제의한 것은 희롱이요 사기극이었다고 할 수 있다. 김구나 김규식은 순수한 마음으로 저들과 만났지만 결국 저들의 농간에 이용만 당하는 꼴이 되었다. 실현가능성이 전혀 없는 통일정부를 내세우며 단정을 반대하는 김구의 정세 판단은 김성수로서는 참으로 안타까운 일이었다.

8. 오직 건국을 위해서

김성수는 5·10선거에 출마하지 않았다. 당수가 선거에 나서지 않은 것은 납득하기 어려운 일이었다. 그러나 그는 여러 가지를 생각해서 그러한 결단을 내린 것이다. 자기보다는 조선민주당의 부위원장인 이윤영에게 양보하는 것이 민족 전체로 보나 남북통일을 위해서나 조만식에 대한 존경과 우정의 뜻으로 보아서나 옳다고 생각하였다. 김성수는 조만식의 성자적 자세에 항시 경복하고 있었다. 당시 조만식은 조선민주당 위원장이었고 이윤영은 전술한 대로 부위원장직을 맡고 있었다.

새로 탄생한 국회가 우선적으로 할 일은 헌법을 제정하는 일이었다. 여기서 중요한 쟁점이 나타나는데 권력구조를 내각제로 하느냐 아니면 대통령제로 하느냐였다. 한민당은 유진오가 작성한 초안을 중심으로 내각제를 본회의에 상정하기로 한다. 이승만은 처음에는 찬성하다가 나중에 마음을 바꾸어 대통령책임제를 고집하면서 김성수에게 내각책임제하에서는 대통령을 하지 않겠다고 하면서 집요하게 김성수를 설득한다. 김성수는 당 간부들과 헌법기초위원들 전부를 모아 놓고 이승만의 요구를 들어줄 것을 설득한다. 김성수로서는 권력구조의 문제보다는 우선 독립정부를 수립하는 것이 급선무였고 대통령감으로 이승만만 한 인물이 없다고 생각되어 그의 뜻을 따르기로 마음을 굳힌 것이다. 대통령으로 당선된 이승만은 일반의 여망과는 달리 이윤영을 초대 총리로 지명한다. 여기에 가장 큰 충격과 배신감을 느낀 것은 김성수보다는 한민당이었다. 이승만이 왜 김성수를 외면하였는지는 알 수 없으나 이때부터 이승만과 한민당의 밀월관계는 끝나게 된다. 이승만은 이윤영이 인준을 받지 못하자 다시 이범석을 지명한다. 이범석은 김성수를 찾아와 협조를 부탁한다. 그는 쾌히 승낙하고 반발하는 한민당원들을 역시 건국의 급선무를 내세우면서 인준에 임해줄 것을 설득한다.

김성수의 꿈은 남북을 아울러 자유민주주의 정치체제를 수립하는 것이었다. 그러나 그것은 현실적으로 불가능하다고 판단하고 남한에서만이라도 이러한 정치체제를 수립해야 한다고 굳게 믿고 대한민국 탄생에 주춧돌 역할을 한 것이다.

신익희, 건국에 참여한 임정 출신의 현실주의자

김일영

1. 건국과 체제선택의 정치

정치란 사람 간에 일상적으로 벌어지는 이해관계의 충돌을 조정하는 것이다. 사회에서는 희소한 자원을 둘러싸고 갈등과 충돌이 끊이지 않으며, 그것을 방치할 경우 사회 존립 자체가 위태로워질 수 있다. 이러한 갈등을 조정하여 최적의 타협을 이끌어내는 것이 정치이며, 이러한 의미에서 미국의 정치학

金一榮 성균관대학교 사회과학부 정치외교학과 교수.

저서로는 『주한미군』(한울, 2003), 『한미동맹 50년』(백산서당, 2004), 『건국과 부국』(생각의 나무, 2005), 『해방전후사의 재인식』(책세상, 2006), 『박정희 시대와 한국현대사』(공저, 선인, 2006), 『이승만 대통령의 역사적 재평가』(공저, 연세대학교 출판부, 2006)이 있으며 역서로는 『적대적 제휴』(문학과 지성사, 2004), 『북핵퍼즐』(따뜻한 손, 2007)이 있다. 논문으로는 「현대 한국에서 자유주의의 전개과정」(『한국정치외교사논총』, 29-2, 2008), 「농지개혁을 둘러싼 신화의 해체」(『한국정치외교사논총』, 22-1, 2000), 「朴正熙對金大中 : 祖國近代化論と大衆經濟論を中心に」(九州大學『韓國硏究センター年報』, Vol.7, 2007년 3월) 등이 있다.

자 이스튼D. Easton은 정치를 '가치들에 대한 권위적 배분'으로 정의하였다.

그런데 해방 직후 한국에서 생겨난 정치는 이러한 모습과는 상당히 달랐다. 이 무렵에는 더욱 거창하고 근본적인 문제들이 사람들을 사로잡고 있었다. 해방이 독립으로 이어지지 못한 상황, 즉 미군정의 지배를 받게 된 상황에서 누가, 언제, 어떻게, 그리고 어떤 내용을 지닌 국가를 세울 것인가가 모든 이들의 주된 관심사였다. 자본주의와 사회주의 중 어떤 체제를 택할 것인가, 통일국가인가 분단국가인가, 정부의 권력구조는 대통령제와 내각제 중 어느 것이 좋은가 등이 당시 정치의 주요한 관심사였고, 이 모든 문제는 누가 권력을 장악할 것인가와 밀접하게 관련되어 있었다.

해방(1945년 8월 15일)부터 건국(1948년 8월 15일)까지의 한국정치는 게임의 규칙이 이미 주어진 상태에서 갈등 조정과 분배의 문제만을 정하는 과정적이고 절차적인 것이 아니라 게임의 규칙 자체를 새로 선택하고 만들어야 하는 더 근본적인 것이었다. 이 점에서 당시의 정치는 '이해갈등 조정의 정치'보다는 '체제선택의 정치'였다고 할 수 있다.

이와 같은 해방정국에서 오랫동안 해외 망명생활을 하고 귀국하여 정치를 펼친 해공海公 신익희申翼熙(1894~1956)는 바로 이러한 체제선택의 문턱을 넘어야 했다.

이 글에서는 그가 해방 직후 복잡한 과정을 거치며 임정요인으로서 김구와 결별하고 대한민국 정부 수립에 참여하여 마침내 국회의장에 오르는 사정을 살피고, 뒤이어 이승만과도 결별하고 민주정치를 외치다가 세상을 떠난 그의 면모도 개략적으로 훑어보고자 한다.

2. 신익희의 정치적 현실주의와 단독정부 참여

이러한 체제선택의 정치에서 신익희가 택한 노선은 한반도의 38도선 이남에 자본주의적 민주국가를 우선적으로 수립하자는 단독정부(이하 단정)론이었으며, 그 중심은 이승만이었다. 당시 임시정부(이하 임정) 출신의 다수는 김구를 중심으로 남한만의 단정 수립에 반대하는 노선을 취하였다. 하지만 이시영, 지청천, 이범석 등은 임정 출신이면서도 이승만의 단정론에 동조하였는데, 신익희도 그중 한 사람이었다.

신익희는 왜 단정론을 수용하였을까? '자유주의와 공산주의의 이념적 갈등과 대립'이 첨예화된 정황에서 처음부터 남북한이 하나로 통일된 정부를 세우기는 어렵기 때문에 남한에서라도 먼저 정부를 수립할 수밖에 없다는 게 신익희의 논리였다. 이러한 주장의 배후에는 소련 공산주의의 팽창에 대한 경계심이 깔려 있었다. "소련이 김일성을 앞세워 북한에 사실상의 친소 소비에트정권을 세우고 그것을 기반으로 남한까지 공산화하려는 상황"에서 "통일정부만 주장하고 있을 수는 없다. 소련의 기도에 맞서기 위해서는 남한에서도 자유민주주의적인 단정을 수립해야 한다"라는 것이 신익희의 논거였다.

신익희의 단정론 수용을 어떻게 평가할 것인가? 사실 신익희의 현실 인식은 미·소 갈등이 본격화되고 냉전이 시작된 당시의 국제정세를 정확히 간파한 것이다. 그럼에도 우리 사회에는 단정론이나 그에 동조한 세력을 분단의 원흉인 양 단죄하고 통일정부를 주장한 중간파(특히 김구 중심의 임정세력)를 민족적인 세력으로 칭송하는 해석이 널리 퍼져 있다. 심지어 북한의 김일성도 통일정부를 주장한 세력에 넣어 긍정적으로 평가하는 해석도 적지 않다. 과연 그럴까?

3. 실현가능성이 난망한 중간파 노선

해방정국에서 김일성은 분명 통일정부를 주장하는 세력은 아니었다. 그는 말로는 통일을 내세웠지만 실제로는 소련의 지시 아래 북한에 소위 '민주기지'를 먼저 건설하는 작업에 매진하였고, 북한 정권 수립 이후에는 남한을 적화赤化통일해야 한다는 '국토완정론國土完整論'을 내세워 한국전쟁을 도발한 인물이다. 더구나 북한에 독자적인 정부('민주기지')를 건설하려는 노력은 남한보다도 앞선 1945년 10월 중순부터 시작되었으며, 이듬해 2월경에는 이미 실질적인 정부기구(북조선임시인민위원회)가 들어서 있었다.

이렇게 본다면 김일성을 통일정부 수립세력으로 보는 것은 어불성설이다. 더 나아가 소련의 지시 아래 '민주기지'를 건설하기 위해 북한이 보여준 구체적인 움직임에 대해 남한의 정치세력이 우려하고 대처방안을 강구하는 것은 당연하다고 할 수 있다.

이러한 대처방안은 두 가지로 나타났다. 하나는 단정론이고, 다른 하나는 남북협상론이었다. 이승만 중심의 단정론은 냉전질서에서 미국에 편승하여 일단 남한에 정부(단정)를 세우고 그를 기반으로 북한을 통일하겠다(북진통일)는 2단계 통일론이었다. 반면 중간파의 남북협상론은 냉전질서를 거부하고 곧바로 통일정부의 수립을 추구하는 독자노선이었다.

중간파의 노선은 명분은 있었으나 냉전이 본격화된 초기에, 분할점령을 당한 나라에서, 세력이 크지도 못한 중간파가 성공시키기에는 때 이른 시도였다. 다른 나라의 경우를 보아도 냉전질서 자체에 대한 거부와 저항의 움직임은 냉전 자체가 다소 이완 조짐을 보이는 1950년대 후반에야 등장하였다. 오스트리아는 분할점령을 중립화 통일로 극복한 유일한 나라인데, 그것 역시 십여 년의 점령 기간을 거친 후인 1955년에야 가능하였으며, 온건 사회민주주의자인 칼 레너K. Renner를 중심으로 민족 내부의 단결을 도모한 후 점령국의 신뢰를 얻을 수 있었기에 가능한 일이었다. 따라서 1940년대 후반 시점에서 한국 중간파의 협상노선은 냉전의 세계시간에 비추어볼 때 너무 조숙한 시도였다고 할 수 있다.

4. 국내 세력과 합작해 헌법의 기초를 닦은 현실주의자

신익희의 정치적 현실주의자로서 면모는 귀국 직후 국내세력과 합작을 모색하는 데서부터 드러났다. 신익희는 임정의 제2진으로 조소앙 등과 함께 1945년 12월 1일 귀국하였다. 귀국 이후 대부분의 임정세력은 국내에 남아 있던 사람들에게 '당신들은 여러 모로 일본에 협력하였으니 자숙하는 태도를 보이라'는 고압적 자세를 취하였다. 심지어 조소앙은 "20년 이상 독립운동에 헌신한 사람에게만 국무위원 자격을 주자"(이인, 『반세기의 증언』 명지대학교 출판부, 1974, 181쪽)는 발언까지 하였다. 하지만 신익희는 달랐다. 그는 미군정으로부터 행정권을 인수하고 건국을 준비하기 위해서는 국내세력, 특히 일제하에서 관리로 일하였던 사람들의 힘도 필요하다는 태도를 취하였다.

신익희는 환국하자마자 임정 조직을 확대하고 건국을 준비하는 작업에 착수하였다. 신익희는 국무회의 의결을 거쳐 자신이 부장으로 있는 내무부 산하에 '정치공작대'와 '행정연구위원회'를 설치하였는데, 전자에 대해서는 뒤에서 설명하고 우선 후자부터 살펴보면 행정연구위원회는 1945년 12월 17일 발족하였는데, 신익희는 여기에 일제하에서 고등문관시험에 합격해 총독부 관리로 일하던 한국인 70여 명을 모아놓고 건국의 제도적 기반을 연구하기 시작하였다. 신익희는 국내세력과 손잡는 자신의 변을 이렇게 밝혔다.

나부터도 행정에 대한 능력과 수완이라고는 털끝만치도 없는 것이 사실입니다. 비록 여러분은 일제의 폭정 아래서 자신과 가족의 명맥을 유지하기 위하여 왜인들과 합작하는 체하였지만 이제 건국의 기초를 닦고 공로를 세움으로써 과거의 잘못을 깨끗이 씻을 수 있는 것입니다(송원영, 「흐르는 별들 : 신익희와 유석」, 『동화』, 1990, 7월호, 176쪽).

해방은 되었지만 독립은 안 된 당시의 현실에서 신익희는 하루빨리 건국을 성취하기 위해서는 소위 '친일관료'의 전문 지식도 필요하다고 생각하였던 것이다. 평생 독립운동에 매진하면서 힘겨운 삶을 보냈던 신익희라고 어찌 국내에서 일신一身의 안일安逸을 위해 일제에 협력하였던 사람들이 밉지 않았겠는가? 하지만 신익희는 건국의 대의를 위해서는 그들의 행정 경험과 전문 지식이 절실히 필요하다는 현실주의적 생각에서 미움을 거둔 것이었다.

행정연구위원회는 산하에 '헌법분과위원회'를 두고 최하영 등이 중심이 되어 1946년 2월부터 3월 사이 여러 차례 회합을 가지고 헌법초안을 작성하였다. 그 결과 '제1단계 헌법초안'(국회도서관 편, 『국회보』, 제20호, 1958, 7월호, 59~64쪽 참조)이 작성되었는데, 이 안은 1948년 제헌과정에서 유진오의 시안과 합해져서 대한민국 건국헌법의 중요한 기초자료가 되었다.

1945년 12월 말 '모스크바 3상회의'에서 한반도를 신탁통치(이하 반탁)하기로 결의하였다는 소식이 알려지자 임정은 가장 먼저 반탁운동에 나섰다. 이때 신익희는 자신이 맡고 있는 임정 내무부장 명의로 포고문을 두 차례(國字布告 1호와 2호) 발표하였다. '미군정 소속의 모든 한국인 관리와 경찰을 임정이 접수(제1호)'하며 '일반 국민도 임정이 관장(제2호)'한다는 요지였는데, 이 포고문은 신익희의 지시를 받고 '행정연구위원회'가 작성한 것으로 알려졌다.

5. 정치공작대의 활약과 해체

신익희는 이 포고문을 확산시키고 반탁운동을 추진하기 위해 자신이 만든 또 다른 조직인 '정치공작대'를 적극 활용하였다. 정치공작대는 임정 조직을 확대하고 대중적 기반을 만들기 위해 신익희가 만든 조직이었다.

신익희는 직접 중앙본부장을 맡아 38선 이북까지 포함한 전국의 지방 조직을 확대하는 데 주력하였다. 그 결과 1946년 2월경에는 면 단위까지 조직될 정도로 정치공작대의 세가 급속히 늘었다(정치공작대 중앙본부, 「조직공작에 관한 사항」, 『미군CIC정보보고서』, 중앙일보 현대사연구소, 1996, 408~417쪽 ; 박진희, 「해방 직후 정치공작대의 조직과 활동」, 『역사와 현실』, 21집, 1996, 176~177쪽).

신익희는 정치공작대원으로 하여금 포고문을 전국으로 확산시키도록 하는 한편, 1945년 12월 29일에는 서울 시내 9개 경찰서장을 정치공작대 중앙본부로 불러 모아 반탁운동에 호응할 것을 명령하기도 하였다. 12월 31일에는 임정 주도로 '탁치 결사반대 시민대회'가 서울운동장에서 벌어졌고, 여기에 참여한 많은 시민이 반탁을 외치며 거리행진을 벌이기도 하였다(한시준, 「해공 신익희와 대한민국임시정부」, 『한국근현대사연구』, 제41집, 2007, 여름호, 116~117쪽).

포고문이 임정과 협의를 거쳐 발표된 것인지 아니면 신익희 단독으로 작성하여 발표한 것인지는 명확하지 않다. 어쨌든 포고문 발표와 그에 뒤이은 임정 및 신익희의 조직화된 반탁 움직임에 대해 미군정은 매우 당혹스러워 하였다. 미군정은 이러한 일련의 행동을 '임정의 쿠데타'로 인식하였다. 애초 정부 자격을 포기하기로 약속하고 들어온 임정이 그것을 어기고 '38도선 이남의 유일한 통치기구'인 미군정에 반기를 든 행위로 본 것이다.

미군정은 한때 임정요인들을 해외로 추방할 생각도 하였지만 1946년 1월

1일 하지와 김구가 만나 향후 반탁운동을 평화적으로 전개하기로 합의함에 따라 사태가 가까스로 수습되었다. 하지만 신익희는 미군정에 구금되어 심한 고초를 겪어야 하였다. 주한미군 방첩대CIC는 포고문을 발표한 신익희를 이틀 동안 연금한 채 심문하였고, 그의 조직인 정치공작대 본부를 압수·수색하여 그 실체가 드러나게 하였으며, 해산하라는 압력을 가하였다(신창현, 『해공 신익희』, 해공신익희선생기념사업회, 1992, 268~270쪽).

결국 김구와 이승만은 미군정의 압력을 견디지 못하고 1946년 4월 28일 정치공작대를 해체하여 '독립촉성국민회(이하 독촉)'에 합치기로 결정하였다(박진희, 앞의 논문, 197~198쪽). 하지만 미군정의 압력이 정치공작대 해체의 유일한 원인은 아니었던 것 같다. 해체과정의 전모가 아직 드러나지는 않았지만 이 과정에서 임정 내부의 권력 갈등, 특히 정치공작대와 행정연구위원회를 기반으로 신익희의 힘이 급속히 커가는 것을 질시하는 세력의 방조도 한몫한 것으로 짐작된다.

6. 임정과 결별하고 이승만과 손잡다

어쨌든 이 일을 계기로 신익희는 임정과 거리를 두기 시작하였다. 신익희는 "임시정부의 손과 발 노릇을 할 엄청난 기반(정치공작대)을 잘라버리고 어떻게 독립운동을 할 수 있는가"라는 의문을 제기하면서 임정을 떠나 이승만과 손을 잡았다. 1946년 6월 정치공작대 조직을 이승만이 주도하던 독촉에 합류하기로 결정하고 그 부위원장을 맡았다(한시준, 앞의 논문, 120쪽).

이승만과 손잡은 이후 신익희는 반공 전선에 앞장섰다. 그는 1946년 초 '대한반공연맹'을 결성하고 그 이사장에 취임하였다. 그는 반공연맹 이사장이자 독촉 부위원장 자격으로 전국을 돌며 두 단체의 지부를 결성하고 반공

사상을 전파하는 데 힘썼다. 아울러 그는 건국사업의 일환으로 '국민의 대학'을 세우는 작업과 국민의 체력을 키우는 일에도 신경을 기울였다. 그 결과 1946년 9월 1일 '국민대학'을 설립해 초대 학장에 취임하였고 대한체육회를 만들어 초대 회장을 맡기도 하였다.

신익희는 미군정이 만든 '남조선과도입법의원(이하 입법의원)'에서 민선의원으로 활동하기도 하였다. 미군정은 자신들이 추진하던 탁치안을 관철시키기 위해 그것을 지지하던 좌우합작파의 다수를 입법의원의 관선의원에 임명하였다. 하지만 신익희는 이러한 입법의원 내에서 여타 의원들을 설득하여 반탁결의안을 만장일치로 통과시키기도 하였다. 아울러 좌우합작파이던 김규식이 입법의원 의장직을 사퇴하자 후임 의장에 선출되기도 하였다.

1947년 11월 14일 유엔은 한국문제에 관한 결의안을 통과시켰다. 골자는 유엔 감시하에 남북한에서 인구비례에 따른 총선거를 실시하여 통일된 독립정부를 수립한다는 것이며, 이 선거를 감시하기 위해 UNTCOK(United Nations Temporary Commission on Korea, 유엔한국임시위원단)를 구성하여 한국에 파견한다는 것이었다. 이에 따라 1948년 1월 이 위원단이 입국하였다. 그러나 소련의 거부로 위원단은 북한을 방문할 수 없었다. 이 딜레마를 해결하기 위해 그해 2월 유엔은 '선거감시가 가능한 지역', 즉 남한에서만 인구비례에 따른 총선거를 실시하기로 결정하며, 미군정은 이를 받아들여 그해 5월 10일 남한에서 총선거를 실시한다고 발표하였다.

단정수립 문제가 표면 위로 부상하자 신익희와 임정의 노선 차이는 더욱 분명해졌다. 신익희는 이승만을 좇아 단정수립을 위한 5·10선거에 적극 참여하기로 한 반면, 김구 중심의 임정은 김규식 등의 중도파와 연합해 선거를 거부하고 통일정부를 수립하기 위한 남북협상에 나섰다.

5·10선거에서 신익희는 고향인 경기도 광주에서 출마하여 무투표로 당선

되었다. 개원 첫날인 5월 31일 국회는 의장단을 선출하였는데, 이승만이 의장에 그리고 신익희와 김동원이 부의장에 당선되었다. 그 후 헌법이 만들어지고 이승만이 대통령으로 선출되자 신익희는 후임 국회의장이 되었다.

7. 이해갈등 조정의 정치 등장 그리고 이승만과 결별하다

선거를 실시하고 국회를 구성하며 헌법을 만들 때까지는 이승만과 신익희 그리고 '한국민주당(이하 한민당)'은 한 배를 타고 단정을 향해 나아갔다. 하지만 이승만이 대통령에 선출된 후 권력을 나누는 과정, 즉 조각組閣과정에서 그들 사이에 이해관계가 엇갈려 서로 여야로 갈라지게 되었다.

주지하듯이 한민당은 제헌과정에서 이승만의 고집에 밀려 권력구조를 내각제에서 대통령제로 양보하였다. 대신 한민당은 이승만이 자신들에게 요직에 해당하는 장관 자리를 여럿 할애할 것으로 기대하였다. 하지만 이승만은 재무장관 한 자리만 한민당에게 할애하였고, 이에 한민당은 '이제부터 시시비비를 가리겠다'며 야당을 자임하고 나섰다.

첫 조각 당시 신익희는 이승만에게 임정 출신 인물들을 중용할 것을 건의하였다. 비록 그들이 단정수립에 반대해 선거를 거부하였지만 그래도 신생 대한민국의 정통성의 기반을 넓히기 위해서는 그들을 포섭해야 한다는 것이 신익희의 주장이었다. 같은 이유에서 신익희는 북한의 5도 지사를 임명하자는 의견도 냈다. 이승만은 후자의 의견은 수용하였으나 전자의 건의는 수용하지 않았다. 결국 이 일을 계기로 신익희는 이승만과 멀어지기 시작하였고, 마침내 독촉을 탈퇴하고 임정 출신의 지청천 등과 어울려 '대한국민당'을 결성하여 야당의 길로 나섰다.

요컨대 신익희와 이승만 그리고 한민당은 건국과정을 지배한 '체제선택의 정치'의 국면에서는 우선 남한만이라도 반공정부를 수립하자는 면에서 서로 뜻을 같이하였다. 하지만 건국 이후 '이해갈등 조정의 정치'가 등장하자 권력의 분배를 둘러싸고 서로 이해가 엇갈리기 시작하였고, 그 와중에 신익희와 한민당은 이승만에 맞서는 야당으로 변신하였다. 한민당과 대한국민당은 1949년 2월 합당하여 '민주국민당(이하 민국당)'이란 단일 대오를 형성한 후 이승만의 전횡專橫을 막기 위해 내각제 개헌안을 국회에 제출하여 이승만을 압박하기도 하였다.

제헌국회의원은 임기가 2년이었기에 1950년 5월 30일 제2대 국회의원 선거가 거행되었다. 이번에도 신익희는 경기도 광주에 출마하여 이승만이 지지하는 국민당 후보를 압도적 표차로 누르고 재선되었으며, 여세를 몰아 제2대 국회의 의장으로도 다시 뽑혔다. 1954년 말 자유당이 '사사오입四捨五入 개헌'이라는 터무니없는 짓을 저지르자 분열되어 힘을 발휘하지 못하던 야당 세력이 하나로 뭉쳐 민주당을 만들었다. 신익희가 속한 민국당도 이에 참여하여 민주당 '구파舊派'라는 커다란 파벌을 형성하였다.

1956년 5월 15일 실시되는 제3대 정·부통령 선거에 신익희는 민주당 대통령 후보로 나섰다. 그는 당시 국민 정서를 파고드는 '못 살겠다 갈아보자'라는 구호를 내세워 선풍적 인기를 모았다. 그러나 선거 직전인 5월 5일 신익희는 호남 유세를 가던 중 기차 안에서 뇌출혈로 급사하고 말았다. 향년 만 62세였다.

8. 철저한 반공적 민주주의자

건국과정과 그 이후 신익희가 보여준 면모는 '반공적 민주주의'로 요약될 수 있을 것 같다. 사실 신익희가 남긴 기록은 그리 많지 않아서 그의 사상적 면모를 체계적으로 살펴보기는 쉽지 않다. 따라서 우리는 그가 단편적으로 남긴 기록과 정치적 행적을 통해 그것을 짐작해볼 수 있을 뿐이다.

민주정치에 대한 신익희의 생각은 주권재민과 법치주의로 요약될 수 있다. 그는 "민주주의 국가는 백성이 제일이요 백성이 주장하는 나라이며, 민주주의는 곧 법치주의"라고 하면서 "참된 민주정치는 국민 전체의 뜻대로 국민 전체의 손으로 좌우되는 정치"라고 말하고 있다(김일영, 「해공의 민주정치」, 『메트로폴리탄』, 1995, 4월 16일자, 66쪽).

이러한 민주정치를 실현할 수 있는 구체적인 방안으로 신익희가 주장한 것은 내각책임제에 입각한 책임정치의 구현이다. 그는 당시 이승만 체제가 일인독재의 정치적 파탄에 빠진 이유를 대통령중심제에서 찾고 있다. 즉 '우리 실정에 맞지 않는 대통령중심제 때문에 일인의 자의정치가 초래되었고 자유당 절대 다수의 국회는 어용기관화되었으며 국정의 책임을 물을 길이 없게 되었다'는 것이 당시의 정치현실에 대한 신익희의 평가였다. 따라서 그는 '정치의 민주화를 위해서 대통령중심제를 내각책임제로 개정해야' 한다고 하면서 그 논리적 근거로 책임정치의 구현을 주장하였다.

삼십여 만 명이 운집한 그 유명한 1956년 5월 2일의 한강백사장 선거유세에서 그는 자신의 이러한 주장을 다음과 같이 알기 쉽게 설명하고 있다.

> 언제나 국민의 대표격인 국회에서 '당신 일 잘못하니 그만둬' 그러면 당연히 책임지고 물러가야 하는 것이 이 안입니다.……그때 과연 전 국민의 의사가 이러한 것인지, 아닌지를 알아보기 위해 정부에서 국회를 한 번은 해산하는 권리를 가져야 한다는 것이 내각책임제가 가지는 근본 뜻일 것입니다.

주권재민, 법치주의, 내각책임제, 책임정치 등이 신익희(민주당)와 이승만(자유당) 사이에 민주정치의 이론과 실천을 둘러싸고 차이 나는 점이라면, 민주주의와 공산주의를 대립개념으로 파악한다는 점에서는 양자 간에 별반 다른 점이 없다. 신익희는 공산주의는 인민을 노예화하고 소련을 조국으로 생각한다는 점에서 반민족적이기 때문에 '공산당은 특수한 종류'라고 하면서 한국전쟁도 동족상잔으로 보면 안 되고 민주진영이 특수한 종류인 공산진영과 벌이는 '시전장試戰場이자 전위적인 열전'으로 봐야 한다고 주장하였다. 그리고 '공산 · 민주 간의 대립은 상대적인 문제가 아니라 절대적인 문제'라고 하면서 공산주의와 대화하는 것은 '여호모피與虎謀皮', 즉 호랑이를 앞에 두고 가죽 이야기를 하는 것과 같다고까지 말하였다.

결국 해방 이후 신익희의 생애는 반공 때문에 이승만과 손잡고 건국을 하였고, 민주주의 때문에 이승만과 결별해 정치적으로 경쟁하는 모습을 보여주는 '반공적 민주주의자'의 면모로 요약될 수 있을 것 같다.

조병옥, 민족우파의 실천적 자유민주주의자

진덕규

1. 머리말

이 글에서는 대한민국 건국과정에서 유석維石 조병옥趙炳玉(1894~1960)의 정치 활동을 다루어보기로 한다. 이를 위하여 먼저 해방정국에서 좌우파의 대결과 미군정시대의 정치 상황을 살펴보면서 이 시기에 조병옥의 정치 활동도 함께 생각하게 될 것이다. 실로 '조병옥이 없는 미군정기의 정치 상황'을 올바로 설명한다는 것은 불가능하다. 그만큼 조병옥은 미군정기 우파의 야전군 사령관과 같은 위치에서 활동하였다. 이러한 사실을 이해하기 위해 여기서는 먼저 해방 당시의 정치 상황부터 살펴보고 이어 조병옥의 정치 활동도 다루어볼 것이다. 그러므로 대한민국 건국 이후의 조병옥의 정치 활동, 즉

陳德奎 이화여자대학교 석좌교수.
저서로는 『현대민족주의의 이론구조』(지식산업사, 1986), 『한국정치사서설』(지식산업사, 2000), 『한국정치의 역사적 기원』(지식산업사, 2002), 『한국정치와 환상의 늪』(학문과사상사, 2006) 등이 있다.

내무부장관이나 야당의 대통령 후보로서의 정치 활동 등에 대해서는 여기에서는 논의하지 않기로 한다. 다만 조병옥의 활동을 해방의 시기에만 국한하기 위해서는 그 이전의 개인적인 약전이나 활동도 논의할 수밖에 없는데, 이는 미군정기 그의 정치 활동을 인식하기 위해 불가피하기 때문이다. 다만 이 글은 조병옥의 개인적인 평전이 아닌 '대한민국 건국과정에서의 조병옥'이라는 점에서만 국한해 다루게 될 것임을 미리 밝혀두기로 한다.

2. 해방과 좌우의 대립

해방은 한국인에게 예고 없이 들이닥쳤다. 해외 민족운동 지도자 중에는 일본 패전을 예견한 이도 있었지만 국내의 대다수 사람들은 일본 총독부의 만행에 잔뜩 움츠러들어 있었다. 징병이며 징용이 강제되었고 악랄하게 집행된 강제공출로 주민생활은 극도로 피폐하였다. 그러면서도 '귀축영미鬼畜英美'를 되뇌어야 했고 '동방요배東方遙拜'와 '황국신민서사皇國臣民誓詞'를 초등학생까지 강제 암송해야 했다.

1945년 8월 15일 일제 패망의 그 시기에도 한국사회는 독립국가를 이룰 준비가 별로 마련되지 않고 있었다. 그 때문에 해방 이후 한국사회는 정치 사회적으로 극도의 혼란에 떨어지게 되었다. 당시 일본 총독부는 그들의 안전을 보장받기 위해서 국내의 몇몇 지도자에게 건국준비위원회를 조직하도록 조치하였다. 이렇게 해서 등장하였던 것이 여운형呂運亨의 건국준비위원회(이하 건준)로 그것은 일본 총독부 관계자로부터 정권 이양을 약속받기도 하였다. 그러나 건준은 독립국가 건설을 위한 준비기구로는 그 정당성에서 한계를 가질 수밖에 없었다. 패전국의 강압적인 통치기구인 일본 총독부는 정권 인수를 위한 정치기구나 그것에 대해서 논의할 아무런 권한도 자격도 없었기 때문이다.

그러나 해방정국에서 건준 등 중도 좌파와 좌파세력은 정치 활동에서 기선을 점하고 있었다. 이들은 식민지 통치기에도 민족·계급투쟁을 조직적으로 행하였기 때문에 일정한 정치·사회적인 기반을 가질 수 있었다. 특히 박헌영朴憲永의 조선 공산당 재건파만 해도 해방의 시점에서는 조직적인 정치세력으로 재등장할 수 있었다. 그러나 우파의 정치 활동은 좌파에 비해 늦었다. 이는 식민지시대 우파 민족운동의 성격 때문에 빚어졌던 결과였다. 구체적으로 국내 우파세력은 1920년대 이후 문화민족운동으로 나아감으로써 일본 총독부와도 일정한 거리 관계를 유지하고 있었다. 문화민족운동이 일본 총독부의 감시 속에서 언론과 교육을 중심으로 민족·민중의 계몽운동에 치중해왔기 때문이었다.

물론 우파도 1930년대 이후 몇 갈래로 나뉘어 활동하였다. 그 한 갈래는 앞에서 말한 문화민족운동으로 여기에는 이광수李光洙와 같은 자치론자들도 참여하고 있었다. 둘째로는 김병로金炳魯, 이인李仁 등과 같은 합법적 민족주의자들로 이들 대부분은 변호사로 조선인의 권익 보호에 앞장서고 있었다. 마지막 한 갈래는 식민지 통치체제에 적극 투쟁하였던 민족주의자들로, 이들은 일본 식민지 통치의 가혹한 탄압으로 징역형을 받았거나 낙향함으로써 곤궁한 생활을 영위해야 했다. 여기에 속한 대표적인 인사 중 한 사람이 바로 조병옥이다.

해방을 맞자 박헌영 중심의 조선 공산당 재건파가 정치 활동에서 사실상 앞장섰으며, 여운형의 건준과도 일정한 연계를 맺고 미군의 인천상륙 때까지 근 한 달 동안 해방정국을 주도하였다. 여기에 맞섰던 우파는 미군의 한반도 진주를 전후해서 비로소 조직적인 활동을 보여줄 수 있었다. 우파의 정치 활동이 늦은 이유는 일제 식민지 말기의 총독부 탄압으로 민족투쟁의 조직적인 활동이 이루어질 수 없었기 때문이었다. 그러나 미군의 한반도 진주가 이룩된 1945년 9월 초부터 우파는 송진우宋鎭禹 등을 중심으로 조직적인 활동을 보여주었는데, 구체적으로 미군의 한반도 진주를 환영하는 국민대회준비회의 조직에서부터 그 활동이 본격화되었다. 이어 9월 9일에는 미군사령관 하지John R. Hodge와 송진우 등 우파 지도자 사이에 향후 정국에 대한 회합이 있었으며, 그러한 정치 활동의 연장선상에서 9월 16일 한국민주당(이하 한민당)이 결성될 수 있었다. 한민당의 등장으로 좌파와 우파 사이에는 점점 더 격렬한 대결적인 투쟁으로 달려가게 되었다.

3. 식민지 시대의 민족주의자

앞서도 말하였지만 이 시기 우파의 정치 활동에서는 조병옥이 실천적인 활동가로 그 앞자리를 차지하였다. 해방정국에서 뒤늦은 정치 활동 때문에 우파는 좌파에 의해 기선을 제압당하였는데, 건국준비위원회만 해도 여운형, 안재홍安在鴻이 8월 15일의 '동포여 경거망동하지 말라!'는 요지의 방송을 함으로써 대다수 국민이 건준을 독립국가 건설을 위한 합법적인 준비기관으로 여길 정도였다. 건준은 지방의 행정단위마다 조직되었으며 그 책임자나 간부는 주로 민족주의자로 되어 있었지만 실제 책임자였던 차장은 대부분 좌파로 충당되고 있었다. 건준은 초기의 여세를 몰아서 9월 6일에는 '조선인민공화국'의 수립과 그 각료 명단을 발표하게 되는 이른바 지상조각紙上組閣도 보여주었다. 물론 건준의 이러한 발표는 그들만의 일방적인 결정이었으며, 여기에 이름이 올랐던 우파 인사들과도 사전 협의가 없었다. 건준 측은 '비상한 시국에 비상한 방법'으로 이를 행하였다는 식으로 변명하였지만 그것은 절차상 정당성을 잃었고 국민 의사를 올바르게 반영하지도 못하였다.

그런데 미군의 한반도 진주는 해방정국을 좌파로부터 우파 주도로 역전시키는 한 계기가 되었다. 전승군이자 점령군으로서의 미군은 우파에게 지원군 이상의 의미를 갖게 되었다. 우파는 백관수白寬洙, 김병로, 이인, 서상일徐相日 등과 고려동지회의 원세훈元世勳, 이순탁李順鐸, 김약수金若水, 그리고 국민회의 윤보선尹譜善, 장덕수張德秀, 허정許政, 김도연金度演, 김동원金東元, 백남훈白南薰, 윤치영尹致映 등 천여 명이 참석한 가운데 1945년 9월 16일 서울 낙원동의 협성중학교 강당에서 한민당을 창당하였다. 한민당은 국내 우파의 결집체로 수석총무 송진우를 비롯해서 김병로, 이인, 조병옥 등 8명의 총무로 이루어진 집단지도체제 아래 합의제로 운영되었다. 조병옥은 당시 51세로 한민당의 다른 총무보다 젊은 축에 속하였다. 그는 한민당 주도의 미군 진주 환영회 추진위원장의 일을 맡아 같은 해 10월 20일 중앙청 앞 광장에서 거행된 환영회에서 환영사를 읽기도 하였다.

공산주의자 등 좌파와의 대결과정에서 조병옥이 보여준 정치행동에는 그의 기독교적 배경과 구미 유학 그리고 자신의 민족주의적 독립투쟁에서 이룩된 경험이 반영되고 있었다. 그는 기독교 계통의 공주 영명학교와 평양 숭실학교 그리고 배제전문학교에서 수학하였다. 1914년 미국 펜실베이니아 킹스턴의 와이오밍고등학교를 거쳐 컬럼비아대학 경제학과에서 1923년에는 석사학위를, 1925년에는 박사학위를 받았다. 그는 미국 유학을 통해 세 가지 가치관을 확립하였는데 자본주의에 대한 확고한 신념, 자유민주주의에 대한 확신, 그리고 흥사단의 무실역행務實力行의 실천이었다. 특히 자본주의에 대한 신념은 컬럼비아대학에서 그가 배웠던 자본주의 정치경제학에 기반을 두고 있었다. 공산주의는 특정 계급의 지배를 정당화하는 혁명논리이며 '계급 없는 사회나, 혁명을 통한 프롤레타리아의 승리'도 궁극적으로는 소수 특권층의 통치권 장악에 불과하다고 생각하였다. 반공주의자로서 그의 확고한 신념과 자본주의 경제학에 대한 지적 기반도 이 시기에 이루어졌다.

또 다른 신념인 자유민주주의는 미국 정치를 모델로 삼았다. 국민의 의사를 대변하는 의회의 구성, 국민에 의해 선출된 대통령이야말로 자유민주주의 정치의 기본이라고 여겼다. 그에게 자유민주주의는 궁극적인 지향이었고 그것에 의해 국민의 자유와 평등도 이룩될 수 있다고 믿었다. 미국에서 경험하였던 자유민주주의와 자본주의야말로 앞으로 한국사회도 꼭 이룩해야 할 모형이라 여겼다.

그는 어릴 때부터 기독교적 배경에서 성장하였고 스스로 기독교도로 생활하였다. 특히 도산 안창호安昌浩는 조병옥에게 큰 스승으로 여겨졌다. 조병옥은 이승만의 외교론이나 박용만朴容萬의 군사작전론의 한계를 절감하였으며 이와 다른 주장을 폈던 안창호와 3일간 대담을 나누며 비로소 민족의 미래를 위한 새로운 지평을 얻을 수 있었다. 그때부터 그는 흥사단에 가입하였으며, 안창호의 정신을 실천하기 위해 기독교와의 접합도 모색하였다. 그의 이러한 시도는 뒷날 YMCA 회원과 감리교회의 젊은 신도, 그리고 연희전문학교의 젊은 학생 등 60여 명으로 조직한 비밀단체 '기독교신우회'를 통한 민족적 사회개혁운동으로 이어졌다.

그는 1925년에 귀국하였으며 이어 연희전문학교 교수로 일하였다. 교수생활은 그 시대 지식사회에 풍미하였던 마르크스주의에 대한 대립으로 일관하였는데, 이 학교의 백남운白南雲, 이관용李灌鎔 교수와도 이 문제로 대립적인 위치에 서게 되었다. 그러던 중 학생들의 동맹휴학사건이 일어나자 학생들의 편을 들다가 결국 사임하였다. 이어 YMCA 이사로 활동하면서 신간회 운동에도 적극 참여하였으며 중앙본부의 재정총무와 경성지회 책임자로도 활동하였다.

민족운동의 전위기구였던 신간회는 광주학생사건을 계기로 민중대회를 열 계획이었지만 일본 경찰이 간부를 구속함으로써 계획은 무산되었다. 이때 조병옥도 3년의 징역형을 받았다. 출옥 후 당시 경영난에 빠졌던 조선일보의 경영책임자가 되기도 하였고 광산업에도 관계하였지만 수양동우회사건으로 다시 2년여의 수감생활을 해야 했다. 출옥 후 조병옥은 극빈한 생활고 속에서도 조선총독부와 친일파의 회유와 협박에는 끝까지 굴하지 않았다. 식민지 통치 말기에 그는 서울 생활을 더 지탱할 수 없어서 고향인 천안으로 낙향하였는데 그곳에서도 일본 경찰의 감시와 곤궁한 생활을 감수해야만 하였다. 식민지 통치기에 조병옥이 보여준 독립 투쟁이야말로 진정한 민족주의자의 삶의 길이었다. 이러한 사실은 조병옥이 해방 이후의 정치 활동에서도 좌파에 맞서 소신껏 그의 정치 활동을 펼칠 수 있었던 배경이기도 하였다.

4. 단정수립을 위한 반공투쟁

해방 이후 조병옥의 민족 · 민주운동은 3단계로 나누어볼 수 있다. 첫 단계는 해방에서 한국전쟁기까지 민족독립국가를 수립하기 위한 활동이다. 두 번째는 대한민국 수립에서 한국전쟁 기간의 활동이고, 세 번째는 이승만 정권의 독재에 맞서서 투쟁하였던 시기의 활동이다. 여기서는 주로 첫 단계인 해방공간에서 보여준 조병옥의 정치 활동만을 다루기로 한다.

해방정국에서 조병옥은 1945년 10월 17일 한민당 수석총무 송진우가 추천하여 미군정청 경무국장(이후 경무부장으로 이름을 바꿈)의 일을 맡게 되었다. 조병옥은 한민당의 당적을 지닌 채 1945년 10월 21일부터 미군정청 경무부장직에 취임하였다. 그는 우선 경찰력을 강화하여 해방정국의 혼란 속에서 치안을 확보하는 일이 중요하다고 생각하였으며 이를 위해 주력하였다. 그는 경찰 편제를 준군사적인 조직체로 바꿨으며 각 도에 경찰청, 각 시·군에 경찰서, 읍·면에 지서 등을 설치함으로써 경찰망을 계통적으로 구축하였다. 또한 경찰의 총수를 25,000명으로 확장한 후 이들을 중무장시켰다. 이 같은 경찰의 숫자에 대한 정비는 미군정시대의 부족한 군사력을 경찰력으로 충당하는 효과를 거둘 수 있었다. 또한 그는 민주 경찰의 위상을 정립하기 위해서 민주 경찰의 간부를 양성할 목적으로 경찰전문학교를 설립하기도 하였다.

미군정기는 복잡한 시대성을 그대로 안고 있었다. 당시 남한에서의 미군은 해방군이어야 했는데도 점령군으로 실제 통치과정에 여전히 일본 총독부의 관리들을 그대로 활용하였다. 그러면서도 미군은 민주주의를 주장하고 있었기 때문에 미군정 초기만 해도 공산주의자의 정치 활동도 보장해주어야 했다. 그러면서 한편으로는 북한에 진주한 소련군과 공산주의자들이 남한사회에서 벌이는 정치 활동을 경계해야만 했다. 이처럼 복합적인 성격을 지녔던 미군정은 남한의 정치사회 상황을 한층 더 어렵게 만들었던 요인으로 작용하기도 하였다.

1945년 12월 27일 모스크바 3상회의에서 한국의 신탁통치가 결정되자 경향京鄕 각지에서는 반탁운동이 거세게 일어났다. 반탁운동은 김구 중심의 '임시정부'가 전국적으로 주도하였으며, 이들은 한때 미군정을 접수하려고 시도하였다. 즉 '임시정부'는 내무부 포고 제1호로 미군정 경무부를, 포고 제2호로 수도경찰청을 접수하려 하였다. 서울을 비롯한 일부 경찰서장 중에는 이 포고에 따른 이도 있었으며, 약 3천여 명의 미군정 관리 중에 불과 900여 명만이 출근하였을 정도로 '임시정부'의 반탁운동과 그 포고에 대한 호응이 뜨거웠다.

당시 조병옥에게는 좌파의 테러보다도 일부 우파의 미군정 반대가 더 큰 어려움을 던져주었다. 그는 김구의 임정계가 미군정을 접수하려는 것은 한국의 자주독립국가로의 발전과 수립을 지연시키게 될 것이라고 생각하였으며, 반탁운동도 공공질서의 유지 속에서 전개되어야 한다고 생각하였다. 이 점에서 그는 우선 사회질서 회복에 경찰력을 총동원하였다. 조병옥은 미군정청을 한국의 자주독립을 위한 지원기구라고 생각하였으며, 소련이나 좌파의 주장처럼 미 제국주의의 조선 식민화를 위한 군사적인 첨병으로는 여기지 않았다.

이 시기에 이르면 미군정청은 명칭을 남조선과도정부라고 고쳤으며, 입법의원을 설치하고 김규식을 의장으로 선임하였다. 또한 1946년 1월 16일 서울에서는 미소공동위원회 예비회담이 열렸고, 그해 3월 20일에는 제1차 회의가, 1947년 5월 21일에는 제2차 회의가 열렸다. 그러나 회의는 미·소 간의 의견 차이로 결렬되고 말았다. 이때부터 좌·우파 사이의 갈등과 대립도 더 한층 치열해졌다. 1946년 6월 3일에는 이승만의 정읍발언, 즉 남한 단정론이 주장되기도 하였다. 물론 그보다 먼저 1946년 5월 16일에는 정판사 위폐 사건이 드러나 조선공산당은 지하로 숨어 들어 신전술을 채택함으로써 미군과 경찰에 대한 그들의 전면적인 무장투쟁이 전개되었다. 1946년 여름부터 시작된 공산주의자들의 이러한 활동은 대구 10·1 사건을 비롯해서 전국을 소요상태로 몰아넣었다. 여기에 맞서 경찰과 미군의 토벌작전도 뒤따랐다. 조병옥은 경찰력으로 치안 유지에 주력하였지만 이 과정에서 경찰의 강압적이고도 지나친 진압으로 좌파와 중간파는 물론이고 다수의 국민에게서 격심한 원성과 공격을 받기도 하였다.

구체적으로, 좌파와 중간파에서는 조병옥 경무부장이 친일 경찰관을 등용하였기 때문에 민심 이반을 가져왔고 그것이 대구 10·1 사건의 원인이 되었다고 주장하기도 하였다. 미군정청도 이러한 여론을 더는 외면할 수 없었기 때문에 같은 해 10월 말경 미군정 사령관 하지 중장 등 군정 수뇌부와 김규식, 여운형, 안재홍 등 중도 우파와 중도 좌파가 모여 이 문제에 대해서 회합을 가질 정도였다. 이 자리에 참석하였던 조병옥은 친일 경찰에 대한 자신의 견해를 밝혔는데, 일제 식민지 통치기의 친일파는 두 가지로 구분할 수 있다고 주장하였다. 하나는 자신의 생명과 가족을 지키기 위해 일본의 강압 때문에 친일하였던 경우고, 다른 하나는 총독부의 고등관이나 그 밖에 고관을 지냈던 인사들처럼 자신들의 개인적인 욕망 때문에 친일하였던 경우로 구분할 수 있다는 것이었다. 그러면서 조병옥은 친일파로 지목된 사람 중에 후자는 소수며, 대다수는 전자라고 주장하였다. 그러므로 경찰 중에서 친일파로 알려진 사람들도 대부분은 전자에 해당된다고 강조하였다. 그의 이러한 주장이 미군정 당국자에 받아들여져 일제 식민지 통치기에 경찰이었던 인사 중에 다수가 미군정기에 계속 경찰로서 활동하기도 하였다.

이러한 상황에서도 1947년 11월 14일에는 유엔총회에서 '유엔한국위원회'의 설치를 결의하였고, 1948년 2월 26일 유엔 소총회에서는 남한만의 총선거를 결의하였으며 그것에 따라 5·10총선거가 행해질 수 있었다. 그러나 당시의 치안 상황으로는 총선거 실시를 우려할 정도로 혼란스러움이 극도에 달하였다. 미군의 하지 사령관조차도 선거 실시가 불가능할 것으로 생각할 정도였다. 구체적으로 1947년 11월 말경에 하지 중장과 조병옥의 대담에서 이러한 사실을 확인할 수 있다. 조병옥의 회고록에는 다음과 같이 그때의 사정이 적혀 있다. 하지는 "……남한에서 현재의 입장에서 총선거 실시 방침을 세우고 있습니다. 그런데 CIC로부터 입수한 방대한 정보에 따르면 도저히 선거를 실시할 수 없게 되어 있습니다(조병옥, 『나의 회고록』, 민교사, 201쪽)" 라고 말하면서 그 첫째 이유로 한국 사람은 민주선거의 경험이 없기 때문에 총선을 실시할 수 없을 것이고, 둘째로 북한과 남로당에서 선거에 즈음해서 대구 10 · 1 사건 이상의 폭력사태를 유발할 가능성이 높다는 점 등을 지적하였다. 조병옥은 여기에 맞서서 한국 민족은 문화민족으로 비록 작대기 기호로 투표를 실시할지라도 선거를 치를 수 있을 것이며, 치안을 유지하기 위해서는 경찰을 보조하는 치안단체로 향보단鄕保團을 조직해서 대응하면 된다고 주장하였다. 조병옥의 이러한 주장은 하지 중장을 설득할 수 있었다. 그렇게 해서 그 당시 향보단이 전국적으로 경찰지서를 중심으로 각 지역의 55세 이하 청장년 지원자로 조직될 수 있었다. 이들은 경찰에 협력하였으며 그 기능은 주로 선거 과정에서의 치안 확보에 중점을 두었었다. 물론 향보단은 선거가 끝난 그해 5월 22일에 즉각 해산되었다.

일반적인 예상과는 달리 1948년 5월 10일 총선거는 남한 전역에서 비교적 평온하게 실시되었다. 전국 유권자 788만 명의 90.8퍼센트가 투표에 참가하였다. 이 선거에서 당선된 사람들로는 전체 198명 가운데 무소속이 85명, 대한독립촉성국민회 55명, 한국민주당 28명, 대동청년단 12명, 민족청년단 6명 나머지는 조선민주당, 한독당, 공화당, 대한노총, 민족통일총본부 등 군소 정당 · 단체 소속이었다. 이들에 의해 소집된 제헌국회는 1948년 5월 31일 개원식을 갖게 되었고 의장으로는 이승만, 부의장에는 신익희申翼熙, 김동원金東元을 선출하였으며 헌법 제정을 거쳐 그해 8월 15일에 대한민국 정부의 수립을 공포할 수 있었다.

조병옥이 경찰력을 강화하여 치안을 유지하였던 것이 선거를 무사히 치를 수 있었던 바탕이 되었으며 이것이야말로 대한민국 정부 수립에 대한 중요한 기여라고 할 수 있다. 이 점에 대해서는 그해 8월 24일 하지 중장의 환송만찬회에서 하지 중장이 한 다음의 말에서도 알 수 있다.

……내가 미군정의 책임자로 한민족의 개인적인 행복과 민주주의에 도움이 되

었다면 그것은 오로지 미군정 경무부장이었던 조병옥 박사의 덕분이라고 생각합니다. 그의 공적은 한국 정부의 기초를 닦는 데 커다란 역할을 하였을 뿐 아니라 한국 민주주의의 역사에서도 영원히 빛날 것입니다(조병옥, 앞의 책, 225쪽).

1948년 국회에서는 간접 선거로 대통령에 이승만, 부통령에 이시영李始榮을 선출하였다. 이승만은 정부의 조각 본부를 이화장梨花莊에 설치하고 각료를 임명하였으며 그 과정에 조병옥과 면담하기도 하였다. 이승만은 조병옥에게 어떤 각료직을 원하는지를 물었지만 조병옥은 "나는 군정 3년 동안 경무부장으로 공산당과 중간파 일부 우익진영에서 하도 많이 욕을 먹었던 관계도 있고 해서 선생님(이승만)께서 나를 등용할 의사가 있다면 외무부나 맡겨주시는 것이 좋다고 생각합니다" 라는 의견을 밝혔다. 그러나 그에게 돌아온 직책은 대통령특사였으며 그는 1948년 9월 6일부터 그해 연말까지 일본, 중국, 필리핀, 미국, 캐나다, 영국, 프랑스 등을 방문해서 신생 대한민국의 독립국가 건설에 대한 지원에 사의를 표하였다. 그리고 파리의 유엔총회에도 참석하였다.

5. 맺음말

조병옥은 대한민국 건국과정에서 남다른 영향력을 발휘하였다. 대한민국은 이승만을 중심으로 한 우파의 집권으로 이해될 수도 있지만, 건국과정에는 조병옥의 정치 활동이 큰 영향을 미친 것도 사실이다. 그가 갖고 있었던 자본주의와 자유민주주에 대한 사상체계 그리고 서구 기독교적 가치 관념은 대한민국의 건국이념과도 일치하였다. 그뿐 아니라 좌파에 대한 그의 대결과 투쟁은 우파 정권이 등장하는 데 결정적으로 기여하였다.

그가 좌파와의 협상과 타협을 배제하고 그들과의 공존도 배격한 데서

1950년대적 시대 상황을 읽을 수 있게 된다. 물론 이러한 성격은 제2차 세계대전 이후 국제사회가 보여준 이념 대결의 한 표현이었으며 그 연장선에서 한국전쟁의 발발도 인식할 수 있다. 특히 조병옥은 좌파와의 대결을 힘과 힘의 관계로 파악하였으며, 여기에서 현실주의적인 정치가로서의 그의 성격을 짐작할 수 있다. 남북협상이나 대북 유화론 또는 중간노선의 주장을 조병옥은 한낱 기회주의적인 표현으로 여겼으며 오직 힘에 의한 제압만이 유일한 방안이라고 믿고 있었다.

건국과정에서 조병옥의 기여는 그 뒤 한국 정치사의 방향 설정에도 큰 의미를 갖게 되었다. 자본주의와 자유민주주의를 근간으로 한 대한민국의 지향이 한때 이승만 · 이기붕의 독재체제로 전락되는 한계를 맞기도 하였다. 물론 조병옥 자신도 대한민국의 건국과정에서는 이승만의 집권을 적극 지원하였지만 그것은 어디까지나 자유민주주의를 위한 정치과정으로 생각하였을 뿐이었다. 이 점은 그가 뒷날 이승만 · 이기붕의 독재에 가장 먼저 반대투쟁을 전개하였던 것에서도 알 수 있다. 실로 그에게는 대한민국이 가장 중요하였으며, 대한민국도 오직 자유민주주의와 자본주의를 근간으로 할 때라야 그 의미를 갖게 된다고 확신하였다. 이 점에서 대한민국의 건국과정에서 조병옥의 기여야말로 대한민국으로 하여금 정치적으로는 민주주의를, 경제적으로는 산업화에 의한 자본주의를, 사회 · 문화적으로는 다원적 시민사회로 나아가게 하는 중요한 터전의 큰 모서리를 이룩하였다고 할 수 있다.

장덕수, 대한민국 건국의 논거와 방략을 마련하다

김학준

1. 항일운동과 공산주의운동에 참가

설산雪山 장덕수張德秀(1895~1947)는 일제 패망 직후의 시점부터 대한민국 건국 직전의 시점까지의 이른바 해방공간 3년의 시기에 이론과 행동에서 모두 중요한 역할을 수행한 정치지도자 가운데 한 사람이다. 그러면 해방공간에 이르기까지 그는 어떤 길을 걸었던가? 그는 동학농민봉기와 갑오경장 및 청일전쟁이 동시에 일어난 해인 1894년에 황해도 재령군에서 태어났다. 집안이 어려워 진남포이사청 급사로 사회생활을 시작해 독학으로 판임관시

金學俊 동아일보사 회장.
일본 도쿄대 객원교수, 독일 훔볼트재단 연구원, 인천대학교 총장, 한국정치학회 회장을 역임하였다. 저서로는 『북한의 역사』 1 · 2권(서울대학교 출판부, 2008)이 있다.

* 이 글은 필자가 『동아일보』 1995년 12월 20일자에 발표한 「해방공간의 주역들 19회 : 설산 장덕수」(『해방공간의 주역들』, 동아일보사, 1996, 227~236쪽에 수록됐음)를 수정 · 보완한 것이다.

험에 합격한 뒤 1916년에 와세다대학 정치경제학부를 졸업하였다.

장덕수는 이듬해 중국으로 망명해 여운형과 김규식을 받들고 항일운동단체인 신한청년당 창당에 참여하였다. 이 무렵 제1차 세계대전이 끝나면서 1919년 1월에 파리에서 강화회의가 열렸고 미국 윌슨 대통령이 이른바 민족자결주의원칙을 거듭 제창하였다. 조선의 민중은 크게 고무되었다. 장덕수 역시 큰 기대를 안고, 여운형의 지침을 받아들여 1919년 1월에 신한청년당의 대리인 자격으로 도일해 도쿄유학생들을 격동시켜 그들이 2월 8일에 「독립선언」을 발표하는 데 기여하였다. 그는 그 불길을 국내로 이어보겠다는 꿈을 안고 서울에 잠입하였다. 그러나 1919년 3월 1일에 독립만세운동이 일어나기 직전에 경찰에 붙잡혀 전라남도 신안군의 외딴섬 하의도로 유배되었다.

3·1운동은 중국에서 이승만을 수반으로 하는 대한민국임시정부를 탄생시키는 커다란 성과를 가져왔으며 한민족의 민족주의를 드높였다. 이에 놀란 일본정부는 여운형을 도쿄로 초청해 담판하기로 결정하였다. 이때 여운형은 자신의 통역은 반드시 장덕수여야 한다고 고집해 유배에서 풀릴 수 있었다. 그리하여 1919년 11월에 장덕수는 도쿄에서 여운형을 도와 일본정부의 요인들을 상대로 조선의 독립을 강력히 요구하였다.

이듬해 4월 1일에 김성수의 주도 아래 『동아일보』가 창간되었다. 장덕수는 만 26세의 청년으로 초대 주간에 발탁되어 「주지를 선명하노라」라는 창간사를 썼다. 명성을 확립한 그는 동아일보사를 배경으로 다른 분야에서도 활발히 움직였다. 국산품애용운동인 조선물산장려운동을 주도하기도 하였고, 조선노동공제회와 서울청년회를 조직하기도 하였으며, 미국 워싱턴에서 열린 군축회의에 조선청년연합회 대표로 독립청원서를 제출하기도 하였다. 이 무렵 식민지 조선에서도 공산주의운동이 은밀하게 벌어지고 있었다. 그것은 자연히 주도권 경쟁을 낳았고 그 과정에서 레닌이 보낸 자금의 유용문제가 제기되었다. 장덕수가 집행위원으로 있던 서울청년회의 몇몇 간부들도 여기에 개입되었는데 싸움이 불거지면서 그에게 화살이 집중되었다.

그것은 물론 음해였다. 그러나 장덕수는 구구하게 변명하지 않고 1923년 4월에 구미 유학길에 올라 5월에 하와이에서 독립운동계의 큰 선배 이승만을 방문한 뒤 미국 본토로 건너가 오레곤대학교에 입학하였다. 그는 이어 컬럼비아대학교와 런던정치경제대학교를 거친 뒤 만 42세이던 1936년 6월에 컬럼비아대학교에서 경제학 박사학위를 받았다. 그리고 6개월 뒤인 1936년 12월에 귀국하였다. 그는 이듬해 김성수가 중흥한 보성전문학교의 교수가 되었으며 미국유학생 출신의 박은혜와 결혼하였다. 교수생활이 평탄한 것은 아니었다. 일제의 조선민족말살정책 아래 학교가 폐교되는 것을 막기 위해 그는 속마음과는 달리 겉으로는 총독부의 정책에 순응하는 듯한 언동을 때때로 하지 않을 수 없었다. 이때의 언동은 해방공간에서 그의 반대자들이 그를 '친일파'로 공격하는 자료가 되었다.

2. 미군정과 한민당의 교량역

일제는 1945년 8월 15일에 마침내 패망하였다. 이 시점에 연합국의 합의에 따라 소련군은 한반도의 북반부를 점령하기 시작하고 있었다. 그러나 역시 연합국의 합의에 따라 한반도의 남반부를 점령하기로 예정된 미군은 오키나와에 머물고 있었다. 이러한 상황에서 서울에서는 우선 8월 16일에 좌파 계열의 항일독립운동가 여운형이 중심이 되어 우파 및 중도파 인사들까지 포함하여 조선건국준비위원회를 출범시켰다. 곧이어 8월 20일에 조선공산당의 지도자 가운데 한 사람으로 중국과 소련에서, 이어 국내의 지하에서 끈질기게 항일독립운동을 이끌었던 박헌영이 중심이 되어 조선공산당재건위원회를 출범시켰다. 여기에 맞서 8월 28일에는 우파 계열의 항일운동가 조병옥이 중심이 되어 조선민족당을 발기하였으며, 8월 29일에는 우파 계열의 항일지사 윤보선이 중심이 되어 한국국민당을 발기하였다. 이 과정에서 장덕수는 한국국민당에 참여하였다.

8월 말과 9월 초 사이에 남한을 미군이 점령할 것이며 미군의 입경이 임박하였다는 소식이 광범위하게 전파되고 확인되면서 남한의 정계에는 변화가 일어났다. 조선공산당의 강력한 영향 아래 조선건국준비위원회는 미군으로부터 하나의 정부로 공인받기 위해 9월 6일에 조선인민공화국(이하 인공)으로 바꿨으며, 항일지사 송진우를 중심으로 하는 우파 인사들은 9월 7일에 초당적인 정부의 조직을 추진할 국민대회준비회를 발족하였다. 국민대회준비회의 발족은 고려민족당과 한국국민당의 합당을 촉진해 양당은 9월 8일에 한국민주당(이하 한민당)을 발기하였다. 장덕수는 이 과정에 적극적으로 참여하였다.

해방정국에 대처하는 장덕수의 입장은 우선 대한민국임시정부의 봉대였다. 임정을 과소평가하는 사람도 적지 않았지만, 그는 그래도 한민족의 신뢰와 기대를 한 몸에 받았던 항일조직은 임정이었다고 주장하면서 임정이 하루빨리 돌아와 건국사업의 기둥 역할을 맡아주어야 한다고 제의하였다. 그는 임정의 깃발 아래 좌우가 손을 잡아야 하나, 조선공산당이 주도권을 장악한 인공이 급격히 좌익편향으로 치닫는 만큼 거기에 맞서 우파세력이 대동단결해 미군정과 협력을 이룩한 채 자유민주주의 국가를 세워야 한다고 덧붙였다.

한민당이 발기된 9월 8일은 미군이 인천에 상륙한 바로 그날이었으며 서울에 진주하기 하루 앞선 날이었다. 한민당은 자신감을 가지고 훨씬 대담한 발걸음을 내딛었다. 발기인대회의 결의문을 통해, 그리고 이 결의문과 동시에 발표한 성명서를 통해 인공을 '정권을 참칭한 단체'로 규정하고 그것의 '타도'를 위해 투쟁할 것임을 선언한 것이다. 그 선언의 연장선 위에서 한민당은 9월 16일에 창당대회를 열고 당수에 해당되는 수석총무에 송진우를 선출함과 동시에 당무부 등 14개 부를 개설하였다. 그것들 가운데 서열 2위의 부가 외무부로, 이 부는 주로 미점령군 및 연합국정부에 대한 섭외를 맡았다. 장덕수는 이 중요한 부의 장長으로 선출되었다.

서울에 진주해 일본군의 항복을 접수한 미 제24군단 사령관 존 하지 중장은 아키볼드 아놀드 소장을 군정장관으로 하는 미군정청을 개설하고 남한에서는 미군정청이 유일한 합법적 정부라고 선언하였다. 이것은 인공에 대해 일정하게 타격을 가하였으며, 한민당을 고무시켰다. 자연히 두 세력 사이에 갈등과 대립은 깊어졌다. 이 시점에서 미군정은 남한에 대해 또는 한반도에 대해 자세한 지식을 가지고 있지 않았으며 어떤 구체적 정책을 마련하지도 않고 있었다. 그러나 남한을 포함한 자신의 점령지역들에서 좌익혁명이 일어나서는 안 되며 더구나 친소정권이 수립되어서는 안 된다는 입장을 분명하게 가지고 있었다. 미군정의 이러한 입장은 물론 한민당을 비롯한 우파세력에 유리하였다.

이러한 상황에서 장덕수는 한민당 외무부장 자격으로 미군정을 상대로 다각적 섭외에 들어갔다. 앞서 말하였듯 그는 미국과 영국에서 무려 12년 9개월에 걸쳐 세 대학교에 유학하며 신문학과 정치학 및 경제학을 공부하였으며 컬럼비아대학교에서 정치학 석사학위와 경제학 박사학위를 받은 선진 지식인이었다. 물론 영어가 뛰어났고 식견과 경륜도 단연 돋보였다. 그래서 미군정의 간부들은 모두 그를 높이 평가하였다.

하지 사령관으로 하여금 송진우를 비롯한 한민당의 핵심 간부들을 만나게 하고, 미군정으로 하여금 1945년 10월 15일에 한민당 인사들을 중심으로 군정장관고문회의를 발족하도록 하며 마침내 10월 10일에 인공을 부인하는 성명을 발표하게 하는 데 그가 상당한 역할을 수행할 수 있었던 배경에는 그에 대한 미군정 간부들의 신뢰가 있었던 것이다. 이 시점에서 그가 미군정과 한민당의 교량역橋梁役으로 불렸던 것은 당연하였다.

그러나 장덕수는 인간적 고뇌를 느끼지 않을 수 없었다. 자신이 주도적 역할을 수행하고 있는 한민당이 타도의 대상으로 삼은 인공이 바로 여운형에 의해 발족되었고 주도되었기 때문이었다. 앞서 지적하였듯 그는 여운형을 받들고 신한청년당을 창당하였으며 여운형의 배려로 하의도 유배에서 풀려 도쿄담판에 참여할 수 있었던 것이다. 그런데 이제 민족이 해방되어 함께 손을 잡고 건국에 매진해야 할 마당에 날카로운 노선대립을 보이게 된 때문이었다.

3. 이승만과 김구의 협력유도를 위한 노력

이처럼 좌우익으로의 분화가 진행되던 시점인 1945년 10월 16일에 대한민국임시정부의 초대 수반 이승만이 귀국하였다. 그러나 남한에서는 미군정청이 유일한 합법정부이며 따라서 조선인의 어떠한 정부도 정부로서 인정할 수 없다는 미군정의 기본방침에 따라 그는 개인 자격으로 귀국할 수밖에 없었다. 비록 그렇다고 해도 인공 중심의 좌파세력과 한민당 중심의 우파세력 그리고 중도파세력은 모두 이승만이 그사이 족출한 정당들과 사회단체들을 통합해 건국운동을 성공적으로 추진할 것을 희망하였다. 그 결과 그를 위원장으로 하는 조선독립촉성중앙협의회가 발족되었다.

이 과정에서도 장덕수는 중요한 역할을 수행하였다. 그는 이승만과 자주 만나면서 이 협의회의 발족을 위해 이론을 세우고 섭외에 나섰던 것이다. 그는 이승만이 임정의 초대 수반이었던 만큼 그를 중심으로 건국운동을 전개하는 것은 자신의 임정봉대론에도 부합한다고 주장하였다. 이승만 역시 그의 식견과 능력을 높이 평가하면서 신뢰를 아끼지 않았다. 그러한 협의의 바탕 위에서, 이승만은 곧 조선공산당과 인공에 대한 불신을 공개적으로 표시하였다. 이에 따라, 조선공산당과 인공은 결국 이 협의회에서 이탈하였다.

1945년 11월과 12월 두 차례에 걸쳐 주석 김구와 부주석 김규식을 비롯한 임정요인들이 중국에서 돌아왔다. 그들 역시 이승만과 마찬가지로 개인 자격으로 귀국하였다. 이때부터 은연중에 이승만과 김구 사이에 주도권 경쟁이 나타났다. 장덕수는 한민당을 대표해 김구를 비롯한 한국독립당(이하 한독당) 간부들과 빈번히 접촉하였다. 장덕수와 한민당은 어떻게 해서든지 이승만과 김구 사이에 단단한 협력관계가 성립되도록 노력한 것이다.

그러나 한독당의 몇몇 간부들이 장덕수와 한민당을 보는 눈에는 차가운 데가 있었다. 일제 말기의 행적을 문제 삼는 것이었다. 그러던 가운데 모스크바에서 열린 미국과 영국 및 소련의 외무장관회의는 1945년 12월 27일에 「모스크바 의정서」를 발표하였다. 이 의정서에는, ① 미국 · 영국 · 소련 · 중국의 4대 연합국은 남북 조선인의 통일된 민주임시정부 수립을 지향한다고 밝히면서, ② 그 목표를 달성하기 위해 미소공동위원회(이하 미소공위)가 남북의 조선인 대표들과 협의하며, ③ 그리하여 남북 조선인의 통일된 민주임시정부가 수립되면 이 정부를 5년 이내의 기간에 걸쳐 4대 연합국이 신탁통치할 것임을 다짐한다는 내용이 있었다. 냉정히 분석하면 이 의정서는 실천이 불가능하였다. 그러나 그러한 분석에 앞서 문제의 신탁통치 조항은 특히 한독당을 중심한 임정계 인사들의 격렬한 반발을 불러일으켰다.

장덕수를 비롯한 한민당의 지도자들도 신탁통치에 반대하였다. 다만 미국을 비롯한 연합국의 입장을 고려해 반탁의사를 합리적으로 표시하는 것이 바람직하다는 입장을 취하였다. 그런데 이것이 신탁통치 지지로 오해되어 1945년 12월 30일에 한민당 수석총무 송진우는 암살되고 말았다. 일시에 조타수를 잃은 한민당은 김성수를 후임으로 선출하였다.

1946년의 시작과 더불어 남한의 정계는 「모스크바 의정서」를 지지하는 좌익과 반대하는 우익의 양대 진영으로 나뉘었다. 1946년 2월 중순에 이르러 우익은 이승만과 김구 중심의 남조선대한국민대표민주의원(이하 민주의원)으로 결집되었고 좌익은 여운형과 박헌영 중심의 민주주의민족전선(이하 민전)으로 결집되었다. 이 과정에서 장덕수는 이승만과 김구를 각각 몇 차례 방문하면서 두 지도자가 함께 민주의원을 발족하도록 도왔다.

이렇게 남한의 정치세력이 좌우의 양대 진영으로 확연히 갈리면서 해방 이후 처음 맞는 3·1절 기념식도 좌익 따로 우익 따로 하게 되었다. 그뿐 아니라 기념식이 끝난 뒤 좌우익이 따로 시가행진을 벌이다 충돌을 일으켜 폭력이 난무하기도 하였다. 장덕수는 이날 개탄의 눈물을 흘렸다. 그러나 그는 개탄에 머물러 있지 않았다. 그는 김성수와 더불어 한독당, 한민당, 신한민족당, 국민당 등 우익 4당의 통합운동에 참여하였다. 그러나 이 시도는 좌절되고 말았다. 이 통합운동은 1947년 2월에도 시도되었으나 성사되지 못하였다.

남한에서 정치세력이 좌우 양대 진영으로 나뉜 현실은 국제사회의 정세를 반영한 것이기도 하였다. 제2차 세계대전이 끝나갈 무렵이던 1945년 봄과 여름 사이에 나타난 미국과 소련 사이의, 그리고 미국을 정점으로 하는 서방진영과 소련을 정점으로 하는 동방진영 사이의 갈등과 경쟁이 1945년 말과 1946년 초 사이에 심화되면서 이른바 냉전의 조짐을 강하게 나타내고 있었던 것이다. 그리하여 소련은 자신이 점령한 북한에서 1946년 2월 8일에 사실상의 북한 단독정권인 북조선임시인민위원회를 김일성을 위원장으로 삼아 발족시켰고 곧이어 토지개혁을 비롯한 이른바 사회주의 개혁안들을 추진하였다. 미국은 미국대로 자신이 점령한 남한에서 사실상의 남한 단독정부 수립을 구체적으로 구상하면서 부분적으로 추진하고 있었다.

4. 미소공동위원회 참가 지지

이러한 대립적 상황 속에 미국과 소련은 1946년 3월 20일부터 5월 6일까지 「모스크바 의정서」의 실천이라는 명분 아래 제1차 미소공위를 서울에서 개최하였기에 이 위원회의 성공 여부는 처음부터 불투명하였다. 미국과 소련은 자신에게 유리한 방향이 아니면 어떠한 항목에 대해서도 절대로 동의하지 않았기 때문이다. 따라서 회의는 여러 차례 열렸지만, 「모스크바 의정서」의 규정에 따라 미소공위가 협의해야 할 조선인 정당 · 사회단체 대표들의 자격과 범위를 둘러싸고 본질적으로 동일한 논쟁을 계속하다가 결국 결렬로 폐막되고 말았다.

여기서 중요한 점으로 지적해야 할 것은 미소공위의 개막과 폐막 사이 약 7주 사이에 남한에서는 좌우익의 갈등과 대결이 더욱 심화되었다는 사실이다. 단순화해 말한다면, 「모스크바 의정서」 그 자체를 거부한 우익진영은 미소공위를 거부하였을 뿐 아니라 그 진행 자체를 방해하였으며 「모스크바 의정서」를 지지한 좌익진영은 우익진영을 배제한 채 위원회를 진전시키려 하였는데, 그 과정에서 폭력을 동반한 물리적 충돌이 잦았기 때문이다.

그러면 장덕수는 당시 어떻게 행동하였던가? 그는 우익에 속하였지만 다른 생각을 가지고 있었다. 미소공위가 「모스크바 의정서」의 규정에 따라 '조선의 민주적 정당 사회단체'와 협의할 때 거부할 것이 아니라 응해야 한다는 것이었다. 그래서 통일임시정부부터 세우고 이 정부에 대해 신탁통치를 실시하는 문제는 그때 가서 효과적으로 대응하자는 것이었다. 이와 관련해 그는 하지 사령관을 만나 신탁통치 기간이 1년 또는 6개월로 줄어들 수도 있고 잘하면 아예 없어질 수도 있다는 대답을 받아내기도 하였다. 그리고 이러한 전제 아래 한민당을 미소공위에 참여시키고자 하였다. 그의 이러한 태도는 「모스크바 의정서」 그 자체를 배격하고 따라서 미소공위의 개최를 반대한 이승만과 김구에게 모두 못마땅하게 비쳤다.

제1차 미소공위가 결렬된 1946년 여름 이후 미국과 소련 사이의 관계는 빠르게 악화되었으며 이것은 미국과 소련으로 하여금 각자의 점령지역에서 자신에게 충실할 단독정부의 수립을 촉진하게 만들었다. 우선 남한의 정치 상황을 살피기로 한다. 한편으로 미군정은 조선공산당을 불법화하였으며 서울에 주재하는 소련총영사관을 철수시켰다. 이에 따라 조선공산당은 미국을 연합국의 일원으로 인정하던 종전의 입장을 버리고 제국주의 국가로 단정하면서 투쟁의 대상으로 삼았다. 다른 한편으로 미군정은 온건 좌파의 여운형과 온건 우파의 김규식을 각각 대표로 하는 좌우합작위원회를 출범시켜 이른바 중간파를 중심으로 「모스크바 의정서」의 실천을 추구하게 함과 동시에 남조선의 '조선화'를 목표로 우선 남조선과도입법의원을 출범시켰다. 이승만과 김구는 이에 반대하였다. 이승만은 1946년 6월 3일의 이른바 정읍발언을 통해 남한에서도 북한에서처럼 단독정부를 수립해야 한다고 제의하였고 김구는 신탁통치반대운동을 전국적인 규모에서 다시 일으켜 그 기세로 남북에서 모두 외국군의 통치를 종식시키고 임정 중심의 통일정부를 세울 것을 제의하였다.

장덕수는 좌우합작위원회에 대해서는 원칙적인 공감을 표시하였다. 그러나 그것이 성공하리라고는 생각하지 않았으며 따라서 관망하는 입장을 취하였다. 그러나 10월 17일에 좌우합작위원회가 무상몰수 무상분배의 원칙에 입각한 토지개혁과 주요 산업의 국유화를 포함한 7원칙에 합의하였다고 발표하자 그는 그것들이 사회주의 국가를 지향하고 있다고 단정하면서 반대의사를 표시하였고 한민당의 최종 당론을 반대로 이끌었다. 그 결과 한민당 안에서 사회주의적 성향을 지녔던 인사들이 집단탈당하기에 이르렀다. 한민당은 당조직을 개편하지 않을 수 없었고, 장덕수는 정치부장을 맡게 되었다. 다른 한편으로 그는 김구를 비롯한 임정세력이 추진한 반탁운동의 전국화를 통한 외국군정의 종식 노선에 대해서도 반대하였다. 그래서 그는 1946년 8월에 임정의 신익희가 세운 반미군정쿠데타계획을 미군정에 통보해 좌절시켰다.

이어 북한의 정치 상황을 살피기로 한다. 소련은 1946년 8월에 북한의 공산주의자들을 통합해 북조선노동당을 출범시켰으며, 11월에 도 · 시 · 군에서 선거를 실시해 그 기초 위에서 1947년 2월에 북조선인민회의를 출범시켰고 기존의 북조선임시인민위원회를 북조선인민위원회로 격상하였다. 소련은 1946년 11월에 남한에서 좌익정당들을 통합해 남조선노동당을 출범시켜 통합된 힘으로 미군정에 대한 저항투쟁을 전개하도록 유도하였다.

5. 트루먼 독트린 이후 단독정부노선 추구

1946년 말과 1947년 초 사이에 미국과 소련의 관계는 냉전의 유형을 강하게 보여주었다. 두 강대국은 주요한 국제적 쟁점들을 놓고 계속해서 충돌하였다. 취임 때부터 강한 반소반공적 입장을 표시한 미국의 트루먼 대통령은 1947년 3월 12일에 이른바 트루먼 독트린을 발표하고 미국이 군사팽창정책을 계속해서 쓰는 소련과의 협상에 더는 연연하지 않고 공산주의에 단호히 맞설 것임을 다짐하였다. 장덕수는 "이것은 큰 불빛이다. 긴 터널의 출구가 보이기 시작하였다" 라고 반기면서 대책을 세우기 시작하였다.

자신들의 관계가 그렇게 악화되었는데도 미국과 소련은 자신들이 「모스크바 의정서」의 실천을 위해 최선을 다하였다는 외양을 과시하기 위해 1947년 5월 21일에 서울에서 제2차 미소공동위원회를 개최하였다. 다행히 초기에는 뭔가 합의가 이뤄질 것 같은 분위기가 조성되었다. 그러나 이승만과 김구의 반대는 여전하였다. 양대 지도자들에 대조되게 장덕수는 찬성의 뜻을 표시하였다. 제1차 때와 마찬가지로 그는 미소공위가 조선인들을 상대로 협의를 개시할 경우 조선인들은 당연히 거기에 응해야 한다고 주장한 것이다. 그는 한민당을 움직여 결국 한민당이 그러한 당론을 공식적으로 채택하도록 유도하였다. 이 일을 계기로 이승만과 김구는 그에게 반감을 더욱 깊게 가지게 되었다.

미 · 소 냉전이 빠르게 격화되면서, 제2차 미소공위는 1947년 10월 18일에 마침내 결렬되었다. 이에 따라 미국은 북한에 이미 소련판 공산정권이 세워지고 있는 현실을 고려해 남한에 유엔의 참관 아래 민주주의 단독정부를 세우는 쪽으로 방향을 잡았다. 이 방향은 이미 이승만이 제시한 방향이기도 하였다. 미소공위에 대해 더는 기대할 것이 없다고 판단한 장덕수는 이 노선을 지지하였다. 국제정치의 흐름과 한반도 분단현실을 감안할 때 이 방향이 불가피하다는 것이었다. 이 문제와 관련해 1947년 8월 하순에 트루먼 대통령의 특사로 앨버트 웨드마이어 중장이 내한하였을 때 그는 그러한 취지로 자신의 의견을 강력히 개진하였다. 그는 곧이어 유엔의 참관 아래 실시될 것으로 예상되는 총선에 대비한 전략을 준비하였다. 그러나 김구의 한독당은 그것이 남북분단을 고정화시킨다는 논리에서 반대하였다.

한독당 간부들은 단독정부 수립노선의 대표적 이론가가 장덕수라고 단정하고 그를 격렬하게 성토하였다. 바로 그 시점인 1947년 12월 2일 저녁 그는 단독정부 수립에 반대한다는 몇몇 청년들에 의해 암살되고 말았다. 장례는 정당 및 사회단체 연합장으로 치러졌다. 1948년 봄에 미군정 아래 암살범들에 대한 재판이 열렸을 때 김구가 암살의 배후로 지목되어 미군정의 재판정에 소환되기에 이르렀으나 김구는 혐의를 강력히 부인하였다. 오늘날까지도 그의 암살 배후는 윤곽은 드러났으나 정확히 밝혀지지는 않았다. 그의 암살이 빚은 정치적 후유증은 이승만과 김구의 결별로 나타났다. 사실상 이승만의 노선에 일관되게 보조를 맞췄던 김구는 자신이 미군정의 재판정에 소환되는 과정에 이승만이 변호를 해주지도 않고 관심을 보이지도 않는 데 대하여 서운하게 생각하였던 것이다.

윤치영, 대한민국 건국의 일등 공신

오영섭

1. 근대 교육 이수와 해방 이전 활동
2. 해방 이전 이승만과의 인연
3. 미군정기 이승만의 건국 활동 보좌
4. 제1공화국 초기 이승만의 통치 활동 보좌
5. 윤치영 건국 활동의 특징과 명암

1. 근대 교육 이수와 해방 이전 활동

윤치영尹致暎(1898~1996)은 서울 견지동의 해평 윤씨 가문에서 태어났다. 그가 태어난 해는 독립협회가 정치운동을 본격적으로 벌이기 시작한 때였다. 그의 집안은 신흥 무반가로 명성이 높았는데, 백부는 법부대신·군부대신을 지낸 윤웅렬이며, 부친은 삼남토포사를 지낸 윤영렬이다. 그의 형제와

吳瑛燮 연세대학교 현대한국학연구소 연구교수.

저서로 『화서학파의 사상과 민족운동』(국학자료원, 1999), 『1950년대 한국사의 재조명』(공저, 선인, 2004), 『이승만 대통령 재평가』(공저, 연세대학교 출판부, 2006), 『한국 근현대사를 수놓은 인물들(1)』(경인문화사, 2007), 『고종황제와 한말의병』(선인, 2007), 『해공 신익희 연구』(공저, 삼화출판사, 2007), 『유림 의병의 선도자 유인석』(역사공간, 2008) 등이 있다. 주요 논문으로 「이위종의 생애와 독립운동」(『한국독립운동사연구』 29, 2007), 「상해 임정내 이승만 통신원들의 활동」(『한국민족운동사연구』 52, 2007), 「안중근의 옥중 문필활동」(『한국민족운동사연구』 55, 2008), 「안정근의 항일민족운동」(『남북문화예술연구』 2, 2008) 등이 있다.

사촌, 아들과 조카들은 집안의 유족한 경제력을 바탕으로 일본과 미국에 유학을 다녀왔다. 이후 그들은 일제강점기와 제1공화국 시기에 정관계 · 외교계 · 학계 · 종교계 · 의료계의 중추 역할을 맡았다. 이 중 독립협회와 YMCA의 회장을 지낸 사촌형 윤치호(1865~1945)와 대한민국의 제4대 대통령을 지낸 동년배 조카 윤보선(1897~1990)이 가장 널리 알려진 인물이다.

6남 2녀의 막내로 태어나 자유분방하고 활달하게 자란 윤치영은 10대 전반에 향후 진로를 모색하였다. 경술국치 전후에 그는 맏형 윤치오와 둘째형 윤치소의 저택에 모여 국사를 논의하던 민족선각자들의 늠름한 모습을 지켜보았다. 이때 그는 고종의 시종무관을 지내다가 헤이그밀사 사건 이후 일제 헌병대에 장기간 구금당한 셋째형 윤치성에게서 큰 감화를 받았다. 윤치성은 을사조약을 비롯한 한 · 일 간의 수치스런 조약은 모두 한국이 국제정세에 어둡고 국제법을 모르기 때문이라며 국제법과 국제정치의 중요성을 자주 강조하였다고 한다.

경술국치 후 윤치영은 근대학교에 다니며 민족의식에 눈을 떴다. 그는 1912년 중동학원 영어과를 수료하고 1913년 관립한성고등학교에 들어갔다가 자신의 의지대로 사립 중앙학교로 전학하였다. 여기서 그는 개화사상가 유길준, 한글학자 주시경, 한문 · 역사 담당 이중화, 수학자 최규동, 영어담당 윤태헌 등 민족주의자들로부터 가르침을 받았다. 이러한 교육의 경험은 훗날 그가 자유민주주의를 신조로 하는 민족주의자로 자처하는 데에 직접적 영향을 미쳤다.

1917년 윤치영은 영국 유학을 위한 전초작업으로서 일본으로 유학을 떠났다. 그는 동경 정칙영어학교를 거쳐 자유로운 학풍으로 유명한 와세다대학 법과에 들어갔다. 여기에서 그는 당대 최고의 국제법 학자인 나카무라 싱고 中村進午 교수에게 배웠다. 그리고 명저로 알려진 『일로육전日露陸戰 국제법론』의 저자 아리가 나가오有賀長雄를 여러 번 방문하여 별도의 가르침을 받았다. 1921년경에 그는 상해 임정이 파견한 조카 윤보선의 활동에 자극받아 임정을 후원하기 위해 '2월회'라는 비밀결사를 조직하였다. 여기에는 김도연·김준연·유억겸·백관수·박승철·최원순 등 일제 말엽 및 해방 이후에 크게 활약한 인사들이 다수 포함되어 있었다. 그는 일본에서 대학교육을 이수하고 독립운동에 투신할 계기를 마련한 것이다.

1923년에 윤치영은 한해 전의 하와이교포 모국방문단에 대한 답방으로서 야구단을 이끌고 하와이로 갔다. 그는 이승만의 독립운동을 도우며 하와이대학에서 1년간 국제정치학을 공부하였다. 이어 1925년에 미 본토로 건너가 1932년까지 프린스턴대학·컬럼비아대학·아메리카대학·조지워싱턴대학 등 7개 대학에서 셋째형 윤치성의 가르침대로 국제법과 외교학을 공부하였다. 이때 그는 인삼·향수·차 등 동양 특산물을 팔아 마련한 자금과 집안의 지원금 덕분에 학위에 대한 집념이 없이 비교적 편안히 공부하였다. 또한 국제법과 외교사 권위자들의 강의를 마음껏 듣고 록펠러 3세와 같은 인사들과 교류하였다. 이로써 그는 해방 이전에 이승만과 함께 국제법과 국제정치 분야에 가장 해박한 인물이 되었다.

윤치영은 1935년 5월 미국생활을 정리하고 귀국하였다. 그가 귀국한 동기는, 첫째 독립을 기약하며 국내에 잔류한 동지들을 규합하고, 둘째 이승만에게 보내는 독립자금을 조달하기 위한 것이었다. 그는 사촌형 윤치호가 회장으로 있는 YMCA의 부총무로서 총무 구자옥과 함께 윤치호를 보좌하였다. 그런데 이승만이 거느린 동지회와 자매기관으로 설립된 민족운동단체 흥업구락부의 주역들이 YMCA 임원들이었기 때문에 윤치영은 흥업구락부의 정식부원이 아니었는데도 중요한 역할을 수행하게 되었다. 이 때문에 그는 1938년 일제에 체포되어 모진 고문을 당하고 경찰서에서 9개월 동안 지낸 다음 윤치호의 보증으로 4년간 대화숙 보호관찰소에서 지낸다는 조건하에 풀려났다.

출옥 후에 윤치영은 친일 활동을 활발히 벌였다. 그는 이동치영伊東致映으로 창씨개명하고 1941년 일제의 황민화정책을 일선에서 수행하는 임전대책협의회에 가담하였다. 그는 9월 7일 임전대책협의회 동대문 대원으로 참가하여 전쟁비용 조달을 위한 1원짜리 채권을 가두판매하였다. 12월 20일 그는 친일파 박희도가 운영하는 동양지광사東洋之光社 주최의 '미영타도대좌담회'에서 연설하였다. 이때 그는 일본의 진주만 공격은 일본의 신성불가침의 자주권을 지키기 위한 것이라고 하였다. 또한 1942년 3월 『동양지광』에 「싱가포르 함락을 경축함」이란 글에서 일제의 침략정책을 적극적으로 옹호하였다. 이처럼 이승만의 최측근 인사인 윤치영의 친일 활동은 건국 후 이승만 정부의 친일파정책에 큰 영향을 미쳤다.

2. 해방 이전 이승만과의 인연

윤치영은 1923년 하와이 체류 때부터 건국 직후까지 자타가 공인하는 이승만의 최측근 인사였다. 그는 미국식 민주주의, 기독교 민족주의, 외교독립론, 철저한 반공주의가 민족을 번영으로 이끄는 유일한 방략임을 강조한 이승만의 독립운동과 건국운동을 적극 도왔다. 그는 독립 · 건국운동 기간에 이승만 노선의 타당성을 절대적으로 확신하였을 뿐 아니라 이승만의 애국사상과 헌신적 열정을 인간적으로 존경하고 있었다. 이러한 인연으로 윤치영은 대한민국 정부 수립 후에 초대 내무장관에 올랐다. 그렇다면 그는 해방 이전에 이승만과 어떠한 연관을 맺고 활동하였는가?

윤치영과 이승만의 최초의 만남은 황성기독교청년회(지금의 서울 YMCA)에 이루어졌다. 당시 10대 초반의 윤치영은 교동보통학교가 끝나면 책보를 그대로 들고 YMCA로 달려갔다. 거기서 그는 영어성경반과 영어강좌를 통해 영어를 익혔고, 야구를 비롯한 운동을 즐겼으며, 변영로 · 이원용 · 홍만파 · 최승만 등과 각별한 친교를 나누었다. 그리고 민족주의적 애족애국사상이 깊은 이상재 · 육정수 등 여러 선생에게서 가르침을 받았다. 그렇기 때문에 윤치영은 YMCA를 자신의 제2의 모교라고 생각하고 있었다.

이승만은 미국 프린스턴대학에서 박사학위를 받고 1910년 10월 귀국하였다. 그는 옥중 동지이자 YMCA의 중역인 이상재의 후견하에 1912년 3월까지 YMCA의 학생부 · 종교부 간사로서 종교 · 교육 활동을 벌였다. 이때 그는 훗날 자신의 독립운동을 도운 윤치영 · 임병직 · 허정 · 이원순 · 김영섭 등을 가르쳤다. 그런데 윤치영은 이승만이 귀국 직후에 YMCA에서 「누런 황불黃佛이 되어」라는 주제로 강연하는 것을 보고 이미 그를 자신의 역할 모델로 삼고 있었다. 당시 이승만은 한국민이 기독교정신을 터득하여 일치단결의 자세로 구국운동을 벌인다면 반드시 하느님의 은총과 축복을 받아 황불처럼 성도成道할 것이라는 기독교 민족주의 논리를 설파하였다.

1923년 윤치영은 야구단을 이끌고 하와이를 방문하였다. 그는 윤치호 · 윤치소 · 민대식 등이 건네준 독립자금을 이승만에게 전달하였다. 그리고 이내 미 본토로 건너가 대학에 입학할 생각이었다. 그러나 "공부를 계속하는 것도 중요하지만 나라를 찾는 일에 먼저 일심을 기울여야 한다"는 이승만의 간곡한 요청에 따라 하와이에 주저앉았다. 그가 하와이 체류를 결심한 것은 이승만의 독립운동을 적극 도우라는 사촌형 윤치호의 지시와 '거역할 수 없는 이승만의 마력' 때문이었다.

윤치영은 하와이에서 3년간 고난의 행군을 거듭하며 이승만의 독립운동을 도왔다. 이승만의 가르침과 열정과 인격에 감화된 윤치영은 이승만의 독립운동을 돕는 것이 바로 의롭고 보람된 일이며 나아가 한국의 독립을 달성하는 첩경이라고 보았다. 그는 한인기독학원 기숙사나 교민총회 본부 숙소에서 동가식서가숙의 힘겨운 생활을 하며 이승만의 사조직인 동지회를 비롯하여 한인기독교회와 한인기독학원 등 종교 · 교육 기관, 『태평양잡지』와 『국민보』 등 신문 · 잡지 기관의 갖가지 업무를 민찬호 · 김영기 · 양유찬 등과 함께 하나하나 처리해나갔다. 이 중에서 그는 이승만이 계몽의식과 독립정신의 고양을 통해 장기적 독립운동의 터전을 마련하고자 발간한 『태평양잡지』 간행사업에 그야말로 심혈을 기울였다. 그는 『태평양잡지』의 주필이었으나 실제로는 식자 · 인쇄 · 제본 · 발송 등 잡지사업의 모든 일을 1인 10역의 자세로 도맡아 처리하였다.

1925년 윤치영은 하와이를 떠나 미 본토로 건너갔다. 그는 잠시 뉴욕에 머물며 동지회 조직을 점검한 후 이승만의 모교인 프린스턴대학에 들어갔다. 이때부터 그는 미주 한인사회에서 신화적 인물로 부상한 이승만의 후광을 입기 시작하였다. 이어 컬럼비아대학 재학 시에 재미유학생 총회 동부지회에 속하여 뉴욕 인근의 한인유학생 수십 명을 동지회 회원으로 가입시키는 데 큰 공을 세웠다. 그는 동지회가 3 · 1운동의 비폭력 · 무저항주의를 계승한 단체임을 역설함으로써 이승만의 철저한 신봉자 역할을 다하였다. 당시 윤치영이 동지회의 정신으로 한인들을 굴복시킬 것을 권고한 편지를 이승만에게 보낸 것을 보면 그의 이승만에 대한 절대적 충성심이 잘 나타나 있다.

> 각하 무엇이니 무엇이니 써들지만은 이태리의 무솔인이 보셔요. 토이기土耳其의 파사 보셔요. 서반아西班牙 보셔요. 다 일 업습니다. 금일의 각하의 취하실 길은 집정관 겸 천황 겸 대통령의 지위와 권력을 가지셔야 합니다. 나파륜(나폴레옹)이 보셔요. 금일의는 그를 욕ᄒᆞ고 낫부다난 인보다 흠양ᄒᆞ고 본ᄯᅳ려고 합니다(윤치영이 이승만에게 보낸 서한, 1927년 1월 7일).

1928년 윤치영은 이승만의 부름을 받고 워싱턴으로 가서 구미위원부에서 일하였다. 구미위원부는 이승만이 1919년 8월 열강 및 국제기구를 상대로 외교독립운동을 효과적으로 전개하기 위해 설립한 단체였다. 그런데 윤치영이 가담하였을 당시의 구미위원부는 심각한 재정난으로 명맥만 유지하고 있던 상태였다. 그는 부인 이은혜와 함께 미국인 여비서 2명, 흑인 사환 2명을 거느리고 하와이에 체류 중인 이승만을 대신하여 구미위원부를 이끌어나갔다. 그는 미정부 요로를 방문하여 한국의 독립과 임시정부의 승인을 호소하는 한편, 멕시코·쿠바 및 동남아 동포들에게 『태평양잡지』와 함께 소식을 전하는 일을 맡았다. 그러다가 재정 곤란과 미국무성의 견제로 선전·홍보사업이 여의치 못하자 귀국을 결심하게 되었다.

3. 미군정기 이승만의 건국 활동 보좌

1945년 8월 해방과 함께 여러 정치세력이 신국가 건설작업에 착수하였다. 좌익계에 선수를 빼앗긴 민족진영의 인사들은 9월 6일 우익계의 대동단결을 목표로 한국민주당을 창당하였다. 일제치하에서 한민당계 인사들과 꾸준히 접촉해온 윤치영은 9월 6일 한민당의 총무부 발기인으로 가담하였다. 이어 임정을 지지하고 연합국에 감사를 표시하는 것을 모토로 송진우를 중심으로 국민대회준비위원회가 조직될 때에 장택상 등 6명과 함께 연합국에 감사를 표시하는 임무를 맡았다. 그는 9월 22일 장덕수·윤보선과 함께 한민당 외무부장에 뽑혔으나 적극적인 활동은 삼가고 이승만의 환국을 기다렸다. 그는 동지들과 함께 이승만을 데리러 미국으로 건너갈 방안을 모색하다가 이승만이 동경에 도착한 사실을 알고 환송 준비에 박차를 가하였다.

10월 16일 윤치영은 미국에서 돌아온 이승만의 부름을 받고 부인 이은혜와 함께 조선호텔로 달려갔다. 그런데 이승만이 귀국 후에 가장 먼저 찾은 사람이 바로 윤치영이라는 사실은 두 사람의 관계가 매우 긴밀하였음을 시사해준다. 이승만을 만난 다음, 윤치영은 이승만에게 국내정세를 자세히 브리핑하고 방문객을 처리하는 한편, 아내와 임영신으로 하여금 이승만의 뒷바라지를 맡도록 하였다. 이후 이승만이 조선호텔에 체류한 2주일 동안 윤치영은 한민당계 인사들을 비롯한 손님 접대, 미군정 당국자와 이승만의 일정 협의, 이승만의 출타 시 수행 역할 등을 하느라 눈코 뜰 새가 없을 지경이었다.

이승만의 최측근으로서 윤치영은 이승만이 국내 활동을 본격화하는 1945년 10월 17일부터 제헌의원 선거가 치러지는 1948년 5월 10일까지 다방면에 걸쳐 이승만의 건국 활동을 보좌하였다. 그는 이승만의 정당통일운동, 신탁통치 반대운동, 미소공동위원회와 좌우합작운동 반대 표명, 미군정 내 반이승만세력 견제운동, 좌익세력 탄압 활동, 이승만 노선과 단정 노선의 홍보 · 선전 활동, 이승만의 도미외교 후원 활동 등을 공개리에 혹은 비공개리에 충실히 수행해나갔다. 그는 이 모든 활동이 좁게는 이승만의 건국운동을 돕고 넓게는 한국민족의 번영을 이룩하는 길임을 확신하고 있었다.

첫째, 윤치영은 이승만의 거처를 마련하는 데 기여하였다. 그는 유학 동지 장덕수와 의논하여 조선타이어주식회사 장진영 사장을 통해 돈암장을 이승만의 숙소로 사용하도록 하였다. 이어 그는 이승만이 1947년 가을 돈암장에서 마포장으로 옮겨갈 때에 가회동의 윤치호 저택을 추천하였으나 이박사가 윤씨에게 기댄다는 반대 때문에 무산되었다. 또한 그는 1947년 11월 초에 경성고무주식회사 권영일 사장을 비롯한 실업인 30명으로 하여금 이화장을 공동 매입하여 이승만을 마포장에서 이화장으로 옮기도록 하였다. 이러한 주선 덕분에 이승만은 평생 거처와 회의 · 접견 장소를 마련하였다.

둘째, 윤치영은 1945년 10월 하순부터 1946년 3월 말까지 이승만의 돈암장 시절 초기 비서실장을 맡았다. 돈암장에는 비서와 기타 사람이 20명 정도 있었는데, 이승만을 가까이에서 모실 수 있는 사람은 윤치영을 비롯한 몇 사람으로 제한되어 있었다. 이승만집권기 내내 비서실장이란 직책은 없었고 프란체스카 여사가 비서실장의 역할을 실질적으로 수행하였음을 감안할 때에 윤치영의 위상은 돋보이는 것이었다. '수석비서'로서 윤치영은 자신의 친구인 록펠러 3세의 소개로 미군정 당국의 요인들을 소개받아 그들과 친교를 나누었다. 또한 군정장관 아놀드Archibald V. Arnold 소장을 비롯한 미군정 수뇌부를 돈암장에 자주 초대해 한식 만찬을 베풀며 우호관계를 돈독히 하였다. 그리고 이기붕을 비롯한 돈암장 시절의 비서진을 직접 인선하고 이승만을 찾는 방문객들을 일일이 가려서 들여보냈다.

셋째, 윤치영은 이승만의 개인비서에 그친 것이 아니라 정치 활동을 대행하기도 하였다. 윤치영은 이승만을 대신해 기자회견과 방송연설을 하고, 각계각층에 보내는 담화를 발표하고, 중요한 회의에 참석하기도 하였다. 일례로 그는 이승만이 정당통합을 통해 정치적 패권을 장악하려는 의도에서 조직한 독립촉성중앙협의회(이하 독촉중협)의 제2차 회의(1945. 10. 27)에서 회장 이승만의 지시로 사회를 보다가 좌익 인사들로부터 "친일파 · 민족반역자는 물러가라"는 비난을 받았지만, 이듬해 1월 15일 독촉중협 제2회 중앙집행위원회에서는 이승만을 대신하여 독촉중협을 중심으로 임정계 조직인 비상정치회의를 흡수하겠다는 의사를 공개적으로 표명할 정도로 영향력을 발휘하였다. 또한 김구가 비상정치회의를 포기하고 이승만이 내세우는 비상국민회의로 전환한 직후인 1946년 1월 25일에 반도호텔에서 이승만을 대신하여 미군정 책임자 하지John R. Hodge 중장 및 백범 김구와 함께 비밀회담을 갖기도 하였다.

넷째, 윤치영은 미군정의 자문기관인 남조선대한국민대표민주의원(이하 민주의원)의 비서국장으로서 의장 이승만을 보좌하였다. 1946년 2월 14일 민주의원은 과도정부 수립을 촉진하고 한국의 완전독립을 조속히 실현하기 위해 설립되었다. 의장은 이승만, 부의장은 김구·김규식, 사무총장격인 비서국장은 윤치영이 맡았다. 민주의원의 기구가 정부 각 부처의 조직형태를 띠고 있었기 때문에 민주의원들은 미군정의 의도와 달리 민주의원을 정권인수를 위한 국민대표기관으로 간주하였다. 하여튼 민주의원들은 미소공동위원회에 제출할 우익의 안건을 논의하다가 이승만의 남한단독정부 수립운동과 김규식 등 중간파의 좌우합작운동으로 분화되었다.

민주의원의 비서국장으로서 윤치영은 이승만의 대내외적 지지기반을 공고화하는 작업에 매달렸다. 그는 20여 명에 달하는 비서국의 인원을 동원하여 정력적으로 업무를 보았다. 그는 우익 진영의 단합과 결합을 힘쓰는 한편, 새로이 탄생한 유엔의 우방들을 상대로 적극적인 외교를 펼쳐나갔다. 특히 미·소가 공모하여 발표한 신탁통치 방안의 부당성을 지적하고 하루속히 남한만의 총선거를 실시하여 자주적인 민주정부를 수립하는 것이 한국뿐 아니라 미국 자체에도 이익이 된다는 점을 역설하였다. 또 그는 프린스턴대학 후배인 버취Leonard M. Bertsch 중위와 친분을 유지하며 이승만과 하지 장군, 이승만과 좌익세력 간의 연락을 주선하거나 갈등을 완화하기 위해 노력하였다. 또 그는 유엔에 한국문제를 호소하기 위해 이승만과 함께 임영신을 비밀리에 미국으로 보냈다. 이 때문에 그는 부의장 김규식에게서 "비서국장 윤치영이 요즘 자기 세상을 만난 듯이 설치고 다닌다"는 비판을 듣기도 하였다.

다섯째, 윤치영은 청년단체와 학생연맹을 동원하여 반공운동을 강력히 펼쳤다. 1945년 10월 말경 돈암장 피습 사건이 벌어지자 윤치영은 미군으로부터 무기를 양도받아 청년들을 무장시켰는데, 한창 때는 700~800명에 달하였다고 한다. 이들은 이승만의 반공 노선을 철저히 지지하며 백색테러를 일

삼음으로써 민족진영의 전위대 역할을 하였다. 윤치영은 이철승·박용만·김두한 등을 통하여 반공청년들을 거느렸고, 이 중에서 김두한은 윤치영의 지시를 적극 따르며 대소사를 의논하는 사이였다. 그는 1946년 1월 3일 남산에서 열린 좌익의 찬탁대회 직전에 김두한에게 대회장 연단 밑에 폭발물을 장치하여 대회 중에 터트리게 하였다. 그러나 미군정 고위 장교들이 단상에 초청된 것을 알고는 즉각 중지명령을 내렸다. 이후에도 그는 자신의 직책을 활용하여 청년지도자들을 규합, 7~8개에 달하는 청년단체와 학생연맹을 강화시켜 이들로 하여금 좌익과 투쟁을 벌이게 하였다. 그리하여 3월 20일 개막된 미소공동위원회 제1차 회의가 5월 8일 별다른 합의 없이 중단되자 윤치영은 자신이 거느린 "반공청년들의 시위와 투석 사건도 빌미가 되었다" 고 평하였다. 이 때문에 윤치영은 미군정으로부터 위험인물로 지목되었고 '신사의 탈을 쓴 갱스타의 두목' 이란 별명을 얻었다.

여섯째, 윤치영은 정치공작을 활발히 벌였다. 예컨대 그는 여운형 등 중간파를 지지하는 하지 장군의 정치고문 랭던William R. Langdon과 전속부관 버취 중위를 추방하려 했다. 그는 미국무부 극동국 출신인 랭던의 일제 시기 행적을 소상히 적고 랭던이 한국의 안정에 도움이 안 되는 인물이라는 진정서를 익명으로 하지에게 전달하였다. 그러나 하지는 이것을 '블랙메일' 이라고 노발대발하며 이승만에게 거세게 항의하였다. 이 때문에 윤치영은 1946년 3월 말 이승만의 비서실장직에서 물러나야만 했다. 또한 그는 1946년 8월 신익회세력의 미군정 전복계획을 무산시켰다. 당시 신익희는 영향력 있는 인물을 새 임정에 배치하고 미군정이 승인할 새 정부의 구성을 탐색한 다음, 미군정의 무능을 폭로하고 대중시위를 통하여 정권을 장악하려는 계획을 갖고 있었다. 이를 위해 신익희는 국치일인 8월 29일에 정부 건물을 접수하여 독립정부를 수립하려 하였으나 이 계획은 윤치영이 주한미군 방첩대CIC 요원에게 제보함에 따라 실패로 돌아갔다.

일곱째, 윤치영은 1946년 12월부터 이듬해 4월까지 도미 중인 이승만을 대신하여 국내문제를 도맡아 처리하였다. 당시 하지 장군이 이승만·김구를 견제하기 위해 남조선과도입법의원을 조직하자 이승만은 미국 조야에 단정 수립론을 호소하기 미국으로 떠나면서 국내문제를 윤치영에게 일임하였다. 이에 윤치영은 창덕궁 인정전의 민주의원 사무실에서 미군정의 민주의원 해산과 사무실 명도 압력에 맞서며 친이승만 활동을 벌였다. 이때 그는 청년단체와 학생연맹을 재편·강화하며 임영신이 있는 워싱턴의 구미위원부와 본국과의 연락업무를 담당하였다. 중국에 체류 중인 이승만에게 미군정의 방해를 뚫으면서 임영신의 보고를 전달하였다. 외교구락부를 만들어 외국기자들과의 친교에 힘쓰고 대한국제법 및 외교학회의 초대 회장을 맡아 한국문제의 국제적 측면을 연구하였다. 하와이에서 간행된 『태평양잡지』의 후신으로 『신태평양』이란 잡지를 간행하여 주필을 맡아 이승만 노선의 타당성을 적극 홍보하였다.

4. 제1공화국 초기 이승만의 통치 활동 보좌

1947년 11월 14일 유엔총회가 유엔의 감시하에 남북한 자유 총선거를 실시하여 한국 독립정부를 수립하도록 결의하였다. 이에 따라 1948년 1월 8일 유엔 한국임시위원단(이하 유엔한위)이 입경하였다. 그러나 소련의 반대로 입북이 저지되자 유엔한위는 접근 가능한 지역에서만이라도 선거를 치르자는 보고서를 제출하였다. 이에 유엔 소총회는 2월 26일 접근 가능한 지역(남한)에서 선거를 실시한다고 발표하였다. 유엔한위가 5월 10일 남한만의 선거를 실시한다는 결정을 내리기까지 윤치영은 의미 있는 역할을 맡았다. 그는 국제법과 국제외교에 대한 해박한 지식을 바탕으로 이승만과 함께 각국 대표를 개별적으로 접촉하여 남한의 입장과 현실을 설명하였다. 이로써 남한에서의 선거에 대한 우호적인 분위기가 조성되었다.

1948년 5월 10일 유엔 한국임시위원단의 감시하에 한국에서 독립정부를 수립할 총선거가 실시되었다. 윤치영은 이승만의 권고로 월남민이 많이 거주하는 서울시 중구에 한민당 당적을 가지고 출마하여 13명의 입후보자 가운데 과반수 득표로 당선되었다. 그가 제헌의원에 오른 데에는 이승만의 최측근이라는 정치적 후광과 이승만의 자금지원이 가장 크게 작용하였다. 이외에도 해방 후 그의 방송연설을 듣고 남하한 이북 5도 출신의 월남민과 돈암장 시절부터 그를 적극 도왔던 반공청년들의 선거운동도 큰 역할을 하였다. 그는 198명의 제헌의원 전원이 모여 국회의장을 선출할 때에 정치1번지 중구 출신으로서 가장 먼저 호명을 받고 의장투표를 하는 기쁨을 누렸다. 그리고 분과위원 배정에서 초대 외무국방 분야 위원장을 맡았다.

정부형태를 대통령제로 고집하여 관철시킨 이승만은 초대 내각의 인선에 착수하였다. 이때 윤치영은 자신이 원한 외무장관이 아니라 수석장관인 내무장관에 임명되었다. 그가 내무장관에 임명된 것을 두고 경찰권을 장악하려는 미군정청 경무부장 조병옥과 수도경찰청장 장택상의 암투로 인한 어부지리라는 말이 있다. 그러나 이승만의 입장에서는 건국 후 치안 및 민생 대책, 반공 정책을 원활히 추진하기 위해서는 수족처럼 부릴 인물이 필요하였다. 또한 경찰 · 관료에 대한 임면 · 통제권을 지닌 내무장관직에 정치적 야심이 강한 인물을 기용하는 것은 노령의 이승만에게 부담스런 문제였을 것이다. 그렇기 때문에 이승만은 윤치영에게 국회에 잔류하여 요직을 맡아 한민당과 정부 간의 조정자 역할을 맡아달라던 이전의 묵계를 파기하고 그를 내무장관에 전격 임명하였던 것이다.

미군정이 물러가고 대한민국이 출범한 건국 초에 내무장관 윤치영은 몇 가지 굵직한 문제들을 처리하였다. 첫째, 정권의 지주가 되는 경찰권의 이양문제를 해결하였다. 경무부장 조병옥은 경찰행정의 복잡성과 수사 중인 사건의 방대함을 이유로 반년 정도 시간을 두고 경찰권을 이양하자고 했다. 그러나 윤치영의 강력한 추진력과 이승만의 재촉으로 정부 수립 후 3주일이 안된 9월 3일에 경찰권의 이양이 완료되었다. 둘째, 미군정으로부터 자금과 물자를 최대한도로 받아내려고 했다. 미군정은 병력 철수 이전에 물자들을 일본이나 본토로 반출하려 했으나 이승만과 윤치영은 가능한 한 많은 물자를 인수받기 위해 애썼다. 그리고 미군정의 물자 중에 신생 한국의 국방력 강화에 필수적인 군수물자를 얻어내기 위해 노력하였다. 셋째, 그는 한국 정부가 미군정의 권한과 재산을 인수할 때에 이범석 총리, 장택장 외무장관과 함께 전권위원으로 활동하였다. 넷째, 윤치영은 새 정부 출범 2개월 후에 일반 민중과 좌익세력이 합세한 여수 · 순천 사건과 제주도 4 · 3항쟁이 일어나자 무수한 희생자를 발생시키면서까지 무자비하게 진압하였다.

이상의 문제들 외에 윤치영에게 가장 골칫거리이면서 민감한 문제는 그 자신이 관련된 친일파 문제였다. 취임 초에 그는 시정방침의 제일 과업으로 삼은 치안유지와 질서 확립을 위해 적재적소에 인재를 배치하는 작업에 착수하였다. 그는 경험과 기술을 요하는 자리에 경력이 풍부한 인사들을 등용해나갔다. 그러나 지나치게 능력 본위로 인재를 고르다 보니 일제 때에 고등문관을 지낸 친일인사들이 30여 명이나 등용되어 말썽이 되었다.

1948년 9월 24일 친일파 처벌을 위해 국회가 제정한 반민법에 반대해 친일파들과 극우파들이 서울운동장에서 반대시위를 벌였는데, 국회에서 윤치영은 이를 '애국적 대회'라고 말해 물의를 빚었다. 나아가 그는 능력 있는 인물이라면 그들의 친일경력을 따지지 말고 등용하도록 이승만을 설득하기도

하였다. 이런 실정이었기 때문에 친일파와 친미파로 구성된 미군정 관료체계를 그대로 이어받은 이승만 정권에게 친일파 문제를 제대로 해결하기를 기대하는 것은 어려운 문제였다.

윤치영은 수도경찰청장이 범죄인을 잡기 위해 전진한 사회부장관 저택을 수색한 것이 빌미가 되어 국회에서 자퇴권고안이 통과됨에 따라 내무장관 취임 5개월 만인 12월 25일에 사퇴하였다. 그의 불신임결의안 통과에는 친일파문제, 장택상 · 전진한 장관과의 갈등문제가 복잡하게 얽혀 있었다. 이후 그는 원내를 무대로 이승만 노선을 실현할 수 있는 방안을 모색하기 시작하였다. 그것은 두 가지 방향으로 추진되었다. 하나는 이승만의 통치이념을 보급하는 것이며, 다른 하나는 정당을 조직하여 반이승만 세력을 견제하는 것이었다. 동전의 앞뒷면처럼 긴밀히 연관된 이 두 가지 사업은 6 · 25전쟁 이전까지 일관되게 펼쳐졌다.

먼저 윤치영은 이승만의 통치이념인 일민주의를 보급하는 일에 매달렸다. 일찍이 이승만은 1948년 9월 31일 국회에서 대통령 시정방침으로서 대한민국이 단군을 시조로 하는 단일민족 국가임을 강조하였다. 이에 대해 10월 4일 윤치영은 국회에서 건국 초의 실정에 비추어 국민운동이 절실히 필요하므로 그것에 필요한 조직을 만들겠다고 진술하였다. 이에 따라 1949년 9월 9일 전 국민을 일민주의를 무장시킬 것을 목표로 조직된 일민주의보급회(명예회장 이범석)의 제1차 이사회가 열렸다. 이때 윤치영은 윤보선 · 안호상 · 김효석 등과 함께 고문을 맡았다. 이는 일민주의를 정치운동과 분리시켜 민족주의적 국민운동의 지도이념으로 삼으려는 이승만의 의도에 따른 것이었다.

다음으로 윤치영은 정당을 조직하여 민국당계의 반이승만 세력을 견제하였다. 그는 민주국민당(민국당)이 원내 제1당으로 부상할 즈음 임영신 · 진헌식 등과 함께 민국당을 견제하고 이승만 노선을 수호하는 데 선봉역할을 맡았다. 그는 이승만 정부의 실정은 정부형태의 결함 때문이라며 내각책임제 개헌안을 주장하는 민국당에 대항해 1949년 11월 이승만 지지세력을 규합하여 대한국민당(이하 국민당)을 창당하였다. 국민당은 이승만에게 충성을 나타낸 모든 단체처럼 이승만의 통치이념인 일민주의를 내걸었으며, 윤치영이 이인과 함께 최고위원을 맡았다.

국민당은 원내 제1세력인 민국당의 독주를 견제하기 위해 탄생한 정당이니만큼 개헌반대파였다. 국민당은 그들의 산하단체들을 동원하여 개헌반대 국민총궐기대회를 개최하고, 개헌을 추진하는 자들이야말로 정권욕에 사로잡힌 매국노라고 규탄하며 원외에서 과격한 개헌반대운동을 펼쳤다. 그들은 양단된 국토에서 사회혼란이 계속되고 있는데 개헌만을 고집하는 것은 옳지 못한 것이며, 대통령제를 제대로 실시해보지도 못하고 반대하는 것은 부당하며, 그래도 개헌을 하려면 제헌의원의 임기가 끝난 다음 제2대 국회의원 선거가 끝난 이후에 해도 늦지 않다는 논리를 내세웠다. 이러한 국민당의 노력의 결과 민국당의 개헌논의는 무산되고 말았다.

5. 윤치영 건국 활동의 특징과 명암

해방 후부터 6·25전쟁 전까지 건국운동에 참여한 인물 중에서 윤치영은 이승만과 가장 가까운 편이다. 일제 시기 하와이에서 그리고 해방 후 한국에서 이승만은 어렵고 힘들고 답답한 일을 만나면 윤치영에게 기탄없이 심경을 토로하고 세태를 한탄하였다. 이에 대해 윤치영은 "그저 집안 어른이나 형님처럼 아니면 스승을 대하듯 이승만을 대했다"고 말하였다. 이처럼 윤치영은 이승만과 스스럼없는 친분관계를 바탕으로 이승만의 건국 활동을 지근거리에서 보좌하였다. 그리하여 윤치영은 이승만 정부의 탄생과정에서 일등 공신에 해당하는 역할을 하였다.

윤치영은 이승만 노선을 철저히 추종한 인물이다. 그는 YMCA에서 기독교와 영어를 배우고, 일본과 미국에서 국제법과 국제정치를 깊이 공부하였다. 그는 공산주의를 철저히 배격하고 미국의 국제적 지원에 힘입어 기독교 사상에 입각한 미국식 민주주의국가를 한반도에 수립하는 것만이 민족번영의 지름길이라고 믿었던 이승만의 건국방략을 추호도 의심하지 않았다. 나아가 그는 이승만을 직접 모시면서 이승만의 헌신적인 열정과 애국사상에 감화되어 이승만의 건국운동을 보좌하는 것이 바로 한민족의 독립과 건국을 달성하는 지름길이라고 보았다. 그리하여 그는 이승만 노선의 실현을 위해 해방 직후부터 6·25전쟁 전까지 자신의 열정을 불살랐다.

이승만 정권 초기에 윤치영은 내무장관과 국회부의장을 지내면서 이승만 정부의 친일파 대책에 상당한 영향을 미쳤다. 그 자신이 창씨개명하고 친일한 경력이 있기 때문에 윤치영은 친일파 문제에서 자유로울 수가 없었다. 그는 이승만처럼 정치는 현실을 떠나 존재할 수 없다는 현실주의적 정치관을 지니고 있었다. 따라서 그는 친일경력자를 모두 추방하고 처벌하는 것은 부당하며, 공산당과 일본을 상대하는 상황에서 기독교정신에 따라 관용과 용서로 그들을 새 국가 건설에 기용해야 한다고 주장하였다. 이러한 소신에 따라 윤치영은 경찰직과 지방직에 친일파를 대거 등용하였는데, 이것은 한편으로 신생 한국의 치안유지와 행정안정에 기여하는 바가 있었지만 다른 한편으로 사회정의를 흐리게 하고 이승만 정권의 역사적 평가에 부정적 유산으로 작용하였다.

윤치영은 보수우익의 외골수적인 인물로서 언변이 능하고 서화골동풍 감정에 일가견이 있었다. 과감한 언행으로 언론과 여론의 숱한 공격을 받았지만 개인적으로 남을 해치지 않은 인물로 알려져 있다. 임영신·임병직 등 이승만의 다른 측근들과 마찬가지로 6·25전쟁 전후 이승만의 또 다른 친위세력이 형성되면서 이승만에게 소외를 당하였다. 이어 자유당 인사들과 불화하다가 자신이 천거하여 출세시킨 이기붕을 낙선시키기 위해 3대 대선 때 부통령으로 출마하였으나 낙방하였다. 이 때문에 자유당의 미움을 받아 이승만 정권에 참여하지 못하였다. 이후 그는 박정희 정권에 참여하여 공화당 당의장을 지내며 3선개헌을 주도하고 유신을 찬양하였다. 또한 전두환이 통일주체국민회의에서 간선제에 의해 선출되자 이를 공개적으로 두둔하고 나섰다. 그는 "정권이 교체되어도 늘 그늘이 아닌 양지에서 일해온 운 좋은 정객"이란 평을 받았다.

장면, 천주교 지원 아래 초창기의 외교를 이끌다

허동현

1. 해방과 정계 진출

1945년 8월 15일 제2차 세계대전의 종언과 함께 우리 민족은 일제 식민통치로부터 해방되는 감격을 맛보았다. 민족사적 관점에서 볼 때, 해방이란 "우리 민족의 환희에 찬 희망이었는데도 도리어 커다란 실망과 고통을 준 비극적 역사의 원점이자, 우리 민족이 오랫동안 추구하였던 '근대화'의 본격적 출발점"이었다. 특히 남한에게 해방은 "자유와 평등이라는 인류 보편의 이

許東賢 경희대학교 국제캠퍼스 학부대학장.

저서로는 『일본이 진실로 강하더냐』(당대, 1999), 『건국 외교 민주의 선구자, 장면』(분도출판사, 1999), 『근대한일관계사연구』(국학자료원, 1999)가 있고 공저로는 『우리역사 최전선』(푸른역사, 2003), 『열강의 소용돌이에서 살아남기』(푸른역사, 2005)가 있다. 역서로는 『유길준 논소선』(일조각, 1987), 편저로는 『조사시찰단관계자료집』 1-14(국학자료원, 2000)이 있으며 논문으로는 「개화기(1876~1910) 한국인의 일본관」(『사학연구』 76, 2004), 「朝士視察團の日本經驗に見られる近代の特性」(『神奈川法學』 38-1, 2006), "The Korean Courtiers' Observation Mission's Views on Meiji Japan and Projects of Modern State Building"(Korean Studies 29, 2006) 등이 있다.

상과 국가적 독립 · 개화 · 자강 · 합리주의 · 실용주의 · 과학주의 등으로 대변되는 근대적 가치를 달성" 하기 위한 본격적 노력의 출발점이었다.[1]

운석雲石 장면張勉(1899~1966) 개인사의 관점에서 볼 때 해방은 그의 개인적 역량을 민족의 미래에 투자하는 교육과 종교 활동으로부터 신생 조국 대한민국을 세우고 지키는 정치와 외교 일선으로 돌리는 계기로 작용하였다. 그는 1917년 수원 농림학교를 졸업한 뒤 YMCA 영어과를 거쳐 3 · 1운동 직후 미국으로 유학을 가 버나드대학에서 예과, 맨해튼대학에서 교육학과 종교학을 5년간 수학하였다. 1925년 귀국 이후에는 가톨릭 평양교구에서 몇 년간 일하다가 1931년부터 해방 후 정계 진출 전까지 가톨릭계 동성상업학교 교장으로 근무하였다. 이처럼 일제하에서 그는 교육과 종교 활동을 통해 한국 천주교회를 대표하는 인물로 성장하였으며, 해방된 조국은 그의 능력과 식견을 필요로 하였다. 왜냐하면 일제의 정치참여권 박탈 때문에 해방 이후 국정을 운영할 정치적 경험을 가진 인재는 해외에서 독립운동을 한 소수의 인사 이외에는 거의 찾아볼 수 없었기 때문이었다. 당시 그는 "우리 민족의 최대 당면과제는 정치적으로 조국의 완전독립이며, 경제적으로는 자주자립의 확립, 그리고 문화와 교육정책 강화라고 판단" 하였다. 이러한 정세 인식을 바탕으로 1946년 2월 천주교 대표로 미군정 자문기관인 민주의원民主議院 의원에, 그리고 동년 12월 입법의원立法議院의 의원으로 지명된 이후 그는 '주로 좌익과의 투쟁, 군정당국과의 절충, 미소공동위원회에 대한 정책 수립' 등에 여념이 없었으며 1948년에는 5월 10일 총선거에 무소속으로 종로을구에서 출마하여 제헌국회 의원으로 당선되었다. 그는 자신의 정계 진출 과정을 다음과 같이 회고하였다.[2]

1 유영익, 「해방의 역사적 의의」, 『한국사시민강좌』 12, 1993.

2 장면, 「내가 걸어 온 길」, 『희망』 1957년 1월호.

해방의 기쁨, 그것은 나만이 느낀 기쁨이 아니리라. 국내에서 해방을 맞이한 여러분과 똑같이 나누게 된 벅찬 기쁨이었다. 사실 해방이 되어서부터는 여러분과 다 같이 신생 대한민국을 위해서 동지적으로 일해왔던 만큼 내가 구체적으로 여기 늘어놓지 않아도 국민 여러분이 나보다 먼저 더 잘 알 것으로 생각한다. 나는 해방 직후 하지 미군정하에 설치된 민주의원에서 의원생활을 하게 되었다. 이 민주의원은 다 아시다시피 해방 후 상해에서 귀국한 임정요원과 국내 각계요인과 반반씩 의원이 되어 전부 이십여 명으로 조직되었는데 당시 의장에는 이승만 박사께서 취임하시고 나는 주로 미군정과의 연락을 맡아보게 되었다. 당시의 우리는 이 민주의원을 토대로 우리의 국회를 만들자는 데 그 목적이 있었으며 또한 헌법을 만들고 대통령을 우리의 손으로 뽑고 우리의 손으로 정부를 조직하자는 데 있었던 것이다. 그런데 군정청에서는 장래 국회의 과도적 입법기관으로 입법의원을 조직하고 반수는 임정요인과 각계각층 대표인물로 임명하여 관선의원을 만들고 반수는 일반 선거에 의한 민선의원으로 구성되었는데 관선의원 가운데는 좌익계 사람들이 적지 않았기 때문에 가끔 대판 싸움이 벌어졌다. 이때부터 한국의 정계는 두 갈래로 나누어져 치열한 공방전을 전개하게 되었다. 이러는 동안 미소공동위원회가 열리고 본격적으로 정치적인 싸움이 시작되다가 결국 남한만이라도 총선거를 실시하자는 유엔결의로 그 감시하에 제헌국회의원 선거가 실시된 것이다. 제헌국회의원 선거 당시 나는 종로 을구에서 출마하였다. 이 제헌국회야말로 신생 대한민국이 민주주의적으로 발전할 수 있는 터전을 닦게 한 것이었다. 사실 이 제헌국회가 생김으로 해서 오늘의 한국이 이루어진 것이라 해도 과언이 아닐 것이다. 여기서 우리는 헌법을 만들고 대통령을 선출하였다. 그때의 기쁨은 8·15 광복날의 기쁨에 못지않은 것이었다.

종래 우리나라 사람들이 정치가로서의 장면에 대해 품고 있는 일반적인 생각은 장면이 이렇다 할 정치 활동의 경험도 없이 '가톨릭적 배경과 영어 실력' 덕택에 해방 이후 피동적으로 정계에 진출하였다는 것이다. 물론 가톨릭 교단의 지원과 영어 구사능력이 그가 정계에 진출하는 데 큰 영향을 미친 요인임이 틀림없다. 그러나 더 중요한 요인은 조국의 복음화를 통해 국가의 민주화를 도모해야 한다는 그의 뚜렷한 소명의식이었다. 그는 그리스도교 정치가에게는 '양도할 수 없는 하늘이 준 권리를 옹호하기 위하여 그 노력을 집중하고, 종교 및 언론의 자유를 보장하고 국민의 정치 · 사회 · 경제적 생활의 민주적 발달'을 도와야 할, 그리고 '정당의 정책에 그리스도교 원리를 침투하고, 정부에 그 실시를 촉구함으로써 나라에 영향'을 주어야 할 소명이 부여되어 있다고 생각하였다. 이러한 그의 소명의식은 단순한 구두선이 아니었다. 제헌국회의원 시절 그는 헌법 제1장 31조에 '혼인의 순결과 보호'라는 법조문, 즉 모든 국민은 혼인의 순결과 가정의 건강에 관해 국가의 특별한 보호를 받는다는 법조문의 삽입을 제안 · 채택시킴으로써 사회적으로 용인되던 축첩제가 없어지는 등 여권 신장과 함께 가정과 사회의 건전화를 이루는 도덕적 기반을 닦았다. 이러한 활동을 높이 평가한 그의 모교 맨해튼대학과 포담대학은 1948년과 1950년에 각각 그에게 명예 법학 박사학위를 수여하기도 하였다.

2. 3차 유엔총회 파견 수석대표로서의 활동

1948년 6월 25일 유엔UN 한국 임시위원단은 '한국 인구의 3분의 2 이상이 거주하며, 위원단이 접근할 수 있는 한국 내 지역에서 선거권자의 자유의사를 유효하게 표현한 1948년 5월 10일의 투표결과'를 선언하였다. 1948년 7월 12일 국회에서 헌법이 채택되었고, 7월 20일에는 대통령에 이승만李承晩, 부통령에 이시영李始榮이 선출되었으며, 8월 15일 초대 대통령 이승만의 취임과 함께 대한민국 정부 수립이 전 세계에 공포되었다. 한편 9월 3일 북한 정부의 수립도 선포되었다. 근대 국민국가는 민족을 단위로 형성되는 것이 이상적이지만, 현실적으로 남북한 두 개의 정부가 들어섬으로써 국제적 승인의 획득 여하가 국가 생존을 위한 최우선 과제로 부상하게 되었다. 유엔총회는 대한민국을 3차 회기에 참석하도록 초청하였으며, 국회 외무위원회 소속이었던 장면은 8월 11일 제3차 유엔총회 파견 수석대표로 선출되었다. 그는 9월 9일 차석대표 장기영張基永, 고문 조병옥趙炳玉 등과 함께 김포공항을 출발하여 다음 날 뉴욕에 도착하였으며, 15일 배편으로 출항한 지 닷새 뒤인 20일 목적지 파리에 안착하여 다음 날 유엔총회 개회식에 참석하였다. 이후 그는 3개월간에 걸친 노력의 결실인 대한민국 정부승인을 12월 8일 유엔 정치위원회에서, 그리고 12일 총회에서 획득하는 괄목할 만한 외교적 성과를 일구어냈다. 그는 유엔총회에서의 정부승인 획득과정을 다음과 같이 설명하였다.[3]

> 헌법을 제정하고 정부를 수립하고 이것을 국내외에 선포한 날이 8·15 해방 기념일이었으니, 그 의의나 감격은 더욱 컸던 것이다. 이제 우리 국민에게 부과된 사명은 우리의 정부를 유엔이 승인하여 주도록 하는 데 있었다. 정부수립 후 얼마 안 되어 정부에서는 제2차 유엔총회 결의에 따라 국회의원 중에서 제3차 유엔총회에는 정치고문으로 조병옥 박사, 경제고문으로 김우평 씨, 법률고문으로 전규홍 박사 그리고 김활란, 정일형 두 박사와 모윤숙 여사가 대표단의 멤버였다. 지금 생각하면 그렇게 대단할 것 같지도 않으나 신생 독립국가의 대표요, 거기에 국제외교라고는 생전 처음 나가보는 우리였으므로 성공하기란 여간 어려운 일이 아니었다. 모든 것이 다 낯설뿐 아니라 날고뛰는 세계 여러 나라의 일류 외교관들의 틈에 끼어 우리들의 실정을 호소하고 부탁하는 일이니까. 하여튼 50여 개 유엔 회원국 대표를 다 한 번씩 만나서 얘기하는 데 꼭 3개월이 걸렸다면 충분히 그때의 고충을 알 수 있을 것이다. 그 당시에는 마침 유엔총회에서 이스라엘문제 때문에 한국문제의 상정이 지연되어 있었다. 그러니 우리의 마음은 바싹바싹 초조해오는 것이었다. 그러는 가운데 우리들 일행은 헤이그에 묻혀 있는 이준 열사의 묘지를 멀리 네덜란드로 찾아가서 참배하고 새로운 투쟁결의를 그 묘소 앞에서 엄숙히 맹세하고 어떻게

3 장면, 앞의 글.

해서든지 기어코 성공하자고 결의를 더욱 굳게 다지었다. 그리하여 불철주야로 노력한 결과 제3차 유엔총회의 마지막 날 밤에 유엔은 드디어 대한민국정부를 48대 6의 압도적 다수로 정식으로 승인하였다. 그때의 기쁨이 어느 정도였다고 하는 것은 동행하였던 그 얌전하고도 점잖은 김활란 박사가 잘 마시지도 못하는 축배를 들고 춤까지 추고하였다면 능히 짐작할 수 있을 것이다.

신생 대한민국이 유엔의 승인을 얻어 대한민국이 국제사회의 일원으로 등장하는 데 있어 그의 노력이 결정적 역할을 하였지만, 그 이면에는 냉전체제 하에서 소련의 팽창을 저지하려는 미국과 가톨릭교단, 즉 바티칸의 지원이 작용했음도 분명한 사실이다. 제2차 세계대전 기간에 전개된 막후 외교에서 중재자 역할을 수행함으로써 국제외교무대에서 큰 영향력을 행사한 바 있던 교황 비오 12세Papa Pio XII는 1947년에 장면과 깊은 관계를 맺고 있던 미국 메리놀 외방전교회의 번Patrick J. Byrne 주교를 한국에 특사로 파견하였으며, 이는 국제 관례상 교황청이 한국을 주권국가로 승인한 것으로 이해되어 한국이 국제적 승인을 얻는 과정에 큰 힘이 되었다. 특히 비오 12세는 제3차 유엔총회 한국대표단에 대해 지원할 것을 바티칸의 국무장관 몬트니Giovanni Battista Montini 대주교와 재불 교황청 대표 론칼리Angelo Giuseppe Roncalli 대주교에게 명령하는 등 외교적 지원을 아끼지 않았다. 이러한 바티칸의 지원은 전적으로 장면을 매개로 하여 이루어진 것으로서 그가 유엔총회 파견 수석대표로 임명된 이면에는 가톨릭의 영향력을 활용하려는 이승만의 정치적 계산이 깔려 있었던 것이다.

3. 초대 주미대사로서의 활약

미국은 조선왕조가 최초로 그 문호를 개방한 서구국가로서 1882년 조미수

호통상조약을 체결한 이래 서구제국 중 한국과 가장 긴밀한 외교관계를 맺고 있는 나라이다. 그러나 오늘을 사는 한국인들은 두 개의 상충하는 눈으로 미국을 보고 있다. 하나는 호의적인 시각으로 제2차 세계대전 이후 일제를 몰아내고 해방을 가져다준 세계 최강의 문명국이자 우리의 이해를 대변하는 최대의 '우방'으로 보는 것이고, 다른 하나는 우리 민족의 주체적 역사발전을 왜곡하는 제국주의적 패권국가로 인식하는 것이다. 해방 후 특히 6·25전쟁 이후 남한에서는 전자에 속하는 대미인식이 주류를 이루고 있었다.[4]

장면은 대한민국이 미국에 파견한 초대 주미대사로서 전자에 속하는 시각으로 미국을 보고 미국과의 관계를 발전시키는 데 커다란 공헌을 하였다. 구한말인 1888년 1월 최초의 주미공사 박정양朴定陽이 고종의 국서를 미 대통령에게 전달하고 공관을 개설한 지 60여 년 만인 1949년 3월 25일 장면 초대 주미대사는 해리 트루먼 미 대통령에게 신임장을 제정提呈하였다. 그의 회고에 따르면 주미대사 임명은 전혀 예기치 못한 의외의 사건이었다. 도대체 어떤 이유로 이승만 대통령은 신교가 다수 우위를 점하고 있는 초대 미국대사에 가톨릭 신자인 장면을 임명하였을까? 그 해답은 이 대통령의 정치고문이자 개인비서 역할을 수행한 로버트 올리버Robert T. Oliver와 이승만 대통령의 미주 지역 독립운동 거점인 구미위원부의 정치위원으로 1944년부터 활동하다가 주미대사관의 1등 서기관으로 배속된 대통령의 측근 한표욱韓豹頊을 통해 들을 수 있다.

먼저 올리버에 따르면 장면은 '가톨릭 신도로서 정부를 특별히 지지하는 광범위한 기반을 구축하였고 그의 온건한 견해와 조용한 인품이 적을 만드는 일이 없다'는 이유로 초대 주미대사에 임명되었다고 한다. 한표욱에 따르면

4 유영익, 「통시기적으로 본 대미인식」, 『한국인의 대미인식』, 민음사, 1994.

원래 이 대통령은 구미위원부 의장직을 맡아보던 임병직林炳稷을 주미대사에 임명할 생각이었지만, 장택상張澤相 외무장관의 사임으로 임병직을 후임 장관으로 발탁함으로써 주미대사 자리가 그에게 돌아간 것이었으며, 그 이유는 미국 내 가톨릭세력의 지지를 얻어내기 위해서였다고 한다. 그렇다면 장면은 가톨릭세력의 지지만으로 주미대사에 임명된 것일까? 물론 그것도 주된 이유 중의 하나이겠지만 그보다 더 큰 이유는 그의 자질 및 업무수행능력이 높이 평가되었기 때문이다. 그는 이승만 대통령 계열의 인물로서 대통령의 신뢰를 바탕으로 주미대사에 임명된 것이 아니라 그 자신의 정치적 지반인 가톨릭세력의 확고한 지지와 자신이 유엔에서 거둔 외교적 공적과 미정부 측 인사들과의 사이에 구축된 신뢰관계를 바탕으로 초대 주미대사로 임명되었다. 경제적으로 곤궁한 신생 국가 대사로서의 어려움을 무릅쓰며, 주미대사 시절 그는 어떠한 활약을 보였을까? 그가 남긴 미간행 회고록 초안에 보이는 6·25전쟁 발발 전까지 그의 활동은 다음과 같다.

> 대사관 청사 구입 및 증축, 직원 조직, 국무성과의 특별유대설치, 워싱턴 주재 여러 나라 공관과의 친선강화, 한국의 개별적 승인 획득 운동 추진(30여 개국 승인 획득—재워싱턴 각국 공관을 통하여), 한국 사정 주지周知를 위한 선전공작(주로 신문기사, 강연 등으로), 한국 군사 및 경제원조 촉진운동(주로 국무성 및 국방성에 교섭), 재미 한교韓僑 단결 강화 등등에 영일寧日이 없이 주야겸행晝夜兼行으로 노력. 미 관민 간에 대한對韓 인식 보급 및 향상이 역력히 보이게끔 되다. 서구의 NATO와 유사한 태평양 연안 제국의 단결이 대공對共 전략상 필요함에 비추어 이러한 기구를 구상하며 각국의 의사를 타진하기 위하여 친선사절의 명목으로 1950년 4월 호주, 뉴질랜드, 필리핀을 역방하며 교섭한 결과 미국이 참가하면 적극 찬성한다는 동일한 의사임을 확인하고 귀국보고.

이후 그는 동서 간 이데올로기 대립의 산물로서 한반도에서 벌어진 국제전인 6·25전쟁을 맞아 그의 정치적 신념인 자유민주주의를 지키기 위해 미군이 파병되도록 하는 데 힘을 보탰으며, 1951년 초 국무총리로 임명되어 귀국하기까지 주미대사로서 '유엔군 총사령부 설치, 대한구호안對韓救護案 가결, 안보회의 참석 활동, 대본국 방송 계속, 가톨릭교회를 통한 구호금품 급송 추진' 등 전쟁에서의 승리와 전쟁으로 인한 국민의 고통을 줄이기 위한 맹렬한 외교 활동을 전개해나갔다.

주미대사로서 그의 업적에 대한 평가는 해방 후 1950년대에 이르는 시기의 우리 역사를 어떤 눈으로 보느냐에 따라 달라진다. 즉 해방 전후의 현대사를 해방을 기해 남북한에 각각 친미 보수정권과 친소 공산정권이 대두하여 우리 민족의 주체적 역사 발전의 기회를 압살해버린 암울하였던 역사로 보거나 남한의 경우 분단의 고착화를 배경으로 우익 독재정권이 반공을 내세우면서 그 기득권을 확대해나가는 한편, 대외적으로 미국의 종속국가로 전락해간 시기라고 본다면, 그는 비극의 민족사를 이끈 주역 중에 한 명일 것이다. 그러나 이 시기를 '퇴영, 침체, 좌절의 늪이 아니고 한국인이 자유·평등·민주주의 등 보편적 이상을 향해 전진을 재촉'하였던 시기로 보는 발전적 입장에서 조망할 때, 그리고 당시의 한미관계를 '후원자와 수혜자', '침략자와 피침략자' 혹은 '가해자와 피해자'의 관계로 보는 극단적 입장, 즉 한미관계가 미국의 일방적인 이익만을 위해 전개된 것이라는 시각을 탈피할 때 장면이 주미대사로서 이룩한 업적에 대한 평가는 달라진다. 즉 당시의 한미관계사를 미국 측의 일방적인 전략·경제적 이해타산만이 아니라 우리의 필요에 따른 미국과의 유대 강화와 이를 통한 우리 국익의 실현이라는 관점에서 본다면, 그는 미국과의 긴밀한 유대를 쌓고 이를 이용하여 역사상 최초로 '서구중심 세계질서' 속에 본격적으로 진출하는 데 있어, 그리고 남한의 자유민주주의 체제를 지키는 데 있어 결정적인 외교 활동을 전개한 최대의 공헌자로 평가할 수 있다. 그러면 이러한 관점에서 그의 업적을 평가하고자 한다.

첫째, 그는 덜레스John F. Dulles 등 미정부 인사들과의 긴밀한 유대를 바탕으로 미국의 영향력을 이용하여 신생 대한민국에 대한 유엔의 승인을 비롯한 미국주재 각국 대사관의 접촉을 통해 33개국의 개별적 승인을 얻어냄으로써 대한민국이 조선시대 이래 '은자의 나라'로 알려진 폐쇄성을 극복하고 유엔 등 국제무대에 본격적으로 진출하는 초석을 쌓았다. 둘째, 그는 한국에 대한 인식이 전무하다시피 한 미정부 인사를 상대로 하는 외교 활동과 함께 미국민들을 향한 순회강연과 언론매체 등을 통한 한국 알리기 작업에 매진함으로써 미국 내에 호의적 한국관이 형성되게 하는 계기를 마련하였다. 셋째, 그는 남북한 간의 군사적 불균형이 야기할 국방상의 문제를 해결하기 위해 나토NATO에 필적하는 '태평양 동맹' 같은 집단안보체제의 도입을 구상하고 이의 실현을 도모한 바 있으며, 불의의 6·25전쟁을 맞아 미국과 유엔에 대한 외교 활동을 통해 미군과 16개 유엔 회원국이 참전하도록 힘을 보탬으로써 풍전등화와 같던 조국의 자유민주주의체제를 지키는 데 기여하였다.

4. 글을 맺으며

이상 살펴본 바와 같이 장면은 국운이 기울던 구한말에 태어나 일제치하에서는 교육운동과 종교운동에 헌신하였고, 해방공간에서는 자유민주주의 정치이념과 제도의 보편화 작업에 적극 참여한 정치가였다. 특히 그는 신생 조국에 대한 유엔의 승인과 유엔군의 한국전 참전을 이끌어내 대한민국의 기틀을 세우고 지키는 데 공헌한 발군의 외교관이었다. 국가의 수립에는 여러 가지 요소가 필요하지만, 국가로서의 인정 여부는 다른 국가들에 의해 국제적으로 판단되어지는 것이다. 1948년 대한민국은 단독 정부수립을 선포하였지만 고립을 면하기 위해서는 국제적 승인이 필요하였다. 또한 그가 주미대사로 재직 중 발발한 6·25전쟁도 남북한군의 전력상 격차 때문에 외부 지원이 없었다면 그 결과는 불 보듯 뻔한 것이었다. 이처럼 대한민국의 국제적 승인과 6·25전쟁 시의 유엔군 파병은 국가의 존립 자체를 좌우하는 중차대한 문제였으며, 이 과업의 성공적 완수에 장면 개인의 역량이 결정적으로 작용하였음은 그 누구도 부인할 수 없는 주지의 사실이다. 그는 정치가로서만이 아니라 외교관의 세계에서도 초심자였지만, 국가의 존망이 걸린 문제를 훌륭히 해결함으로써 차후 한국을 이끌어갈 지도자로 부상하였다. 이러한 성과를 배경으로 그는 이승만 정부하의 제2대 국무총리, 민주당 최고위원이 되었으며, 1952년 이후에는 미국 측에서도 이승만을 대체할 한국의 차기 지도자로 주목받기 시작하였다. 따라서 종래 우리나라 사람들이 정치가로서의 장면에 대해 품고 있는, 그가 이렇다 할 정치 활동의 경험도 없이 '가톨릭적 배경과 영어실력' 덕택에 해방 이후 피동적으로 정계에 진출하였으며, '강한 결단력과 즉각적 행동이 필요한 상황에서 항상 소심하고 우유부단' 한 행동을 일삼다가 민중의 힘에 의해 일어난 4·19혁명에 편승해 내각 수반에 오른 '항상 수동적이고 자기 패배적인 행동 경로' 를 취한 무능한 지도자에 불과하다는 부정적 이미지는 수정되어야 하지 않을까 생각된다.[5]

5 나의 글, 「정계진출 이전 장면의 삶과 활동에 관한 연구」, 『경희사학』 23, 2001.

| 군사 · 법률 · 경제 |

이범석, 대한민국 국군의 초석을 마련하다

한시준

1. 머리말
2. 독립군 · 중국군 · 광복군으로 항일무장투쟁
3. 해방 후 조선민족청년단 결성
4. 초대 국무총리 겸 국방부장관
5. 맺음말

1. 머리말

대한민국 정부는 1919년 4월 11일 중국 상해에서 수립되었다. 3 · 1운동을 통해 독립을 선언한 직후 국내외 독립운동가들이 상해에 모여 국호를 '대한민국'으로 한 임시정부를 수립한 것이다. 대한민국임시정부는 영토 · 주권 · 국민이 갖추어지지 않은 상태에서 '임시'로 수립한 대한민국 정부였다. 그리고 일제의 식민지 배로부터 독립한 후 1948년 8월 15일 '정식'으로 대한

韓詩俊 단국대학교 인문과학대학 역사학과 교수.

저서로는 『한국광복군연구』(일조각, 1993), 『대한민국임시정부의 좌우합작운동』(공저, 한울, 1995), 『한국독립운동사 강의』(공저, 한울, 1998), 『대한제국군에서 한국광복군까지, 황학수의 독립운동』(역사공간, 2006), 『의회정치의 기틀을 마련한 홍진』(탐구당, 2006) 등이 있다. 논문으로는 「대한민국임시정부의 환국」(『한국근현대사연구』 25, 2003), 「독립운동의 이념과 방략」(『한일관계사연구논집』 9, 2005), 「대한민국임시정부와 민주공화제의 확립 발전」(『나라사랑 독립정신』, 2005), 「이봉창의거에 대한 중국신문의 보도」(『한국근현대사연구』 36, 2006), 「해공 신익희와 대한민국임시정부」(『한국근현대사연구』 41, 2007) 등이 있다.

민국 정부를 수립하였다. 대한민국 정부는 임시정부를 계승하여 수립한 것이며, 그 조직과 운영에 있어서도 임시정부에서 활동한 인사들의 역할이 적지 않았다.

국가를 유지하고 운영하는 데 중요한 세 가지 요소가 있다. 당·정·군이 그것이다. 당黨은 국회, 정政은 정부, 군軍은 국군을 말한다. 임시정부도 당(의정원)·정(임시정부)·군(광복군)의 체제로 유지·운영되었고, 대한민국 정부도 당·정·군의 체제를 갖추었다. 대한민국 당·정·군의 최고 책임자는 임시정부에서 활동한 인사들이었다. 대통령 이승만, 국회의장 신익희, 국방부장관 이범석이 모두 임시정부에서 활동한 독립운동가였다. 이들이 각각 당·정·군의 책임자로서 대한민국의 기초를 마련하는 데 크게 공헌하였다.

이 글에서는 이범석이 대한민국 정부를 수립하는 과정에서, 특히 국방부장관으로서 어떤 역할을 수행하였는지 살펴보고자 한다. 우선 그의 해방 전 활동과 해방 후 귀국하여 조선민족청년단을 결성하여 활동한 사실을 통해 이범석이 어떤 인물인가를 살펴보고, 그가 국방부장관으로 국군의 기초를 마련한 과정을 언급하고자 한다.

2. 독립군·중국군·광복군으로 항일무장투쟁

이범석李範奭(1900~1972)은 한국독립운동사에서 항일무장투쟁을 상징하는 대표적 인물 중 한 사람이다. 그는 열다섯 살 때인 1915년 여운형을 만나 중국으로 망명한 이래 해방을 맞아 귀국할 때까지, 만주와 중국대륙을 누비며 독립군·중국군·광복군으로 항일무장투쟁의 최선봉에서 활동하였다.

이범석은 중국의 운남강무당에서 군사훈련을 받았다. 운남강무당은 일본 육군사관학교 출신 당계요가 설립한 군관학교로, 운남성 곤명에 있었다.

1916년 가을 이범석은 신규식의 소개로 운남강무당 기병과에 입학하여, 2년 6개월간 훈련을 받고 1919년 3월 졸업하였다. 졸업 후 이범석은 만주로 가서 독립군 양성에 주력하였다. 처음에는 서간도에 설립된 신흥무관학교 교관을 맡았고, 김좌진의 부름을 받아 북간도로 이동하여 북로군정서 연성대장을 맡아 독립군을 양성한 것이다.

1920년 10월 이범석은 일본군과 전투하여 큰 승리를 거둔 청산리대첩에서 맹활약을 하였다. 일본군이 독립군을 초토화시킬 목적으로 만주에 들어오자, 이범석은 북로군정서 연성대장으로 총사령관 김좌진과 함께 청산리 일대에서 일본군과 대접전을 벌였다. 10월 21일부터 시작된 일본군과의 전투는 며칠 동안 계속되었다. 이범석은 김좌진 · 나중소 등과 북로군정서를 지휘하며, 또 홍범도 부대와 연합작전을 통해, 백운평을 비롯한 여러 곳에서 일본군을 무찌르는 데 큰 공헌을 하였다. 이를 계기로 이범석은 김좌진 · 홍범도와 함께 항일무장투쟁을 상징하는 인물로 부각되었다.

이후 이범석은 연길에서 김규식 등과 고려혁명군을 조직하여 독립군을 양성하였고, 중국의 동북항일군 마점산 부대에 들어가 작전참모로 활동하기도 하였다. 그리고 1934년 김구가 군사간부를 양성하기 위해 낙양군관학교에 한인특별반을 설치하자, 교관 겸 학생대장을 맡기도 하였다. 낙양군관학교가 제1기생으로 종료되자, 그는 다시 중국군에 들어가 제3집단군 참모장 · 중국국민당 중앙훈련단 중대장으로 복무하였다.

1940년 임시정부가 중경에서 광복군 창설을 추진하자, 이범석은 중국군에서 사임하고 돌아왔다. 그리고 이청천 · 유동열 · 김학규 등과 실무를 맡아 광복군을 창설하였다. 병력모집, 자금확보, 중국정부에 협조 요청 등의 준비작업을 거쳐, 1940년 9월 17일 광복군총사령부 성립식을 거행하였다. 이로써 임시정부의 국군인 광복군이 창설되었다.

참모장으로 임명된 이범석은 총사령 이청천과 함께 중국과의 교섭에 주력하였다. 광복군에 대한 중국의 협조와 원조를 받기 위해서였다. 1942년 이범석은 참모장을 사임하고 서안西安에 있는 제2지대 지대장으로 부임하였다. 서안은 일본군이 점령하고 있던 화북 지역과 최전선을 이루고 있는 곳이었다. 그는 일본군 점령지역에 이주해 있던 한인청년들을 모집하는 초모 활동을 적극적으로 전개해 제2지대를 광복군의 주력부대로 증강시켰다.

이범석은 미국의 OSS(Office of Strategic Services, 전략첩보기구)와 연계하여 국내진입작전을 추진하였다. 광복군 대원들에게 OSS 훈련을 실시하고, 이들을 국내에 침투시킨다는 독수리작전Eagle Project에 미국 측과 합의한 것이다. 1945년 8월 4일 제1기생 훈련이 완료되자, 이들을 국내에 침투시키는 국내진입작전을 실행하기로 하였다. 그러나 8월 10일 일제의 항복소식이 전해지면서, 이는 좌절되었다. 임시정부는 이들을 정진대挺進隊로 편성하여 국내에 선발대로 파견하고자 하였다. 이범석은 김준엽·장준하·노능서를 대동하고 OSS와 함께 미국 비행기로 8월 18일 국내로 들어왔다. 그러나 일본군의 저항으로 활동할 수 없었고, 다음 날 중국으로 돌아갔다.

이후 이범석은 임시정부의 정책에 따라 중국에서 광복군 확군 활동과 교포들의 귀국을 도모하는 활동을 담당하였다. 확군 활동은 일본군으로 끌려나오거나 중국지역에 이주해 있던 한인청년들을 광복군으로 편입시키는 일로써, 국내에 들어가 국군을 편성하기 위한 준비작업의 일환이었다. 이와 함께 중국에 이주해 있던 한인교포들의 생명과 재산을 보호하고, 이들을 무사히 귀국시키는 일에도 주력하였다. 교포들의 귀국이 마무리 되자 광복군은 1946년 5월 16일 복원선언復員宣言을 발표하고 귀국하였다. 이범석은 광복군 대원들을 이끌고 6월 3일 국내로 들어왔다.

3. 해방 후 조선민족청년단 결성

이범석이 귀국하였을 때, 국내정세는 매우 혼란한 상태였다. 국토는 남북으로 분단되었고, 미군정이 유일한 정부임을 자처하며 통치권을 행사하면서, 임시정부는 그 이름조차 유지하기 어려운 상황이었다. 그리고 정치적 주도세력이 없는 가운데 신탁통치 문제를 비롯하여 여러 현안을 둘러싸고 좌우익이 극렬하게 대립하였고, 각종 정당 및 단체들이 결성되어 각각의 정치이념과 이해관계에 따라 움직이고 있었다.

이범석은 귀국 직후 경교장으로 김구를 찾아갔다. 임시정부 주석 김구에게 광복군의 귀국을 보고하기 위해서였다. 광복군 역시 임시정부와 마찬가지로 미군정의 방침에 따라 개인자격으로 귀국하였지만, 이범석은 광복군을 이끌고 귀국한 책임자였다. 총사령 이청천은 중국에 남아 있었다. 광복군의 통수권자는 김구였고, 통수권자에게 귀국을 보고한 것이다.

광복군이 귀국하였지만, 당시 임시정부는 별다른 활동을 할 수 없었다. 1945년 12월 말 내무부장 신익희 명의로 발표한 '미군정이 장악하고 있는 전국의 행정과 경찰기구를 임시정부가 접수한다'는 내용의 국자포고國字布告 사건을 계기로 미군정은 임시정부에 대한 분쇄공작을 진행하였고, 임시정부의 비밀조직인 정치공작대도 해체시켰다.[1] 임시정부는 1946년 2월 비상국민회의로 방향을 전환하여 활동을 계속하고자 하였지만, 그 또한 용이하지 않았다. 상황이 어렵게 되자 임시정부를 떠나는 인사들이 늘어났다.

이범석은 이러한 상황을 파악하면서, 독자적인 활동방향을 모색하였다. 청년운동이었다. 평생 독립군을 양성하고 광복군을 조직하여 청년들과 함께

1 한시준, 「海公 申翼熙와 대한민국임시정부」, 『한국근현대사연구』 41, 2007, 117~118쪽.

활동해온 그의 시각으로 보면, 해방정국에서 청년들이 좌우의 이념에 따라 대립과 갈등을 빚어내는 현상은 혼란 그 자체였다. 청년들에게 민족을 가르쳐주고, 민족주의에 대한 훈련을 시켜야 한다는 것이 그의 생각이었다. 청년들을 건전한 이념으로 결집시키고, 교육과 훈련을 통해 자질을 향상시키며, 국가와 사회에 실천적으로 봉사하는 청년을 양성하는 일이 무엇보다도 중요하다고 생각한 것이다.

이범석 주위에는 청년들이 많았다. 그가 귀국할 때 함께 온 광복군 대원의 숫자만도 500명을 헤아렸다. 이범석은 이들을 기반으로 전국 각지에서 활동하고 있는 청년단체의 지도자들을 뽑아 훈련시킨다는 계획을 세웠다. 그 명칭은 조선민족청년단으로 결정하고, 행동원칙으로는 비정치 · 비종파 · 비군사를, 이념으로는 민족지상 · 국가지상을 내세웠다.

이범석은 준비작업에 들어갔다. 교육계 · 정계의 지명도 있는 인사들을 만나 자문 · 이사 · 고문을 교섭하였다. 정인보 · 황의돈 · 안호상 · 김형원 등의 교육계 인사와 장덕수 · 윤보선 · 윤치영 등 정계의 인사, 그리고 백낙준 · 현상윤 · 김활란 · 이용설 등 각계 인사들의 협조를 받았다. 다른 한편으로는 미군정과 교섭하여 자금도 마련하였다. 연합군중국전구사령관이었던 웨드마이어Albert C. Wedmeyer의 후원하에 미군정의 재정적 지원을 받았고, 맥아더도 그를 돕기 위해 필리핀에서 보이스카우트를 조직하고 훈련한 경험을 가진 미육군 중령을 보내주었다고 한다.[2]

1946년 10월 9일 이범석은 조선민족청년단을 창단하였다. 단장은 이범석, 부단장은 언론계 출신인 김형원이었다. 그리고 광복군 출신 노태준 · 안춘생 · 송면수 · 장준하 등이 주요 간부를 맡았다. 창단선언을 통해 "우리는 청

2 김철, 「민족청년단」, 『鐵驥李範奭評傳』, 이범석장군기념사업회, 삼육출판사, 1992, 136쪽.

년 자신의 수련을 목적하고 조선민족청년단을 발기하여 먼저 청년의 정신을 작흥시키고 청년의 진로를 명백히 하여 건국성업의 역군이 될 것을 기하려 한다" 며, 단의 3원칙을 천명하였다.[3]

1. 우리는 민족정신을 환기하여 민족지상 국가지상의 이념하에 청년의 사명을 다할 것을 기함.
2. 우리는 종파를 초월하여 대내자립 대외공존의 정신하에 민족의 역량을 집결할 것을 기함.
3. 우리는 현실을 직시하여 원대한 곳에 착안하고 비근한 점에 착수하여 건국도상의 청년다운 순성을 바칠 것을 기함.

이범석은 민족청년단을 창단한 후 한편으로는 훈련소를 운영하고, 다른 한편으로는 전국적으로 조직을 확대해나갔다. 중앙훈련소는 경기도 수원에 마련하였고, 1946년 12월 2일 제1기 훈련생(김철 · 서영훈 · 김용희 등)에 대한 교육을 실시하였다. 훈련 기간은 한 달이었고, 기마다 200명씩 훈련을 받았다. 기본과정은 1기에서 10기까지 이루어졌고, 모두 1,921명을 배출하였다. 이 중 제7기에는 여성 특별반이라 하여 여성(김정례 · 이희호 등)들만 훈련하기도 하였다. 그리고 시 · 군 · 구 · 읍 · 면 등 지방단부地方團部의 간부를 훈련하는 과정이 별도로 있었다.

중앙훈련소의 교육은 내용과 질적인 면에서 강도 높게 진행되었다. 교육은 정신훈련 · 지능교육 · 체력훈련 · 생활훈련 · 실천훈련 위주였다. 그리고 강사진은 김구 · 조소앙 · 신익희 등 임시정부 인사를 비롯하여 정인보 · 설의식 · 백낙준 · 안호상 등 학계의 유명한 인사들을 초청하였다.

수료생들이 배출되면서 민족청년단의 조직은 급속도로 확대되었다. 수료

3 건국청년운동협의회총본부, 『大韓民國建國青年運動史』, 1989, 305쪽.

생들이 각 지방에 배치되어 조직을 확대해나갔고, 창단 1년 만에 단원이 20만 명에 이르게 되었다. 이뿐 아니라 수료생들이 연고지로 내려가 도 · 시 · 군 단부마다 지방훈련소를 설치 운영하기 시작하면서, 조직과 단원들이 기하급수적으로 늘어났다. 창단 2주년인 1948년 가을에는 115만 명의 단원을 헤아리게 되었다고 한다.

민족청년단의 세력과 조직이 확대되면서, 이범석의 위상도 크게 부상하였다. 민족청년단은 청년운동을 지향하며 비정치를 내세웠지만, 정치적으로 커다란 영향력을 갖는 존재였다. 5 · 10선거에 민족청년단으로 출마한 사람이 20명이었고, 이 중 6명이 당선되었다. 이외에 민족청년단 소속이면서 무소속으로 출마한 경우도 있었다. 무소속 당선자를 포함하면 제헌국회에 진출한 민족청년단 출신은 모두 14명이었다.

이범석은 민족청년단을 조직하여, 이를 전국적인 조직과 100만 명이 넘는 단체로 확대, 발전시키면서 상당한 영향력을 갖는 인물로 부각되었다. 이 때문에 이범석은 여러 세력으로부터 견제를 받기도 하였지만, 이것이 대한민국 정부의 초대 국무총리 겸 국방부장관에 임명되는 배경이 되기도 하였다.

4. 초대 국무총리 겸 국방부장관

이범석은 민족청년단을 조직하여 청년운동을 전개하면서 비정치를 내세웠고, 실제 정치에는 직접 관여하지 않았다. 민족청년단 이외에 그가 맡은 것은 국방경비대 고문뿐이었다. 이러한 이범석이 대한민국 정부를 수립하는 과정에서 국무총리에 임명되었다. 이승만이 처음에는 이윤영을 추천하였지만 국회에서 그의 인준이 부결되자 재차 이범석을 지명하여 국회의 인준을 얻은 것이다. 이승만이 그를 국무총리로 지명한 데 대해서는 일반 여론뿐 아니라 이범석 자신도 놀랐다고 한다.

이범석은 국무총리와 더불어 국방부장관으로 임명되었다. 당시 광복군 총사령 이청천을 비롯하여 일본육군사관학교, 만주군관학교, 중국군관학교 출신들이 많았다. 이러한 가운데 그가 국방부장관에 임명된 것은 미군정 사령관 하지John R. Hodge의 역할이 있었다는 이야기도 있지만, 민족청년단을 조직하여 100만 명이 넘는 단원들을 확보한 지도자라는 점과 특별한 정당이나 정파에 소속되지 않았다는 점이 크게 작용하였다. 국무총리는 정치적인 자리였지만, 국방부장관은 그의 경험을 살릴 수 있는 기회였다.

대한민국 정부가 수립되면서 군사권이 이양되었다. 8월 24일 한미군사협정이 체결되면서, 미군정이 행사해오던 군사권을 대한민국 정부에 이양한 것이다. 8월 31일 이범석은 미군정하에서 국방부 기능을 해온 통위부와 국군의 전신이라 할 수 있는 조선국방경비대(이하 조선경비대)로부터 그 기능을 이양받았다. 이에 따라 9월 1일 조선경비대가 육군으로, 해안경비대가 해군으로 편입되었다. 통위부는 임시정부에서 참모총장을 역임한 유동열이 부장으로 있었고, 조선경비대 사령관은 광복군 출신 송호성이었다. 대한민국의 군사권이 광복군의 손을 거쳐 광복군 출신에게 넘어온 것이다.

이범석은 국방부장관으로서 국군의 기초를 마련해나갔다. 국군의 정신은 광복군의 독립투쟁 정신을 계승하고, 일본육군사관학교 출신들을 등용하여 장교의 질을 향상시킨다는 방침이었다. 국방부차관에 중국공군 출신으로 광복군에 복무하였던 최용덕을 임명한 것과 광복군 출신들을 조선경비사관학교에 입교하도록 한 것이 그러한 의도였다. 그리고 참모총장에는 일본육사 출신 채병덕을 임명하였다.

이범석은 국방정책의 대전제로 '연합국방'을 설정하였다. 연합국방이란 공산주의 세력의 팽창에 대응하기 위해 미국을 중심으로 한 민주진영의 군사

역량과 연합해야 한다는 것, 그리고 한반도전쟁에 대비하여 미국의 작전지원을 가능하게 한다는 것이 핵심이었다. 당시 유럽에서는 소련의 팽창을 저지하기 위해 미국이 유럽 여러 나라를 지원하고 있었고, 한국도 이러한 체제를 갖추고자 한 것이다. 그는 광복군 시절 미국의 OSS와 연합하여 공동으로 국내진입작전을 추진한 경험이 있었다.

이범석이 국방부장관에 임명된 지 두 달여 만에 '여수순천반란 사건'이 일어났다. 제주도로 파견 명령을 받은 여수의 제14연대 중 1개 대대가 반란을 일으킨 것이다. 이범석은 비상회의를 소집, 참모총장 채병덕을 광주에 파견하는 한편, 송호성을 토벌사령관으로 임명하여 이를 진압토록 하였다. 정부군이 이들을 진압하였지만 반란군 중 일부가 지리산 등 산악지대로 들어가 게릴라전이 계속되었다.

이범석은 여수순천반란 사건을 진압하는 한편, 국군의 기초를 마련하는 작업을 추진해나갔다. 국군조직법(11월 30일)과 국방부 직제령(12월 7일)을 제정하여 국방부장관→참모총장, 그리고 육군본부·해군본부로 이어지는 체제를 갖추었다. 그는 무엇보다도 군의 정신무장을 강조하였고, 이를 위해 다음과 같은 국군 3대 선언문을 암송토록 하였다.[4]

1. 우리는 선열의 혈적을 따라 민족국가를 지키자.
2. 우리의 상관, 우리의 전우를 공산당이 죽인 것을 명기하자.
3. 우리의 군인은 강철같이 단결하여 군기를 엄수하고 군의 사명을 다하자.

이범석은 군의 정신무장을 강화하고, 국군을 반공민주군대로 육성한다는 방침이었다. 이를 위해 국방부에 정치국을 설치하고, 광복군 출신 송면수를

4 국방부 군사편찬연구소, 『建軍史』, 2002, 60쪽.

국장으로 임명하였다. 그리고 북한 공산군의 대남도발을 분쇄한다는 방침 아래 국방부에 특수공작을 위한 제4국을 설치하고, 특수부대로 수색대를 창설하였다. 정치국과 제4국 설치에 대해 미군사고문단의 강력한 반대가 있었지만, 이범석은 이를 관철시켰다.

국군의 편제와 병력도 확대해나갔다. 조선경비대로부터 지휘권을 이양받을 당시 육해군 총병력은 5개 여단 15개 연대에 5만 명 정도였다. 이범석은 부대증편에 주력하여 6개 보병연대를 증편하였고, 6개 특수부대를 창설하여 10만 명 병력으로 확대하였다.[5] 이외에 유사시에 대비한 예비병력을 확보하기 위해 호국군을 창설하고, 중학교 이상에는 장교를 배속시켜 학도호국단을 편성하여 군사훈련을 실시하였다. 그리고 군인 및 그 유족의 복리를 위해 여군회勵軍會를 설립하기도 하였는데, 이는 광복군에서 설립하였던 광복군소비합작사를 본뜬 것이었다.

이범석은 독립군 · 중국군 · 광복군에서 활동한 경험을 기반으로 대한민국 국군의 초석을 마련해나갔다. 그러나 순정한 군인이 정치의 바람 앞에 온전하기 어려웠다. 1948년 12월 이승만 대통령의 요청에 의해 모든 청년단체가 통합하여 대한청년단을 결성하면서, 그의 세력기반인 민족청년단이 해체되었다. 그리고 '히틀러를 꿈꾸는 위험한 인물'이라는 등 각종 악선전도 난무하였다.[6] 결국 이범석은 8개월 만인 1949년 3월 21일 국방부장관에서 해임되었다. 신성모가 그 뒤를 이었다.

---

5 韓鎔源, 『創軍』, 박영사, 1984, 104~107쪽.

6 高貞勳, 『軍』, 동방서원, 1967, 72쪽.

5. 맺음말

독립운동과 해방 직후의 미군정 시기, 그리고 대한민국 정부로 이어지는 과정에서 군사권은 광복군에 있었다. 해방을 맞을 때 독립운동의 대표적인 군사조직은 임시정부 국군인 광복군이었다. 미군정 시기에 국방부 역할을 한 통위부와 국군의 전신인 조선경비대의 최고 지휘관은 임시정부 참모총장 유동열(통위부장)과 광복군 출신 송호성(사령관)이 맡고 있었다. 그리고 대한민국 정부가 수립되면서 통위부가 국방부로, 조선경비대가 국군이 되었고, 초대 국방부장관은 광복군 참모장 출신 이범석이었다. 이범석은 유동열 · 송호성으로부터 군사권을 이양받았다. 대한민국의 군사권이 광복군에 의해 유지 계승되었고, 광복군의 손에서 광복군의 손으로 넘겨진 것이라 할 수 있다.

이범석은 1919년 중국 운남강무당을 졸업하고, 독립군 · 중국군 · 광복군으로 항일무장투쟁을 전개한 군사전문가였다. 대한민국 정부에서 초대 국무총리 겸 국방부장관에 임명된 이범석은 자신의 활동 경험을 기반으로 국군의 기초를 마련해나갔다. 국군의 육성은 정신무장과 장교의 질을 향상한다는 방침하에, 광복군의 독립투쟁 정신을 계승하여 군의 정신무장을 강화하고, 일본 육군사관학교 출신을 등용하여 장교의 질을 향상시키고자 하였다.

그는 국방정책의 핵심을 연합국방으로 설정하였다. 미국을 중심으로 한 민주진영과 연합하여 공산주의 세력의 팽창을 저지하고, 한반도 전쟁에 대비한다는 것이었다. 특히 북한군의 대남도발에 대비하기 위해 국방부에 특수공작을 위한 제4국과 특수부대로 수색대를 창설하였으며, 국군의 편제와 병력도 확대해나갔다. 조선경비대로부터 지휘권을 이양받을 당시 육해군 총병력은 5개 여단 15개 연대에 5만 명 정도였다. 이후 6개 보병연대와 6개 특수부대를 창설하여 10만 명 병력으로 확대하였다. 이외에 유사시에 대비한 예비병력을 확보하기 위해 호국군을 창설하고, 중학교 이상에는 장교를 배속시켜 학도호국단을 편성하여 군사훈련을 실시하였다. 또한 여군회勵軍會를 설립하여 군인 및 그 유족의 복리체제도 마련하였다.

그는 대한민국 국군의 초석을 마련하는 데 심혈을 기울였지만, 1949년 3월 21일 국방부장관에서 해임되었다. 정치적 견제도 있었고, 모함도 끊이지 않았다. 정부가 청년들의 조직을 정비한다는 명목으로 여러 청년단체를 통합해 1948년 12월 대한청년단을 결성하면서, 그의 세력기반인 민족청년단이 해체되었다. 이범석은 해체할 수 없다며 버텼지만, 대통령의 명령을 따르지 않을 재간이 없었다. 그리고 '얼굴이 일본의 도조 히데키東條英機와 비슷하다' 거나 '한국의 히틀러를 꿈꾸는 위험인물' 이라는 등의 악선전과 모함도 끊이지 않았다. 당시 비서실장이었던 강영훈의 회고에 따르면,[7] 이범석 자신이 직접 임명한 참모총장도 그러한 모임에 가담하였다고 한다. 이범석의 해임으로 국군에서 광복군의 역할은 축소되었고, 일본 육사와 만주군 출신들의 영향력이 확대되었다.

7 강영훈, 「철기장군 국방시대 회상」, 『鐵驥李範奭評傳』, 이범석장군기념사업회, 삼육출판사, 1992, 113쪽.

이응준, 국군 창설의 산파

이기동

1. 대한민국의 간성干城이 된 국군

대한민국이 건국된 지 채 2년이 되지 않은 1950년 6월 25일, 북한 '인민군'에 의한 전면적인 남침전쟁으로 절망상태에 빠졌을 때 국군은 최초의 좌절을 극복한 끝에 자유민주주의체제를 수호하는 위업을 달성하였다. 비록 미군을 비롯한 자유진영 연합군의 전폭적인 지원에 힘입었다고는 하지만 국군이 파죽지세로 달려드는 북한군을 도처에서 저지하여 시간을 벌지 못했던

李基東 동국대학교 문과대학 사학과 교수.

저서로는 『비극의 군인들-일본 육사 출신의 역사-』(일조각, 1982), 『한국사강좌』 고대편(공저, 일조각, 1982), 『신라 골품제사회와 화랑도』(일조각, 1984), 『백제사연구』(일조각, 1996), 『신라사회사연구』(일조각, 1997), 『전환기의 한국사학』(일조각, 1999), 『백제의 역사』(주류성, 2006)가 있다. 역서로는 『광개토왕릉비의 탐구』(李進熙 저, 일조각, 1982), 『일본인의 한국관』(旗田巍 저, 일조각, 1983) 등이 있으며, 그 밖에 한국고대사와 한국사 전반에 관한 많은 논문이 있다.

들 낙동강방어선은 구축될 겨를도 없이 남한 전역이 송두리째 적화赤化되고 말았을 것이다.

국군의 모태가 된 것은 미군정이 1946년 초에 만든 조선국방경비대였다. 당시는 군단 규모의 미군이 북위 38도선 이남에 주둔하고 있었고 또한 미국과 소련점령군 사이에 정부 수립문제를 논의하기 위해 공동위원회가 열리고 있을 때였으므로, 미정부는 소련 측을 자극할 우려가 있는 한국인 군부대의 편성에 적극 나설 수 없는 때였다. 그러한 만큼 경비대의 성격과 규모는 경찰을 도와 치안을 유지하는 예비대 정도에 그칠 수밖에 없었다. 이는 당시 북한에서 소련군정 아래 한국인 군부대가 창설되어 하루가 다르게 성장하고 있던 사실과 크게 대조되는 상황이다.

항일유격대 출신들이 주도권을 장악한 북한에서는 해방 직후인 1945년 10월 21일 소련군의 지원을 받아 보안대대가 창설되어 1947년 5월 17일 인민집단군으로 개편되었고, 마침내 1948년 2월 8일을 기해 김일성이 통수권을 발동해 조선인민군 창설을 선언한 뒤 부대 편성에 박차를 가했다.

그사이 미군정 기간을 통해 최초 8개 연대로 출발한 경비대도 차츰 증강되어 정부수립 직전에는 15개 연대로 늘어나 5개 여단으로 편성, 종전의 경찰예비대라기보다는 정식 군대의 성격을 띠는 조직으로 변모한 것은 사실이다. 이는 잇따른 총파업 등으로 치안에 대한 수요가 늘어났을 뿐 아니라 특히 그간 경비대 내에 침투한 남조선노동당(이하 남로당) 계열의 장교·하사관(부사관)들이 주모자가 되어 폭동, 반란을 일으키는 사태로까지 번졌기 때문이다.

미소공동위원회의 결렬 후 한국독립 문제는 1947년 가을 국제연합으로 이관되어 국제연합 감시하에 총선거를 치러 정부를 수립하는 것으로 결말이 났다. 이에 따라 국제연합에서 파견한 한국위원단이 1948년 초 서울에 와서 활동을 개시하였다. 북한이 38도선 이북에서 한국위원단이 활동하는 것을 거부했으므로 결국 남한 단독정부의 수립이 불가피하게 되었다. 오늘날 좌파 역사가들조차 5월 10일 치러진 총선거야말로 이 땅에 자유민주주의를 구현할 수 있는 보통선거였다고 그 역사적 의의를 인정하는 실정인데, 당시 남로당은 총선거를 방해할 목적으로 4월 3일 제주도에서 무장봉기를 일으켰다. 이에 경찰과 경비대가 사태의 수습에 나섰으나, 실제로 이를 진압한 주역은 경비대였다. 진압 초기 현지에 출동했던 제11연대장은 좌익계 부하장교에게 암살되었으며, 1949년 5월 14일 제주도지구전투사령부가 진압임무를 완료하고 철수할 때까지 1년 이상을 끌면서 군軍과 민民 모두 큰 희생을 치르는 비극을 연출하였다. 이 사건으로 제주도 인구 30만 명이 25만 명으로 줄어들었다.

대한민국 정부 수립 2개월 뒤인 1948년 10월 19일 남해의 미항美港 여수에서는 제주도로 출동명령을 받은 제14연대의 좌익계 장교·하사관들이 연대장을 구금하고 반란을 일으켜 일주일 간 여수·순천 일대는 반란군의 수중에 들어갔다. 또 이 여순반란 사건에 호응하여 봉기를 꾀하려다가 미처 기회를 놓친 대구 주둔 제6연대의 좌익계 하사관들은 1948년 11월 2일과 12월 6일 그리고 1949년 1월에 연속적으로 폭동을 일으켰다가 실패로 돌아가자 소백산맥으로 숨어들어가 이보다 한발 먼저 여수·순천 방면에서 도망쳐 온 반란군과 합류하여 장기적인 게릴라(유격대) 투쟁에 들어갔다. 북한군의 무력이 소련군으로부터 넘겨받은 전차, 항공기 등에 의해 크게 증강된 1949년 하반기에 들어서면서 북한 지역과 곧바로 연결되는 태백산맥 줄기를 타고 오대산·태백산 등 강원도 내륙 산악지대에서 남로당 직속 특수군사조직의 게릴라 활동이 현저해졌으나, 이는 국군의 성공적인 토벌작전에 힘입어 거의 모두 섬멸되었다. 마치 행동하는 지성인 양 40세에 무모하게도 게릴라 투쟁에 뛰어들었던 경성제국대학 출신의 서양철학자 박치우朴致祐는 1949년 11월 중순 경 태백산의 한 이름 없는 골짜기에서 국군에게 사살되었으며, 일제 말기 학병 출신으로 남로당 제주도당 군사부장이자 제주 무장봉기를 일으킨 이른바 제주인민군 총사령관이었던 김달삼金達三은 1950년 3월 22일 강원도 정선에서 역시 국군에 의해 사살되어 28세의 짧은 생애를 마감하였다. 김달삼이 죽은 지 3개월 쯤 지난 뒤에 6·25전쟁이 일어났다.

국방경비대 시절과 국군 초창기에 이응준의 역할과 비중은 자못 중요한 의미를 띠고 있다. 일본 육군사관학교(이하 육사) 출신으로 해방 당시 육군대좌(대령)였던 그는 일본군에 복무한 한국인 장교 가운데 최선임자였다. 그는 미군정청 국방사령부 고문 자격으로 경비대 창설의 구체적인 실행방안을 제시하여 그 실현을 보는 등 산파역을 맡았다. 경비대가 창설된 뒤 그가 정령正領(대령)으로 임관하여 통위부統衛部(국방부에 상당하는 기관) 감찰총감, 수도권을 관할하는 수색水色 제1여단장으로 있을 때 대한민국 정부가 수립되었다. 그 뒤 국군조직법이 공포됨에 따라 조선경비대가 정식 육군으로 편입되면서 그는 1948년 12월 초대 총참모장에 취임하였다. 비록 5개월 뒤인 이듬해 5월 4일에 일어난 38도선 부근 2개 대대의 월북 사건에 책임을 지고 군을 떠나게 되었으나, 그를 군사적 측면에서 대한민국을 세운 공로자의 한 사람으로 떠받들어도 결코 지나친 것은 아니라고 생각된다.

2. 무관학교에서 일본 육사로

추연秋硏 이응준李應俊(1890~1985)은 평안남도 안주 두메산골에서 농가의 셋째 아들로 태어났다. 그는 어려서부터 총명하다는 평을 들었으나 벽촌인데다가 집안도 넉넉지 못해 정식으로 교육을 받을 기회는 없었다. 다만 이웃에 사는 곽초시郭初試라 불리던 사람이 둘째 아들의 학우가 필요하다고 생각하여 그를 불러 한학을 가르쳐준 것이 그나마 큰 도움이 되었다. 이 덕분에 그는 소년 시절 『논어』·『맹자』를 암송할 정도가 되었고, 『동몽선습童蒙先習』·『사략史略』·『고문진보古文眞寶』도 접할 수 있었다.

1904년 2월 인천 앞바다에서 일본군의 포격으로 시작된 러시아와 일본 사이의 전쟁으로 말미암아 청천강에 면한 군사적 요충지인 그의 고향은 전쟁터가 되었다. 실제로 그는 전투 장면을 목격하였다. 그는 이 전쟁을 계기로 서울과 신의주를 연결하는 철도가 일본군에 의해 부설되고, 한국이 일본에게 외교권을 빼앗기는 등 새로운 시대가 닥쳐온 것을 깨닫게 되었다. 이러한 상황 속에서 고조된 신학문에 대한 욕구를 더는 누를 길이 없게 된 그는 16세가 되던 1906년 4월 무작정 집을 나와 상경하는 생애 최대의 모험을 감행하였다.

온갖 우여곡절 끝에 그는 당시 육군 참령參領으로 군부대신 부관직에 있던 이갑李甲의 눈에 띄어 서생書生으로 그의 집에 기식寄食하게 되었다. 더욱이 그는 얼마 뒤 이갑의 주선으로 막 개교한 보성학교普成學校에 들어가 신학문을 공부하는 행운을 얻었다. 그리고 보성학교에서 한 학기를 마친 뒤 역시 이갑의 권유에 따라 대한제국 무관학교 2학년에 편입하였다. 1907년 여름 일제의 강압에 의해서 비록 군대는 해산되었으나, 최고 군사행정기관인 군부와 장교 양성기관인 무관학교만은 축소된 규모로나마 존치되었을 때였다. 그러던 중 1909년 여름, 군부는 친위부親衛府로 개편되고 무관학교는 폐교 조치를 당하였다. 실제로 이보다 조금 앞서 무관학교 교장이던 30대 초반의 노백린盧伯麟 정령正領이 교관과 생도들을 학교에서 멀지 않은 삼청동 소나무 숲으로 불러 성찬을 차린 자리에서, "제군, 국내 정세가 나로 하여금 더는 제군과 함께 있는 것을 허락지 않으니, 오늘로써 학교를 떠나기로 했소!" 라고 고별사를 하는 등 학교 분위기가 심상치 않게 돌아가고 있었다.

당시 한·일 양국 정부는 무관학교 1, 2학년 도합 50명 가까운 재학생 전원을 국비유학생의 자격으로 일본의 군사교육기관에 위탁하기로 합의하였다. 하지만 생도 중 7, 8명이 이 조치에 반발한다거나 혹은 선발 전형에서 탈락한 결과 42명(혹은 43명)이 무관학교 감독장교였던 오구라 유사부로小倉祐三郎 대위의 인솔하에 1909년 9월 초 현해탄을 건너게 되었다. 이때 이응준 역시 진로문제로 고민했으나, "국운의 내일을 예측할 수 없는 때인 만큼 이럴수록 군인이 있어야 한다"는 이갑의 간곡한 권유를 받아들여 유학의 길을 떠났다. 이갑은 일본 육사 출신이었던 만큼 군대해산 뒤에도 군부에 남을 수 있었으나, 군직을 박차고 나와 안창호安昌浩 등과 더불어 민족운동의 최대 비밀결사 조직인 신민회新民會의 핵심으로 지하운동을 전개하고 있었다.

이응준은 무관학교 동기생들과 함께 동경에 있는 중앙유년학교 예과 2학년으로 입교하였다. 처음 그들은 '한국유학생반'에 편성되었다가 1년 뒤 대한제국이 일본에 강제로 병합되자 일본인 생도들과 뒤섞여 교육을 받았다. 국권을 상실한 충격을 견디지 못해, "군대 없는 나라에 장교가 무슨 소용이 있겠는가!"라고 반발하며 학업을 중단하고 귀국한 유학생도 몇 명 있었다. 다만 이응준을 비롯한 13명의 동기생과 그 1년 후배인 20명은 기왕에 시작한 유학생활인 만큼 어쨌든 끝까지 마치기로 결심하고 면학에 전념하였다. 그간 예과를 마치고 본과에 진학한 이응준은 1912년 5월 중앙유년학교를 우수한 성적으로 마치고 사관후보생으로 동경 아자부麻布에 주둔하고 있던 제1사단 보병 제3연대에 배속되어 6개월간 대부隊附 근무에 들어갔다. 유학생 중 수석으로 졸업한 홍사익洪思翊은 동경 한복판 아카사카赤坂에 위치한 제1사단 보병 제1연대에 배속되어 주위의 촉망을 받았다. 1912년 12월 제26기생으로 일본 육사에 진학한 이응준은 1914년 5월 보병과 471명 중 32등이라는 우수한 성적으로 졸업하여 원대原隊인 제3연대에서 역시 6개월간 견습사관으로 근무한 뒤 12월 20일 육군소위로 임관하였다. 유년학교에 이어 사관학교에서도 한국인 중 수석을 차지한 홍사익은 보병과 전체에서 22등이었다. 뒤에 그만이 출세의 등용문인 육군대학을 졸업하여 육군중장까지 승진하였고 육사 성적이 대체로 부진하였던 거의 모든 동기생은 육군중좌中佐(중령)에 그쳤다.

3. 3·1독립운동의 충격 속에서

1919년에 일어난 3·1독립운동은 일본군 초급장교로 그간 평범한 나날을 보내던 이응준에게 마치 청천벽력과 같은 일대 사건으로 다가왔다. 실제로 그 충격으로 육사 3년 선배였던 김광서金光瑞(뒤에 김경천金擎天이라는 가명을 사용) 기병중위와 동기생인 지대형池大亨(뒤에 이청천李青天이라는 가명을 사용) 보병중위는 일본 내의 근무지를 떠나 몰래 서울에 잠입하여 항일독립운동에 나서기로 결의한 끝에 국외로 망명하였고, 1년 후배인 이종혁李種赫(뒤에 마덕창馬德昌이라는 가명을 사용) 보병중위도 그 뒤를 따라 만주로 망명하여 독립운동의 최일선에서 생을 불태우게 되었다.

그런데 이응준에게는 누구보다도 일본군을 박차고 나와 독립운동에 투신해야 할 절실한 도덕적 책무가 있었다. 즉 그의 일생을 통해 최대의 은인이라고 할 수 있는 이갑이 한국병합 직전 국외로 망명하여 병고와 싸우며 독립운동에 헌신하다가 러시아 연해주의 한촌寒村 니콜리스크(지금의 우수리스크)에서 1917년 6월 13일 쓸쓸히 죽었던 것이다. 이밖에도 3·1독립운동 직후 상해에서 대한민국임시정부가 수립되어 노백린이 국무원 군무총장에, 또한 이갑의 일본 육사 동기생으로 죽마고우였던 유동열柳東說이 참모총장에 각각 추대되어 독립운동의 중추부에 있었다. 사실 이보다 앞서 이응준은 1918년 일본이 볼셰비키 혁명정부를 견제할 목적으로 시베리아에 대군을 파견하였을 때 블라디보스토크에 설치된 일본군사령부에 파견근무한 기회를 이용하여 은밀히 이갑의 묘소를 참배한 적이 있다. 그때 그는 주변에서 추진하던 서울 양반집 딸과의 혼담을 사양하고 이갑의 유지遺志를 받들어 그 외동딸과 혼인하기로 마음을 굳혔다. 그리고 시베리아에서 동경의 제3연대로 복귀한 뒤 병가를 얻어 귀국, 1920년 1월 육군대신의 허가를 받지 않은 채 결혼식을 올렸다. 당시 위장병으로 고생하던 그는 평양에서 신방新房을 차린 다음 자택요양이라는 명목으로 일본에 귀환하지 않은 채 서울과 평양을 왔다 갔다 하면서 군대를 떠날 준비를 하였다.

바로 그때 또 다른 운명의 여신이 그에게 손길을 뻗쳐왔다. 그는 어느 날 평양헌병대장을 통해서 서울 용산에 있는 조선군사령관 우쓰노미야 타로宇都宮太郎(1861~1922) 대장으로부터 호출명령이 떨어졌다는 연락을 받았는데, 이것이 결국 그를 일본군대에 단단히 붙잡아두는 계기가 되었다. 당시의 사정은 이응준의 자서전에 매우 구체적으로 기술되어 있다. 이를테면 그의 장인이 이름난 항일운동가였음을 이미 알고 있던 우쓰노미야는 "이갑이 취한 행동은 군인으로서 당연하고도 훌륭한 일이었다"고 칭찬하면서 젊은 이응준을 한껏 회유하였다.

우쓰노미야는 1918년 7월 제4사단장에서 조선군사령관으로 부임하여 재임 기간 중 3·1독립운동 진압에 나섰고, 1919년 11월 대장으로 승진했다가 1920년 8월 본국에 돌아갔는데, 평소 아시아 연대주의連帶主義를 표방하는 입장에서 한국 민중의 저항에 나름의 이해심을 갖는 한편, 일본의 가혹한 식민지 무력武力지배에 대해서는 다소간 비판적인 태도를 보인 것도 사실이다. 그는 왕성하게 활동하였던 생애 마지막 15년 동안의 일기·편지·서류 등 7,200여 점을 죽은 뒤에 공개해도 좋다고 유언했는데, 80여 년의 세월이 흐른 뒤 일본여자대학 기라 요시에吉良芳惠 교수의 5년간에 걸친 정리 끝에

2007년 초 그 일부가 세상에 알려졌다. 그중 1919년 4월 15일에 수원군(지금의 화성시) 향남면 제암리에서 발생한 일본군인에 의한 한국인학살 사건에 대해 4월 18일자 일기에, "서울 남쪽에서 일본군이 약 30명을 교회에 몰아넣고 학살·방화하였다"고 사실대로 기록하였다. 다만 일본군 당국은 사건 발표 때는 학살·방화 사실만은 부인했으나, 내부적으로는 이 사건을 일으킨 아리타 도시오有田俊夫 육군중위에게 30일 간의 중근신 처분을 내렸다. 그의 아들인 우쓰노미야 도쿠마宇都宮德馬(1906~2000)가 1970년대에 보수적인 자민당 정권 내의 이른바 진보파 중의원의원으로 평양으로 찾아가 김일성과 대담한다거나 혹은 김대중 납치 사건이 일어났을 때 앞장서서 한국 정부를 성토한 것처럼, 우쓰노미야 대장 자신도 중국의 신해혁명辛亥革命을 지원하는 등 당시 일본 군벌의 주류에서 보면 다소간 이색적인 인물이었다고 할 수 있다.

4. 일본통치 시절 한국인 장교의 운명

이응준은 만년에 우쓰노미야에 대해 회고하기를, "나에게 보인 호의는 비록 정책적인 회유의 뜻이 있었다 하더라도 그는 내가 겪은 어느 일본인보다도 생각과 행동이 큰 거인이었다"고 평한 바 있다. 어쨌든 이응준은 그의 배려로 동경 제1사단에서 서울 용산의 제20사단 예하 제40여단 제79연대로 전속轉屬되어 일제 말기 몇 년간의 외지 근무를 제외하고는 해방 당시까지 25년간 줄곧 서울을 떠나지 않았다. 사실 홍사익을 제외한 모든 한국인 동기생들이 1920년대 초부터 일본 내의 각 사단에서 조선군사령부 예하 제19사단 혹은 제20사단으로 전속되어 해방 때까지 국내에서 근무하였다. 이들은 조선총독부 소속의 한국인 고급관료와 마찬가지로 식민지 출신으로는 특권적인 계급을 형성하였다. 다만 한인장교들은 한인관료들과는 달리 동포와는 완전하게 격리된 채 일본군 병영兵營이라고 하는 특수한 세계에서 활동하였다. 그들이 병영생활에서 접촉한 상대란 오로지 일본인 장병들뿐이었다. 1918년 7월 중위로 진급한 이응준은 1925년 대위로 승진하여 대대 부관 1년에 약 4년간 중대장으로 복무하였다. 그리고 1931년 소좌로 진급한 뒤 연대의 참모업무와 2년간 대대장으로 재임하였고, 1936년 중좌로 진급하면서 경성의학전문학교와 경성약학전문학교 배속장교로 부임하여 군사교련을 담당하였다.

1937년 7월 중일전쟁이 일어나자 제20사단은 곧바로 천진天津을 거쳐 북경으로 출동하였다. 그는 사단사령부 요원으로 차출되어 부대를 따라 북경에서 서쪽 산서성山西省 방면으로 진출하여 정보 수집과 명령 하달下達 등 업무에 종사하였다. 한편 그는 천진에 파견되어 한동안 민간에 대한 선무공작宣撫工作 임무도 맡았다. 그러던 중 1939년 1월 북경의 북지北支(북중국)파견군사령부로 전출되어 현지 일본인의 병사兵事 사무 및 교육대장 일을 보았다. 그는 때때로 현지에 와있던 한국인 문제에 대한 자문에도 응하였다. 얼마 뒤 그는 홋카이도北海道, 삿포로札幌 병사구사령부로 좌천되어 징병업무에 종사하게 되었는데, 그의 회고에 의하면 북경에서 그가 안중근安重根 의사의 조카 안원생安原生(안중근의 동생 안정근安定根의 아들)과 자주 접촉한 것이 일본군헌병대의 주목을 받은 점과 또한 장인의 절친한 동지였던 안창호가 서울의 대학병원에 입원 가료 중 별세했을 때 이응준의 부인이 그간 간병하고 치료비와 장례비를 마련하는 일에 앞장선 것이 군 당국에 보고되었기 때문이라고 한다.

그는 1940년 8월, 약 1년 만에 대구 병사구사령부로 전속되어 귀국하였고, 1941년 3월에는 숙원이던 대좌로 진급하였다. 여기에는 당시 교육총감부 본부장의 요직에 있던 이마무라 히토시今村均 중장(뒤에 대장으로 승진)의 적극적인 추천이 작용한 듯하다. 이응준은 이마무라가 제40여단장으로 용산에 있을 때 그 예하 제79, 80연대의 한국인 장교로는 유일한 대대장이었다. 실제로 이마무라는 이응준이 삿포로를 떠나 동경을 경유, 대구로 부임할 때 그에게 전보를 쳐서 동경에 도착하는 대로 꼭 자기를 만나고 가라고 했을 정도로 평소 이응준을 아끼고 있었다. 태평양전쟁이 일어난 뒤인 1942년 5월 이응준은 북중국 주둔 보병 제7여단으로 전보되어 칭다오靑島 교육대장직을 맡았고, 그 뒤 진저우錦州 정거장사령관을 거쳐 1944년 봄 용산정거장사령관이 되어 귀국하였다. 정거장사령부는 후방의 군수송업무를 담당하는 기관이었다.

이즈음 그는 서울 계동에 있는 김성수金性洙의 집에 가끔 출입하면서 한국의 민간지도자들과 시국담時局談을 나누기도 하였다. 김성수와는 30년 전 일본 유학 시절부터 서로 알고 지내던 사이였다. 그가 이번 전쟁은 일본의 패망으로 끝맺게 될 것 같다고 털어놓자 같은 자리에 있던 장택상張澤相이 크게 감명을 받았다고 한다. 뒤에 이응준이 광복군 계통의 경쟁자들을 제쳐놓고 초대 육군총참모장으로 발탁된 데는 당시 외무부장관이었던 장택상이 이승만 대통령에게 그를 적극 추천한 것이 주효했기 때문이었다고 이응준은 회고한 바 있다. 그렇지만 당시 삼엄한 전시체제 아래 이응준 역시 학병출정 권유 연설에 동원된 것만은 사실이다. 그는 부민관府民館(지금의 태평로 서울시의회 자리) 집회에서, "한국인에 대한 차별대우를 없애려면 학생 제군의 희생이 필요하다…… 만약 희생을 치르고도 차별대우를 받게 된다면 그때는 내가 앞장서서 싸우겠다"고 연설하여 경찰 당국에서 속기록을 조사하겠다고 벼르는 등 약간의 물의를 일으켰다. 이 사건은 조선총독에게도 보고되었으나 문제 삼지 않기로 타결을 보았다.

1945년에 들어서자 미군의 폭격이 대한해협에까지 미쳐 부산과 시모노세키下關 간의 항로마저 위협받게 되었다. 마침 관부연락선關釜連絡船이 미군의 습격을 받아 침몰하는 바람에 700여 명이 한꺼번에 떼죽음을 당하였다. 이에 해방 2개월을 앞두고 군 당국이 수송기지를 부산 대신 원산으로 옮김에 따라 이응준은 원산기지 수송관으로 전임되었다. 이윽고 8월 9일 소련이 일본에 선전포고하고 곧이어 15일 일본천황의 항복 선언이 있었다. 이응준은 원산항 부두에 산적한 군수품 처리문제로 지역의 한국인 유지들과 접촉하던 중 소련군이 원산에 상륙했다는 연락을 받고 가까스로 마지막 기관차에 탑승하여 서울로 향하였다. 그가 서울의 안암동 자택에 도착한 것이 8월 21일 밤이었다.

5. 국방경비대 창설의 산파역으로

이응준이 일제 말기에 장만한 안암동 2층 양옥은 해방 직후부터 해외에서 몰려든 젊은 군인들로 붐볐다. 그중 다수는 원용덕元容德을 비롯한 만주국 장교출신이었으나, 이형근李亨根을 비롯하여 일본 육사 출신도 몇 명 있었다. 후자는 이때의 인연으로 얼마 뒤 이응준의 사위가 된다. 이들은 이제 바야흐로 우리 군대를 만들 때가 되었으니, 군사 경력이 가장 풍부한 이응준이 앞장서서 이끌어 달라고 간청하였다. 실제로 이들은 8월 말 광화문 경기여자고등학교 강당에서 모임을 갖고 조선임시군사위원회를 결성하여 이응준을 위원장에, 육사 1년 후배인 김석원金錫源을 부위원장에 추대한 다음 국군편성 초안을 기초하여 이를 군정청에 제출하기까지 했다. 당시 일제 말 지원병 혹은 학병으로 군에 징집되었다가 해방과 동시에 민간사회에 쏟아져 나온 젊은이들이 국군준비대니 혹은 학병동맹 등의 사설 군사단체를 만들어 여운형이 주도하는 좌익계의 건국준비위원회 혹은 조선인민공화국의 행동대로 활동하고 있었다. 여운형 쪽에서는 군대 경험이 많은 일본군 고참장교들을 포섭할 필요를 느낀 나머지 이응준에게 사람을 보내어 협조를 요청하기도 하였다. 하지만 김성수와 오랜 교분이 있던 이응준은 이 같은 제의에 냉담한 태도를 보였다. 그렇다고 그가 한국민주당(이하 한민당)과 직접적인 관계를 맺은 것도 아니었다. 그는 어제까지 일본군 고급장교였던 자신이 신생 조국의 건군 작업에 나선다는 것이 아무래도 양심상 허락하지 않았다. 그는 주위의 젊은 장교들에게, "미국은 큰 나라이므로 영토에는 야심이 없는 듯하니 일단 미군정에 협력하는 것이 좋겠다"고 권유하였다.

그러는 동안 미군정 당국에서도 치안력을 강화하고 또한 정식 등록된 것만도 30여 개에 달하는 한국인 사설 군사단체의 젊은 혈기를 어떠한 형태로든 흡수할 필요를 느껴 조선국방경비대라는 이름 아래 경찰예비대를 창설하는 작업에 은밀히 착수하였다. 이 같은 목적을 위하여 1945년 11월 13일 설치된 국방사령부는 경비대 창설 계획을 수립하는 한편, 당장 언어의 장벽을 해소하는 일이 시급하다고 판단, 통역관 양성 및 군 간부요원 확보를 위하여 이해 12월 5일 군사영어학교를 설치하였다. 1946년 1월 초 이응준은 뜻밖에 국방사령부 군무국장 아고Reomer W. Ago 대령에게서 그의 사무실로 나와달라는 연락을 받았다. 아고 대령은 그에게 경비대 창설 계획을 설명하면서 협력을 요청하였다. 이에 이응준이 난색을 표하자, 그는 "일본을 위해 죽을 힘을 다한 분이 어째서 자기 나라를 위해서는 못하겠다는 것인가!"라고 따지듯이 물었다. 결국 이응준은 군사고문관의 직함을 부여받고 경비대 창설을 위한 기본구상을 문서로 제출하였다.

이응준은 남한의 도청소재지마다 사단을 두는 것을 최종 목표로 하여 최초 보병중대를 설치하고, 병력은 지원병제도에 입각하여 20세 전후의 청년을 모병募兵하되, 지원자는 반드시 소재지 경찰서장의 신원보증을 받도록 하는 기본계획서를 제출하였다. 이로써 미루어볼 때 그는 옛 일본군의 진대鎭臺제도 또는 연대구사령부제도를 참작한 듯하다. 신원보증제도에 대해서는 미군 당국이 반대하여 실현되지 않았으나, 도별道別로 부대를 창설한다는 안은 채택되었다. 실제로 미군 당국도 일찍이 필리핀에서 시행한 바 있는 이른바 뱀부Bamboo 계획이란 복안을 가지고 있었다. 이는 일정한 주둔지를 근거로 하여 최소 단위의 부대를 만든 다음 마치 대나무가 쑥쑥 자라나듯 이를 차츰 확대 · 증편增編하는 제도였고, 또한 그 임무도 일차적으로 경찰지원에 두되 국가 비상시에는 이를 동원, 국토방위에 투입한다는 것이었다.

이 계획에 따라 국방경비대는 1946년 1월 15일 서울 태릉 부근에서 제1연대(실제로 중대 규모)가 편성되기 시작하여 춘천 소재 제8연대를 마지막으로 모두 8개 연대가 편성을 완료하였다. 한편 군사영어학교에는 1946년 4월 30일 폐교될 때까지 200명이 입교하고 그중 110명이 5월 1일자로 임관하여 각 연대에 배치되었다. 이와 동시에 조선경비사관학교가 태릉에서 창설되어 단기과정으로 초급장교를 배출하기 시작하였다. 이응준은 비록 군사영어학교에 적을 두지 않았으나, 6월 12일자로 정령(대령)으로 임관하여 국방경비대 감찰총감이 되었다. 그는 군정청 군사고문관직을 겸하였다. 그로부터 3일 뒤인 6월 15일 국방부(종전의 국방사령부를 3월 29일 개칭함)는 통위부統衛部로 개편되고, 18일에는 조선국방경비대가 '국방' 자를 삭제한 조선경비대로 개칭되었는데, 이는 미소공동위원회 소련 측 대표가 이의를 제기한데 따른 조치였다. 이응준은 초대 통위부장에 장인의 동지였던 고령의 독립운동가 유동열을 추천하였다. 이를 계기로 지금까지 경비대를 외면해왔던 광복군 출신 장교들이 조선경비사관학교 제7, 8기 특별반에 다수 입교하는 등 건군작업에 참여하게 되었다.

6. 국군의 창설, 초대 육군총참모장에 취임

1947년 12월 1일 9개 연대를 기간基幹으로 3개 여단이 편성되자 이응준은 제1, 3, 8연대로 된 제1여단장에 임명되었다. 사령부는 서울 교외인 수색에 있었다. 다만 그는 동시에 제5, 6, 9연대로 제3여단을 편성하는 임무를 부여 받았으므로, 부산에서 2개월간 그 일에 종사한 뒤 1948년 2월 5일부터 실제로 제1여단의 지휘에 들어갔다. 그는 전 장병의 일상 지침으로 '사병훈士兵訓'을 제정하여 이를 철저히 이행하도록 독려하였다. 그가 수색에 있는 동안 역사적인 5·10 총선거가 실시되고, 곧이어 제헌의회가 열려 7월 17일 대한민국 헌법이 공포되었다. 이때 공포된 정부조직법에 의해 국방부가 탄생하게 되었다. 그리고 9월 1일을 기해 조선경비대는 조선해양경비대와 더불어 국군으로 편입되어 9월 5일 각각 육군과 해군으로 개칭되었다(공군은 1949년 10월 1일 독립).

국군조직법은 국방부직제령職制令이 제정된 1948년 11월 30일 공포되어 12월 15일자로 정식 법제화되었다. 이응준은 육군본부 초대 총참모장에 임명되었는데, 당시 국방부에는 별도로 참모총장직이 있어 일본 육사 출신의 젊은 채병덕蔡秉德이 취임하였다. 국군조직법에 의하면 국방부장관은 대통령의 명령을 받아 군정을 실시하고, 참모총장은 이를 보좌하되 군령軍令에 관해서는 대통령이 직접 참모총장에게 실시를 명한다는 것이었다. 이는 독일제국이나 일제의 육군참모본부 총장과 같은 성격의 직제이므로 국회 본회의 심의 때 격론이 벌어진 일도 있었다. 다만 국방부에서는 이를 미국의 육·해·공군 합동참모본부 의장과 같은 통괄조정의 기능을 갖고 있는 것으로 둘러대어 통과되었다. 어쨌든 이응준은 채병덕과 함께 12월 22일자로 국군 최초의 준장으로 승진하였다. 이때 해군총참모장 손원일孫元一이 해군준장이 되었고, 육군에서는 두 사람 외에도 광복군 계통의 송호성宋虎聲(전 경비대 총사령관)과 김홍일金弘壹(육사 교장)이 육군준장이 되어 일본군 출신과 균형을 이뤘다. 다만 이듬해 2월 16일 최초의 육군소장 승진 때 송호성만은 탈락되었다. 본디 중국군 사단장 출신이라는 그의 경력에 의혹이 있었던 데다가 거물 간첩으로 체포된 성시백成始伯과 중국 하남성 한단邯鄲군관강습소 동기생이라는 점 등 사상적으로도 미심스러운 데가 있었기 때문이다.

이응준이 총참모장에 취임할 무렵 제주도의 무장봉기는 거의 진압상태에 놓여 있었다. 즉 해주로 도망친 김달삼을 대신하여 반란군을 장악한 이덕구李德九는 1948년 10월 28일 고성리 전투에서 다수의 간부와 함께 살해되었다. 한편 여순반란 사건은 일단 수습된 뒤였으나, 지리산으로 몸을 숨긴 공산당 게릴라 활동은 매우 활발하였으며, 태백산맥을 타고 38도선 이남으로 침투한 북한 특수부대는 오대산과 소백산 일대에 거점을 확보하는 데 혈안이 되어 있었다. 이에 그는 5만 장병의 사상思想단결에 온 힘을 기울이면서 당면한 게릴라 소탕에 주력하였다. 한편 그는 육군본부 정보국 특별수사과를 중심으로 그간 군에 침투한 남로당 계통 장교·하사관들을 조사하여 군에서 몰아내는 이른바 숙군肅軍작업에 착수하여 큰 성과를 거뒀다.

국군에게는 무엇보다도 미군철수에 대비한 육군의 증강이 급선무였다. 미군은 정부 수립 직후인 9월 15일부터 철수하기 시작하여 1949년 초에는 7500여 명(제5연대 전투단)이 잔류하였을 뿐이고, 이마저 6월경에는 500여 명의 군사고문단을 남기고 전원 철수할 예정이었다. 이에 대비하여 육군병력 5만을 증원하여 도합 10만 군을 보유하려는 계획 아래 종전의 여단을 8개 사단으로 증편하는 데 온 힘을 기울였다. 그러던 중 사단승격을 일주일 앞두고 1949년 5월 4일 강원도 인제군 현리 부근에 주둔한 제8연대 예하 2개 대대 363명이 대대장들의 꼬임에 빠져 월북한 큰 사건이 일어나 5월 9일 이응준은 모든 책임을 지고 총참모장직에서 물러났다. 그의 후임에는 채병덕 소장이 취임했는데, 이와 동시에 그간 옥상옥屋上屋이라는 평을 듣던 국방부 참모총장직은 폐지되었다.

7. 만년의 나날

그 뒤 이응준은 예비역 편입과 현역 복귀를 몇 차례 되풀이하다가 65세가 되던 1955년 9월 참모차장직을 마지막으로 군에서 완전히 물러났다. 대한제국 군복을 입은 지 48년 만이었다. 당시는 아직 군대에 정년제가 없을 때였다. 그는 육군대학 총장으로 있을 때인 1952년 11월 15일 중장으로 승진한 바 있다. 이승만 대통령은 그간의 노고를 치하하여 예편하는 날에 그를 체신부장관에 임명, 내각에 맞아들였다. 그는 만 3년간 재임한 뒤 물러나 모처럼 야인생활을 즐겼다.

1960년 4·19학생혁명 직후 성립된 과도내각의 수반 허정許政이 그에게 국방부장관직을 제의했으나, 그는 제1공화국의 각료를 지낸 것과 또한 집권 자유당 서울 성북지구당(뒤에 분구分區되어 을구乙區가 됨) 위원장을 한 것이 양심에 걸려 이를 사양하였다. 하지만 5·16군사정변 뒤에 그는 허정이 만든 신정당의 상임위원회 의장과 야野 3당의 통합체인 '국민의 당' 고문으로 잠시 정치 활동에 관계하기도 하였다. 그러나 만 75세가 된 1965년 이후 그는 퇴역장군들의 친목단체 회장을 맡거나 군인연금법의 혜택을 받지 못해 생활이 어려운 퇴역 장군들을 돕는 상무재단尙武財團이사장 혹은 한국반공연맹이사장, 국토통일원자문위원 등의 명예직에 만족하며 소일하였다.

이응준은 소년 시절부터 일기를 쓰기 시작하여 병석에 눕기 전까지 70여 년 이상 이를 거르지 않았다. 그는 70여 권에 달하는 일기장을 토대로 1982

년 1월 670여 쪽이 넘는 자서전 『회고 90년』을 세상에 내놓았다. 이듬해 그는 김성수를 기념하는 인촌仁村문화상을 받아 감회에 젖기도 하였다. 그로부터 2년 뒤인 1985년 7월 8일 그는 향년 95세로 세상을 떠났는데, 당시 그가 가지고 있던 직함은 재향군인회고문, 국방정책자문위원, 국토통일원고문 등이었다. 선배를 존중할 줄 모르고 어떻게든 밀어내어 하루빨리 출세해보려고 무한경쟁을 벌이고 있는 세태 속에서도 군은 예의를 갖춰 그를 '육군장陸軍葬'으로 보냈다.

김병로, 대한민국 사법부의 아버지

최종고

1. 머리말

가인街人 김병로金炳魯(1887~1964)라 하면 일반적으로 '한국 사법부의 아버지'라고 일컬어진다. 신생 대한민국의 초대 대법원장으로 사법의 기초를 놓고 법조정신을 강하게 뿌리박은 주역이기 때문이다. 두루마기를 입고 고집스런 유학자 선비 같은 초상은 더욱 그러한 이미지를 갖게 한다. 그렇지만

崔鍾庫 서울대학교 법과대학 법학부 교수, 한국인물전기학회 회장.

저서로 『한국법사상사』, 『한국의 법률가』, 『한국의 법학자』 등 20여 권의 법학서 외에 『한강에서 라인강까지 : 한독관계사』, 『괴테와 다산, 통하다』, 『시 쓰는 법학자(시집)』 등 일반서도 다수 있고, Law and Justice in Korea: South and North(2005)도 있다. 2000년부터 한국인물전기학회를 운영하면서 『인물과 전기』(2003), 『자유와 정의의 지성 유기천』(2005)을 출간하였다.

* 김병로에 대해서는 다음의 글 또는 책이 참고된다. 김진배, 「김병로」, 『한국근대인물100인

활동하던 시대적 배경으로나 그의 성향으로나 그를 단순한 법률가로만 보기에는 매우 다양한 측면이 있다.

일제 시기에 민족을 위한 변호 활동을 배경으로 해방 직후부터 건국기에 그는 이미 민족 지도자의 하나로 촉망을 받았고, 실제로 정치 활동을 하기도 하였다. 그러나 복잡한 정치현실은 그를 자의 반 타의 반으로 법률가로서 정착하게 하였다. 원래 정치와 법치는 상호 의존하면서도 상호 긴장하는 생리를 가지고 있다.

우리는 김병로의 일생을 통하여 한국에서의 정치와 법, 민주주의와 법치주의의 상관관계를 극명하게 볼 수 있다. 이 글은 이러한 각도에서 김병로의 일생을 조명하고자 한다.

2. 출생과 성장

김병로는 전라북도 순창군 복흥면 하리에서 아버지 김상희와 어머니 장흥고씨 사이에 3남매의 외아들로 태어났다. 울산 김씨인 그는 아버지가 사간원 간관으로 서울에 있었으므로 8세까지 조부모의 슬하에서 자랐다. 집안은 가난하지 않았지만 외롭게 지냈고, 14세가 될 때까지 서당에서 공부하였다. 1894년 조부가 55세로 타계하고 이듬해 부친이 30세로 요절하는 등 소년 시절은 비운과 우수에 차 있었다. 12세에 담양에 정씨 규수와 결혼하여 농사일을 하고 있었다.

이렇게 지내던 그에게도 개화의 바람은 불어왔다. 한말에 대학자인 간재

선』, 신동아, 1970년 1월호 부록, 김진배, 『가인 김병로』, 가인기념사업회, 1983 ; 김학준, 『가인 김병로 평전』, 민음사, 1988 ; 최종고, 『가인 김병로』, 문화체육부, 1995 ; 「초대 대법원장 가인 김병로」, 『법조50년야사』, 법률신문사, 2002, 865~883쪽 ; 최종고, 『한국의 법률가』, 서울대학교 출판부, 2007, 155~203쪽.

전우의 문하에 들어가 성리학을 배우는 것이 소원이던 그는 1902년 14세에 뜻을 이루었다. 2년간 수학하고 1904년 8월 그의 문하를 떠나 목포로 진출하였다. 친구들과 함께 일신학교라는 간판을 걸고 신학문의 선생을 모시고 수학, 영어를 공부하였다. 여기에 선생으로 모신 이는 목포의 영국세관에 있던 통역 남궁억이었다.

소년 김병로는 황성신문을 구독하고 『월남 망국사』, 『애급 망국사』 등의 책을 읽고 강대국에 의해 국권을 상실하는 약소국들의 운명을 절감하였다. 그리고 청일전쟁, 러일전쟁 그리고 을사조약의 체결과 의병의 봉기는 그에게 충격을 주었다.

그는 공부를 중단하고 고향으로 돌아왔다. 18세가 되던 1906년에 면암 최익현이 호남을 무대로 의병을 일으키자 그 수하로 들어갔다. 김병로는 의병을 모아 순창읍의 의병부대에 참여하였다. 그러나 전주와 남원으로부터 관군의 공격을 받고 면암은 동족살상은 할 수 없다고 의병에 해산을 명한 후 순순히 관군에 연행되었다. 최익현은 그 길로 대마도에 유배되어 1906년 12월 30일 단식으로 굶어죽었다. 김병로는 이러한 한말의 민족적 비운을 통하여 애족정신을 키우게 되었다.

3. 법학 유학의 길

김병로가 다시 신학문에 고개를 돌리고 일본 유학을 결심한 것은 이러한 아픈 체험을 통해서였다. 마침 담양에는 한말에 승지를 지낸 고정주(전 동아일보 고재욱 사장의 조부)가 신식학교를 세우고 있었다. 여기서 6개월 속성과를 마친 김병로는 1910년 4월 일본 동경으로 유학의 길에 올랐다. 당시 22세였다. 그는 동경에서 니혼대학 전문부 법과에 청강생으로 등록하고 자취방에서 강의록으로 공부하였다. 그러던 중 4개월 만에 국권상실의 비보를 들었다. 유학생들은 동경 YMCA회관에 모여 울음바다를 이루었다. '대한제국 독립만세'를 외치고 해산하였다.

김병로는 신병에다 하숙비가 밀려 귀국하였다. 고국에 돌아와도 마음은 편하지 않았다. 다시 일본으로 건너가 1912년 봄 메이지대학 법과 3학년에 편입하였다. 피나는 노력으로 공부하여 1년 후 1913년 3월 25세의 나이로 270명 중 22등으로 졸업하였다.

귀국하여 광주의 철도부설회사에 전무로 와 달라는 요청을 받았다. 그러나 이를 거절하고 다시 일본으로 건너가 메이지대학과 주오대학이 공동운영하는 고등연구과에서 법학공부를 계속하였다. 이 야간과정에서 저명한 형법학자 미키노 에이이치牧野英一의 강의를 듣기도 하였다.

신동운(서울대 법대) 교수는 김병로를 해외유학파 형법학자 제1호 또는 최초의 법철학자라고 부르는데, 이러한 이유에서이다(신동운, 「가인 김병로선생과 법전편찬 : 형법과 형사소송법을 중심으로」, 『법학연구』 25집, 2007, 전북대학교 법학연구소, 11쪽). 학부를 마치고 계속 공부하는 처지라 재동경조선인유학생회 간사 일을 보았고 기관지인 『학지광』의 편집을 맡았다. 간부인 송진우, 김성수, 안재홍 등과 금연회를 조직하기도 하였는데, 이들은 해방된 조국에서 중요한 역할을 할 예비 정치가들이었다.

4. 법학자로서 출발

청년 법률가 김병로가 영구히 귀국한 것은 1915년 7월이었다. 1895년 최초의 법학교육기관으로 설립된 법관양성소가 국권상실 후 1911년에 법학교라고 이름을 붙였다가 이듬해부터 경성법학전수학교라고 불리면서 연명하고 있었다(서울대 법대 동창회 편, 『서울대학교 법과대학 백년사』, 2004, 70~155쪽 참조). 김병로는 이 학교에 조교수로 임명되어 일본에서 배운 법학지식을 가르쳤다. 그는 친족상속법, 국제법, 형법 및 형사실무를 가르쳤다. 또 1905년에 설립된 보성전문상업학교에도 강사로 출강하였다. 이 무렵의 제자로 정구영, 김동현, 허진, 김세완 등이 있다.

법학교수로서 김병로는 사법협회의 기관지인 『사법협회잡지』의 편집책임을 맡기도 하였다. 그는 "논문이 부족하였기 때문에 내 자신이 글을 써서 매월 그 지면을 보충하기에 시간적 곤란이 가중되었다" 고 회고한다. 법률이론가로서의 훈련은 이렇게 닦았다. 고려대학교와의 인연도 깊어져 1920년대 초 천도교의 손병희, 김기태, 박인호 등이 운영하는 보성전문학교의 이사로 활동하였고, 김성수의 보성전문 인수에 중매자 역할을 하였다. 이러한 인연으로 40년 후인 1955년에 고려대학교에서 명예법학박사 제1호를 받았다.

5. 일제하의 변호사

김병로의 법학 교수생활은 오래 가지 못하였다. 3·1운동 후 판사로 특별 임용되어, 1919년 4월 16일 부산지방법원 밀양지원 판사로 부임하였다. 그가 맡은 일은 독립운동가들에 대한 재판이었다. 그는 정확히 1년을 채우고 판사직을 사임하고 변호사가 되었다.

1920년에서 1930년대에 이르는 10여 년 동안 변호사로서, 사회운동가로서 많은 활동을 하였다. 형평사운동, 소작쟁의, 노동쟁의, 동맹휴학 등 각종 사건들을 변호하는 데 동분서주하였다. 그가 직접 변호를 담당한 사건으로는 상해임시정부 요인에 관한 사건으로 안창호, 여운형 등에 대한 치안유지법 위반 사건, 해외독립운동자에 관한 사건으로 정의부, 연통제, 광복단 김상옥 의사 사건, 3·1운동에 잇따른 각처의 독립만세 사건, 6·10만세운동 사건, 광주학생항일운동 사건, 105인 사건, 홍사단 사건, 백두산 화전민학살 사건, 원산노조파업 사건, 조선공산당 사건, 간도공산당 사건 등 100여 건에 이른다.

특히 김병로는 1923년 허헌, 김태영, 이승우, 김용무 변호사들과 서울 종로 인사동 75번지에 형사공동연구회를 만들어, '한 사람에 대한 보수로 5명이 공동연구하여 변호한다'는 취지로 법조인들의 공동전선을 형성하였다. 이 단체는 법정을 통하여 독립운동이 무죄임을 주장하는 한편, 형무소에 구금된 애국투사들에게 사식을 넣어주고 가족을 돌보아주는 등 실질적으로는 독립운동의 후원단체 역할을 하였다.

1920년 4월 도쿄에서 열린 범태평양 국제변호사대회에는 일본 변호사회의 일원으로 참가하였고, 이듬해 북경에서 열린 2차 대회에는 조선변호사협회를 만들어 참석하였다.

6. 신간회에서의 활동

민족변호사로서 김병로가 많은 민족운동가 가운데서 두각을 나타낸 것은 신간회 활동을 통해서였다. 1927년 2월 15일 종로 2가 YMCA회관에서 열린 신간회 창립총회에서 회장에 이상재, 부회장에 권동진, 간사에 안재홍이 선출되었고 간사회에서는 총무에 안재홍, 재무에 이승복, 조직에 홍명희, 선전에 박내홍 등이 책임을 맡게 되었다.

김병로는 당초 신간회의 발기인으로 참석하지 못하였으나 창립된 지 얼마 되지 않아 이상재 회장이 작고하자 그 이듬해 대의원 대회에서 회칙을 바꾸어 중앙집행위원장에 허헌, 서기장에 황상규, 회계에 김병로, 감사위원장에 권동진 등으로 간부진을 개편하였다. 새 집행부가 구성된 지 얼마 되지 않아 광주학생 사건이 터졌다. 사건에 접한 신간회에서는 김병로를 중심으로 사건조사단을 파견하여 관계기관에 항의하고, 재판과정에 참여하여 과감한 변호를 하였다. 김병로는 변론에서 "2천만 민족이 피고이며 원고다"라는 말을 즐겨 썼다. 그는 법정에서 법률적으로 무죄를 주장할 뿐 아니라 정치적으로 일본의 식민통치의 잔학성을 비난하여 변론중지의 명령을 받았다.

김병로는 허헌을 대신하여 신간회 중앙집행위원장이 되었다. 그의 활동은 눈부셨으나 신간회는 오래 지탱할 수 없었다. 신간회 해산을 위한 책동은 우연하게도 총독부 당국과 공산주의자들에게서 동시에 나왔다. 신간회 회원들은 탄압을 받고 검거되었다. 1930년 12월 31일 안국동 네거리에서 민족대회를 열려고 계획한 회원들이 하룻밤 사이에 45명이 검거되었고 근우회, 조선청년총연맹, 조선노동연맹 및 자매단체 관계인사 47명이 검거되었다. 이 중 조병옥, 허헌 등은 실형선고를 받았다.

이처럼 신간회는 큰 탄압을 받았고, 중앙집행위원장이 된 김병로에게는 신간회 해소라는 압력이 밀어닥쳐 1931년에 결국 해체되고 말았다. 신간회도 해체되자 김병로는 경기도 양주군 창동에서 양계와 양돈을 하면서 해방될 때까지 13년간 은둔생활을 하였다.

7. 해방과 건국기의 김병로

해방이 되었을 때 김병로는 58세로 신간회 중앙집행위원장과 조선변호사협회 회장을 지낸 관록을 가지고 새 조국건설 주역의 하나로 기대를 모았다. 여러 진영의 인사가 정치적 구호를 내걸고 시작할 때 김병로는 조선건국준비위원회와 관계를 맺고 좌우합작을 시도하였으나 건준의 잦은 번의로 실패로 돌아갔다. 이 시점에서 김병로는 옛 신간회 동지들과 고려민주당의 간판을 내걸었다. 그러나 백관수, 조병옥, 이인, 나용균 등의 조선민족당계 인사들과 백남훈, 김도연, 허정, 장덕수, 윤보선 등의 한국국민당 인사들과 합하여 한국민주당(이하 한민당)을 결성하는 데 합류하였다.

1946년 1월 7일 한민당 결성대회에서 김병로는 의장에 추대되어 대회를 주재하였다. 그렇지만 김병로는 한민당 8총수 가운데는 들지 않고 감찰위원장의 책임을 맡아 좌우익 분렬을 극복하여 제2의 신간회 운동을 일으키고자 하였다. 그리하여 10월 10일 좌우합작위원회는 '합작7원칙'을 발표하였다. 그러나 상당수 인사들이 탈퇴하여 좌우합작은 기대하기 어려워졌다. 김병로도 같은 달 21일 김약수와 함께 제2차로 탈당하였다. 토지문제에 대한 견해들이 좌우 이데올로기에 따라 분분하였는데, 김병로는 지주에게서 땅을 사서 소작인에게 무상으로 분배하자는 입장을 취하였다(최종고, 『한국의 법률가』, 168~169쪽 참조).

한민당에서 탈당한 김병로는 좌우합작세력의 집결체인 민중동맹의 결성에 가담하였다. 여기에서 김병로의 입장을 알 수 있는 자료는 없지만 남한만의 단독정부, 단독선거론을 받아들인 것이 아닌가 짐작된다. 당시 민족자주연맹에 속하였던 사람들이 모두 남북협상을 지지하지는 않았는데, 대체로 장덕수의 입장과 비슷한 노선이었던 듯하다. 그러나 김병로는 정치적 역량을 크게 보여주지는 못하였다.

해방정국에서 밀려난 김병로는 미군정청의 사법부장에 임명되었다. 1947년 7월부터 이듬해 8월까지 미군정청과 남조선과도정부의 사법부장의 지위에 있었다. 그는 한복을 즐겨 입었고, 집무실에서 도시락을 먹었다. 이러한 청렴정신은 미국인들에게도 신뢰와 좋은 인상을 주었다. 개방적으로 한미법률가회Korean-American Lawyers Society에 참석하여 영어로 발표도

하였다(최종고, 『한국법학사』, 박영사, 1990, 469~472쪽 참조).

이 무렵 조선정판사 위조지폐 사건이 발생하여 고생하기도 하였다. 9월파업, 대구폭동, 남조선노동당 창당 등 좌익 활동이 있었다. 사법부장으로서 김병로는 광복된 나라의 실정에 맞게 법 체계를 세우는 일이 절실하다고 느꼈다. 해방은 되었으나 법 체계는 몇 개의 군정청 포고를 제외하고는 일본법을 그대로 적용하고 있었다. 그리하여 1947년 6월 3일 미군정청이 남조선과도정부로 개칭함을 계기로 사법부 안에 법전기초위원회를 발족시켰다. 여기서 김병로는 위원장으로서 법률전문가적 식견을 충분히 발휘하였다. 법원조직법도 제정하여 한국사법제도의 기초를 놓았다.

김병로는 대한민국 헌법을 제정하는 데에도 참여하였다. 그가 헌법초안의 기초에 참여한 것은 1945년 12월 2일부터였다. 임시정부 귀국환영회가 열린 바로 다음 날 김규식과 최동오 등 정부요인과 국내 법률가 100여 명이 헌법기초위원회를 조직한 것이다. 이때 회장은 김병로, 부회장은 이인이 되었다. 헌법은 김병로, 정부조직법은 이인, 선거법은 한근조가 각각 책임을 맡았다. 사법부와 대법원에서 회의를 계속하면서 헌법안심의를 거듭하였는데, 김병로가 신병으로 입원하여 서울고검 검사 이호를 대리발령하여 헌법초안의 정서 등 마지막 손질에 전념하게 하였다. 결국 국회에 헌법기초위원회가 생길 때에 이 초안을 토대로 유진오 등 기초위원 20명이 수정을 가하여 헌법안을 다시 만들었다(이영록, 『우리 헌법의 탄생』, 2005 참조).

이승만 대통령은 김병로를 대법원장으로 임명하는 데에 한동안 고심하였다. 김병로가 김규식과 노선을 같이한 인물이고 고집이 세다는 의구심을 가졌기 때문이다. 유진오는 서광설을 추천하였으나 국무회의에서 법무부장관 이인이 천거하는 김병로로 결정되었다. 이리하여 1948년 8월에 61세로 김병로가 대법원장에 임명되고 국회도 압도적 다수로 동의하였다.

김병로는 대법원장 취임 직후부터 법전을 편찬하는 일에 정성을 쏟았다. 대법원장 김병로와 법무부장관 이인의 주도 아래 9월 15일 법전편찬위원회가 조직되었다. 대법원장이 위원장이 되고 법무부장관이 부위원장이 되며, 서울에 있는 판사, 검사, 변호사, 법학 교수로 구성된 75명의 위원과 전문위원 약간명을 두었다. 이 위원회는 헌법을 제외한 민법, 상법, 형법, 민형사소송법 등 기본법률의 제정을 임무로 하였다.

김갑수는 회고록에서, "나는 대법관이 된 뒤에 위원이 되어 그전부터 준비해온 민법, 형법, 상법, 민·형사소송법의 초안을 완성하는 사업에 가담하게 되었는데, 그때 비로소 위 5법의 초안이 거의 위원장인 대법원장의 손에서 정리되었음을 알고 감탄하였다. 조문마다 위원장의 손끝이 안 닿은 데가 없다 해도 과언이 아니다. 참으로 그분의 큰 공적이었다" 고 적었다(김갑수, 『법조반백년』, 박영사, 1985, 24쪽).

대법원장으로서 부딪힌 또 하나의 문제는 민족정기를 바로잡기 위하여 지난날 친일파 민족반역자에 대한 처벌문제였다. 제헌국회는 이를 위하여 '반민족행위자 처벌에 관한 특별법'을 제정하여 김병로를 특별재판장으로 한 특별재판부와 권승열을 특별부장으로 한 검찰부를 구성하였다. 그러나 이 일을 수행하는 것은 여간 어렵지 아니하였다. 방해세력의 압력이 들어왔고 이대통령의 태도가 애매하였다. 1949년 1월 반민법 발동에 즈음한 대통령의 첫 담화에서부터 관대한 처분을 바라고 있었다. 반민특위는 반민족행위자들을 검거하고 대통령과 논쟁이 제기되었다. 경찰은 반민특위 사무실을 습격하여 특경대의 무장을 해제시켰다. 이것이 이른바 6·6 사건이다. 대법원장은 이러한 행동은 상부명령에 의한 것으로 본다고 비난하고, 특위는 내무차관 장경근, 치안국장 이호, 시경국장 김태선, 중부서장 윤기병 등을 상해죄 및 공무집행 방해죄로 고발하였다(「친일경찰 방해로 제구실 못한 반민특위」, 『법조50년야사』, 법률신문사, 2002, 157~180쪽 참조).

이 대통령으로서는 대법원장이 자기가 임명한 사람이면서도 눈에 가시 같은 존재로 보였다. 법무부장관에게 "요즘 헌법 잘 계시냐?" 고 묻기도 하였다는 일화가 있다. 대법관의 임기는 탄핵이나 형벌에 의하지 아니하고는 10년의 임기가 보장되어 있으며, 대법원장의 정년은 70세였다. 김병로가 정년 되기까지는 아직도 8년이 남아 있었다. 법치주의가 뿌리박히지 못한 신생국가에서 사법의 수장노릇을 하려니 무엇보다 법관들의 청렴성을 강조하였다.

1957년 퇴임사에서, "내가 가장 가슴 아프게 생각하는 것은 그동안 전국 법원 직원에게 지나치게 무리한 요구를 한 것이다. 인권옹호를 위하여 사건처리의 신속을 강조하였던 것이 그렇고 또 살아갈 수 없을 정도의 보수를 가지고 그대로 살라고 한 결과가 된 것이 그러하였다. 나는 전 사법 종사자에게 굶어죽는 것을 영광이라고 말하였다. 그것은 부정을 범하는 것보다는 명예롭기 때문이다" 고 하였다.

8. 만년의 소원

대법원장직을 정년퇴직하여 은거하던 김병로의 말년에 큰 자극을 준 것은 4·19혁명이었다. 김병로는 몸이 불편하여 거의 바깥출입을 하지 못하고 있었으나 조병옥, 장면 등 민주당의 수뇌는 물론 재조 재야의 법조인들이 그를 찾아와 날로 심해가는 자유당정부의 횡포와 관료들의 부패를 폭로하면서 범야세력의 일대 결단을 촉구하고 있던 터였다.

자유당 의원들에 대하여 당선무효판결을 내렸을 때 그는 전직 대법원장으로 사법부의 건재에 자부심을 느꼈고, 민주당이 각가지 탄압 속에서도 반독재투쟁을 하고 있는 데 찬사를 보냈다. 큰 정치적 사건이 있을 때마다 기자들은 김병로의 집으로 몰려들었다. 그는 이해관계를 떠나 법률가답게 시비곡직을 분명하게 논평해주었다. 그는 정부의 경향신문 폐간처분에 대하여 준엄히 비판하였다.

이러한 때에 3·15 부정선거를 규탄하는 소리가 전국에 퍼지고 학생들이 독재정권타도를 외치고 나섰을 때 김병로의 심정은 착잡하였다. 김병로는 학생들의 열렬한 요구, 민주당 간부들의 간청, 정구영, 이인 등의 권유로 독자적으로 '자유법조단'이란 정당을 출범시켰다. 1960년 5월 29일 국회위원 선거에 고향인 전북 순창에서 출마하였다. 고향을 떠난 지 50년이 넘었고 몸도 노쇠한 그는 민주당 신파소속의 입후보자에게 패배하였다.

김병로는 야인으로 머물렀지만 어지러운 정국의 타개책을 문의하러 오는 사람들로 붐볐다. 그는 어느새 야당인사의 지도자가 되어 있었다. 박정희 국가재건최고회의 의장이 자문을 의뢰하여 왔으나, "군인은 본연의 자세로 돌아가야 한다"고 거절하였다. 야당진영은 정치활동이 묶이지 않은 김병로, 윤보선, 이인 등을 중심으로 민정당을 창당하였고 허정을 중심으로 한 신정당, 김도연 중심의 자유민주당, 민주당 신파인 박순천 등의 정당들이 난립하였다. 이렇게 이합집산하는 정당들에 대하여 안타까운 마음으로 마지막 정열을 바쳐 야당 단일화를 위하여 노력하였지만 이루지 못하였다. 군정의 연장 속에서 김병로는 조용히 정계에서 물러났다.

1963년 10월 대통령선거가 민주공화당의 간판을 내건 박정희 후보의 승리로 돌아간 며칠 뒤 김병로는 병석에 누웠다. 다음 해인 1964년 1월 13일 시내 인현동 자택에서 78세의 생애를 마쳤다. 사회장으로 수유리에 안장되었다.

9. 맺음말

대법원의 로비에는 김병로의 흉상이 서 있고, 그의 사법정신은 오늘날도 후배 법률가들에게 교훈을 주고 있다. 김병로는 정치가로서는 실패하였지만 어쩌면 그랬기 때문에 법률가로서 성공하였다. 민주주의를 위하여 정치와 법치는 때로는 협력, 때로는 길항의 관계를 이룬다.

오늘날 한국 정치에 많은 법률가들이 참여하고 있다. 그들이 잘하면 모르되 대부분 법의 이름을 더럽히는 정치인들로 비친다. 김병로의 생애는 이러한 점에서 산 교훈이 될 수 있을 것이다. 정치를 통하여 법치주의를 어떻게 실천할 것인가를 김병로는 죽어서도 무섭게 묻고 있다.

유진오, 대한민국 헌법의 기초를 닦다

심재우

1. 헌법의 아버지로서의 유진오

현민玄民 유진오兪鎭午(1906~1987)는 대한민국의 헌법을 기초한 이른바 '헌법의 아버지'이다. 8·15 광복 후 우리에게 가장 시급한 일은 일제 식민지 지배하에서 빼앗겼던 나라를 다시 되찾아 새로운 나라를 세우는 일이었다. 그러나 그러한 제2의 새로운 건국 작업은 3년 가까이 실시된 군정 기간이 지나가는 것을 기다려야만 하였다. 1945년 8월 15일 2차 세계대전이 끝나서 광복은 되었지만 38선 이북은 소련군에 의한 군정이 실시되었고, 38선

沈在宇 고려대학교 명예교수, 강릉 경실련 대표.

저서로는 『저항권』(고려대학교 출판부, 2002)이 있으며 역서로는 『법치국가와 인간의 존엄』(삼영사, 1994), 『폭정론과 저항권』(민음사, 1994), 『법과 존재』(삼영사, 1996)가 있다. 논문으로는 「동양의 자연법 사상」(『고려대 법과대 법학논집』 33, 1997), 「법치국가와 계몽적 자연법」(『법철학연구』 1, 한국법철학회, 1998), 「사물의 본성과 구체적 자연법」(『법철학연구』 2, 한국법철학회, 1999), 「죄형법정주의의 현대적 의의」(『형사정책연구』 18-3, 2007) 등 그 외 다수가 있다.

이남은 미군에 의한 군정이 실시되었기 때문이다. 1948년 5월 10일에 유엔UN의 감시하에 총선거가 실시되었으나 북한은 이를 거부하였고, 남한만이 총선을 통하여 제헌국회가 탄생되었다. 이 제헌국회는 5월 31일 첫 회의에서 의장에 이승만, 부의장에 신익희, 김동원 의원을 각각 선출하고, 곧 헌법기초위원회를 조직하여 헌법 제정 작업에 착수하였다.

국회는 6월 3일 헌법기초위원장에 서상일을 뽑고, 기초위원 30명과 전문위원 10명을 뽑았는데, 유진오는 전문위원 10명 가운데 한 사람이었다. 그리고 이날 오후에 전문위원들은 헌법기초위원회에 제출된 이른바 '유진오 안'을 원안으로 하고 '권승렬 안'을 참고안으로 하여 곧바로 심의에 착수하였다.

헌법기초위원회에서는 '유진오 안'이 거의 원안대로 받아들여졌으나 권력구조에 있어 내각책임제는 그 당시 이미 유일한 대통령 후보로서 예정되어 있었던 이승만 국회의장의 반대에 부딪쳐 마지막에 갑작스럽게 대통령중심제로 바꿀 수밖에 없었다. 이러한 우여곡절 끝에 헌법기초위원회에서 약 1개월 가까운 심의를 거쳐 마련된 헌법기초안은 6월 30일 국회에 넘겨져 제 1, 2, 3 독회를 거쳐 7월 12일 만장일치로 통과되어 새로운 대한민국의 건국 헌법이 탄생되었던 것이다.

헌법심의의 종막을 고하는 이 마지막 순간을 유진오는 다음과 같이 묘사하고 있다. 이승만 국회의장이 "그러면 이 전문全文을 그대로 통과하자는 것을 가可하게 여기시면 기립하시오. 이것은 대한민국 헌법 전문 103조를 다 낭독한 대로 꼭 통과하였다는 표적입니다. 한 분도 빠짐이 없으니까 전체가 통과된 것입니다" 하고 방망이를 두드렸다. 우렁찬 박수가 터지고 이어 만세 삼창이 있었다. 마지막으로 이승만 의장은 "외국인의 조력을 빌리지 않고 우리 한인韓人들이 자율적으로 생각을 해서 우리 헌법을 이만치 만든 데 대해 만족

한다"는 인사를 하고 국회의 헌법심의는 종막을 고하였다고 한다.[1]

유진오의 헌법기초안이 국회 헌법기초위원회에 제출되기 전에 그는 이미 1948년 초에 미군정 법전편찬위원회와 이승만·신익희 두 사람을 영도자로 하는 대한독립촉성국민회와 김성수를 중심으로 하는 한국민주당 등 세 세력의 청탁을 받아 헌법초안을 만들기 시작하였다고 한다. 그 당시 헌법을 기초할 만한 한국사람으로서는 유진오가 '유일한' 존재였다고 한다. 한국인 관리나 변호사와 같은 법률실무가들은 여럿 있었으나 그들은 헌법을 기초할 만한 학자들은 아니었으며, 또 몇 명의 이름이 알려진 한국인 법학자들이 있었으나 공법인 헌법학자로서는 유진오가 유일하였다고 한다.[2]

따라서 유진오는 자신이 제2의 건국인 대한민국 헌법을 기초하지 않을 수 없는 숙명적 존재임을 자각하고 그러한 기회가 주어진 것을 본인으로서는 큰 영광과 행운으로 여겼고, 또한 독립된 조국의 국헌을 손수 만든다는 데 대한 자부심과 책임감, 그리고 사명감 등으로 고무되어 있었다. 또한 그 헌법초안이 완성되었을 때, 당시의 국회의장이던 이승만 박사는 "훌륭하오. 우리 한국사람 중에 헌법을 기초할 사람이 있을 줄은 몰랐소"라고 하며 경탄에 찬 칭송을 해주었다고 한다.[3]

우리가 여기서 '대한민국을 세운 사람들' 가운데 한 사람으로서 유진오를 꼽는 까닭은 그가 새롭게 건국된 대한민국의 민족사적 과제인 헌법적 기초를 마련한 역사적 인물인 때문이요, 그러한 뜻에서 그를 대한민국 '헌법의 아버지'라고 부르는 것이다.

---

1 유진오, 『헌법기초회고록』, 1980, 105쪽.
2 유진오, 앞의 책, 188쪽.
3 유진오, 앞의 책, 61쪽.

2. 유진오 헌법초안의 기본정신과 기본원칙

유진오가 기초한 헌법은 민주주의 헌법이다. 그는 근대민주주의 헌법이 갖추어야 할 기본정신과 기본원칙들을 빠짐없이 각 조항에 반영하고 있다. 즉 자유적 기본권과 사회적 기본권에 대한 포괄적 보장, 3권분립을 통한 권력 간의 견제와 균형, 그리고 독재방지와 책임정치의 구현을 위한 내각책임제 권력구조, 사법권의 독립, 위헌법률 심사를 위한 헌법재판제도, 공공복리를 위한 사소유권의 공적제한, 사회정의의 실현을 위한 경제적 자유의 공적제한, 농지개혁, 그리고 부칙에 민족정기를 회복하고 민족적 정체성을 확립하기 위하여 친일 반민족행위자 처벌의 근거조항까지 두었다.

(1) 헌법전문의 정신과 민주공화국의 건설

유진오가 기초한 헌법의 전문에는 우선 새로운 건국의 민족사적 의의와 정신이 천명되어 있다. 그 전문은 다음과 같이 시작한다. "유구한 역사와 전통에 빛나는 우리들 대한민국은 기미 3 · 1운동으로 대한민국을 건립하여 세계에 선포한 위대한 독립정신을 계승하여 이제 민주 독립국가를 재건함에 있어서 정의 · 인도와 동포애로써 민족의 단결을 공고히 하며 모든 사회적 폐습을 타파하고 민주주의 제 제도를 수립하여……" 라고 서술되어 있다. 즉 이 헌법전문은 일제의 식민지 지배로부터 해방되어 자주 · 민주 독립국가를 세운다는 역사적 의의와 정신을 선포한 것이다.

그리고 이어서 헌법초안 제1조는 "대한민국은 민주공화국이다" 라고 하여 새로 세우는 우리나라가 '민주국가' 임을 분명히 하였다. 그리고 제2조는 "대한민국의 주권은 국민에게 있고 모든 권력은 국민으로부터 나온다" 고 하여 국민이 나라의 주인이며 모든 국가권력은 주권자인 국민으로부터 나온 것임을 밝히고 있다. 이 국민주권의 원리는 링컨이 말한 "국민의, 국민에 의한, 국민을 위한" 정치원리에 기초되어 있다. 즉 그것은 국가의 주권이 국민에게 있고, 주권의 행사자도 국민이며, 국가의 존립 목적도 국민의 자유와 행복을 유지하고 촉진(증진)하는 데 있음을 의미한다.

이와 같이 유진오에게 있어서 민주주의 헌법은 국민의 자유와 권리 그리고 인간의 존엄과 행복을 보장하는 하나의 사회계약 문서로 파악되어 있었으며, 그는 이러한 민주주의에 대한 투철한 철학적 인식과 확고부동한 학문적 확신을 가지고 있던 학자였다. 국민주권은 군주주권이나 국가주권과 대립되는 것으로서 민주국가에서만 타당한 주권개념이다.

(2) 자유민주주의와 사회민주주의의 조화

유진오는 민주국가의 헌법정신에 속하는 기본권 조항들을 두 카테고리로 나눈다. 그 하나는 자유적 기본권(제8조~제15조 제1항)이고 다른 하나는 사회적 기본권(제15조 제2항~제20조)이다. 전자는 18세기 미국의 독립과 프랑스 혁명 등을 통한 권리선언이나 인권선언이 그 대표적 예에 속하고, 그 자유적 기본권을 보장하는 헌법을 '근대적 헌법' 또는 '18세기 헌법'이라고 부른다. 그리고 그러한 헌법적 정치체제를 '자유민주주의' 또는 '정치적 민주주의'라고 칭한다.[4]

그런데 유진오에 의하면 18세기의 근대적 헌법은 자유적 기본권을 보장함으로써 정치적 민주주의의 요구를 충족시켜 주었으나 자본주의의 발달로 인한 경제적 활동의 자유, 즉 개인의 재산권의 자유를 아무런 제한 없이 최대한

4 유진오, 「우리 헌법의 윤곽—18세기 헌법과 20세기 헌법」, 『헌법의 기초이론』, 헌정연구 1, 1950, 83쪽 이하 참조 ; 정치적 민주주의(근대적 헌법 개념)와 사회적 민주주의(현대적 헌법 개념)에 관해서는 유진오, 『민주정치에의 길』, 1963, 206쪽 참조 ; 근대적 헌법과 현대적 헌법의 차이점에 관해서는 유진오, 『신고 헌법해의』, 1959, 4~7쪽 참조.

도로 용인한 결과 오히려 경제 · 사회적 불평등을 초래하여 경제 · 사회적 약자를 보호해야 할 필요가 생기게 되었다. 따라서 20세기의 현대적 헌법에 있어서는 이러한 경제 · 사회적 약자들이 인간답게 살 수 있는 생존적 기본권 또는 사회적 기본권이란 새로운 기본권 개념이 나타나기 시작하였던 것이다. 유진오는 이러한 사회적 기본권을 보장하는 헌법을 '현대적 헌법' 또는 '20세기 헌법'이라고 부르며, 그러한 헌법적 정치체제를 '사회민주주의 또는 경제 · 사회적 민주주의'라고 칭한다.[5]

이러한 경제 · 사회적 민주주의의 요청에 따르는 기본권 조항의 보장은 20세기 초에 1919년 독일 바이마르 헌법에서 처음으로 도입되었으며 기본권의 새로운 형태를 헌법에 등장시켰던 것이다. 유진오는 이 새로운 형태의 사회적 기본권을 우리나라 헌법에 도입하였던 것이다.

결론적으로 말하면, 유진오는 자유민주주의와 사회민주주의의 조화를 개인 자유의 제한을 통한 '공공복리' 또는 '사회정의'의 실현에서 바라보았으며 그 법적 표현은 헌법초안 제5조, 제15조, 제84조 등에서 발견된다. 이 조항들은 다음과 같이 언급되어 있다.

> 제5조 대한민국은 정치, 경제, 사회, 문화의 모든 영역에 있어서 각인의 자유, 평등과 창의를 존중하고 보장하며 공공복리의 향상을 위하며 이를 보호하고 조정하는 의무를 가진다.
>
> 제15조 재산권은 보장된다. 그 내용과 한계는 법률로써 정한다. 재산권의 행사는 공공복리에 적합하도록 하여야 한다.
>
> 제84조 대한민국의 경제 질서는 모든 국민에게 생활의 기본적 수요를 충족할 수 있게 하는 사회정의의 실현과 균형 있는 국민경제의 발전을 기함을 기본으로 삼는다. 각인의 경제상 자유는 이 한계 내에서 보장된다.

---

5 앞과 동일.

(3) 내각책임제 권력구조

유진오는 시종일관 내각책임제 권력구조를 선호하였다. 그 까닭은 내각책임제만이 책임정치의 구현을 가능하게 하며, 행정부의 독재를 막을 수 있을 것으로 보았기 때문이다.

여기서 내각책임제란 정부의 내각이 그의 국가시책에 관하여 국회에 대하여 책임을 지는 제도, 즉 국민의 대표기관인 국회의 신임여부로써 내각의 진퇴를 결정하는 제도를 말하는 것이고, 대통령중심제란 일단 대통령이 선임된 후에는 국회의 신임여부와는 관계없이 임기 동안 정부를 운영해나가는 제도를 말한다. 이 두 제도의 장단점을 유진오는 다음과 같이 지적한다.

> 책임내각제는 국회와 정부와의 관계를 항상 밀접하게 보지保持하게 하며 국정의 원활을 기할 수 있게 하는 장점이 있으나, 반면 정당제도가 발달하지 못하여 국회 내에 안정 세력이 확립되지 못한 때에는 정부가 빈번히 경질되어 정부의 안정을 기하기가 힘드는 단점이 있다. 이에 반하여 대통령제는 국회 내 정당세력의 소장消長으로 정부가 동요되는 폐해는 피할 수 있으나, 만일 대통령이 국회 내의 다수파의 지지를 얻지 못하는 경우에는 국회와 정부가 사사건건 대립하여 해결책을 얻을 길이 없어서 국정이 암초에 걸릴 위험이 있는 것이다.[6]

이와 같이 내각책임제와 대통령중심제는 각각 일장일단이 있어서 어느 쪽을 취하여도 별 차이가 없을 것 같으나, 유진오는 그렇지 않다고 하며, 내각책임제를 취하여야 할 필연적 이유를 현대국가의 기능과 특성에서 구한다. 그에 의하면, 20세기의 현대국가는 18세기의 근대국가와 같이 그렇게 한가한 야경국가가 아니며 정치 · 경제 · 사회 · 문화의 전반에 걸쳐서 적극적으로 개입하여 경제 · 사회적 민주주의를 실현시켜야 할 과제를 안고 있는 사회국

---

6 유진오, 「개헌론시비」, 『헌정의 이론과 실제』 헌법연구 제2집, 1954, 134쪽.

가이므로 국회와 정부가 대립하여 항쟁이나 일삼는 것 같은 사태가 벌어져 국회에서의 입법의 뒷받침이 이루어지지 않아 국정이 암초에 걸리는 일은 절대로 있어서는 안 된다고 한다.[7]

유진오의 이러한 내각책임제 헌법초안은 헌법기초위원회에서도 만장일치의 지지를 받았으며 위원회에서의 제2독회까지 끝마쳤는데, 돌연히 대통령중심제로 바꾸지 않으면 안 될 사건이 벌어졌던 것이다. 마지막 제3독회를 며칠 앞둔 어느 날 그 당시 국회의장이며, 헌법이 제정되면 대통령이 될 것으로 이미 예정되어 있었던 유일한 후보자 이승만 박사가 돌연히 헌법기초위원회에 나타나서 내각책임제에 반대하는 연설을 하고, "만일 이 초안이 국회에서 그대로 헌법으로 채택된다면 나는 그러한 헌법하에서는 어떠한 지위에도 취임하지 않고 민간에 남아서 국민운동이나 하겠다" 고 선언하고는 뒤도 돌아보지 않고 퇴장하여 버렸다는 것이다. 그 당시 유일한 대통령 후보가 내각책임제하에서는 대통령을 안 하겠다니 하는 수 없이 권력구조를 대통령중심제로 급히 바꾸지 않을 수 없었다고 한다.[8]

(4) 3권분립제도와 사법권의 독립

유진오의 헌법초안 제77조에는 "법관은 헌법과 법률에 의하여 독립하여 심판한다" 고 되어 있다. 이 조항은 사법권의 독립을 규정한 것으로서 몽테스키외의 권력분립사상에 기초하고 있다. 그는 다음과 같이 말하고 있다.

> 만일 사법권이 입법권 및 행정권으로부터 분리되어 있지 아니하면 시민의 자유는 존재하지 않는다. 만일 사법권이 입법권과 합병되어 있으면 시민의 생명과 자유에 관한 권력은 무제한적인 것이 될 것이다. 왜냐하면 재판관이 동시에 입법자가

7 유진오, 앞의 책, 135쪽.

8 유진오, 『헌법기초회고록』, 1980, 62쪽 이하 참조.

될 것이기 때문이다. 만일 사법권이 행정권과 합병되어 있으면 재판관은 압제자의 권력을 가지게 될 것이다. 만일 권력자이든 귀족이든 평민이든 간에 동일인 또는 동일한 단체가 이 세 가지 권력을 합쳐서 행사한다면 시민은 모든 것을 잃을 것이다(몽테스키외,「법의 정신」 제11장 제6절).

이러한 3권분립제도의 정신에 따라 사법부의 독립성은 확고부동하게 유지되어야 한다. 사법부가 독립성을 상실하고 집행부의 압력에 굴복하거나 재판에 간섭받을 때에는 국민의 자유와 권리를 지켜주지 못하게 되기 때문이다.

법관의 독립을 위해 특별한 신분보장이 주어진다. 즉 법관의 임기는 10년으로 하되 중임할 수 있도록 하고(제78조), 또한 법관은 탄핵, 형벌, 징계처분에 의하지 아니하고는 파면, 정직 또는 감봉되지 아니한다는 규정을 두고 있다(제79조). 그러나 이러한 신분보장 규정보다 더 확고한 것은 법관 자신의 독립성에 대한 의지라 할 것이다.

사법권의 독립과 관련하여 또 하나의 심판의 주체로는 헌법재판소가 있다. 헌법은 정치적 규범이지만 정치적으로 영향을 받아서는 안 된다. 따라서 헌법재판은 권력자나 정당의 압력이나 영향으로부터 독립되어 있어야 하고 정치적 중립성이 보장되어야 한다.

그런데 법률에 대한 위헌여부의 심사는 어디에서 할 것인지가 문제되는데, 헌법초안 제80조 제2항은 "법률이 헌법에 위반되는 여부가 재판의 전제가 되는 때에는 법원은 헌법위원회에 제청하여 그 결정에 의하여 재판한다" 고 되어 있다. 즉 법률에 대한 위헌심사는 미국과 같이 사법부의 최고법원인 대법원에서 하는 것이 아니고, 대법관 5명과 국회의원 5명으로 구성되는 헌법위원회에서 하도록 규정하였다.

유진오는 제안 이유 설명에서 이 새로운 헌법위원회제도가 잘 운용되어서 우리나라가 훌륭한 법치국가의 성과를 올리기를 우리는 기대하는 바라고 말하고 있다. 유진오의 뜻대로 그때의 헌법위원회제도는 오늘날 독립된 헌법재판소로 발전하여 훌륭한 법치주의적 성과를 올리고 있다고 하겠다.

(5) 농지개혁

헌법초안 제86조는 "농지는 농민에게 분배하며 그 분배의 방법, 소유의 한도, 소유권의 내용과 한계는 법률로써 정한다"고 규정하고 있다.

유진오가 이 농지개혁을 통하여 달성하려 하였던 것은 남한이 공산화되는 것을 막는 정치적 효과뿐 아니라 그 당시 국민의 70퍼센트 이상인 농민에게 "생활의 기본적 수요를 충족할 수 있게 하는 사회정의의 실현과 균형 있는 국민경제의 발전을 기할 수 있을 것(제6장 경제편 제84조)"을 기대할 수 있었기 때문이다. 공산당의 토지정책은 본래 토지의 국유화인데 그렇게 되면 종래의 개별적인 지주 대신 국가라는 대지주가 새로 생기게 되고 경작자는 그 대지주의 소작인이 될 수밖에 없다. 그러나 농지를 농민에게 분배해주면 농민이 모두 지주가 됨으로 남의 땅을 소작하는 것이 아니라 자기 땅을 경작하는 것이므로 자기의 이익을 위하여 열심히 일하며 생산율을 높이는 것을 기대할 수 있다는 것이다. 한마디로 말해서 유진오는 '농지개혁만이 공산당을 막는 최량의 길'이라고 생각한 것이다.[9]

헌법초안 제86조의 "농지는 농민에게 분배한다"는 근거규정에 따라 1950년에 농지개혁법이 제정되었고 이에 따라 분배 대상 농지의 70~80퍼센트가 소작농에게 유상으로 분배되었다. 소작지는 63퍼센트에서 12퍼센트로 줄어들었다. 농지분배에 의하여 농민들이 당장 잘 살게 된 것은 아니었지만 소작인들은 종래의 종속적 지위에서 벗어나서 자기의 땅을 소유한 지주로

9 유진오, 앞의 책, 28~30쪽 참조.

서의 주체성을 회복하고 시장경제의 발전에 참여할 수 있는 경제주체가 될 수 있는 토대가 마련된 것이다.

(6) 친일반민족행위자 처벌근거 조항

국회 헌법기초위원회로부터 국회 본회의로 이송된 헌법초안 부칙 제100조에는 "이 헌법을 제정한 국회는 단기 4278년 8월 15일 이전의 악질적인 반민족행위를 처벌하는 특별법을 제정할 수 있다" 고 되어 있다. 이 부칙 조항은 유진오가 헌법기초위원회에 처음에 제출한 이른바 '유진오 안' 에는 없던 조항이다.

유진오가 이 조항을 그의 초안에 포함시키지 않은 것은 일제강점기에 악질적인 반민족행위를 한 민족반역자들을 처벌할 필요가 없다고 생각해서가 아니라 그것은 이미 그의 초안 제 22조에 법치국가 형법의 죄형법정주의 원칙의 하나인 '형벌 불소급의 원칙' 을 명문으로 규정하였기 때문이다. 그 당시의 사정을 유진오는 다음과 같이 기술하고 있다.

> 일제강점기 반민족행위자를 처벌해야 하지 않겠느냐, 그렇기 위해서는 이 헌법 속에 그러한 특례법(형벌불소급원칙에 대한)의 근거가 될 규정을 두어야 하지 않겠느냐는 말이 나와서 제2독회에 가서 부칙에 한 조문이 추가되게 되었다. 누가 그것을 주장하였는지는 지금 기억이 없으나 그때의 정세로는 누구든지 그것을 주장하고 나서기만 하면 아무도 감히 반대할 수 없는 그러한 형편이었다.[10]

어쨌든 이 부칙 제100조의 규정에 근거하여 반민족행위처벌법이 제정·시행되었으나 정부와 국회의 미묘한 갈등으로 민족정기를 바로잡을 수 있는 과거사청산작업은 흐지부지되고 말았다.

10 유진오, 앞의 책, 55쪽과 102쪽 참조.

3. 법제처장으로서의 유진오

유진오의 헌법초안에 기초하여 대한민국의 새로운 헌법이 제정되고 이에 따라 1948년 8월 15일부터 새 정부가 출범하였으나 새 헌법이 하위규범에 위임하고 있는 법률이나 명령들은 아직 제정되지 못한 채 입법을 기다리고 있었다. 정부는 모법母法인 헌법의 기초자에게 그 자법子法인 법률과 명령도 입안하게 하는 것이 가장 적절하다고 판단되어 유진오에게 법제처장직을 맡겼다.

그의 법안 작성은 모두 화급한 것이었으므로 밤낮을 가리지 않고 입법안을 마련하는 데 골몰하였다. 그의 손을 거쳐 마련된 법률과 명령은 수없이 많으나, 특히 그 당시 시급한 것으로는 다음과 같은 것들이 있었다. 공포식령公布式令(대통령령 제1호), 감찰위원회직제(대통령령 제2호), 남조선과도정부기구 인수에 관한 건(대통령령 제3호), 한·미 간의 '재정 및 재산에 관한 최초협정(미군정이 가지고 있던 모든 재정과 재산을 한국정부에 이양하는 협정)'과 양국 간의 '원조협정' 등 신생정부의 디딤돌이 된 조약 제1호와 제2호의 체결에도 유진오의 손을 거친 것이었다.

그 밖에도 정부조직법, 국회법, 헌법위원회법, 탄핵재판법, 각부처직제, 국군조직법, 농지개혁법, 귀속재산처리법, 지방자치법 등이 전부 유진오의 법제처장 재임 중 그의 책임 아래 기초된 것들이다.

유진오는 헌법기초전문위원 때부터 법제처장을 거쳐 만 1년여 동안 헌법과 법률을 만들어 '대한민국을 세운 사람'으로 활동하다가 1949년 6월 고려대학교로 다시 돌아와서 대학 총장으로서 대한민국의 대학을 새로 세우는 일에 몰두하게 된다.

4. 대학 총장으로서의 유진오

일제강점기에 이 땅에는 일본인이 세운 국립대학으로 '경성제국대학' 하나밖에 없었다. 조선인이 세운 보성전문, 연희전문, 이화여전과 같은 전문학교는 여럿 있었으나 식민지 고등교육 말살정책 때문에 대학승격의 인가를 해주지 않았다. 8·15 광복 후 고등교육기관의 재편은 우선 '경성제국대학'을 '경성대학(지금의 서울대학교)'으로 이름을 바꾸어 접수하고, 기타의 전문학교들은 모두 대학으로 승격시키는 것이었다.

해방 후 신교육문제를 담당할 부서는 우선 미군정청 학무국이었으나 실질적으로 일을 하는 주체는 당시 우리나라 교육계, 학계의 지도적 인사를 총망라한 기구인 '교육심의회'였다. 유진오는 김성수, 조병옥, 윤일선, 이규태, 박종홍, 백남운 등 7명으로 구성된 그 '교육심의회'의 '고등교육분과위원회'에 속해 있었다. 이 고등교육분과위원회에서 한 교육개혁의 핵심은 우선 새로운 교육이념의 설정(홍익인간), 교육제도의 재정립(6, 6, 4제), 대학교육에 있어서 종전 '단위'제도의 '학점'제도로의 변경 등이었고, 그에 따라 대학령大學令, 학위령學位令 초안 등을 마련하는 일이 긴요하였다. 유진오는 매주 2, 3회씩 중앙청에 나가야 하였고 밤을 새워서 대학의 새 교육제도를 마련하느라 애썼다고 한다.[11]

그리고 접수한 경성대학의 교수진을 새로 편성하고 유진오 자신은 한편으로는 겸임교수로서 헌법, 법철학, 비교정부론 등을 강의하였으며, 다른 한편으로는 보성전문을 고려대학으로 승격시켜 교수 겸 정법대학장을 맡아 새로운 대학의 기틀을 마련하기 시작하였다.

유진오는 14년 동안 고려대학교 총장직을 수행하면서 보성 '전문학교'를

11 유진오, 『양호기』, 1977, 169쪽 이하 참조.

고려 '대학교' 로 만들었다. 유진오에 의하면 전문학교와 대학교는 교육목적과 교육의 질에 있어서 서로 다르다고 한다. 전자의 교육목적은 법과·상과·농과와 같은 실용목적을 지향하고 있으며 그 교육내용도 실무교육 또는 기술교육 등에 치중되어 있지만, 이와는 달리 대학교육은 학문의 기본이론을 탐구하며 인간 이성의 자각이라든가 과학·철학적 사고를 통한 보편적 진리와 가치를 추구하는 아카데미즘이 그 본질적 내용을 이루고 있다고 한다.[12]

따라서 법과와 상과로 구성되어 있던 보성전문을 인문계, 사회계, 자연계, 이공계, 사범계, 의학계 등으로 확장시켜서 명실 공히 종합대학university으로 만들었고, 그렇게 하여 종래의 고대 학풍인 '행동하는 고대'를 '사색하는 고대'로, '야성적 고대'를 '지성적 고대'로 전환시켰다. 보성 '전문학교'를 세운 사람은 김성수이었지만 그것을 고려 '대학교'로 만든 사람은 유진오였던 것이다.

유진오는 대학의 목적과 사명을 인류문화의 발전과 자유를 통하여 인간의 존엄성을 획득하는 데 있다고 본다. 이 점을 그는 다음과 같이 인상적으로 말하였다.

> 민주주의의 찬란한 역사는 인간의 존엄의 기초 위에 형성된 것이며, 인간의 존엄은 자유의 확보 없이는 성립될 수 없는 것입니다. 옛날 어떤 철인哲人은 지식은 회의로부터 시작된다 하였거니와 회의야말로 자유로운 인간만이 가질 수 있는 특권인 것입니다. 자유로운 인간은 모든 것을 맹신하지 아니합니다. 모든 존재의 근원을 캐고 모든 가치의 정당성을 문제 삼습니다. 그리하여 그것이 이성의 거울에 비추어 정당한 것이라고 판단될 때 비로소 이를 받아들이는 것입니다. 이리해서 자유는 인간의 존엄의 기초가 되며 인류문화 성립의 근본조건이 되는 것입니다.[13]

---

12 유진오, 앞의 책, 288쪽 이하 참조.

13 고대창립 50주년 기념사 중에서 : 유진오, 『양호기』, 1977, 282쪽.

여기에서 '자유'는 특히 '대학의 학문의 자유와 연구의 자유'를 지칭하고 있음이 분명하다.

이와 같이 유진오는 광복 후 대한민국에서 처음으로 '자유 · 정의 · 진리'(고려대학교 교시)를 탐구하는 대학다운 대학을 세운 선각자적인 교육자였다는 사실을 우리는 또한 잊어서는 안 될 것이다.

조봉암, 농민의 이익을 대변한 중도파 정치인

양동안

1. 전향

죽산竹山 조봉암曺奉岩(1898~1959)은 일본 식민지시대에 한국의 지도자급 공산주의자로 활동하였던 인물이다. 1899년 경기도 강화의 농가에서 출생하였으며, 일본 중앙대학교 전문부에서 1학기 수학하고, 모스크바 동방노력자 공산대학에서 8개월 정도 수학한 바 있는 조봉암은 1925년 5월 조선공산당 및 고려공산청년회의 결성에 참여하였으며, 1925년 10월부터 소련 공산당의 지시에 따라 코민테른 원동부 요원 자격으로 중국 상해에 체류하면서 코민테른과 국내 공산주의세력을 연결하는 활동을 전개하였다. 그는 1932년

梁東安 한국학중앙연구원 정치경제계열 교수.

저서로는 『대한민국 건국사』(현음사, 2001), 『민주적 코포라티즘』(현음사, 2005), 『근현대 한국정치사상사 연구』(공저, 한국학중앙연구원, 2006)가 있다. 논문으로는 「45~48년 기간에 있어서 이승만의 정치활동에 관한 연구」(『정신문화연구』 25-3, 2002), 「여운형의 민족통일노선」(『정신문화연구』 27-4, 2004), 「한반도분단의 정확한 원인 규명」(『정신문화연구』 30-4, 2007) 등이 있다.

상해에서 일본 경찰에 체포되어 국내로 압송되었고, 1939년까지 신의주형무소에서 복역하였다. 형무소에서 나온 조봉암은 고향과 인접한 인천에 정착하였으며, 한반도가 일제로부터 해방될 때까지 공산주의자로서의 활동을 중단하였다. 그는 일제 말기인 1945년 1월 일본군 헌병대의 예비검속으로 체포되어 구금되었다가 해방이 된 1945년 8월 15일 오후에 다른 정치범들과 함께 석방되었다.

조봉암은 해방과 함께 공산주의자로서 정치활동을 재개하였으나, 그가 소속되어 있는 조선공산당의 중앙간부들은 그를 멀리하였다. 그는 일제 말기 공산주의자로서의 활동을 중단하였기 때문에 지하에서 공산주의운동을 지속해온 사람들과 관계가 소원해졌고, 특히 해방 직후 당 재건을 주도한 박헌영파는 조봉암에 대해 비판적이었다. 조봉암은 해방 직후 좌우익의 지도자급 정치인들이 집결하는 정치중심지 서울로 가지 않고 인천에 머물면서 인천지역의 공산당 및 좌익계 단체의 지도자로 열심히 활동하였다.

해방과 함께 인천으로 돌아온 조봉암은 청년들과 함께 치안유지회를 조직하여 치안유지 활동을 전개하였고, 곧이어 그것을 조선건국준비위원회 인천지부로 확대, 개편하는 일을 주도하였다. 인천시 건준지부가 인천시 인민위원회로 개편되면서 조봉암도 인민위원회에 참여하였다. 그러나 조봉암은 인천시 인민위원회의 간부로 선출되지 못하였다. 당시 건준을 인민위원회로 개편하는 작업은 공산당이 주도하였으며, 공산당을 이끄는 박헌영파가 조봉암을 인천시 인민위원회의 간부진에서 배제하였기 때문이었다. 모스크바협정을 지지하는 좌익진영의 통일전선 단체인 민주주의민족전선(이하 민전)이 결성될 때에도 조봉암은 인천에서 민전지부를 결성하고 그 위원장을 맡아 활동하는 등 적극적으로 참여하였으나 1946년 2월 민전의 전국 기구가 결성되었을 때 조봉암은 민전의 중앙간부진은 물론이고 경기도 간부진에도 선임되지 못하였다. 공산당의 주도권을 장악한 박헌영파의 조봉암에 대한 백안시 때문에 조봉암은 해방정국에서 공산당 중앙간부진에는 물론이고 공산당이 주도하여 결성한 좌익진영의 통일전선기구에서조차도 비중 있는 직책을 차지하지 못하였던 것이다.

이처럼 박헌영파에게 냉대를 받아온 조봉암은 1946년 5월 공산당의 지도자 박헌영의 공산당 및 민전의 조직·운영방식을 비판함으로써 조선공산당에서 이탈하기 시작하였다. 박헌영에 대한 조봉암의 비판은 박헌영에게 보내는 그의 서한이 신문에 보도되어 널리 알려졌다. 조봉암은 당초 박헌영에게 개인적으로 서한을 보낼 계획이었는데, 그것이 우여곡절 끝에 그 자신의 의도와는 관계없이 신문에 보도되어 결과적으로 박헌영을 공개비판한 모양이 되었다.

조봉암은 이 서한에서 인민공화국 및 인민위원회를 조직하는 박헌영의 방법은 졸렬하고, 민전 조직과 관련된 박헌영의 방침이나 신탁통치 반대시위를 하기로 계획된 1946년 1월 3일의 서울시 인민위원회 집회가 갑자기 모스크바협정 지지(신탁통치 지지)를 표명하는 집회로 변질된 것과 관련하여 박헌영이 자기비판을 하지 않은 것은 모두 잘못된 것이며, 공산당에서 박헌영의 인사정책은 무원칙하고 종파적이고 봉건적이며 무기력하다고 비판하였다.[1]

박헌영에 대한 이러한 비판은 해방 직후부터 1946년 봄까지의 기간 중에 행해진 박헌영의 모든 활동을 총체적으로 비판한 것이었다. 조봉암은 서한에서 밝히고 있는 바와 같이 열성적인 공산당원의 입장에서 박헌영을 비판한 것이었지만, 박헌영이 이끄는 공산당의 입장에서 이는 용납할 수 없는 일이었다. 당시 공산당이 조봉암에 대해 어떤 징계를 취하였는지에 관해서는 구

1 조봉암, 「존경하는 박헌영 동무에게」, 『죽산 조봉암 전집』 1, 정태영 외 편, 세명서관, 1999, 28~31쪽.

체적으로 알려지지 않았지만 중징계 조치를 취하였을 것으로 추측되며, 그 때문에 조봉암은 서한을 작성할 때의 생각을 바꿔서 공산당과 결별하기로 결심한 것으로 보인다.

공산당과 결별하려는 조봉암의 의도는 1946년 6월 23일 자기가 공산주의자에서 중도파 민족주의자로 전향하였음을 알리는 성명서를 발표하는 행동으로 나타났다. 그는 자신의 전향선언을 매우 극적인 방법으로 단행하였다. 조봉암은 1946년 6월 11일 군정법령 위반혐의로 인천 지역 주한미군 방첩대 CIC에 체포되었다가 6월 22일 석방되었는데, CIC에서 풀려난 다음날인 6월 23일 인천에서 민전 인천시지부 주최로 미소공동위원회(이하 미소공위) 촉진 시민대회가 개최되었다. 민전 인천시지부 위원장인 조봉암은 그 집회에 당연히 참여하였으며, 민전의 중앙지도자인 여운형, 김원봉 등도 그 집회에 참석하여 연설하였다. 조봉암은 집회가 진행되는 도중에 자신의 사상 전향을 밝히는 전단을 살포하는 극적인 행동을 하였다. 「비공산정부를 세우자」라는 제목의 이 전단에서 조봉암은 다음과 같이 천명하였다.

우리 조선민족은 민주주의 원칙에 의하여 건실한 자유의 국가를 건설함에 있고 어느 일 계급이나 일 정당 독재나 전제이어서는 안 된다. …… 조선민족은 자기의 자유의사에 의하여 민족 전체가 요구하는 통일된 정부를 세울 것이고, 공산당이나 민주의원의 독점 정부가 되어서는 안 된다. …… 현재 조선민족은 공산당 되기를 원치 않는다. 조선공산당의 계획으로 된 인민공화국 인민위원회와 민주주의 민족전선 등으로써 정권을 취하려는 정책은 단연 반대한다. …… 공산당과 같이 소련에만 의존하고 미국의 이상을 반대하는 태도는 옳지 않다. …… 노동계급의 독재나 자본계급의 전제를 반대한다.[2]

2 조봉암, 「비공산정부를 세우자」, 앞의 책, 39~40쪽.

이러한 성명 내용은 조봉암이 조선공산당에 대해서도 반대할 뿐 아니라 인민공화국이나 민전에 대해서도 반대한다는 것을 밝혀주고 있다. 그는 이 성명으로 공산당은 물론 좌익진영 전체와도 결별한 것이다. 조봉암이 장기간 몸담아온 공산당으로부터 탈퇴하게 된 원인은 무엇이었을까? 그는 훗날 자신의 전향에 대해 다음과 같이 설명하였다.

8·15 해방 직후 공산당이 하는 일에 직접 참여해보니 그것은 민족의 자유독립과 민족이 잘 살기 위한 노력이라기보다는 완전히 소련의 괴뢰라는 것이 드러났다. …… 해방 후에 표면화한 조선공산당이라고 하는 것은 이 민족의 독립과 국제적 평화를 위해서라기보다 소련의 이익과 정책을 위해서는 독립을 하지 않아도 좋다는 기본 강령 아래 움직였고 노동자나 농민이나 그 외 모든 사람이 잘 살게 된다는 것은 오직 공산당이 독재정권을 잡는다는 것이 전제조건이 되고, 그렇지 않으면 노동자 농민이 굶어죽어도 좋다고 하는 정책의 본색이 확실히 드러났었다. 이러한 태도는 우리들의 이념과 전혀 배치되는 것이어서 우리들은 민족적 양심을 살리지 않으면 안 된다고 생각하기에 이르렀던 것이다. 이리하여 나는 공산당 간부들에게 그 옳지 못한 것을 몇 차례 충고하였고 기회 있는 대로 내 견해를 피력하였으나 그들은 나의 충고를 무시할 뿐 아니라 도리어 나와 나의 동호인을 모함하고 박해하기에 이르렀다. 그래서 나는 공산당은 물론이고 공산당과 관련되어 있는 모든 좌익단체로부터 탈퇴하였다.[3]

조봉암은 공산당과 좌익진영의 단체에서 탈퇴하는 데 그치지 않고, 자신이 신봉해오던 공산주의 사상도 던져버렸다. 그가 공산주의 사상도 버렸다는 사실은 그가 공산당에서 탈당한 후 공산주의 사상에 대한 비판을 담은 『3천만 동포에 고함』이라는 소책자와 「공산주의 모순발견」이라는 논문 등을 발표한 점에서 확인할 수 있다. 그는 이들 소책자와 논문에서 공산주의는 모순

3 조봉암, 「우리의 당면과업—대對 공산당 투쟁의 승리를 위하여」, 앞의 책, 216~217쪽.

을 많이 내포한 사상이며, 반민주적이고 우리 민족의 자주독립을 방해하는 사상이라고 비판하였다. 조봉암의 공산당 탈당과 공산주의 비판은 해방 후에 발생한 최초의 지도자급 공산주의자의 전향이었으며 해방정국에서 공산당-남로당을 중심으로 한 좌익진영에 심리적 및 조직적 차원에서 상당히 큰 타격을 주었다.

2. 중도파 통합운동 주도

공산당 및 좌익진영과 결별한 조봉암은 중도노선의 정치 활동을 전개하였다. 그가 전향성명에서 천명한 바와 같이 '노동계급의 독재나 자본계급의 전제에 모두 반대하고, 공산당 독재정부나 우익(민주의원) 독점정부가 아닌 민주주의 정부의 수립을 모색하며, 미국과 소련에 대해 중립적 입장을 취하는 것'은 해방정국에서 중간노선 혹은 중앙노선이라고 불렀으며, 요즈음의 용어로는 중도노선이다.

조봉암은 당시 좌·우익진영의 인사들이 전 국민의 5퍼센트밖에 대표하고 있지 못하므로 나머지 95퍼센트 국민을 대변할 좌도 우도 아닌 중도노선의 정당이나 대중운동이 필요하다고 주장하였다.

조봉암은 중도노선의 정치 활동을 전개하기 위해 우선 자기와 뜻을 같이하는 인사들을 모아 통일건국회라는 소규모 단체를 결성하였다. 이 단체를 기반으로 독자적인 정당을 결성할 의도였던 것으로 보인다. 그러나 그는 미군정 하지 사령관으로부터 독자적 정당을 조직하기보다 좌우합작운동에 참여하라는 권고를 받고 그렇게 하려고 하였다. 당시 좌우합작위원회(이하 좌우합작위)는 김규식과 여운형이 공동으로 이끌고 있었는데, 김규식은 조봉암의 참여에 대해 수용적이었으나 여운형은 거부적이었다. 따라서 조봉암은 좌우합작위 참여를 포기할 수밖에 없었고, 좌우합작위의 테두리를 벗어나 독자적으로 중도파세력의 연합체를 결성하는 공작을 전개하였다. 조봉암은 좌우합작위의 영향을 적게 받는 군소 중도파 단체들을 대상으로 공작을 전개하였다. 그는 그 공작을 전개함에 있어서 미군정의 지원을 획득하려 한 것으로 보인다.[4]

조봉암의 중도파 연합운동은 좌우합작위의 반대에 부딪혔다. 조봉암이 추구하는 중도파 연합운동의 노선은 좌익과 우익을 배제한 중도파세력만의 새로운 통일전선 조직, 즉 민족 제3전선을 조직하려는 노선이었다. 조봉암은 좌·우진영이 첨예하게 대립하고 있는 상황에서 좌우합작을 추진하는 것이 비현실적이며, 비현실적인 좌우합작을 추진하는 좌우합작위를 중심으로 중도파세력을 결집시키는 것은 성공할 수 없다고 주장하면서 제3전선 결성을 추구하였다. 그에 반해 좌우합작위는 좌우를 배제한 제3전선을 결성하는 것은 정치혼란을 가중시킨다는 이유를 내세워 제3전선 결성에 반대하고 좌우합작위를 확대하여 좌우를 망라한 통합적 민족통일전선을 결성할 것을 추구하였다.

조봉암은 1946년 말부터 일제시대 공산주의자로 활동하였으나 해방 후 박헌영의 종파주의 때문에 조선공산당과 거리가 멀어진 인사들인 이극로, 김찬, 김성숙, 이우세, 배성룡 등과 협력하여 제3전선 결성 공작에 진전을 이룩하기 시작하였다. 그들이 노력한 결과 1947년 3월 민주주의독립전선(이하 민

---

4 박태균, 『조봉암 연구』, 창작과 비평사, 1995, 131~133쪽. 당시 미정부는 모스크바협정에 따라 소련과의 합의에 의해 한반도문제를 해결하려는 정책을 취하면서, 그러한 미국의 정책에 장애가 되는 남한의 반탁운동지도자 이승만과 김구를 정계에서 거세하고 소련으로부터 독립적이면서 미국의 정책에 협조적인 중도파세력을 육성하라고 주한 미군정에 지시하였다. 미군정은 이러한 미정부의 지시에 따라 남한에서 중도파를 육성하려고 노력하였는데 그러한 노력의 일환으로 김규식·여운형의 좌우합작운동을 지원하였으며, 조봉암의 중도파연합운동도 지원하였을 것으로 추정한다.

독전)이 결성되었다. 민독전에는 중도파세력 가운데 좌우합작위에 참여하지 않았거나 좌우합작운동의 성공 가능성에 회의하는 군소 정당과 단체 29개가 참여하였고, 그 외에 29개 군소 단체들이 민독전을 지지하였다. 조봉암은 민독전의 정치위원 겸 선전부장을 맡았다. 민독전의 위원장은 이극로였고, 부위원장은 이동산과 백남규였다.

민독전은 남한 내에서 미소공위를 지원해줄 중도파세력을 육성하기 위해 노력해온 미군정과 우호적인 관계에 있었다. 민독전의 지도자들인 조봉암, 이극로, 이동산 등 3명은 민독전이 공식 출범한 직후인 1947년 4월 미군정의 하지 사령관과 회담하였는데, 이 회담에서 하지는 민독전의 정치동향에 많은 기대를 가지고 있으며 앞으로 서로 연락하고 협력해나갈 것을 약속하였다.

1947년 5월의 제2차 미소공위 개막을 전후하여 조봉암의 민독전은 중간파들의 연합조직을 결성하고 미소공위를 지원하는 활동을 전개하였다. 민독전의 이러한 노력에 힘입어 1947년 4월에 중도파 중심의 '미소공위 속개 대책 연합간담회'가 개최되었고, 5월에는 '미소공위대책 각 정당 사회단체 협의회'가 결성되었다. 이 협의회에는 좌익의 민전이나 우익의 민족통일총본부에 소속되지 않는 중도파 67개 정당 단체가 참여하였다. 주석에는 김규식, 부주석에는 이극로와 이용직이 선임되었고, 조봉암은 이 협의회의 특별정치위원회 공동 부의장에 선임되었다. 그러나 민독전이 주도하는 중도파 협의회보다는 좌우합작위 자체의 확대강화를 추구하였던 좌우합작위는 김규식이 이 협의회의 주석에 취임하는 것을 반대하였고 그에 따라 김규식은 협의회 주석에 취임하지 않았다. 조봉암은 1947년 6월 미소공위와 협의할 민독전의 대표로 지명되어 미소공위에 협조하였다.

1947년 여름, 남한의 우익진영을 한반도의 통일임시정부 조직에서 전면

배제하려는 소련의 주장 때문에 제2차 미소공위가 사실상 결렬상태에 처하자 중간파들은 새로운 정세에 대응하기 위해 다시 연합체 구성을 추진하였다. 1947년 8월 6일 미소공위대책협의회, 좌우합작위, 민주주의독립전선, 시국대책협의회 등 4개 단체 대표들이 모여 중도파진영의 통합을 추진하였다. 이러한 통합 노력의 결과 그해 12월 민족자주연맹이 결성되었다. 조봉암은 민족자주연맹 결성을 위해 노력하던 초기에는 참여하였으나 중도에 이탈하였다. 민족자주연맹의 다수파인 좌우합작위 계열과 조봉암 간에 갈등이 있어온 데 더하여 남북협상론을 주장하는 세력이 민족자주연맹의 주도권을 장악하였기 때문이었다.

한반도의 통일·독립문제를 해결하기 위해 개최된 미소공위가 최종적으로 결렬되고, 한국문제가 유엔총회로 이관된 1947년 10월부터 남한의 중도파진영은 그에 대한 대응전략을 놓고 내부 갈등을 겪게 되었다. 한국문제의 유엔 이관은 미국이 주장하여 이루어진 것이었고, 소련은 한국문제의 유엔 이관에 반대하면서 미·소 양국 군대를 빠른 시일 내에 철수한 후 남북한의 정치세력에게 한국문제를 알아서 처리하도록 맡기자고 제안하였다. 남한의 우익진영은 소련의 제안이 당시의 한반도 상황(북한에서 공산화로 가기 위한 조치들이 급속히 진전되어 있고 북한군대가 크게 양성된 데 반해 남한에서는 정치적 혼란이 심하고 독자적 군사력도 미비한 상황)에서는 남한마저 공산화될 위험성을 내포한 것이라는 점을 들어 반대하였다. 그에 반해 남한의 좌익진영과 북한의 김일성 정권은 한국문제의 유엔 이관을 반대하고 소련의 주장을 지지하면서 소련의 주장을 실행에 옮기기 위해 남북협상(한국문제의 유엔 이관을 찬성하는 세력, 곧 남한의 우익진영을 뺀 나머지 남북한 정치세력 간의 협상)을 개최하자고 제안하였다. 이러한 정세 속에서 남한의 중도파진영에서는 남북협상을 지지하는 파와 반대파 간의 의견대립이 발생하였던 것이다.

3. 대한민국 건국 참여와 농지개혁 추진

남한의 중도파 가운데 남북협상을 지지하는 세력은 초기에는 좌경중도 경향의 소수에 불과하였으나 북한정권과 남로당의 남북협상 지지세력 확대 공작에 힘입어 시간이 경과하면서 중도파진영의 헤게모니를 장악하였다. 조봉암은 남북협상론에 동의할 수 없었다. 남한 내에서의 좌우합작도 실현 가능성이 희박하다고 보는 그인지라 남북한의 좌우익 정치세력이 협상을 통해 합의를 도출한다는 것은 더욱 현실성이 없다고 판단하였다. 더구나 김일성의 제안처럼 남북협상이 남한의 우익을 배제한 것일 경우에는 조봉암으로서는 그에 더욱 반대할 수밖에 없었다. 따라서 남북협상파가 주도하는 민족자주연맹은 조봉암과 멀어질 수밖에 없었다.

남북협상에 대한 조봉암의 부정적 태도는 대한민국 건국을 위한 남한 총선에 대한 조봉암의 참여로 연결되었다. 다 아는 바와 같이, 유엔총회는 한반도의 통일정부 수립을 위해 남북한 전역에서 유엔 감시하에 총선을 실시할 것을 결의하였고, 소련의 반대로 그 결의 실천이 불가능해지자 총선이 가능한 지역(남한)에서만이라도 총선을 실시할 것을 결의하였다. 조봉암은 "미군정 3년을 지내고 우선 남한만으로라도 우리 민족이 정권을 이양받고 통일을 도모한다는 것은 정치적으로 지극히 단순하고 당연한 일"이라고 생각하여[5] 남한 총선, 즉 대한민국 건국을 위한 5 · 10선거에 참여하였다.

조봉암은 5 · 10선거에 참여함에 있어서 김규식과 이극로를 비롯한 중도파진영의 지도자급 인사들을 상대로 5 · 10선거에 함께 참여할 것을 설득하였으나 성공하지 못하였다. 그러나 중도파진영의 중간 간부급에서는 조봉암의

5 조봉암, 「나의 정치백서」, 앞의 책, 391쪽.

5·10선거 참여가 상당한 동조반응을 일으켰다. 그 때문에 일반적으로 알려진 바와는 달리 중도파진영에서 상당히 많은 정치인이 5·10선거에 무소속 후보로 참여하였다. 5·10선거에서 당선된 중도파 인사들은 조봉암 외에도 김약수, 윤재근, 노일환, 강욱중, 윤석구 등 약 50여 명(재적의원의 4분의 1에 해당)에 이르는 것으로 추정한다.

조봉암은 5·10선거에 인천 을구에서 무소속으로 입후보하였다. 그는 일제 말기부터 인천에서 활동해왔으며, 해방 후에도 인천 지역에서 공산당 활동은 물론이고 협동조합운동 등 대중조직 활동을 열심히 전개해온 탓에 넓은 지지층을 확보하고 있었다. 조봉암 지지자 중에는 우익 청년단체 중 하나인 민족청년단 소속원들도 있었다. 조봉암은 우익진영의 후보 2명(대동청년단의 김석기, 서북청년단의 임홍재)과 경합하였다. 조봉암은 자신의 독자적 지지층이 넓은 데다가 우익진영 유권자들의 표가 2명에게 분산된 덕분에 무난히 당선되었다.

국회의원에 당선된 조봉암은 김약수와 더불어 무소속 당선자들을 규합, 그 그룹의 지도자로 부상하였다. 조봉암과 김약수가 규합한 무소속 의원들은 52명에 이르렀으며, 조봉암과 김약수의 중도노선에 동조하는 이들 무소속의원들은 한민당의 지주·자본가 이익옹호노선에 대항하는 활동을 전개하였다.

제헌국회 개원 후 조봉암은 헌법기초위원으로 활동하였다. 헌법기초위원회의 구성원은 30여 명이었다. 조봉암은 헌법기초위원회에서 사회민주주의적 경제조항 및 인권보장 조항을 관철시키기 위해 노력하였다. 정부형태와 관련해서는 한민당이 선호하는 의원내각제를 지지하고 이승만이 선호하는 대통령중심제를 반대하였다. 대통령의 권한이 너무 방대하고 강하다는 이유에서였다.

조봉암은 이승만의 초대 내각에서 농림부장관으로 기용되었다. 이승만과 조봉암은 이제까지 정치적으로 접촉한 적이 전무하였다. 조봉암은 국회가 헌법을 제정할 때, 이승만이 주장하는 대통령중심제 정부형태에 반대하였고, 국회에서 실시된 초대 대통령선거에서도 이승만에 반대하였다. 그럼에도 이승만이 조봉암을 농림부장관에 기용한 것은 이승만의 사상적 포용력과 조봉암의 정치적 역량에 대한 신뢰 때문이었다. 이승만은 단호한 반공입장을 취하면서도 민족자주성을 외면하고 소련에 맹종하는 공산주의자는 나쁘나 공산주의 정책에는 채택할 점도 있다는 상당히 열린 사고를 하고 있었다.[6] 이승만은 조봉암이 발표한 공산주의 비판 소책자인 『3천만 동포에 고함』을 보고 조봉암을 주목해왔으며, 자신이 대통령에 당선되기 전 국회의장으로 활동할 때 조봉암의 국회의원으로서의 활동을 목격하면서 긍정적인 평가를 한 것으로 추정된다.[7] 지주 출신이 많은 한민당이 국회에서 강한 영향력을 행사하고 있던 당시 상황에서 농지개혁을 비롯한 반지주적인 농업정책을 입안 실천하려면 조봉암 같은 인물이 농림부장관을 맡아야 한다고 이승만은 판단하였던 것이다.

조봉암은 이승만의 기대에 부응하여 취임과 동시에 농지개혁의 조속한 실시를 위해 적극 노력하였다. 조봉암은 농지개혁을 어떠한 내용으로 실시하는 것이 적합할 것인지를 파악하기 위해 농촌실태조사를 실시하였으며, 농지개혁에 대비하여 지주들이 소작인들에게 토지를 강제 매매 혹은 기만 매매함으로써 소작인들이 피해를 입는 것을 방지하기 위해 농지개혁을 더욱 신속하게 추진하려 하였다. 당시 지주들은 농지개혁이 단행될 때 자기들의 농지가 헐값에 징수되는 것을 피하기 위해 소작인들에게 "정부에서 토지를 몰수해

6 우남실록편찬회, 『우남실록 1945~1948』, 열화당, 1976, 314쪽과 349~351쪽 참조.
7 이영석, 『죽산 조봉암』, 원음출판사, 1983, 179쪽 참조.

서 재분배를 할 것인데 그리되면 지금 농사짓고 있는 기름진 땅을 빼기고 만다", "이 땅을 사지 않으면 다른 사람에게 팔겠는데 그리되면 당신은 농지개혁할 때 분배받을 땅이 없게 된다"는 등으로 위협하거나 속여서 소작인들에게 토지를 매도하였다.

조봉암의 지휘 아래에 농림부는 대한민국 정부가 출범한 지 3개월 만인 1948년 11월 하순에 농지개혁법시안을 작성하여 공표하였다. 이 시안은 지주로부터 농지를 매입하는 보상액을 적게 책정하고, 농지를 분배받은 농민의 농지매수대금상환액을 더욱 적게 책정하고 있었는데, 조봉암이 이러한 시안을 서둘러 발표하도록 한 것은 정부의 농지개혁계획이 확고함을 알리고 소작인이나 빈농들이 지주들의 농지 강매나 기만매매에 넘어가서 피해를 보는 일이 없도록 하기 위해서였다. 조봉암은 이어 농지개혁법시안을 홍보하고 그에 대한 지지여론을 확대하기 위해 각지에서 지역별 공청회를 개최하였고, 공청회에 뒤이어 1949년 1월 하순 이 시안을 국무회의에 상정하였다. 국무회의는 농림부의 시안을 지주에 대한 보상액과 농민의 상환액을 약간씩 높이도록 수정한 정부의 농지개혁법안을 마련하였다.

조봉암은 이처럼 농지개혁을 열성적으로 추진하는 것과 병행하여 농민의 이익을 보장하고 지주들의 쌀 매매를 통한 폭리를 막기 위해 새로운 쌀 수집법을 제정하였고, 『농림일보』라는 제호의 신문을 창간하여 농민들에게 그들의 권리를 일깨워주고 농지개혁을 홍보하였다.

조봉암의 이러한 노력은 농민의 이익을 증진하는 데 기여하는 반면에 지주에게는 손해를 끼치는 것이었다. 지주 출신이 많은 비중을 차지하고 있는 한민당은 자연히 조봉암에 대해 반감을 가지게 되었으며, 그러한 한민당의 반감은 조봉암에 대한 정치공세로 나타났다. 한민당계 의원들은 농림부의 예산이 농림부장관 관사수리와 농림신문사 설립 및 출장비 등에 사용된 것을 포착하고, 그것을 빌미 삼아 조봉암이 공금을 유용하였다고 몰아붙였다. 그러한 정치공세의 영향을 받아 감찰위원장은 1949년 1월 중순 조봉암을 공금 유용혐의로 고발하였다.

조봉암은 감찰위원회의 고발과는 별도로 정부의 쌀 수집 부진으로 정부 내에서 비판의 표적이 되었다. 조봉암은 새로운 쌀 수집법의 제정으로 쌀의 수집이 더욱 용이해질 것으로 판단하였으나 그의 예상과는 반대로 쌀의 수집은 당초 목표량의 절반에도 미치지 못하였다. 쌀 수집의 부진은 도시 지역 주민들의 식량공급을 위태롭게 하는 매우 중대한 사태였다. 정부 내에서는 그러한 쌀 수집 부진이 농민의 인기만을 획득하려는 주무장관 조봉암의 잘못된 언동 때문이라는 판단이 지배적이었다. 당시 정부는 쌀을 생산하는 농민이 수확량의 일정 비율을 정부에 의무적으로 매도해주기를 바라고 있었는데, 조봉암은 정부의 입장과는 달리 농민이 정부에게 쌀을 파는 것은 자유의사에 따르는 것이며 정부에 쌀을 팔지 않아도 무방하고, 쌀 수집을 위해 정부가 강권을 발동하는 것은 타당하지 않다는 발언을 해서 정부의 쌀 수집실적 부진을 유도한 것으로 해석되었다.

조봉암의 공금유용혐의가 제기되자 국회특별조사위원회가 구성되었고, 그 위원회는 2월 중순 예산사용과 관련한 감찰위원회와 농림부의 상이한 견해가 모두 과오가 없으므로 그에 관한 법적 책임은 관계기관에 맡기자는 결론을 내렸고 국회본회의도 이를 수용하였다. 그러나 감찰위원회는 국회의 결의가 법률적으로 무의미하다고 판단하면서, 조봉암의 파면을 대통령에게 건의하였다. 이승만은 공금유용은 문제 삼지 않고 쌀 수집 부진에 대한 책임만을 물어 조봉암에게 사직을 권고하였으며, 그에 따라 조봉암은 취임 6개월여 만인 1949년 2월 하순에 농림부장관직을 사임하였다.

농림부장관 사임 후 국회로 복귀한 조봉암은 자기와 함께 5·10선거에 참여하였던 중도파의원들과 협력하여 농지개혁법이 소작농과 빈농에게 더욱 이익이 되는 내용으로, 그리고 더욱 빠른 시일 내에 제정되도록 노력하였다. 결국 국회가 마련한 농지법의 내용은 그들의 주장과 다른 정파의 주장 간의 절충선에서 타협되어 1949년 4월 27일 국회에서 통과되었다. 이때 통과된 농지개혁법은 회기종료라는 시한에 쫓겨 제정하느라 상충하는 조문들을 내포한 부실한 법률이었다.

이승만 정부는 농지개혁을 조속히 실행하려고 하였으나, 국회가 제정한 농지개혁법이 부실한 탓으로 해서 농지개혁의 실행은 대폭 지연되었다. 정부는 그해 7월 농지개혁법에 내포된 상충하는 조문들을 정비해줄 것을 주문하는 농지개혁법 개정을 국회에 요구하였다. 국회는 1950년 2월 초에야 농지개혁법 개정안을 통과시켰다. 국회가 농지개혁법을 개정해주자 이번에는 6·25전쟁이 농지개혁을 방해하였다. 정부가 농지개혁 시행을 위한 준비작업을 진행하고 있던 시기에 6·25전쟁이 일어나 농지개혁 실시가 어려워졌던 것이다. 그러나 농지개혁에 대한 이승만의 강력한 의지에 따라 정부는 6·25전쟁 기간 중에 농지개혁을 단행하였다. 우선 북한군의 침공이 미치지 않은 경남 지역에서 농지개혁을 단행하였고, 9·28수복 후부터는 국군이 수복한 전 지역에서 농지개혁을 단행하였다.

농림부장관과 국회의원으로서 농지개혁을 위해 많은 노력을 전개하였던 조봉암은 6·25전쟁 발발 직전인 1950년 5월 30일에 실시된 제2대 국회의원 선거에 인천에서 무소속으로 재선되었다. 제2대 국회에서 조봉암은 4년 동안 국회부의장으로 활동하였다. 조봉암은 제2대 국회에서 이승만 행정부에 대해 비판적인 태도를 견지하였으며, 1952년 8월에 실시된 제2대 대통령선거에서 이승만에 대항하여 무소속 후보로 출마하였다. 이 선거에서 이승만은 약 520만 표를 획득하여 당선되었고, 조봉암은 약 80만 표를 획득하여 차점자가 되었다. 조봉암은 자유당정권에 대항하는 혁신정당 결성을 추구하여 1955년 진보당 창당준비위원회를 구성하였고, 1956년 5월에 실시된 제3대 대통령선거에 진보당 창당추진위원회의 대통령 후보로 출마하여 차점자로 낙선하였다. 조봉암은 1956년 11월 진보당을 창당하고 그 위원장에 선출되었으며, 1958년 1월 진보당간첩 사건으로 구속된 후 재판에서 사형을 선고받아 1959년 7월 처형되었다.

김용완, 시대를 이어준 가교의 기업인

주익종

1. 성장과 기업인 수업

동은東隱 김용완金容完(1904~1996)은 충남 공주에서 아버지 김응수金膺洙와 어머니 조씨趙氏 슬하의 6남매 중 차남으로 태어났다. 광산 김씨로서 충남 연산에 자리 잡은 그의 일가는 증조부대에 이룩한 천석군의 가산으로 80칸짜리 기와집에 50명이 넘는 식솔을 거느린 부유한 집안이었다. 남들보다 일찍 개화하여 신사조新思潮를 받아들인 조부의 뜻에 따라 그는 연산보통학교에 입학하여 다니다 1915년에 서울 교동보통학교로 전학하였다.

교동보통학교를 졸업하던 1917년에 그의 일생을 결정짓는 일이 생겼다. 집안에서 전북 고창의 인촌 김성수 일가를 그의 혼처로 정한 것이다. 울산 김

朱益鍾 낙성대경제연구소 연구위원.
박사학위 논문 「일제하 평양의 메리야스공업에 관한 연구」를 비롯해 한국 근대 기업사, 산업사, 교육사, 경제성장 등에 관한 여러 편의 논문을 썼고, 일제하의 경성방직을 다룬 『대군의 척후』(푸른역사, 2008)를 냈으며, 교과서포럼의 『대안교과서 한국근현대사』(기파랑, 2008) 필진으로도 참여하였다.

씨로 전남 장성 출신인 김성수 일가는 조부 때부터 고창에 자리 잡은 이후 가산을 모으기 시작하여 그 부친대인 1910년대 초에는 전국에서 손꼽히는 거부가 되었다. 김성수의 부친 형제는 구한말 애국계몽운동에 참여하여 교육과 산업의 진흥을 꾀하였으며 김성수 · 연수 형제는 일본에 유학해 각기 와세다대학 정경학부와 교토대학 경제학부를 졸업하였다. 유학을 마치고 돌아온 김성수는 교육과 산업을 통하여 민족의 실력을 양성하는 사업을 시작하였다. 그는 1915년에 서울의 중앙학교를 인수하여 정규 중등학교로 승격시켰으며, 직포업을 할 생각으로 1917년에 경성직뉴주식회사를 인수하여 운영하다가 1919년에 경성방직주식회사를 설립하였다. 1920년에는 『동아일보』를 창간하였고, 1932년에는 보성전문학교를 인수하였다. 그의 동생 김연수는 고무공장을 창업하고 가업인 지주경영을 농장조직으로 체계화하고 간척사업을 벌였다. 이는 우리나라 근대화의 중핵을 이룬 사업이었다.

이 같은 우리나라 근현대사의 중심인물인 김성수 · 연수 일가에 장가를 들면서 김용완의 일생 역시 우리나라 근현대사의 중심에서 펼쳐지게 되었다.

김용완은 1917년 가을에 손위 처남 김성수가 경영하는 중앙학교에 입학하였다. 당시 중앙학교에는 김성수가 교장, 송진우가 학감으로 현상윤, 백관수, 최규동, 나경석, 이강현 등의 쟁쟁한 엘리트 청년들이 교사로 있었다. 이들에게서 배운 민족의식과 조국애, 낭만과 스파르타식 기상은 그의 인격형성에 큰 도움이 되었다. 학과목 중에서는 훗날 중동학교를 설립하고 서울대학교 총장이 된 최규동에게서 배운 수학을 특히 좋아하였다. 수학은 거짓이 없고 모든 것이 원리원칙에 따라 움직인다는 점에 매력을 느꼈다고 한다.

중앙학교에서 교육자의 꿈을 키운 그는 1922년 3월 일본 센다이仙臺 제2중학교 4학년에 편입하여 2년 후 졸업한 뒤 1925년 히로시마廣島 고등사범학교 수리과數理科에 입학하여 1929년에 졸업하였다. 집안 경제가 기울어 당초 학비가 적게 드는 국내의 경성제국대학에서 공부하려고 했지만, 처남들과 장인이 강권하여 일본으로 유학을 갔다. 중학교 수학교사가 되겠다는 생각에서 수리과를 택하였다.

김용완이 공부를 마치고 귀국하자 처남인 김연수가 "농촌 젊은이들을 일깨우는 것도 좋은 일이나 기업을 한번 운영하여 굶주린 백성들에게 일자리를 많이 주어 잘 살게 하는 것도 결국 애국하는 길"이라 하면서 자신의 집안 사업에 동참할 것을 권유하였고 여기서부터 기업인으로서 인생의 행로가 열렸다.

그는 1929년 4월 김연수의 지주경영회사인 삼수사三水社(1931년에 삼양사로 개명함)에 입사하여 비서실에 근무하면서 회사 업무를 배우기 시작하였다. 그 후 9월부터 고무신 제조업체인 중앙상공주식회사의 지배인 대리를 맡아 본격적인 기업인으로서 활동을 시작하였다.

중앙상공은 김성수가 소폭 직물을 생산하기 위하여 인수한 경성직뉴가 고무신 제조업으로 업종을 바꾸면서 이름을 바꾼 회사였다. 1910년대 말 우리나라에 처음 등장한 고무신 제조업은 한동안 수요 급증으로 제품이 날개 돋친 듯 팔리고 원료 고무가가 하락한 덕분에 수익성이 매우 좋았다. 중앙상공의 1926년도 납입자본 이익률은 46퍼센트에 이르렀다. 그러나 이에 끌려 고무신공장이 급증하자 얼마 안 가서 1920년대 말 시장은 포화상태에 이르렀고 업체마다 판매 부진과 수익 악화로 곤란을 겪었다. 1930년 중앙상공의 납입자본 이익률은 0.6퍼센트까지 떨어졌다.

이처럼 회사가 어려울 때 김용완이 입사하였다. 당시 사장은 김성수였으나 이름만 걸어 놓았을 뿐이고, 김연수가 사실상 최고경영자였다. 전라남북도 일대에 산재한 여러 곳의 지주농장 경영과 전남 함평의 간척사업(손불간척지)에 주력하느라, 회사 경영은 지배인에게 맡겨둔 상태였다. 신참내기인 김용완은 지배인을 보좌하는 대리로서 고무신 판매와 어음부도 막기, 자금 차입 업무를 하다가 1930년 5월에 공석이 된 지배인을 맡아 경영을 책임지게 되었다. 그는 '발로 파는 운동'을 시작하여 전국 각지와 만주 일대의 시장을 돌아다니는 장돌뱅이 영업을 하였으며, 6개월 안에 고무신이 구멍 나면 새 것으로 바꿔주는 '품질보증제'도 창안하였다. 이 노력 덕분에 회사의 별표 고무신 매출이 급증해서 전통의 1위 기업인 대륙고무를 앞질렀으며, 매출액 순이익률도 10퍼센트대로 높아져 회사는 안정궤도에 올랐다.

다양한 경영수업을 한 김용완은 삼양사三養社 일도 겸하다가, 1938년 9월에 경성방직 지배인으로 자리를 옮겼다. 경성방직은 당시 국내에서 굴지의 면방직회사로 자리를 잡았으나 전시 경제통제로 사업에 결정적 제약을 받았다. 김용완은 김연수 사장을 도와 원료 조달을 위하여 황해도와 평안남도에 3개의 조면공장을 확보하였고, 화신의 박흥식과 합자하여 직물도매회사로 대동직물을 세웠으며, 만주에는 경성방직을 능가하는 규모의 대방직업체로 남만방적주식회사를 설립해서 공장을 건설하였다.

일제하에서 그는 처남인 김성수·연수의 지도를 받고 그들의 사업을 조력하면서 경영인으로서 자신을 단련하였다. 덕분에 그는 해방 후 기업인으로서 홀로서기를 감당할 수 있었다.

2. 경성방직의 경영

1945년 8월 15일 우리나라는 광복을 맞았지만, 경성방직의 대표이자 경영자인 김연수는 위기에 처하였다. 남만방적 공장과 5개 농장 등 만주의 막대한 재산을 잃은 데다 국내에서는 착취자요, 친일 기업인으로 공격당하기에 이르렀다. 좌익계인 조선노동조합 전국평의회(전평) 소속의 직공들은 김연수에게 이제껏 착취를 많이 하였으니 공장을 내놓으라고 요구하였다.

경성방직만 그러한 게 아니었다. 해방 후 노동자들이 과거 일본인이 경영하던 방직공장을 접수하여 재고품의 처분, 이익의 분배와 균점을 주장하였다. 일제하에서 노동3권의 극심한 억압을 당한 그들은 억압자가 사라지자 그 보상으로 물품과 재산을 나누어 가지려 하였다. 이는 자기권리의 정당한 주장이나 노동자 자주관리운동과는 차원이 달랐다. 관계자의 증언을 보자.

> 해방이 되고 나니까 일본인이 경영하던 공장은 완전히 종업원의 물건이 된다고 하는 확고부동한 신념을 가지고 관리위원회를 종업원들이 구성하였어요. 그래서 거기에 대표자로서 위원장을 지명하고 일본 사람에게 공장을 내놓아라, 그 재고품을 처분하라, 현물을 분배해 달라고 해서…… 옥신각신하였으며…… 결국 미군이 진주를 해서 일본인과 종업원들의 사이에서 조정을 하였어요. 결국 제품 처분이라든지, 또한 과거의 퇴직금이라든지 이런 것을 받고……(대한방직협회, 『방협창립 10주년기념지』, 1957, 9쪽).

경성방직은 노동운동의 총력 투쟁 대상이 되었다. 주인이 있는 경성방직에서 이긴다면 주인이 없는 다른 데서도 당연히 아무런 문제될 것이 없다는 게 투쟁 노동자들의 생각이었다. 경성방직은 남만방적의 직공을 더해서 노동자를 가장 많이 쓰는 곳이었기에 더욱 그러하였다.

이러한 소란과 압력 속에서 김연수가 1945년 12월 경성방직의 사장직에서 물러났다. 아울러 일제시대의 유력 기업인들인 박흥식, 최창학, 현준호 등의 임원들도 일제히 사임하였다. 경성방직은 젊은 간부들로 새로 임원진을 구성하고 전무였던 최두선이 사장직을 이었으나, 얼마 안 가서 그가 동아일보 사장으로 옮기게 되어 1946년 5월 김용완이 복귀하여 새로 사장직을 맡았다. 최고경영자로서의 활동이 본격적으로 시작된 것이다.

당시 회사 사정은 최악이었다. 회사 내부에서는 좌익계의 노동쟁의를 평정해야 하였으며, 밖으로는 원조 원면原綿을 배정받아 공장을 정상 가동해야 하였다. 그는 노동문제 전문가를 임원으로 영입하여 전평계 핵심 인물들을 축출하는 한편, 우익계의 대한노총 세력을 부식扶植하였다. 1947년 말까지 1년 반을 거의 노동쟁의로 지새운 끝에 노사관계를 안정시켰다.

아울러 미국의 원조 원면을 배정받아 공장을 가동하였다. 원면 부족은 면방직 업계의 공통문제였다. 외국 면 수입이 거의 불가능해진 데다가 일제하 강제적인 재배 및 공출로 고통을 겪은 농민들이 면화 재배를 기피하여 국내 면화 생산마저 감소하였기 때문이다. 따라서 그 대안으로 미국의 원조 원면을 도입해야 하였다.

1947년 4월 미군정은 가리오아 자금GARIOA(Government Appropriation for Relief in Occupied Areas Fund, 미국의 점령지역 통치 구제자금)으로 미국 면을 들여오기 시작하였다. 가리오아 자금은 제2차 세계대전 후 미국이 점령지역의 사회불안과 생필품 부족을 해결하기 위해 물자를 공급하는 구호원조였다. 원조 원면의 도입으로 조업에는 지장이 없었으나 면화의 질이 극히 열악하여서 수율收率이 낮았고 생산제품의 채산採算도 좋지 못하였다. 그러다 대한민국 정부가 수립된 후 1949년부터는 미국 원조를 담당하는 경제협력국 ECA에 업계의 요구가 반영되어 더 나은 품질의 면화가 도입되었다.

이렇게 노동쟁의가 수습되고 원면이 조달되어 공장 가동이 정상화되었다. 방적설비 가동률은 1947년에서 1948년까지 60퍼센트 정도에서 1949년 80퍼센트로, 방직설비 가동률은 50퍼센트 정도에서 60퍼센트 가까이 높아졌다. 그러나 1950년 6·25전쟁으로 이 모든 것이 수포로 돌아갔다.

전쟁이 일어나 서울이 공산군에 함락되자 김용완은 부산으로 피난을 갔다가 1951년 1·4후퇴 후 3월에 서울이 재수복되어서야 돌아올 수 있었다. 그

사이 경성방직의 공장은 처참하게 파괴되었다. 영등포공장의 방적부문설비, 시흥의 염색표백공장, 양평동의 고무신공장, 의정부의 제사공장이 잿더미가 되었다. 전쟁 전에 영등포공장에는 방기 30,200추, 직기 1,129대가 있었으나 방기 25,600추가 불타고 직기 12대가 손상을 입어 남은 것은 방추 4,600추, 직기 1,117대뿐이었다. 방직업계 전체로도 방기의 70퍼센트, 직기의 63퍼센트가 소실되었다.

김용완은 전쟁의 포성이 잦아든 1951년 12월부터 파괴된 시설을 복구하는 데 착수하였다. 우선 남은 기계를 해체하여 일일이 기름으로 닦고 재조립하였으며, 새로 기계를 설치하기 위하여 애썼다.

그러나 이는 쉽지 않았다. 경성방직을 야당 기업으로 점찍은 이승만 정부가 융자를 좀처럼 내주지 않았기 때문이다. 김용완이 재무부와 한국은행, 저축은행을 날마다 찾아다니는 등 겨우 교섭하여서 얻은 융자가 오래지 않아 동결되거나 회수되기도 하였다.

이에 김용완은 의정부공장의 남은 설비와 쓰지 않는 직기 200여 대 등을 내다 팔아 마련한 자금 등으로 정방기 7,000추, 직기 284대를 갖추어 조업을 재개할 채비를 하였다. 이번에는 원면 조달이 문제였다. 역시 대출 동결로 원면 구입자금을 얻지 못하였기 때문이다. 경성방직은 한동안 임가공을 할 수 밖에 없었으며, 1952년 미국 대통령 특사로 방한한 마이어 주일 미국대사를 대한상공회의소의 대표(부회장)로서 만났을 때 지원을 요청하여서 언커크 UNCAK(United Nations Commission for the Unification and Rehabilitation of Korea, 국제연합한국통일부흥위원회)의 보증으로 어렵게 9개월분의 원면을 확보할 수 있었다.

이후에도 김용완은 설비복구 작업을 계속하였다. 1953년 제1차, 1954년 제2차 재건계획을 각기 끝내고 방추 25,400추, 직기 720대로 늘렸다. 기료

품機料品 구입조건으로 6만 달러를 배정받았는데, 이 자금으로 일본에서 정방기 27대(10,800추)를 구입해서 분해한 부품을 들여와 재조립하는 편법을 쓰기도 하였다. 1955년에는 제3차 재건계획이 완료되어 설비규모가 방기 40,600추, 직기 900대로 더 커졌다. 1959년에는 직기 168대를 복구하여 총 직기 수가 1,068대가 되었다. 이로써 6·25전쟁 이전의 시설 수준을 능가하게 되었다.

김용완은 폐허가 되다시피 한 공장을 정부의 별다른 도움 없이 재건하여, 1950년대 말에는 경성방직을 일제 말기처럼 국내 6대 방적공장의 일원으로 되돌려 놓았다. 경성방직은 이승만 정부하에서 급성장한 다른 기업보다는 정경유착의 폐해를 덜 보였다.

3. 재계의 지도자 역할

재계의 지도자로서의 역할은 김용완이 대한방직협회 이사장을 맡음으로써 시작되었다. 그는 1947년 4월 대한방직협회 결성 시 초대 이사장을 맡아 1952년 4월까지 5년간 3대 연임하였으며 4·19혁명 이후 제8대 이사장을 다시 맡았다.

방직협회는 원료 확보의 어려움에 처한 업체들의 원면 배정의 기회균등을 꾀하는 협의체로 출발하였다. 당초 미군정은 관재령 제10호를 발하여, 군정청 상무부 방적공장 운영부가 종방鐘紡 계통의 사업체들을 조선실업공사 산하에 통합하여 직접 관리하면서 나머지 옛 일본인 방직공장과 경성방직까지도 아울러 그 휘하에 모아서 관리하려 하였다. 그러나 전체 방적공장을 합동 운영한다는 것은 자유시장경제 원칙에 위배될 뿐 아니라 관리능력 부족으로 실행할 수 없었다. 그럼에도 미군정이 방직공장 운영부에 가입하지 않은 공장에는 원면을 배정하지 않았고 국산 면의 작황도 부진하였기 때문에 가동 중단의 위기에 처한 업체들은 원조 원면의 배정 기회를 균등하게 하기 위하여 업체 상호간의 협의체를 구성하기에 이르러 전체 방적공장이 가입한 협회가 조직되었다. 가리오아 원조에 따라 도입된 면화를 업체 간에 자율적으로 배정하는 일이 협회의 주요 임무였다.

협회는 회원사의 관심사인 기자재 조달, 원면 확보, 기술자의 훈련에 힘을 쏟아서 중요한 성과를 거두었다. 특히 6·25전쟁으로 파괴된 시설을 복구하는 재건 투자에서 중요한 역할을 하였다. 1951년 12월 긴급재건계획을 수립하여 1953년까지 이를 완수하였고, 1952년 1월 상공부 섬유과와 운크라 UNKRA(United Nations Korean Reconstruction Agency, 국제연합한국재건단)-언커크 방적과가 작성한 섬유공업 부흥 각서를 토대로 그해 12월에 한국면방직공업 부흥요강을 채택하여, 향후 5년간 방추 39만 8,000추와 직기 8,522대를 복구하기로 하였다. 운크라 자금이 계획대로 배정된 결과 이 부흥계획은 초과 달성되었다.

김용완은 이 과업을 각 사의 이해관계를 떠나 공적 입장에서 원만히 진행하였다는 평가를 받았다. 방직협회 창립 10주년 기념좌담에서 한 인사는 "김용완 씨께서 방직업계 전체의 이익을 위해서 솔선 노력을 해주시고 해서 방직협회가 원만하게 나날이 발전해갔는데, 이것은 오직 초대 이사장으로 계시던 김용완 씨의 공이 가장 컸다고 생각합니다" 라고 하였다(대한방직협회, 『방협창립10주년기념지』, 1957, 18쪽).

그는 또 1964년부터 1977년까지 5회에 걸쳐 10년간 전경련 회장으로 재임하면서 재계의 중추 리더로서 활동하였다. 그 시초는 1960년 4·19혁명 이후 경제단체를 결성하려는 기업가의 움직임이었다. 과거 이승만 정부 아래서 정경유착의 폐해를 경험한 기업인들이 주축이 되어 경제계의 이익을 대변하고 그 자율적 운영을 도모하려 하였다. 1950년대처럼 기업인들이 권력자의 시녀가 되지 말고 재계의 입장을 옹호하자는 취지였다. 준비 단계부터 직접 참여한 김용완은 12월 한국경제협의회 창립준비위원회를 구성하였다. 이 단체는 상공회의소와 달리, 대기업을 위주로 재계의 실질적인 구심체 역할을 하도록 조직되었다. 1961년 1월 창립총회가 열려 초대 회장에 김연수를 선임하였다. 이 단체는 기간산업 건설추진, 부정축재자특별법 수정, 한일국교 정상화 추진 등에 나섰으나, 5·16군사정변으로 활동이 정지되었다.

군사정부는 이승만 정부시대의 부정축재 기업인을 처벌하는 대신, 그들에게 경제개발정책에 적극 동참할 것을 요청하였다. 이에 부응하여 이병철 등 13명의 기업인이 1961년 7월 경제재건촉진회를 조직하였는데, 이것이 곧 한국경제인협회로 명칭을 바꾸고 회원들에게 문호를 개방하였다. 김용완은 1963년에 참여하였는데, 내부 갈등을 겪던 협회는 1964년 그를 새 회장에 추대하였다. 그는 한일 국교 정상화라는 중대한 역사적 과제 앞에서 협회 회장으로서 한·일 간의 민간경제 협력에 앞장섰다. 한일회담 반대 데모가 한창이던 1965년 4월 서울에서 일본 기업인들을 초청하여 한국 측 의장으로서 한일경제간담회를 개최함으로써 한·일 간 국교 정상화에 이바지하였다. 그 후 1966년과 1968년 등 모두 3회에 걸쳐 민간합동 경제간담회가 서울과 동경에서 번갈아 열려 상업차관의 조기제공, 기술협력 실천, 연수생의 대일 파견 및 1차 산품 수입 촉진, 합작투자 촉진과 가공무역 활성화 등의 협력 의제를 다루었다. 이후 한일민간합동경제위원회로 발전시켰다.

그 후 김용완은 1970년대 초 차관 경제의 후유증으로 대기업 부실이 심각해지자 사채동결 및 금리인하 등을 정부에 건의하여 8·3조치를 끌어내는 데도 큰 역할을 하였다. 1971년 그는 전경련 회장 자격으로 박정희 대통령을 면담하면서 기업 부도사태의 심각성을 설명하고 고금리의 사채를 은행에서 떠맡고 세금을 줄이며 금리를 인하해 달라는 요청을 하였다. 이후 경제장관과 경제단체장들 간의 협의를 거쳐 1972년 8월 3일 대통령 긴급명령에 의한 사채동결이 단행되었고, 이를 계기로 기업 재무구조가 크게 개선되었다. 그가 1977년 전경련 회장직에서 물러났을 때 정부는 그에게 국민훈장 무궁화장을 수여하였다.

4. 맺음말

경성방직은 일제하 최고의 한국인 기업으로서 눈부신 성장을 하였지만, 해방 후에는 그렇지 못하였다. 해방 후 그 많은 적산敵産(광복 이전까지 한국 내에 있던 일제나 일본인 소유의 재산)이 굴러다닐 때에도 경성방직은 그것에 손을 댄 적이 없었고, 1950년대에는 원조자금의 배정이나 은행대출에서 동종 업체에 비하여 차별 대우를 받아 확장 기회를 얻지 못하였다. 적산을 불하받거나 원조자금을 배정받기 위해서는 정경유착이 필요하였는데, 경성방직의 경영을 담당한 김용완이 이를 피하였기 때문이다. 일제 말 김연수가 일제가 촉발한 대동아전쟁에 적극 협력하였다가 해방 후 친일파로 몰려 반민족행위자로 구속, 기소까지 되었던 일이나 김성수의 오랜 측근인 송진우가 한민당 당수로 나섰다가 피살당한 사건은 김용완으로 하여금 가급적 정치에 연루되지 않는 것을 원칙으로 삼게 하였다.

이 때문에 그는 많은 새로운 사업기회를 놓쳤다. 반면 이병철이나 정주영 등 야심차고 능력 있는 후배 기업인들이 사업기회를 거머쥐고 대기업가로 성장하였다. 경성방직이 과거의 눈부신 확장 양상과 달리 소극적 경영의 모습을 보이는 동안 삼성과 현대 등 새로운 대기업이 성장하였다.

하지만 경성방직이 재계 정상의 지위를 유지하지 못하였다고 해서 기업인으로서 김용완의 역할에 낮은 평점을 줄 일은 아니다. 그는 해방 후 경성방직의 경영자로서, 또 대한방직협회의 이사장으로서 혼란한 공장의 재건과 업계 이해관계의 조정이라는 과업을 잘 수행하였으며, 경제개발시대에는 재계의 지도자로서 한일 국교 정상화와 부실기업 개선 등의 국가적 과제를 수행하는 데 일조하였다. 그는 김성수, 김연수 등 일제하의 대표 기업가의 시대에서 이병철, 정주영 등 현대 한국의 대표 기업가의 시대로 이어지는 가교 역할을 한 것으로 평가할 수 있다. 이러한 의미에서 그를 가교의 기업인으로 부르고자 한다.

백두진, 초창기 대한민국 경제의 위기관리자

배영목

1. 일제강점기의 백두진

백두진白斗鎭(1908~1993)은 황해도 신천信川에서 백영은白永殷의 차남으로 태어나 상대적으로 부유한 집안에서 자랐다. 아버지는 그 지역에서 처음 삭발한 3인 중 한 사람으로 기독교 숭실학교를 거쳐 오산학교에서 교사로 종사하였는데, 44세로 생을 마감하였다.

백두진은 태어나 할아버지 집에서 살았으나, 할아버지 집의 가세가 기울자

裵永穆 충북대학교 사회과학대학 경제학과 교수.

저서로는 『한국금융사』(개신, 2002), 공저로는 『한국의 은행 100년사』(산하, 2004), 『양극화 해소를 위한 경제정책』(한울아카데미, 2006), 『화폐와 경제활동의 이중주』(국사편찬위원회 편, 두산동아, 2006), 『금융위기와 금융세계화』(서울사회경제연구소 편, 한울아카데미, 2006), 『국제금융자본과 한국경제』(한울아카데미, 2007)가 있다. 논문으로는 「비제조업의 재무구조와 이윤율」(『한국경제연구』 6, 2001), 「은행위기와 통화위기의 결정요인」(『대외경제연구』 9-1, 2005), 「금융위기와 금융구조조정의 국가별 비교 분석」(『경제발전연구』 13-2, 2007) 등이 있다.

6세 때 서울에 사는 아버지 집으로 가서 살면서 보통학교(초등학교)를 거쳐 1928년 휘문고등보통학교를 졸업하고, 자신의 성장에서 디딤돌이 되는 일본 동경상과대학 상학전문부에 1929년에 입학하였다(백두진, 『백두진회고록』, 대한공론사, 1975, 25~29쪽).

동경상과대학은 일본이 메이지유신 이후에 산업입국에 필요한 요원을 양성하기 위해 세운 상업고등교육기관인데, 이 대학은 경제 각 분야, 법률, 영어 등 외국어를 단기간에 교육하였다. 백두진은 당시 이 대학의 유일한 한국인 학생이었다고 한다. 그는 1934년 이 학교의 졸업을 앞두고 도쿄의 조선은행 지점과 조선식산은행 출장소에 지원하였으나 조선은행에만 합격하였다. 그는 1934년 4월부터 조선은행 말단 서기에서 시작하여 광주에서 지점 차석, 본점에서는 대출 심사위원 업무 등을 맡았으나, 일제 말까지도 간부로 승진하지는 않았다.

일제강점기에 조선은행에 입행한 한국인으로는 1909년 나정호, 1917년 안명환 · 나승호, 1916년 윤고병 · 김교철, 1919년 박근수 · 이기종 · 최기룡 · 박재욱, 1920년 민영태, 1922년 권영중 · 임상수, 1924년 박승준 · 곽준열, 1925년 구용서 등이 있다. 조선은행의 한국인 공채는 1933년부터 시작되었는데, 1933년에는 박두병 · 김상영 · 이호상 · 이의두 등이 입행하였고, 1934년에는 백두진과 같이 박주희 · 이상덕 · 오정환 · 김인평 · 장기영 · 김병옥 등이 입행하였다(한규훈, 『실록 한국은행』, 매일경제신문, 1986, 28쪽). 한국은행 총재를 역임한 유창순 · 김유택 · 민병도 · 김세련 · 김성환 · 신병현 등은 모두 일제시대에 조선은행에 입행하였던 사람들이다. 이 조선은행 출신 인사들이 광복 이후에는 금융계의 핵심 인맥을 이루었고, 일부는 재무부나 상공부 등으로 진출하여 고위관료가 되었는데, 이에 속한 인물이 구용서 · 백두진 · 장기영 · 김영찬 · 유창순 · 김유택 · 김세련 · 신병현 등이고, 그중 대표적인 인물이 구용서와 백두진이다.

2. 광복 이후 은행가로서 백두진

일제강점기에 조선의 화폐발행권은 일본인의 손에 있었는데, 광복 이후부터 1945년 9월 11일 미군이 이 화폐발행권을 접수하기 이전까지의 한 달 동안 조선은행권은 30억 원 정도가 증가하였다. 광복 직전 조선은행권 전체 발행고가 48억 원 정도이었으므로 그 증가는 엄청난 것이었다. 이는 주로 일본인의 예금인출, 조선은행의 유가증권 회수 등과 관련된 것이었다(배영목, 『한국금융사』, 개신, 2002, 351~352쪽).

미군정은 1945년 9월 30일에야 조선은행 일본인 총재인 다나카 데쓰타로田中鐵太朗를 해임하고 미 해군 소령 롤랜드 스미스Roland D. Smith를 총재로 임명하였으며, 한국인 간부는 11월 초순에야 임명하였다. 본점 영업부 지배인으로 구용서, 부지배인으로 박승준, 부장으로 인사 박근수 · 계리 안명환 · 검사 민영태 · 업무 백두진 · 조사 김경석 · 서무 이기종, 지점장으로 이경옥 · 권영중 · 육진봉 · 곽준열 · 최덕노 · 박주희 · 권정석, 조사부차장으로 장기영이 임명되었다(한규훈, 앞의 책, 45쪽).

이 시기에 조선은행을 실질적으로 운영한 사람은 구용서로 알려져 있다. 미군정은 일본인 간부를 파면한 후에 오랫동안 빈자리로 두었던 이사와 감사를 1945년 12월 30일에 임명하였다. 이사는 스트링거Stringer · 구용서 · 백두진 · 최순주 · 김문성 · 김성권 · 민규식 등이었고, 감사는 안명환이었는데, 조선은행 내부인사는 구용서 · 백두진 · 안명환 세 명뿐이었다. 이 시기에 이북지점에 있던 김유택 · 유창순 · 신병현 · 배재인 · 허민수 등이 합류하였다(한규훈, 58쪽). 백두진과 구용서는 함께 조선은행 출신으로 좁게는 금융계, 넓게는 경제계의 대표적 인물로서 성장하였다.

광복 직후 미군정은 조세징수가 쉽지 않은 상황에서 재정적자를 화폐발행으로 보전하였다. 거의 모든 금융기관이 당장 회수할 수 없는 일본인 또는 일본정부 채권으로 부실금융기관이 되어 조선은행으로부터의 차입 없이는 대출도 쉽지 않은 상태였다. 조선은행은 모든 금융시장이 붕괴되고 징세가 어려운 상황에서 유일하게 자금을 공급할 수 있는 기관으로서 재정과 금융상의 위기를 수습하는 역할을 수행하고 있었다(배영목, 앞의 책, 347쪽). 당시 조선은행은 정부보증에 의한 적자예산 지출, 무분별한 대출 등으로 상황에 대처하였는데 이로 인해 통화가 남발되었다. 하지만 이 시기에 조선은행이 미군정의 재정적자 및 국영기업의 적자를 보전하고, 금융기관의 지급불능 사태를 막고, 정부의 물가관리 및 물자확보에서 가장 중요한 곡물매집에 필요한 자금을 제공하고 있었으므로 이 같은 형식의 대출과 그에 따른 통화남발은 한국경제의 위기를 해소하기 위해서 불가피한 것이었다.

이 시기 조선은행의 총재, 이사 등의 개별적인 활동에 관해서는 아직 알려진 바가 거의 없다. 하지만 백두진은 이사로서 조선은행 내에서 중요한 역할을 담당한 것으로 짐작된다. 백두진은 광복 직후 당시 그 역할이 더욱 큰 조선은행의 임원이 되고 유능한 은행가로 인정되어 건국준비위원회 재정분과위원회 주최 좌담회에 초청된 것을 시작으로 정치적 영향력이 큰 인사와 친분을 쌓아갈 수 있었다. 한번은 건국준비위원회 모임에서 광복 후 조선경제에 대한 설명을 요구받았던 적도 있었다. 이범석이 귀국한 후 민족청년단에 대한 정부의 지원을 부탁하는 자리에 백두진은 구용서와 함께 초대되어 재정담당이사가 됨으로써 그와도 친분을 맺게 되었고, 김성수와는 영문인쇄 부탁을 계기로 친분을 맺게 되었다.

3. 고위관리로의 변신

백두진은 초대 대통령 이승만에게까지 알려져 한국정부와 미국정부가 체결할 「대한민국정부 및 미국정부 간에 재정 및 재산에 관한 최초협정」을 감정하는 자리에 조선은행 최순주, 조선식산은행 장봉호 등과 함께 초청되어 그 자리에서 검토를 의뢰받았다. 그 후에 백두진은 이승만 대통령으로부터 기획처장, 이범석 국무총리로부터 외자총국 국장 제의를 받았는데, 그는 이 국무총리의 요청을 받아들여 조선은행 이사도 겸임하면서 외자총국(이후 외자청) 국장(이후 청장)을 맡기로 함으로써 관료로서의 행보를 시작하였다(백두진, 앞의 책, 68~81쪽).

외자청은 1948년 12월 10일 한국과 미국 간에 체결한 「대한민국과 미합중국 간의 원조협정」에 의거하여 설립된 정부기관으로 원조물자가 한국에 도착한 이후 하역, 수송, 배송, 배정, 보관, 판매금 징수 등의 업무를 담당하였다. 이 기관은 대통령의 직접 승인이 있어야만 중요사항을 집행하는 대통령 직속기관이었다. 이 기관의 핵심 업무는 원조물자가 입하되면 최대한 효율적으로 수송하여 공정한 시가로 생산·소비과정에 투입하는 것이었다. 백두진은 외자청장이 된 것을 계기로 대통령을 대신하여 미국의 대한원조를 통제·배분하는 역할을 실질적으로 수행하게 되었음은 물론이고 미국과의 협상을 수행하는 대표로서 한국과 미국 간의 경제조정자 역할을 1956년 5월까지 계속 담당하게 되었다. 그는 한국은행이 설립됨에 따라 조선은행 이사직을 잃었지만, 애초에 6개월 시한으로 맡고자 하였던 외자청장은 한국전쟁 중에도 피난지의 원조물자를 관리하며 1950년 10월까지 계속 맡았다. 그러나 전쟁 중에 원조물자가 점령지에서 대량 소실됨에 따라 책임을 지지 않을 수 없어 사의를 표명하였고 사표가 수리되었다(백두진, 앞의 책, 106쪽).

백두진은 외자청장을 사임한 후 오래지 않아 식산은행을 맡아달라는 재무부장관 최순주의 요청을 받아들여 1950년 10월부터 식산은행의 두취(은행장)가 되었다. 당시 식산은행은 일제시대와 달리 채권시장이 붕괴되어 산업금융기관으로서 활동을 전개할 수 없었기 때문에 예금과 대출에 의존한 일반은행 업무만 담당하고 있었다(배영목, 앞의 책, 348쪽). 특히 식산은행 간부가 한국전쟁 중 남하하지 못함으로써 부두취 이사 일부가 납북되어 최초의 한국인 은행장 장봉호는 이에 책임을 지지 않을 수 없게 되었다. 백두진은 그에 이어 5개월 정도 근무하였다.

대한민국 정부 초대 재무부장관은 김도연이었다. 그는 미국으로부터 ECA 원조를 받는 대신에 이른바 '경제안정15원칙'을 받아들이고, 이 원칙에 따라 균형예산을 편성하고 재정지출을 억제하고 증세를 위한 세제개혁을 단행하였다. 그 결과 통화량 증가가 억제되는 등 상당한 성과가 나타났다(김명윤, 『한국재정의 구조』, 아세아문제연구소, 1967, 50~55쪽). 연이어 최순주가 재무부장관을 맡았는데, 곧 한국전쟁이 발발하여 '사변수습비'라는 국방비를 중심으로 재정지출이 급격히 늘어났으며 그 대부분은 한국은행 차입금으로 메워지고 유엔군 대여금도 급증하여 통화량이 급격히 늘어났고, 이에 따라 인플레이션은 수습하기 어려운 상황으로 치달았다. 이러한 와중에서 이 대통령은 최순주가 미국의 환율 인상 주장에 동조한 데 격분하여 그를 해임하고(한규훈, 앞의 책, 143쪽), 백두진을 면담한 후에 1951년 3월 5일 그를 재무부장관으로 임명함으로써 백두진은 전시경제를 이끌어가는 수장이 되었다.

4. 한국전쟁 중 경제정책의 수장으로서 백두진

한국전쟁이 장기화되고 유엔군의 규모가 점차 늘어남에 따라 유엔군의 원화경비를 조달하기 위한 법적 근거가 필요해졌다. 이에 따라 한국정부와 미국정부가 1950년 7월 28일 유엔군의 한국 내 활동에 소요되는 원화경비를 지출할 법적 근거를 마련하기 위해 「대한민국정부와 미합중국정부 간의 국제연합가맹군 연합군 총사령관 휘하부대에 관한 경비지출에 관한 협정」을 체결하였다. 이 협정에 의거하여 지출된 통화는 미국의 원조대금을 훨씬 초과하였다. 이는 당시 통화팽창의 주요한 요인이었을 뿐 아니라 인플레이션으로 화폐가치가 하락한 만큼 우리 국민이 조세를 납부하는 방식, 이른바 '인플레이션 조세'로 전비를 부담하게 되었음을 의미하였다(이대근, 『한국전쟁과 1950년대의 자본축적』, 까치, 1987, 72~76쪽).

그가 재무부장관으로 임명됐을 때, 유엔군 경비지출 및 전쟁수습비는 증가하고 있었던 반면에 원조물자의 공급은 지체되고 있었다. 정부가 조세 증징에 나섰지만 징세효과가 크지 않았고, 농업 및 광공업 생산도 위축되어 있었기 때문에 통화팽창과 물가상승 추세는 더욱 강화되고 있었다. 이승만 대통령이 임명 직전 면담에서도 이 문제의 심각성을 고려하여 이에 대한 백두진의 견해를 먼저 물은 바 있다.

그는 재무부장관에 임명된 직후의 재무부 상황을 다음과 같이 말하였다.

> 6·25사변 중 재무부의 주요업무는 은행권을 일본 조폐청에서 인쇄하여 선편으로 부산으로 들여다가 전쟁경비를 제공하는 데 있었던 것이다(백두진, 앞의 책, 115쪽).

그는 일단 전쟁 수행을 위한 재정지출 확대 및 통화공급을 불가피한 상황으로 보고, 통화량 팽창에 따른 인플레이션 해악을 줄이기 위한 정책을 다각적으로 검토하였다. 그가 구상한 경제정책은 임시수득세의 도입, 유엔군 대여금 회수, 원조증대, 저환율정책 등으로 구체화되었다.

백두진이 재정적자를 줄이고자 전란의 피해가 상대적으로 적고 과세도 쉬워 주요 징세대상으로 모색한 것이 농산물이었다. 특히 정부는 높은 물가상승세 속에서 농산물 생산으로 발생한 소득에 대한 과세를 물납제로 실시하여 필요한 양곡을 확보하고 양곡수매기의 통화팽창도 막아보고자 하였다. 이 임시수득세법안은 당시 국회에서 격렬한 논란을 일으켰다. 그는 여당이 없는 상황에서 대통령의 정책을 지지하는 세력을 규합하고, 재정분과위원장 이재형, 농민분과위원장 박정근, 부의장 조봉암 간의 대화를 추진하였다. 그리고 마침내 이 법은 1951년 9월 9일에 국회를 통과하였다(백두진, 앞의 책, 126~128쪽).

임시토지수득세의 시행은 양곡수집정책의 전환을 초래하였다. 이 세제의 시행에 따라 현물로 세금을 받아 은행권 남발의 원인인 금납에 의한 양곡수집을 지양하게 되었다. 이에 따라 양곡수집기에 반복되는 통화남발을 어느 정도 줄일 수 있었다. 정부는 이 세제의 시행으로 전국 농산물 생산고의 13~28퍼센트를 세로 거두어들일 것으로 예상하였는데, 이 세율은 당시의 높은 인플레이션율을 감안할 때 전례 없이 높은 것이었다. 정부는 이 세제를 실시함으로써 양곡을 쉽게 확보하고 재정적자를 크게 줄일 수 있었다. 그러나 이 때문에 농민은 상대적으로 매우 가혹한 세금 부담을 지게 되었다(이대근, 앞의 책, 170~175쪽).

미국의 대한원조는 1948년 12월 체결된 「한미경제원조협정」에 따라 설립된 주한 경제협조처ECA가 주도하였지만, 한국전쟁 이후에는 경제원조가 유엔군사령부로 전속됨에 따라 통합사령부가 대한민간원조를 규정할 별도의 협정이 필요해졌다. 이에 따라 유엔군사령관 리지웨이Matthew B. Ridgway는 한국정부와 경제원조협정을 체결하고자 하였다. 백두진은 미국 대사관, 유엔민사원호처, 미8군 사령관, 운크라UNKRA(국제연합한국재건단) 등에 유엔군 대여금 상환을 요구하였으나, 미국 측은 이를 전도금이라 부르며 우리 정부의 요구에 응하지 않았다. 그리고 1953년 10월에야 대여금의 1/8에 불과한 1,215만 달러(한화 630억 원 상당)를 처음으로 상환해주었다(백두진, 앞의 책, 129~130쪽). 이와 같이 유엔군 대여금 상환문제와 유엔군 원화 경비조달 문제로 한미경제회담이 순조롭지 못하자 트루먼 미국 대통령이 1952년 4월 13일에 마이어Clarence E. Mayer를 단장으로 하고 국무성, 국방성, 재무성 각 대표로 구성된 대통령특별사절단을 우리나라에 파견하였다. 백두진은 이승만 대통령과 긴밀히 협의하면서 회담을 계속 진행했다.

우리나라 정부는 유엔군 대여금 상환을 회담의 전제조건으로 제시하였다. 즉 장래 유엔군의 원화경비는 자변주의自辨主義[1]에 의거해 조달하고 새로운 한미협정이 체결되는 대로 기존의 유엔군 대여금을 즉시 상환해줄 것을 요구하였다. 그에 반해 마이어 일행은 유엔군사령부의 군사병력에 유효한 지원을 보장하고 한국 국민의 고난을 구제하며 한국의 건전한 경제를 수립 유지하기 위하여 미국이 제공하는 원조물자와 한국에서 조달할 수 있는 자원을 어떻게 조정할지를 해결하고, 나아가 인플레이션 수습을 통한 한국경제의 안정을 도모하고자 하였다. 그래서 미국정부는 유엔군 대여금 문제를 해결하기 위한 전제조건으로 한국정부에 대해 경제적 · 금융적 안정을 달성하기 위한 정책을 수행할 것을 요구하였다. 양국정부 대표 간의 회담은 1952년 4월 14일에 시작되어 5월 24일까지 계속되었다. 타결된 내용은 협정으로 정리되었고 이 협정은 한국정부 대표인 재무부장관 백두진과 미국정부 대표인 대통령 특사 마이어가 서명해 조인된 직후 시행되었다.

1 매달 한국의 물동계획에 따라 필요한 물자를 도입하고 그것을 민간에게 판매하여 소요되는 원화경비를 조달하되, 부족한 금액에 대해서는 종전의 대여방식으로 지출하여 매월 정기적으로 달러로 청산하는 방식을 말한다.

한국정부와 유엔통합사령부 특별경제사절단은 회담한 결과 양자 간의 경제조정에 관한 협정에 합의를 보았다. 그 내용은 대한민국 정부와 유엔군통합사령부는 효과적인 경제조정의 촉진을 주요기능으로 하는 합동경제위원회를 설치하고, 유엔군이 차입하여 미국 측 요원에게 매각하는 원화 전액을 장차 월별제로 한국에 달러화로 완전히 상환하되, 적용환율은 6,000원 대 1달러로 한다는 것이었다.

이 협정에 따라 유엔군과 한국정부 간의 정책조정 및 자문기관으로 합동경제위원회가 설치되었다. 이 위원회는 한국정부 대표 1인과 유엔군 총사령관 1인을 대표로 하되, 그 주요기능은 한국정부와 유엔군사령부 간의 효과적인 경제조정이고, 조정 방식은 상호 협의로 하기로 정하였다. 백두진은 이때부터 우리 정부의 대표로서 경제조정관이 되어 국무총리를 그만둔 이후인 1956년 5월까지 그 직책을 유지하였다.

백두진 재무부장관은 1952년 9월에 이른바 고시진古市進 사건으로 장택상 총리가 사임하게 되자 그 후임자로 국무총리 서리를 겸직하게 되었다. 고시진 사건이란 마지막 경성京城 부윤府尹인 고시진이라는 일본인이 밀항선을 타고 부산에 상륙하여 일본인 경영 요리점 신성에서 현직 총리 장택상과 몰래 만났던 것이 정치문제로 비화된 사건이다(백두진, 앞의 책, 156쪽).

전쟁으로 생산시설이 파괴되어 공급능력이 줄었는데도 군사비 지출 등으로 통화남발이 전개되어 인플레이션 압력은 점차 높아져갔다. 전쟁 전 통화량은 560억 원이었는데, 1952년 말에는 1조 원을 넘어설 정도로 통화남발이 계속되고 있었다. 통화남발과 인플레이션 간의 악순환으로 국민생활이 파국에 이르게 되었다. 이승만 대통령이 통화환수 효과가 있는 달러화 적기 방출을 제한하는 가운데 백두진은 조세증징, 임시토지수득세, 금융의 우선순위제, 생산확대를 위한 투융자 확대 등과 같은 정책으로는 인플레이션의 주요

요인인 통화량 증가 통제에 한계가 있다고 생각하고 1953년 늦가을 무렵부터 비상조치로서 화폐개혁을 추진하기로 결심하였다. 그는 대통령의 승인을 받은 이후에 한국은행 및 재무부의 관련 핵심간부들에게 화폐개혁을 위한 조사 및 준비를 지시하였다(백두진, 앞의 책, 157~161쪽).

한국정부는 인플레이션을 수습하기 위해 화폐단위를 바꾸고 화폐의 명목단위를 절하하는 동시에 과잉구매력을 흡수하고 체납국세를 일소하고 나아가 연체대출금을 흡수하기 위해 1953년 2월 15일 긴급통화조치를 실시하였다. 이 조치에 따라 원圓 표시 한국은행권과 전錢 표시 조선은행권, 일본정부지폐와 주화 등 구화폐의 유통이 금지되었고, 화폐단위가 원圓에서 환圜으로 변경되었으며, 환가비율은 100원=1환으로 하되, 한국은행이 새로 발행하는 환 표시의 은행권, 전리 표시의 은행권 또는 주화만이 법화가 되었다. 그리고 구권과 수표 등 원화지불지시를 갖고 있는 사람은 금융기관에 예입하고 예금계정을 설정하도록 하며, 이 예금에 대하여 대통령령이 정하는 용도와 금액에 한해서 신권으로 지불을 청구할 수 있도록 하였다(재무부, 『재정금융의 회고—건국 10주년 업적』, 1958, 217~222쪽).

긴급통화조치와 직결된 긴급금융조치법은 일부 국회의원의 반대로 예금동결 범위가 다소 줄어들었지만 예정대로 2월 17일에 국회에서 통과되어 실시되었다. 즉 정부는 긴급통화조치를 보완하고 금전계약을 원화에서 환화로 전환하고 인플레이션의 원인이 된 과잉구매력을 흡수하고 이를 중요산업 자금에 충당하기 위하여 구권 예금의 일부를 동결하는 것을 핵심으로 하는 긴급금융조치법을 함께 실시한 것이다.

이 명령이 발표되기 이전에 구권발행고는 1조 1,367억 원이었으나 이 중에서 97퍼센트인 1조 1,066억 원이 회수되어 미회수액은 301억 원에 불과할 정도로 화폐교환은 성공적이었다. 그리고 긴급금융조치가 시행되었지만 조치대상 예금 85억 원 중에서 76퍼센트인 67억 원이 자유계정으로 전환되었다. 잔액 22억 1000만 원이 체납국세 납부, 연체대부 상환, 기타 봉쇄계정으로 전환되어 실질적으로 흡수된 구매력은 전체의 24퍼센트에 불과할 정도로 그 효과가 기대만큼 크지 않았다(한국은행, 『한국은행 40년사』, 75~76쪽).

아이젠하워는 미국의 새로운 대통령으로 취임한 후, 한국전쟁 이후의 한국경제 재건사업을 앞두고 한국경제에 대한 평가부터 실시하기 위해 1953년 4월 타스카Henry J. Tasca 박사를 단장으로 하는 경제사절단을 파견하였다. 그 상대역은 당시 재무부장관 겸 국무총리 서리인 백두진이었다. 이승만 대통령은 국무총리 서리의 장기화가 위헌이라는 비판이 등장하자 4월 24일에 그를 아예 총리로 임명하였다. 그런데 그는 국무총리에 임명되고도 박희현 재무부차관이 장관을 맡게 된 1953년 9월까지 재무부장관을 겸직하였다(백두진, 앞의 책, 173~175쪽).

5. 경제조정관으로서 백두진

미국 대통령 특사인 타스카를 단장으로 하는 경제사절단은 한국전쟁을 종결시키는 동시에 경제를 부흥시킬 방안을 찾기 위해 한국경제를 조사하고 평가하는 활동을 전개하였다. 백두진은 타스카 특사에게 한국경제의 현실을 설명하고 더 많은 원조를 획득하는 일에 주력하였다. 그들은 6월에 활동을 종료하고 「한국경제 재건을 위한 원조 3개년계획」, 이른바 '타스카 보고서'를 작성하여 미국정부에 3년간 총 8억 8,300만 달러의 원조제공을 건의하는 동시에 한국정부와 재정균형, 단일환율 설정, 통화가치 안정, 여신관리 효율화 등을 추진할 것을 주요 내용으로 하는 재정금융정책 협약을 맺었다. 이 보고서는 1953년 8월 이후 실시된 FOA 원조계획의 토대가 되었다.

1953년 8월 6일 「대한민국 및 미합중국 간 상호방위조약」이 우리나라의 변영태 외무장관과 미국 덜레스 국무장관 간에 서울에서 가조인되고, 10월 1일 미국 워싱턴에서 본조인되었다. 이 조약이 조인되면서 발표된 한미공동성명서에 한국의 경제부흥을 위해 3년간 10억 달러를 사용해야 한다는 한국 측 주장을 반영하여 3~4년간 11억 달러를 사용할 것을 예상하고 이미 2억 달러를 배정하는 등 대한원조가 군사적인 측면에서 강조되기 시작하였다.

미국정부가 덜레스 국무장관 임명을 전후하여 미국의 경제조정관으로 우드C. Tyler Wood를 임명한 이후에는 백두진과 우드가 합동경제위원회 대표로서 한국경제 부흥계획을 조정하게 되었다. 우드는 환율문제로 이 대통령과 의견 대립을 보였지만 긴 협상 끝에 배정된 원조 2억 달러 사용은 물론, 합동경제위원회에서 양국 간의 합의가 1953년 11월 14일에 「경제부흥과 재정안정계획에 관한 합동경제위원회 협약」으로 조인되었다. 이 협약에 따라, 공정환율 달러당 60환을 180환으로 인상하고, 대충자금은 총액의 5퍼센트 이내에서 유엔 및 미국의 원조 관련 경비를 충당하고 잔여액을 재건투자, 전란 수습 등에 사용하도록 하였다(백두진, 앞의 책, 209~216쪽).

백두진은 자유당 입당문제 이후 이기붕과 오랫동안 불편한 관계에 있었다. 그는 1954년 5월 국회의원 선거, 즉 민의원 총선거 이후 국회의장 이기붕의 영향이 큰 국회에서 국무총리 인준문제가 순조롭지 못한 것을 안 이후인 6월에 사표를 제출하였고, 변영태 외무장관이 국무총리로 임명되었다. 그는 국무총리를 사임한 이후에도 이 대통령의 권유에 따라 합동경제위원회 대표직을 우드가 대표로 있던 1956년 5월까지 수행하였다. 그는 경제조정관을 끝으로 관료로서의 생활을 마감하고 야인으로 돌아갔다. 4년 후인 1960년에 이천군 선거에 출마하여 낙선하고 1961년 홍천 이천 재선거에 출마하여 민의원이 됨으로써 그는 관료에서 정치인으로 변신하였다.

오천석, 새 나라의 교육을 설계하다

정원식

1. 머리말

일제로부터 해방되었을 무렵 다른 여러 분야와 마찬가지로 우리나라의 교육계는 그야말로 황무지와도 같은 상태였다. 일본인이 차지하고 있던 각급 학교의 책임자 자리는 텅 비어 있는 상태가 되었으며 앞으로 무엇을 어떻게 가르쳐야 할지 막연하였다. 다만 앞으로 청산해야 할 일본의 식민지 교육과 군국주의 교육의 잔재만이 남아 있을 뿐이었다. 무엇보다도 시급한 것은 일

鄭元植 서울대학교 명예교수, 파라다이스 복지재단 이사장.

저서로는 『교육환경론』(교육출판사, 1975), 『청소년지도, 가능성의 탐구』(배영사, 1976), 『머리를 써서 살아라』(샘터사, 1979), 『정박사와 의논하세요』(샘터사, 1981), 『인간과 교육』(개정판)(교육과학사, 1994), 『발전을 지향하여』(교육과학사, 1999), 『인간의 동기』(교육과학사, 2001), 『인간의 성격』(교육과학사, 2003), 『생각하는 아이로 키워라』(금성출판사, 2006), 『세계의 리더를 키운 유대의 자녀교육』(샘터사, 2007)이 있다. 공저로는 『생활지도의 원리와 실제』(교학도서, 1962), 『현대교육심리학』(교육출판사, 1980), 『카운슬링의 원리』(교육과학사, 1982)가 있으며 편저로는 『정의情意의 교육』(배영사, 1969), 『교육과 국가발전』(교육출판사, 1978), 『이 시대의 자녀교육』(교육과학사, 1995) 등이 있다.

본 제국주의 교육의 내용과 그 방법을 청소하는 일이었다.

한편 제2차 세계대전의 전승국인 미육군이 한국에 진주하여 38선 이남에 미군정을 시행하였으나 해방된 나라의 교육을 일으킬 수 있는 시책과 준비는 아무것도 없는 상태였다. 일제의 통치기구였던 총독부의 학무국을 미군정이 접수하였으나 그것을 운영할 만한 사람은 없었다. 미군의 위관급 장교 한 사람이 학무국 운영을 책임지고 있을 뿐이었다. 이때 한국에는 교육을 재건할 만한 숨은 인재들이 적지 않았다. 일제시대에 미국 대학에서 박사학위를 취득한 사람도 상당수 있었다. 이러한 사실을 알게 된 미군정은 놀라기도 하였지만 한편 반갑게 이 사실을 받아들여 한국인에게 교육의 재건사업을 맡기게 되었다. 그러한 사연으로 미국에서 교육학을 전공한 천원天園 오천석吳天錫(1901~1987) 박사가 미군정 문교부차장(지금의 차관) 자리를 맡게 되었다. 그런데 당시 문교부장이었던 유억겸兪億兼 선생이 작고함에 따라 오천석이 후임 문교부장이 되어 새 나라의 교육을 위한 설계와 작업을 전적으로 책임지게 되었다. 여기에서부터 한국의 새 교육 건설은 시작되었다.

새 나라의 교육을 건설하기 위한 역사役事를 시작하기 전에 먼저 해야 할 일이 있었다. 그것은 우리나라 국민의 의식 속에 뿌리 깊게 내려 있던 일본식 교육, 즉 식민지 교육과 군국주의 교육에 대한 의식을 불식하는 일이었다. 특히 교육 일선에서 가르치는 교사들의 의식에는 일본식 교육의 실제만이 가득 차 있었기 때문에 이를 깨끗하게 씻어내기란 결코 쉬운 일이 아니었다. 그들은 교육이라고 하면 일본식 교육만을 생각하였기 때문에 일방적으로 정해진 지식을 주입하고 질서를 유지하기 위하여 체벌을 하거나 개인의 희생을 강요하는 일이 다반사였다. 그러하였기에 그는 일제 식민지 교육의 청산과정에서 더러는 저항에 부닥치기도 하고 경우에 따라서는 대놓고 말하기 어려운 난관에 봉착하기도 하였다. 그러나 일본교육의 잔재를 청산하는 일은 하루 이틀에 성사될 문제가 아니었기에 장기적인 계획을 세워 진행하기로 하였다.

2. 교육을 위한 긴급조치

총독부 학무국을 접수하여 새 나라의 교육을 시작할 수 있는 행정적인 기구는 구비하게 되었으나 그것만으로 교육을 시행할 수는 없었다. 몇 가지 긴급히 처리해야 할 조치가 있었다. 무엇보다도 공백상태에 있는 각 도의 교육책임자와 각급학교의 책임자를 임명해야 했다. 그래야만 학교의 문을 열 수 있고 미비하나마 우리의 교육을 시행할 수 있기 때문이었다. 일본인 교직원의 철수를 앞두고 각 학교를 그들로부터 접수하고 빈자리를 메우기 위하여 방대한 수의 학교기관장과 교사를 확보하는 긴급조치가 필요하였다. 사람을 확보하는 일뿐 아니라 교과과정을 짜고 교과서를 마련하는 일 등도 시급하였다. 그러나 이러한 중요하고 방대한 일은 결코 단시일 내에 해결될 성질의 것이 아니었다. 그렇다고 해서 이러한 일들을 준비하기 위하여 학생들을 놀려두고 있을 수도 없었다. 학무국에서는 학생들이 우선 길거리에서 방황하는 것을 막기 위해서라도 무슨 조치를 취해야 했다. 그리하여 미군정은 일반명령에 따라 1945년 9월 24일을 기하여 모든 공립초등학교의 문을 열 것을 지시하였다. 교육에서 사용되는 용어는 한국어이어야 하고 한국에 이롭지 못한 의식이나 행사는 불허한다는 것을 명백히 하였다. 이리하여 초등학교의 개교는 군정이 시작된 지 겨우 2주일 만에 실현되었다.

초등학교의 문을 열기는 하였으나 무엇을 어떻게 가르쳐야 할지 막연한 상태였다. 교과과정과 교과서에 관한 긴급조치가 필요하였다. 먼저 새롭게 임명된 교사들의 부족한 한국어 소양을 높이기 위한 조치가 있어야 하였다. 그러한 의도에서 문교부가 제일 먼저 발간하여 광범하게 보급한 책이 『한글 첫

걸음』이다. 이 책은 원래 해방 직후 한글을 보급하기 위하여 조선어학회의 회원들이 만든 것으로서, 짧은 기간 안에 한글의 기초를 배우기에는 적합한 책이었다. 다음으로 준비된 것이 『초등국어독본 1』이었는데 이 책은 편수과에 집결된 우수한 학자들이 심혈을 기울여 단시일 내에 편찬한 것이다. 『한글 첫걸음』과 『초등국어독본 1』은 11월 20일 공식 발간되어 사용되기 시작하였다.

『초등국어독본 1』에 이어서 2, 3학년용 국어독본과 중학교용 국어독본, 그리고 공민, 국사, 음악, 지리 등 교과의 교과서 편찬에도 역점이 주어져서 1946년 2월까지 이러한 교과서의 편찬을 끝내게 되었다. 이러한 교과서 편찬에서 특기할 만한 점은 한글을 전용하다시피 하여 한자를 극도로 제한한 일과 가로쓰기를 단행하였다는 것이다. 처음에는 한글 전용 방침을 취하였으나 조선어학회 이외의 반대가 만만치 않아 상용한자 1,000자(그 후 1,300자로 늘어남)를 선택하여 사용하도록 하였다.

해방 직후 학교의 문을 여는 일에 못지않게 긴급한 조치가 또 하나 있었다. 그것은 교사를 재교육하는 일이었다. 일제시대에 훈련받은 교사의 대부분은 무엇보다도 먼저 한글에 대한 지식이 부족하였고, 따라서 한국어를 가르칠 수 있는 교사가 드물었으며, 한국어를 통하여 학과를 가르칠 만한 충분한 능력을 가진 교원도 그리 많지 않았다. 그러므로 그들에게 민주교육을 이해시키는 교육보다도 한글에 대한 재교육을 먼저 하지 않을 수 없었다. 이것은 새 나라의 교육을 시행하기 위한 긴급조치의 하나였다고 할 수 있다. 이러한 모든 조치는 물론 문교행정의 책임자인 오천석이 주도하여 이루어졌다.

3. 교육의 당면과제

일제로부터 해방되었으나 교육의 실제는 일제시대의 교육이나 다를 바가 없었다. 일본말이 아니라 우리말로 교육한다는 차이가 있을 뿐이었다. 오천석은 민주주의 교육을 도입해야 할 필요를 절감하게 되었다. 머지않아 이 나라에는 민주주의 국가가 건국될 것인데 이를 뒷받침하기 위해서는 지금부터 민주주의 교육을 실시해야 한다는 생각이었다. 미군정은 일시적인 성격을 지니고 있었고 또 당시 미군정에서 교육에 관여하고 있던 미국인은 한국의 교육 장래에 대하여 별다른 전망이 없었기 때문에, 오천석은 우리나라 교육을 항구적인 기반에 올려놓으려면 지금부터 민주주의 교육을 위한 장기적인 청사진을 구상해야 한다고 생각하였다. 그 결과 장기적인 안목에서 민주주의 교육 정착을 위한 몇 가지 당면과제를 해결할 목적으로 다음과 같은 과제를 설정하였다. 교육이념, 교육제도, 교육과정이 그것이다.

이러한 과제는 몇몇 사람의 생각만으로 해결할 수는 없는 일이다. 그래서 미군정청 안에 교육심의회를 조직하게 되었다. 1946년 1월, 역사적인 제1회 교육심의회 전체회의가 중앙청 제1회의실에서 열렸다. 당시 교육심의회에 참여한 인사들은 문자 그대로 우리 사회의 지도자들이었다. 김성수金性洙, 안재홍安在鴻, 백낙준白樂濬, 김활란金活蘭, 김준연金俊淵, 이훈구李勳求, 최두선崔斗善, 현상윤玄相允, 이묘묵李卯默, 하경덕河敬德, 백남훈白南薰, 최규동崔奎東, 장면張勉, 장덕수張德秀, 유진오兪鎭午, 조진만趙鎭滿, 장리욱張利郁, 심호섭沈浩燮, 윤일선尹日善 등이 심의회의 멤버였다. 그리고 심의회의 실무책임은 오천석의 몫이었다. 심의회에는 교육이념, 교육제도, 교육행정 등의 10개 분과를 두어 한국교육의 기본설계를 시작하였다. 그리고 교육의 과제에 대하여 심의회에서는 다음과 같은 사항을 심도 있게 논의하여 의결하였다.

(1) 교육이념

교육심의회에 의한 한국교육의 기본설계는 실로 획기적인 것이었다. 심의회에서 결의된 사항은 그때그때 문교부 학무당국에 건의되었으며 학무당국은 그 결의를 존중하여 거의 수정하는 바 없이 이를 실천에 옮겼다. 심의회의 각 분과에서는 모두 중요한 사항을 제안하고 이를 전체회의에서 의결하였는데 그중에서도 교육이념에 관한 사항은 한국교육사에서 주목받을 만하다. 당시 결의된 교육이념과 교육방침은 다음과 같다.

> 홍익인간弘益人間의 건국이념에 터하여 인격이 완전하고 애국정신이 투철한 민주국가의 공민을 양성함을 교육의 근본이념으로 함. 위의 이념 관철을 위하여 아래와 같은 교육방침을 수립함.
>
> ① 민족적 독립·자존의 기풍과 국제적 우호·협조의 정신이 구전俱全한 국민의 품성을 도야함.
> ② 실천궁행實踐躬行과 근로역작勤勞力作의 정신을 강조하고, 충실한 책임감과 상호애조相互愛助의 공덕심을 발휘케 함.
> ③ 고유문화를 순화앙양醇化昂揚하고 과학기술의 독창적 창의로서 인류문화에 공헌을 기함.
> ④ 국민체위의 방향을 도圖하며, 견인불발堅忍不拔의 기혼을 함양케 함.
> ⑤ 숭고한 예술의 감상, 창작성을 고조하여 순후醇厚 원만한 인격을 양성함.

교육심의회에서 결의된 교육의 목적을 보면 오늘의 시대에 부합하지 않는 표현이 상당히 있으나 그 내용은 민주국가의 교육에서 지향해야 할 사항을 망라하고 있다. 그중에서 홍익인간이라는 교육의 기본이념에 대해서는 심의과정에서 적지 않은 논란이 있었던 것으로 알려져 있다. 이 개념은 『삼국유사三國遺事』에 나오는 것으로서, 과학적으로 증명될 수 없기 때문에 적합하지 못하다는 반대의견이 있었다. 그러나 심의회에서는 그것을 교육의 기본이념으로 채택하였으며 대한민국 정부수립 후에 제정된 교육법에 나타난 교육이념의 기초가 되었다.

(2) 교육제도

새 나라의 교육제도를 정하는 일에 있어서 중요한 과제 중 하나는 기간학제基幹學制를 정하는 일이다. 심의회에서는 기간학제를 정하기 위하여 여러 민주국가의 학제를 참고하여 최종적으로 6-3-3-4제를 채택하였다. 초등학교 6년, 중학교 3년, 고등학교 3년, 대학 4년의 기간학제이다. 이 같은 기간학제는 그 후에도 계속 논란의 대상이 되었으며 1949년 대한민국 교육법이 제정될 때에는 6-4-2-4제를 채택하였으나 시행하지 못하다가 1951년에 교육법이 개정되면서 6-3-3-4의 단일학제로 결정되었다. 이 학제는 지금까지 일부 개정 주장이 있기는 하지만 오늘에 이르기까지 한국교육의 기간학제로서 그 기본 틀을 유지하고 있다.

당시에 정해진 기간학제의 획기적인 점은 그것이 단선형單線型이라는 데 있다. 종래의 제도가 지배자와 피지배자를 따로따로 양성하기 위한 복선형複線型이었음에 반하여 새로운 기간학제는 교육의 기회를 모든 국민에게 균등하게 주는 일원적인 것이었다. 교육을 받을 수 있는 기회를 지위나 문벌이나 종교나 성별에 구애 받지 않고 다 같이 누릴 수 있게 된 것이다. 이것은 분명 민주국가에 부합한 교육제도라고 할 수 있다. 오천석의 평소 주장이 그대로 반영되었다.

새 나라의 교육제도 설정에서 또 한 가지 획기적인 것은 남녀공학을 선언한 것이다. 남존여비의 전통적 의식이 뿌리 깊게 남아 있던 당시에 남녀평등의 이념 아래 남녀공학을 채택한 것이다. 세계 여러 나라, 특히 개발도상국에서 여성의 취학 기회가 극도로 제한되었던 사실을 감안할 때 남녀가 평등하게 교육 받을 기회를 얻을 수 있다는 것은 당시로서 획기적인 일이었다고 할 수 있다.

교육제도와 관련하여 또 한 가지 주목할 것은 모든 국민에게 균등한 교육의 기회를 주기 위하여 학교 수를 대폭 확장하는 일이었다. 이러한 방침에 따라 이른바 일면일교一面一校가 추진되었다. 행정단위인 1개면에 최소한 초등학교 1개교를 설립한다는 계획이었다. 일제시대에 한국인의 교육기회는 극도로 제한되었기 때문에 해방과 더불어 폭발하는 향학열을 충족시키기 위해서 교육의 기회를 대폭 확대하는 일은 필수적이었다. 중등교육이나 고등교육은 말할 것도 없고 초등학교의 취학률도 극히 저조한 상태였다. 교육의 기회를 확창하는 일은 결코 쉬운 일이 아니었으나 오천석이 주도하는 학무국에서는 이를 관철하였다.

(3) 교육과정

미군정 기간 중에 교육과정의 혁신을 위한 운동이 활발하게 일어났다. 그러한 운동이 곧바로 열매를 맺지는 못하였으나 해방된 새 나라 교육과정 편성과 교육방법을 위한 기본지침이 된 것은 사실이다. 당시의 교육과정 편성을 위한 기본방향은 다음과 같이 설정되어 있었다.

① 교육과정을 생활 중심 과정으로 개편한다. 종래 교과를 중심으로 조직되었던 교육내용을 학생의 경험과 생활 중심으로 전환하는 것을 의미한다.
② 단원 중심의 과정을 편성한다. 종래의 논리적으로 조직되었던 학습과정을 지양하고 학생의 경험과 생활에서 발견되는 문제를 중심으로 하는 넓은 영역의 단원에 따라 학습이 이루어지도록 한다.
③ 과외활동을 통한 학습경험을 강조한다. 종래의 교육이 교실 안에서 교과를 중심으로 행해졌음에 반하여, 자유스러운 탐구와 클럽활동이나 자치활동과 같은

정규과정 외의 학습활동을 하도록 한다. 자발적인 탐구를 강조함으로써 학생의 요구와 흥미에 부합되는 교육이 이루어지도록 한다.

④ 학생생활지도에 의하여 생활의 전 영역에 걸친 발달을 강조한다. 종래에는 학생의 품행에 대한 훈육만이 강조되어 체벌 중심의 훈육이 이루어졌으나 새로운 교육과정에는 생활지도과정이 포함되어 학생이 전인적으로 발달할 수 있도록 지도 조언한다.

이상과 같은 교육과정 편성 원칙에 더하여 교육과정 운영을 위한 교육방법에 있어서 민주교육의 방식을 강조하였다.

① 주지주의主知主義 교육으로부터 전인全人교육을 지향하는 교육으로 전환한다. 사람은 이성적 존재로서 그의 생활에서 지적생활이 큰 비중을 차지한다. 그러나 그것만이 인간의 전부가 아니다. 사람은 육체를 가지고 있으며 감정이 풍부한 존재이기도 하다. 그러므로 참된 교육을 위한 교육과정 운영은 지식에만 편중된 것이 아니라 사람의 생활 전체에 관심을 갖고 전인을 육성하기 위한 교육이 되어야 한다.

② 서적 중심 교육에서 생활 중심 교육으로 전환하는 새로운 지향점이 필요하다. 전통적 교육은 주지교육이었던 만큼 생활과는 거리가 먼 관념적인 교육이었다고 할 수 있다. 그러므로 관념적인 교육을 떠나 실용적인 생활 중심 교육을 지향하는 것이다.

③ 획일주의에서 벗어나 개성을 존중하는 아동 중심 교육이 되어야 한다. 전체주의적 체제 밑의 교육은 모든 사람을 다같이 다루는 획일주의적인 것이다. 그러나 민주교육에서는 개인이 중심이 되며 그 개인의 모든 인격과 개성을 존중하는 교육이 요구된다.

④ 일방적 주입에서 계발을 중시하는 교육과정 운영으로 전환하여야 한다. 민주주의를 지향하는 교육은 각 개인의 가능성과 잠재력을 계발함으로써, 그로 하여금 자아를 충분히 실현시켜 만족한 생활을 하게 하는 것이다.

이상에서 살펴본 교육의 당면과제는 오천석이 주도한 새 나라의 교육설계였으며 그것은 기본적으로 한국의 민주교육을 위한 기초작업이었다.

4. 고등교육기관의 확장

일제가 물러간 후에 한국이 물려받은 공비에 의한 고등교육기관은 도합 10개교에 불과하였다. 대학 1개교, 관립전문학교 7개교, 공립전문학교 2개교가 공비에 의한 고등교육기관의 전부였다. 이것을 보면 일제 시대에 한국인을 위한 고등교육의 기회가 얼마나 제한되었는지를 알 수 있다. 그러므로 한국교육의 건설을 위하여 고등교육 기회를 확장해야 할 필요를 절감하게 되었다. 이러한 필요에 입각하여 해방 후 기반이 부족하였던 고등교육에 인적·물적 자원을 최대한 투입하고 교육의 질을 향상시키며 국가재정을 유효적절하게 사용하기 위하여 종합대학안을 구상하게 되었다.

마침내 1946년 8월 27일 국립서울종합대학 설치령이 발표되었다. 학무당국은 그 설치 이유를 다음과 같이 밝혔다.

> 일제시대의 유물인 기존의 교육기관을 그대로 존속시킬 수 없으므로, 우리가 이상하는 신국가에 적합한 고등교육기관을 세우고자 힘써왔다. 이러한 정신과 원칙 아래서 신중히 연구한 결과, 오는 10월부터 서울과 그 부근에 있는 관립고등교육기관을 전부 폐지하고 새 이상과 새 구상 아래 우리 국가를 대표할 만한 거대한 종합대학을 신설하기로 결정하였다.

종합대학설치령은, 모든 관립고등교육기관을 일단 폐지하고 새롭게 신설되는 종합대학에 편입하도록 한 것이다. 그럼으로써 학생 수를 배로 증가시킬 수 있고 인적자원을 균등하게 활용하며 기존의 건물과 시설을 최대한으로 활용할 수 있다는 것이다. 이 설치령이 발표되자 일반 여론은 대체로 찬성하는 편이었으나 일부 해당 학교의 직원들과 학생들 사이에서는 반대운동이 일어났다. 이른바 국대안반대 동맹휴학이 일어난 것이다. 이 점에 대하여 당시 문교책임자였던 오천석은 그의 저서 『한국신교육사』에 다음과 같이 서술하였다.

일제의 잔재를 일소하고, 교육의 질을 향상시키며, 인적·물적 자원을 최대한으로 활용함으로써 교육을 능률화하고 국가재정의 낭비를 방지하기 위하여 마련된 국립서울대학교안은 이해의 부족과 적색분자의 선동으로 큰 파문을 불러일으켰다. 이로 말미암아 한때 전국의 교육이 마비상태에 빠지기까지 하였다. 이 분규가 수습되고 서울대학교가 정상상태로 돌아가기까지에는 거의 1년이라는 세월이 걸렸다.

당시의 국대안반대 맹휴 사건은 참으로 어처구니없는 사건이었다. 반대론자들은 국립서울대학교안이 미국의 주립대학 모형을 따랐기 때문에 미국의 제국주의 교육을 부식하기 위한 것이라고 주장하였다. 그러나 미국의 주립대학 모형을 따르는 것이 식민지 교육이나 제국주의 교육이라고 할 만한 근거는 아무것도 없었다. 반대운동을 좌익세력이 주도한 것은 사실이지만 그것만이 전부라고 할 수는 없다. 거기에는 경성제국대학을 전신으로 하는 경성대학이 기득권을 수호하려는 움직임도 있었으며, 군소대학이 학교가 폐교되는 것에 대한 반감도 작용하였다. 이러한 반대운동이 거세었음에도 오천석은 일신의 위협을 무릅쓰고 이를 끝까지 추진하였다. 그 결과 오늘의 거대하고 한국을 대표하는 서울대학교가 탄생하게 되었다.

5. 천원 오천석의 생애

오천석은 20세기의 여명이 밝아오는 1901년 겨울, 평안남도 강서군의 한 촌에서 태어났다. 일본의 창산학원 중등부에서 중학교육을 마치고 기회를 얻어 미국의 명문 코넬대학교에서 생활을 시작하였다. 그러나 서양문화에 익숙하지 못한 동양인에게 그곳 생활이 순탄하지 못하였으리라는 것은 쉽게 짐작할 수 있는 일이다. 한마디로 말해 고행苦行의 학업이 계속된 것이다. 코넬대학교를 졸업한 후 대학원에 진학하여 시카고 근교에 있는 노스웨스턴대학에서 석사학위를 받은 뒤 교육학의 본산인 컬럼비아대학의 문을 두드리게 되었다. 그곳에서 당대의 석학인 존 듀이John Dewey의 영향을 받았으며, 그의 후계자인 킬 패트릭William H. Kilpatrick 교수의 자상한 지도를 받아 1931년 철학 박사학위를 취득하였다. 미국에서 10년간의 수학 끝에 박사학위를 취득하고 1932년 1월에 귀국하였다. 귀국 후 인촌 김성수 선생의 부름을 받아 보성전문학교(지금의 고려대학교)의 교수로 취임하였다. 그러나 태평양전쟁이 터지면서 미국 유학생에 대한 냉대와 감시의 눈초리는 더욱 심해졌다. 여기서 오천석은 1942년 중국 상해로 몸을 피하였다가 1944년 귀국하여 황해도 어느 시골에서 초막을 짓고 은거하였다.

그 이듬해 가슴 벅찬 조국해방을 맞이하여 서울에 올라와 영자신문 『The Korea Times』의 창간을 준비하여 미군이 진주한 때에 그 첫 호를 내게 되었다. 그러나 신문사의 일은 잠시였을 뿐 미군정이 실시됨에 따라 교육관계 일을 맡아보게 되었다. 여기에서 새 나라의 교육을 설계하는 대역사大役事가 시작되었다. 그리고 그것은 대한민국 문교시책의 근간이 되었다.

공직에서 물러나 은퇴생활 중에 오천석은 본격적인 저술 활동을 시작하였다. 그것은 학문적인 관점에서 이 나라의 교육의 방향을 제시하는 것이었다.

은퇴 후에도 그의 교육을 위한 정열은 결코 식지 않았다. 많은 것을 단번에 쓰지 않고 하루에 원고지 10장씩을 쓰기 시작하였다. 이렇게 해서 『민족중흥과 교육』, 『한국신교육사』, 『교육철학신상』, 『스승』, 『발전한국의 교육이념 탐구』, 『외로운 성주』, 『민주교육의 본질』 등 후세에 길이 남을 주옥같은 저술이 씌어졌다. 그리고 마침내 1987년 10월 31일 "나는 내 조국의 민주교육을 위하여 살고 일하고 가노라" 라는 마지막 말을 남기고 영면하였다.

백낙준, 대한민국의 교육이념을 정립하다

민경배

1. 머리말

용재庸齋 백낙준白樂濬(1895~1985)은 해방 직후의 혼돈기에 교육의 조속한 정착으로 신생 한국 건설에 크게 이바지하였던 건국 공로자로 잘 알려진 인물이다. 해방의 감격이 많은 지사와 애국자에게 새로운 나라를 건설하고

閔庚培 백석대학교 석좌교수, 연세대학교 명예교수.

저서로는 『교회와 민족』(기독교서회, 1981), 『대한예수교 장로회백년사』(대한예수교 장로회총회, 1984), 『순교자 주기철』(대한기독교출판사, 1985), 『한국현대사론』(공저, 을유문화사. 1986), 『한국기독교사회운동사』(대한기독교출판사, 1987), 『일제하 한국기독교 민족 신앙운동사』(대한기독교출판사, 1991), 『알렌의 선교와 근대한미외교』(연세대학교 출판부, 1991), 『한국교회찬송가사』(연세대학교 출판부, 1997), 『역사와 신앙』(연세대학교 출판부, 1998), 『월드비전 한국 50년 운동사』(월드비전 한국, 2001), 『정인과와 그 시대』(한국교회사학연구원, 2002), 『서울YMCA운동 100년사』(서울YMCA, 2004), 『A History of Christian Churches in Korea』(Yonsei University Press, 2005)가 있다. 논문으로는 「한국교회와 민족운동, 그 계보의 상관성」(『동방학지』, 1981), 「해방 직후 조선총독부의 정치적 문제」(『이현희교수화갑기념론문집』, 1997), 「언더우드 사역의 현장과 그 영향범위」(『서울장신논단』, 2002) 등이 있다.

자 하는 열의로 대개 정치에 몰려 그 시대 열기를 더하던 때에, 백낙준은 참교육의 정착으로 밝아오는 한국을 건설하려던 열정으로 살았던 인물이다. 그리고 그가 외친 '홍익인간'이 대한민국 교육, 더 나아가 건국의 이념으로 결정되어 오늘에 이르고 있는 것이다.

한국 현대사에서 그 지적 탁월성과 정치적 식견, 교육행정의 근대적 성취 및 종교적 경건으로 그 이름이 빛났던 인물로 백낙준에게 버금할 만한 인물을 찾아보기 힘들다. 그는 미국에서 신학과 역사 및 정치학을 연구한 학자로 잘 알려져 있지만 귀국 후에는 국학國學과 국고國故에 우단右袒을 더해 동서양 문화의 중심을 포괄하는 종합적 사고와 인품으로 국민교육의 정수로 홍익인간의 이념을 설정하여 신생 한국의 미래를 열어가고자 한 애국지사였다.

2. 해방 이전 백낙준의 행보

(1) 백낙준의 학업

백낙준은 청일전쟁이 끝나기 바로 한 달 전, 곧 1895년 3월 9일 평안북도 정주군 관주면觀舟面 관삽동觀揷洞 한 농가에서 태어났다. 그는 1910년에는 선천宣川 신성信聖학교에 다니면서 그곳 교장인 선교사 맥큔G. S. McCune 집에서 서사書士로 일하면서 고학하였다.

그런데 1911년 10월 소위 '조선 초대총독 데라우치 암살미수 사건'이 터져 신성학교의 교원들과 학생들이 다수 피체되자, 그는 검거의 위험을 피해 다니다가 겨우 1913년 신성학교를 졸업하면서 중국으로 망명의 길을 떠났다.

그는 천진天津에서 신학서원新學書院(Anglo-Chinese College)에 적을 두었다가 1916년 마치고는 곧 미국으로 떠났다. 그해 7월 산 프란시스코에 도착, 맥큔의 권고로 미주오리 주의 파크대학Park College에 입학하였다.

1922년 파크대학에서 역사학으로 문학사 학위를 받은 백낙준은 1925년 9월 프린스턴신학교에서 신학사학위Bachelor of Divinity(B.D.)를 받고 졸업하였다. 그사이에 그는 펜실베이니아대학교에서 정치외교학과 도서관학을 수학하였다. 그는 신학교에 재적하고 있는 상태에서 프린스턴대학교 석사과정에 등록하여 역사학을 공부하고 1925년 6월에 석사학위Master of Arts(M.A.)를 미리 취득할 수 있었다. 그리고 예일대학교 박사과정에 진학하여 2년만인 1927년 6월에 『*The History of Protestant Missions in Korea 1832~1910*』라는 논문으로 박사학위를 받았다.

(2) 한국에서의 교육봉사

1927년 8월 23일 고국에 돌아온 백낙준은 그해 9월부터 연희전문학교에 성경교수로 취임하였다. 그리고 다음 해 1928년 9월부터는 문과과장으로 재직하였다.

그는 과학자라기보다는 철학자이다. 이상주의적이라기보다는 실천적이며 박식하고 예의가 바르며 근실하며 겸허하다는 평판을 받았다. 그는 실로 국어, 영어, 일본어, 중국어에 통달하였고 희랍어와 라틴어 및 몇 개의 유럽어를 해득하고 있어서, 그의 고국 귀환은 실로 새로운 바람과 감격을 불러일으켜 암울한 일제치하의 조국에 밝아오는 새날을 약속하는 듯하였다.

더구나 그는 서구적인 역사방법론의 깊은 조예를 가지고 그것을 한국학 연구에 적용하는 문제에 대하여 끝없이 힘을 기울였다. 그렇게 형성되는 국학연구를 위해서 우리나라는 처음으로 대학 수준의 교육기관에서 체계적인 한국학 강의를 몇 개 신설할 수 있었다. 문과 교과과정 안에 최현배崔鉉培의 '조선어'를 선택과목으로 설정하였고 동양사 과목 안에 한국사를 포함하였으며, 정인보鄭寅普로 하여금 국문학을 교수하게 하였다. 이는 일제 총독정치하에서 그들 교육정책에 대한 도전이나 다름없었다.

그의 교외 활동도 눈부셨다. 1934년에는 민속학회, 진단학회 등을 발기하고 그들 학회와 조선어학회의 운영에 정력을 쏟았으며, 주로 외국인과 선교사들 중심의 영국왕립아세아학회 이사로 기여하였다.

그는 1927년 귀국 직전 미국 캔자스노회에서 목사 안수를 받았고, 1931년에는 정식으로 조선예수교 장로회 경기노회에 목사 이명移名을 하였다. 그는 조선기독교서회, 조선YMCA, 조선기독교연합공의회 등에 깊이 관여하였다.

이러한 교회 관계 활동으로 그는 1937년 4월 영국 옥스퍼드에서 개최된 '교회와 국가' 세계대회에 한국대표로 참석할 수 있었다. 그러나 일본이 그해 7월에 중일전쟁을 유발하였고, 국내에서는 수양동우회 사건으로 대대적인 검거 선풍이 전국을 휩쓸었기 때문에 그는 곧바로 귀국할 수 없었다. 그는 귀국을 미루고 미국으로 향하였다. 그리고 다음 해 2월에는 모교인 파크대학에서 국제관계사를 강의하였다. 그때 잠시 미국 국회도서관에서도 근무하였다.

그러나 일제의 포악은 결국 그를 연희전문학교 교수직에서 물러나게 하였다. 수양동우회 사건이 마무리된 소식을 듣고 1939년 귀국한 백낙준은 서울역에 도착하자마자 종로경찰서에 끌려가서 교수 사직서를 써야만 하였다. 그리고 금족령이었다. 1942년 9월에는 조선어학회 사건에 연루되어서 함경도 홍원洪原에까지 소환되었다가 풀려났다. 그 이후로는 잠시 일하던 도서관에서조차 추방당하였다.

3. 해방 이후 백낙준의 역할

(1) 해방 당시의 모습

1945년 8월 15일, 해방의 감격은 바로 협동과 단결 그리고 일치의 감격으로 차 있어야 했다.

하지만 해방은 곧 분단이라는 비극을 안겨다 주었다. 그 분단은 민주주의와 공산주의, 자유과 통제, 미군과 소련군, 이러한 남북의 분단만이 아니었다. 해방과 해방 이전의 압제, 그 간격에서 생긴 생활과 충성의 차이, 그러한 곳에서 엄청난 불협화음이 터져 나오기 시작하였다. 교회는 교회대로 신사참배 강요문제로 거기 굴복한 신도들과 소위 출옥성도들 간에 피차 그 정당성이나 불가피성을 고집 변명하면서 분열의 골은 깊어 갔다. 애국자들도 상해 임시정부파, 미국파, 국내파로 나뉘어 정국은 그야말로 갈등과 파괴의 혈투로 얼룩지고 있었다.

이 당시 백낙준의 활동은 그리 눈에 뜨이지 않았다. 백낙준은 1945년 9월 16일에 조직된 한국민주당의 중앙집행위원 겸 선전부 차장을 맡았고, 1948년 대한민국 건국 초대 내각 인선 때 문교부장관과 외무장관 물망에 올랐을 뿐이다. 그는 그해 대한소년단 총재를 지냈다.

(2) 연희에서의 교육이념

그의 주 활동 무대는 역시 교육계였다. 해방이 되자 그 혼란 중에서 경성제국대학京城帝國大學이 국립대학교로 개편된다는 전제 아래 미군정청 문교부가 그 법문학부를 9월에 인계하자, 백낙준은 그 부장으로 취임하여 혼란 속에서 학원을 정리하였다. 하지만 12월에는 이를 사임하고 1946년 1월부터는 연희전문학교에 돌아왔고, 1946년 8월에 연희전문학교가 종합대학교로 승격하여 연희대학교가 되자 그 총장직에 임하게 되었다. 그가 일찍이 일제치하 연희전문학교에서 실현하려고 하였던 국학연구와 교육도 이제 자유롭게 실현할 수 있게 된 것이었다.

첫째 그는 자신의 교육이념을 정립하고 실천하였다. 국학연구의 전통에 따라서 실사구시實事求是와 전인교육을 연희의 학풍으로 세우려고 한 것이었다. 실사구시라는 것은 사실에 옳음을 구하는 것이다. 즉 사실에서 진리를 찾는 것이다. 진리는 다른 곳에 있지 아니하고 우리의 실생활에 있다는 것이다.

이러한 신념 때문에 그는 연희대학교에서 우리나라 처음으로 남녀공학제를 도입하였다. 그리고 우리나라 처음으로 1946년 8월 정치외교학과를 창설하였다. 그때 이 학과에 대한 인기도는 실로 하늘을 찌르는 듯해서 전국의 수재들이 물밀 듯 몰려들었다. 1957년의 도서관학과, 1958년의 경영학과 설립은 역시 우리나라 최초의 것이었다. 연희전문학교는 사실 1916년 출발할 때에도 상학과商學科를 설치하여 한국의 전통적인 사회 위계질서인 사농공상 체제를 뒤엎는, 근대 산업사회지향 교육을 한국 처음으로 실시하였다.

둘째 그는 오래전부터 뜻을 두었던 실학實學이념을 실천하였다. 온고지신溫故知新과 법고창신法古刱新이 우리 민족교육의 지표가 되어야 한다는 신념은 확고부동의 것이었다. 옛것을 익혀야 비로소 새로운 힘과 능력이 생겨난다는 것이었다. 어딘가에 근거를 두고 살아야 한다는 것이었다. 내 것이 아닌 어떤 객관적인 가치와 진리가 먼저 있어서 그것을 알고 받아들이고 체득한 다음 그것이 내 것으로 갖추어지고 실천된다는 것이었다. 여기 수기치인修己治人 곧 학덕을 쌓은 다음에는 민족과 인류를 위해서 섬기는 것이 필요하다는 신념이나 내연이외연內燃而外延의 구도가 함께 나타나고 있다.

4. 교육이념의 설정

(1) 백낙준 교육건국이념의 기반

백낙준의 교육이념 설정을 이해하기 위해서는 그의 생각에 깔린 그 근원을 알아야 한다. 앞서 살펴본 것처럼 그는 온고지신과 법고창신, 수기치인과 내연이외연의 사고 구도가 뚜렷하였다. 과거와 현재, 보수와 진보 그리고 상반되는 여러 이념을 연계連繫하는 구조의 메커니즘이 그의 인품과 학문 속에 나타나 있다.

이러한 양면성의 연계 구도가 있어서 그는 새 한국건설의 지표로 내세우는 한국 교육이념을 포괄적으로 설정할 수 있었다.

(2) 대한민국 건국에 끼친 공헌

우선 해방 이후 1945년에서 1948년까지 백낙준이 끼친 공헌은 그가 한국 교육이념을 확립하고 그 제도의 기초를 놓는 데 남긴 공적이었다.

미군정청은 1945년 12월 23일에 교육계와 학계의 권위자 73명을 위촉하여 한국교육심의회를 구성하였다. 자유 대한에서 민주주의에 토대를 둔 참 교육의 실시를 위하여 그 이념과 제도를 심의, 협의하게 하였다. 이 심의회는 다음 해 3월 7일에 해산될 때까지 무려 20차례의 전체회의와 105차례의 분과회의를 진행하였다. 일제의 교육칙어教育勅語에 의한 천황 중심의 교육 잔재를 제거하고 인간 중심의 민주주의 교육을 실시해 나갈 개혁과 교육입국의 새 이념 설정을 미룰 수가 없었다.

제1분과는 한국교육의 새로운 이념 설정을 위한 위원회였다. 여기서 이 문제에 대한 장시간 논의가 있었는데 결국 백낙준이 제안한 '홍익인간弘益人間'이 그 최후의 교육이념으로 채택되기에 이르렀던 것이다.[1]

> 홍익인간의 건국이념에 기基하여 인격의 완전하고 애국정신이 투철한 민주국가의 공민을 양성함을 교육의 근본이념으로 한다.

---

1 『신국가 건설의 태동 : 교육—홍익인간의 공민교육』, 혁진사, 1946, 작자미상.

그런데 1948년 8월15일, 미군정이 종식되고 대한민국 정부가 수립될 때에도 다시 교육법을 제정하게 되었는데, 그때도 역시 백낙준이 그 기초위원(장이욱, 오천석, 현상윤, 유진오, 백낙준)으로 활동하면서 군정시대에 쓰던 홍익인간의 이념을 그대로 계승하기로 하고, 그것을 교육법 제1조에 명기하게 되었던 것이다.

> 교육은 홍익인간의 이념 아래 모든 국민으로 하여금 인격을 도야陶冶하고 자주적 생활능력과 민주시민으로서 필요한 자질을 갖추게 함으로써 인간다운 삶을 영위하게 하고 민주국가의 발전과 인류공영人類共榮의 이상을 실현하는 데에 이바지하게 함을 목적으로 한다.

이것은 1949년 12월 31일 법률 제86호로 제정, 공포된 교육법 제1조에 교육의 근본이념으로 천명함으로써 한국의 교육이념을 대표하게 되었다.

홍익인간은 단군 이래 오늘날까지 이어지는 한국정치와 교육의 최고 이념으로, 한국 민족정신의 핵심을 요약한 말이다.

홍익인간이란 단군의 건국이념으로 『삼국유사』와 『제왕운기帝王韻紀』 등의 고전에 실려 있는 사상으로서, 우리나라 개국 이래 계속 우리의 정신 속에 살아 있는 민족적 이상이었다. 이 사상 속에는 편협한 국수적인 독선은 없다. 거기에는 오히려 인류공영이나 민주주의의 정신과 일치하는 정신이 그 근간을 이루었다.

백낙준은 홍익인간을 'Maximum Service to Humanity' 라 번역할 수 있다고 보았다. 여기에서 기독교의 사랑, 유교의 인仁, 불교의 자비 그리고 계몽사상의 휴머니즘, 이러한 것들의 연계 합류를 당장 살펴볼 수 있다. 그것은 한국과 세계 인류 사해四海를 포괄하는, 실로 한국 고유의 전통적인 가치였다. 이제 그의 말을 인용하여 홍익인간의 뜻을 알아보도록 한다.

'홍익인간'이라는 것은 딴 인간보다 잘하자, 또 내 이익을 위해서는 소극적으로 하자는 것입니다. 내가 다른 사람에게 유리하게 하려면 적어도 해를 끼치지 않는 사람이 되어야 할 것입니다. 그러기 때문에 홍익이라고 하는 것은 다른 사람에게 해를 끼치지 않는 사람이 된다는 것이 올씨다.

그러면 해를 끼치지 않는 인간은 사회인으로서 풍부한 지식을 갖는 동시에 신체적으로 건강하고 정신이 건전해야만 합니다. 다시 말하면 우리 교육의 목적은 교육을 받는 사람이 다른 사람에게 유리한 사람을 만드는 것이 교육의 제일 목표요, 그 다음에 배운 사람의 목적은 이 내 개인을 위하는 것이 아니라 사회복지, 크게 말하면 인류행복을 위해서 활동한다는 것입니다.

우리는 근대 기독교를 받아드리고는 이것을 가지고 다른 나라에 가서 전하기를 시작하여 북으로 시베리아, 만주에까지 전교하였던 것입니다. 이것은 홍익인간의 생활을 하였다는 증거가 되지 않을까 생각하는 것입니다.

또 우리 민족은 그 압박이 심하던 일제시대에 남부여대하고 만주나 시베리아로 가서 생명을 유지할 때, 그 생활하는 것을 보면 그곳 가서는 대지에 논과 밭을 만드는 소위 문화적 농업 방식을 그 지방민에게 가르쳤던 것입니다. 이것이 또한 우리 민족이 홍익인간 생활을 하였다는 것을 설명하는 것이라고 하겠습니다.

이와 같이 우리 홍익인간의 이념은 역사적으로 볼 때 우리 민족이 세계 사람의 이익을 위해서 살아왔고 봉사한 것을 넉넉히 증명할 수 있는 것입니다. 그러므로 한국의 교육이념으로 이 홍익인간을 삼자고 하는 것은 인류에 공헌한다는 세계 공통적인 이상에 부합하는 것이라고 생각하는 바이올씨다.[2]

이렇게 본다면 그 홍익인간의 교육이념은 바로 민족의 이상, 국가의 이상으로까지 발양發揚하고자 하였음이 들어난다. 그가 이 홍익인간의 이상으로 구체화하고자 한 교육은 어떤 것이었던가.

첫째로는 그것은 역사적으로 우리의 민족적 이상이 무엇이었던가를 알아보고 그 다음에 그것을 친히 체득하여 우리에게 배우는 후세에게 가르쳐 주

2 『문교월보』, 제4호, 홍이섭, 「학회기략學誨記略」, 『백낙준전집』10, 연세대학교 출판부, 1995, 22~23쪽.

어야 한다고 보았다.

둘째로는 사회 변화에 적응하는 교육이다. 현실적이어야 하지만 동시에 현실에 매이지 아니하는 이상을 실현할 수 있도록 해야 한다는 것이었다. 국내외의 변천에 민감하게 적응하는 교육이지만 언제나 이상을 드높이 세우는 교육, 곧 현실과 이상을 조화하는 교육의 실천을 강조한 것이다.

셋째로는 교육은 교육하는 자에게 맞는 교육이 아닌, 교육 받는 자에게 맞는 교육의 실천이다. 이것은 교육 받는 자들의 미래를 먼저 생각한다는 차원에서 나온 신념이었다. 민족과 국가 그리고 그 사회가 이상으로 하는 바 먼 미래의 사회를 투시하는 안목으로 후세인들에게 가르쳐 그 미래의 주인공들로 만들어야 하기 때문이다.

마지막으로 그것은 세계 인류에게 봉사하는 교육이어야 한다는 것이었다.

이러한 그의 교육이념은 그가 문교부장관(1950. 4~1952. 10) 재직 시에 6·25전쟁의 민족상쟁을 겪으면서 그 실체를 더욱 밝히고 실천해 나갈 수 있었다.

5. 한국기독교회에 끼친 공헌

그가 1946년 3월 연희대학교 출범 당시로부터 신과대학을 설립한 이유가 있었다. 거기 그의 원대한 한국교회에 대한 비전이 빛나고 있었다.

그 설립 목적은 몇 가지 있었다. 우선 한국교회 여러 교파의 연합을 위한 교육을 실시한다는 것이었다. 실제로 그는 그 신학교육에서 칼빈주의와 루터주의, 알미니아니즘Arminianism 그리고 자연법 신학을 일괄하는 에큐메니컬Ecumenical 신학교육을 강력하게 추진하였다. 그것은 구체적으로는 연희대학교가 전국 교회를 상대로 캠퍼스를 제공하여 거대 신학센터를 조성한다는 것이었다. 그래서 각 교파 신학교가 함께 여기 입주하여, 공통과목을 함께 교수하되 특수한 교파신학 교리나 교회정치는 각 교파의 교수가 따로 교수하게 한다는, 신학종합센터의 구상이었다. 다음으로는 신학교육을 통해서 한국 단일민족교회를 형성하고 그 신앙고백을 체계화하는 일이었다.

사실 그는 신학교육에서 당시로서는 종파계 인물로 알려진 복음교회 인물이나 원산신학산계의 인물조차 교수로 채용하는, 그런 포용력을 과시하였다. 해방 직후 한국교회는 보수주의 신학과 자유주의 신학, 서북西北과 비서북, 이들 간의 반목과 상대방 정죄定罪가 해방정국을 감격 대신 살벌한 격돌로 바꾸어 놓았다. 새로운 한국은 이러한 갈등부터 해방되어야 한다고 보았는데, 그러한 해방을 그는 연희 신학교육에서 수행하고자 한 것이다.

6. 맺음말

1945년 8월 15일 해방된 한국, 그 혼란과 격동 속에서 교육의 국가적 사명을 통렬하게 느낀 것이 백낙준이었다. 그는 교육이 나라를 세우고 인간을 세우는 길이라고 확신하였다. 36년간의 일제 식민지교육으로 폐허화된 학교교육의 재건은 추호도 늦출 수 없는 과제였다. 그 중대한 사명을 떠안고 나타난 사람이 백낙준이었다.

그는 한국과 중국 그리고 미국에서 교육을 받았다. 그리고 역사학, 정치학, 종교학, 신학을 이수하였다. 동서양의 고전도 섭렵하였다. 그는 서북 출신이지만 생애 거반을 서울에서 보냈다. 학자였지만 흥사단계 수양동우회에서 민족운동에 참여하기도 하였다. 이처럼 그에게는 여러 갈래의 이질적인 문화가 한 군데에서 합류하는 그러한 이념체계에 몸이 젖어 있었다. 지행일치나 학행일치, 현실과 이상의 유기적 교류 그리고 법고창신, 수기치인, 이러한 동량 메커니즘이 자연 그의 정신의 중추를 이루고 있었다.

그런데 그는 그러한 통합일치의 이념이 홍익인간이란 한국 고유의 민족 전통에서 찾을 수 있다는 것을 발견한 것이다. 그래서 그것을 대한민국 교육이념으로 삼아 해방 한국의 건국에 기여할 교육의 소임으로 자리 잡게 하였던 것이다.

다른 하나의 공헌은 한국교회에 대한 것이다. 그는 분열을 거듭하는 한국교회에 화해 일치와 민족교회신학 형성을 외치고, 그것을 직접 연희대학교 안에서 실천해나갔던 것이다. 대학은 그에 그의 이상과 이념을 실현하고 검증하는 역할을 하게 한 참으로 유효한 통로였다. 해방된 한국에 새 기운을 주는 것은 '주님의 길을 따르는 신앙뿐'이라 해서 기독교의 한국 정착을 소리높이 외쳤던 것이다. 기독교정신이라는 것은 그에게 영적생활을 통한 도덕·정신적 내면의 도야를 터득하는 끝없는 이상 추구이기 때문에 그것 역시 그의 교육이념에 상통하였던 것이다.

백낙준, 그는 해방 한국의 교육이념을 확고하게 정립하고 한국 단일 민족교회의 이정표를 제시한, 건국의 거인이었다.

김창숙, 유교부흥운동과 교육 활동에 앞장서다

송재소

1. 김창숙의 독립운동

심산心山 김창숙金昌淑(1879~1962)은 평생을 독립운동과 반독제 투쟁 그리고 유학의 개혁과 교육 활동에 헌신하였다. 그는 영남의 명문인 의성 김씨 가문의 출신으로, 특히 조선 중기의 명현인 동강東岡 김우옹金宇顒의 13대 종손으로 태어나 어렸을 때부터 유학과 한학을 익힌 전형적인 선비였다.

당시 일본은 한국에 대한 제국주의 침략을 노골화하여 1905년에는 을사조약을 체결하였는데 이것이 김창숙 일생의 진로를 바꾸어놓은 계기가 되었다. 유학자이면서도 애초에 심성이기心性理氣 등의 공허한 학문에 관심이 없

宋載卲 성균관대학교 문과대학 한문학과 교수.

저서로는 『다산시선茶山詩選』(역주, 창작과비평사, 1981), 『다산시 연구』(창작과비평사, 1986), 『신채호 소설선 꿈하늘』(공편, 동광출판사, 1990), 『한시미학과 역사적 진실』(창작과비평사, 2001), 『몸은 곤궁하나 시는 썩지 않네』(한길사, 2003), 『주먹바람 돈바람』(문자향, 2004), 『한국한문학의 사상적 지평』(돌베개, 2005)이 있다. 논문으로는 「다산시의 대립적 구조」(『창작과 비평』 47, 1978), 「단제의 역사인식과 역사소설」(『아세아학보』 18, 1986), 「실학파문학의 일고찰」(『한국한문학연구』 26, 2000) 등이 있다.

었던 그는 국가의 운명이 걸린 중요한 시기에 나라를 지키기 위한 행동가로 나선 것이다. 을사조약이 체결되었다는 소식을 듣고 그는 스승인 이승희李承熙와 함께 상경하여 「청참오적소請斬五賊疏」를 올렸고 1907년에는 국채보상운동에 적극 참여하였으며 1909년에는 대한협회의 성주지회를 결성하여 총무를 맡아 활동하기도 하였다.

그러나 심산을 비롯한 전 국민이 노력하였는데도 1910년 나라를 잃게 되자 그는 그 통분을 이기지 못해 "나라가 망하였는데 선비로서 이 세상에 산다는 것은 큰 치욕이다"라 말하고 이후 음주와 노름으로 자포자기한 듯한 생활을 하였다. 저잣거리에서 미친 것처럼 노래하며 혹 머리를 풀어 헤치고 거리를 쏘다녀 주위에서는 그를 미친 사람이라 지목하기도 하였다고 한다. 이런 생활을 몇 년간 계속하다가 1913년(35세) 겨울, 모친의 엄중한 견책과 간절한 충고를 듣고 귀가하여 오로지 학문에만 몰두하였다. 그의 평생의 학문적 축적과 한문 및 유학에 대한 지식은 이 시기에 이루어졌다.

1919년부터 그의 본격적인 항일 독립운동이 전개되었다. 1919년 서울에서 3·1운동이 일어난 직후 영남 유림이 주동이 되어 전국 유림의 뜻을 모아 파리 평화회의에 독립청원서를 제출하기로 하였는데 이것이 이른바 '파리장서巴里長書'이다. 이 파리장서는, 3·1운동의 민족 대표에 유림 대표가 참가하지 못한 것을 통분히 여긴 유림들이 기획한 것이다. 이에 유림의 신분으로 이 일에 적극 참여한 김창숙은 장서를 파리에 전달할 임무를 자임하고 나섰다.

그는 장서를 지니고 1919년 3월 23일 서울을 출발하여 27일 중국 상해에 도착하였는데, 이미 김규식을 민족 대표로 파리에 파견해 놓은 상태였음으로 그가 파리에 가는 대신 장서를 번역하여 우송하기로 하였다. 이후 그는 중국에 머물면서 먼저 와 있었던 박은식, 신채호, 이회영, 이동녕, 김구 등과 함께 본격적인 항일독립운동의 길로 접어들었다.

1919년 4월에는 임시정부 수립에 참여하여 경상북도 대표로 임시의정원 의원이 되었고 7월에는 상해에서 손문孫文과 면담하여 독립운동 지원을 약속받았다. 8월에는 손문의 주선으로 광주廣州에 가서 국민당 인사들과 접촉하였고 이를 바탕으로 한국독립후원회, 중한호조회中韓互助會 등을 만들었다.

임시정부와의 관계는 초기에는 그다지 적극적이지 않았다. 임시정부 대통령에 이승만이 당선되자 그는 박은식, 신채호 등과 함께 이승만을 강력히 성토하였다. 이승만이 미국의 윌슨 대통령에게 위임통치를 제안하였기 때문에 대통령으로 부적당하다는 것이 그 이유였다. 결국 1925년에 이승만 탄핵안이 가결되었고 그 이듬해 그가 의정원 부의장에 선임되면서 임시정부에 적극 참여하게 된다. 이승만과는 이때부터 사이가 좋지 않았는데 이후에도 줄곧 두 사람은 서로 대립관계에 있었다. 해방 이후 죽을 때까지 김창숙의 활동은 반이승만 투쟁이라 해도 과언이 아닐 것이다.

이 무렵 중국에서의 독립운동이 다소 위축되는 기미가 보이자 그는 이회영과 함께 새로운 독립운동 기지의 물색에 나섰다. 백방으로 노력한 끝에, 중국 광동정부의 외교부장이었던 서겸徐謙의 주선으로 내몽고 일대의 실권자인 풍옥상馮玉祥과 교섭하여 포두包頭, 수원綏遠 일대에 3만 정보의 땅을 무료 임대하여 개간하기로 하였다. 그리고 황무지 개간 자금 마련을 위하여 1925년 8월 국내에 잠입하여 모금 활동을 벌였으나 소기의 목적을 달성하지 못하고 출국하면서 그는 "지금 내가 가지고 가는 돈으로는 황무지 개간사업을 거론하기에는 만 번 어려울 것이니 나는 서겸을 다시 만날 면목이 없습니다. 출국의 날에 즈음하여 이 돈은 의열단원의 결사대 손에 직접 전해주어 왜정의 각 기관을 파괴하고 친일 부호들을 박멸하여 이로써 우리 국내의 민의를 고무할 결심입니다"라 하여 비장한 결의를 표명하였다. 상해로 돌아온 그는 김구와 상의하여 의열단원인 나석주羅錫疇에게 무기와 자금을 주고 국내로 잠입시켰다. 나석주는 식산은행과 동양척식회사에 폭탄을 던지고 척식회사 사원과 왜경을 사살한 다음 본인도 자결하였다. 이제 김창숙은 극단적인 행동주의자로 변모한 것이다.

한편 그의 모금운동이 탄로되어 연루된 유림 600여 명이 검거되고 또 폭탄투척 사건이 일어나자 일경은 그를 체포하려고 혈안이 되어 있었다. 김창숙은 치질로 상해 공동조계共同租界 안의 공제병원에 입원해 있다가 1927년 6월 병원에서 체포되어 국내로 압송되었다. 대구 형무소에 수감되어 있던 중 1928년 12월, 14년 형의 선고를 받고 대전 형무소로 이감되었다. 1929년 5월에 형집행정지로 출옥하였다가 8월에는 대전 형무소에 재수감 되었다. 그는 일경의 취조 과정에서 고문으로 이미 앉은뱅이가 되어 있었다. 후에 그가 앉은뱅이를 뜻하는 '벽옹躄翁'을 자호自號로 삼은 것은 이러한 연유에서였다. 1934년에는 병이 위독하여 형집행정지로 출옥하여 울산, 백양사 등지에서 요양하다가 1940년 4월에 고향으로 돌아갔다. 이때 일제는 집요하게 창씨개명을 강요하였지만 그는 끝내 거절하였다. 무슨 이유인지 분명하지 않지만 그는 1945년 8월 7일 왜관경찰서에 구검되었고 8월 15일 옥중에서 광복을 맞았다.

2. 김창숙의 정치 활동

1945년부터 1948년 정부 수립까지의 김창숙의 정치 활동에 관해서는 본 특집의 성격상 다른 인물들의 서술과정에서 중복되는 사항이 많을 것이므로 자세한 기술은 피하고 몇 가지 특징적인 사실만 살펴보기로 한다.

광복 이후 그의 활동에서 가장 두드러진 특징은 '무정당주의無政黨主義'이다. 광복이 되자 60여 개가 넘는 정당, 사회단체가 난립하여 서로 그를 당수 혹은 단체장으로 영입하려 하였으나 그는 모두 거절하였다. 그는 이렇게 말하였다.

> 아아, 이 늙은이는 광복의 일에 종사하면서 그 운동을 할 때 당색의 노소남북은 묻지 않고 다만 동지인가를 물었을 따름이다. 비록 동지로써 백범白凡, 해공海公 같은 이가 모두 그 당에 끌어들이려고 하였으나 늙은이는 끝내 거절하였으니 지금 한국의 천하에서 우뚝 당이 없는 사람은 오직 이 늙은이뿐이다(김창숙, 『국역 심산유고』, 성균관대학교 대동문화연구원, 1979, 201쪽).

그가 이렇게 정당에 참여하기를 거부하고 정당 자체를 적대시하기까지 한 것은 이조시대 사색당파의 폐해를 너무나 절감하였기 때문이었을 것이다. 그는 「당인탄黨人歎」이란 장편시에서 이씨 조선의 당파의 분열을 열거하고 "아비가 전하면 아들이 또 이어/ 대대로 보기를 원수처럼 하였으라/ 가슴속 깊이 든 병 갈수록 더욱 악화해/ 마침내는 망국의 빌미가 되었다가/ 달갑게 왜놈의 노예가 되었음은/ 천추에 씻지 못할 한스러운 일" 이라 말하였다(김창숙, 앞의 책, 175쪽). 그와 이념을 같이하였고 또 가장 가까이 지냈던 김구가 한독당에서 같이 일하기를 권유하였을 때에도 이를 단호히 거절한 연유가 여기 있는 것이다.

장을병 교수는 이러한 김창숙을 '항구적 소수파permanent minority'라 분류한 바 있다(『심산 김창숙의 사상과 행동』, 성균관대학교 대동문화연구원, 1986, 181쪽).

'해방정국'에서의 김창숙의 한결같은 노선은 임시정부를 중심으로 남북통일국가를 건설해야 한다는 것이었다. 1945년 11월, 임정요인들이 귀국하였을 때 그는 "좌익, 우익의 구별을 타파하고 대한민국 임시정부의 기치 아래 모두 모여야 한다"는 요지의 성명을 발표하였다(김창숙, 앞의 책, 790쪽). 그렇기 때문에 1946년 김구를 중심으로 한 임정세력이 비상국민회의를 소집하였을 때 그토록 정당, 사회단체 가입을 거부하던 그도 "정부를 수립하는 일이 극히 중대하니 마땅히 먼저 정부를 수립하기 위한 모체기관이 필요하다"(김창숙, 앞의 책, 802쪽)는 여론에 따라서 이에 참가하여 최고정무위원회 28명에 피선되었다. 물론 여운형, 박헌영 등 좌익세력은 불참하였다.

그러나 비상국민회의 최고정무위원회가 1946년 남조선 대한민국대표 민주의원으로 개칭되어 주한 미군 사령관 하지 중장의 자문기관이 되자 김창숙은 강력히 반발하였다. 2월 18일 민주의원 2차 회의가 열리던 날 아침 그는 김구를 찾아가 "그대는 이승만과 더불어 우리 민족을 팔고자 하는가? 그대는 어찌하여 성명서를 발표하여 국민에게 사과하지 않는가? 나는 이승만 등과는 같이 자문기관에 가지 않겠다"고 항의하였다. 이날 강제로 끌려가다시피 회의에 참석해서도 의장인 이승만을 향하여 "당신은 오늘에 있어서 이미 민족을 팔았으니 어찌 다른 날에 국가를 팔지 아니한다고 보장하겠는가"라고 힐난하였다.

이러한 김창숙의 행동은, 외세의 개입 없이 우리 민족의 힘으로 통일정부를 수립하자는 것이었다. 그러나 이해 3월에 미소공동위원회가 설치되고 찬탁, 반탁 세력이 날카롭게 대립하는 가운데 미군정은 우익진영의 공위 참여를 유도하였다. 우여곡절 끝에 결국 민주의원 의원들은 정당 사회단체 대표로서 공위에 참가하게 되었다. 공위 참가 여부를 묻는 투표에서 23명 중 김창숙만이 반대표를 던졌다.

1948년에 접어들면서 유엔UN 결의에 의하여 남한에서의 단독선거가 시도되자 김창숙은 2월 다음과 같이 담화를 발표하였다.

1. 유엔 한국위원단 내한來韓과 위원 제씨가 부하負荷한 사명은 내정간섭이 아니

라 남북통일 총선거로 통일정부 수립에 관하여 외력外力의 부당한 간섭을 거절함에 있다고 믿는다.

2. 단선단정單選單政에 대하여 이것은 국토 양단과 민족 분열을 조장함에 불과하니 북한지방을 소련에 허여하려는 것이다.
3. 외군의 주둔 밑에서 자유로운 선거가 있을 수 없고 이에서 연립되는 정부는 괴뢰정부일 것이다.
4. 남북 정치요인 회담으로 통일정부를 수립하여야 한다(『벽옹일대기躄翁一代記』, 태을출판사, 1965, 300쪽).

이 담화문에 김창숙의 정치노선이 집약되어 있다. 즉 외세의 간섭 없이 통일정부를 수립하자는 것이 그의 일관된 생각이었다. 그리고 이미 굳어져가는 남북분단을 막아보기 위하여 남북요인 정치회담을 제안한 것이 특이하다. 그러나 1948년 3월 1일 남한 단독선거 일정이 발표되고 5일 이승만이 각 정당 사회단체 대표자대회를 소집하여 단선, 단정을 추진하자 12일 김창숙은 김구, 김규식, 홍명희, 조소앙, 조성환, 조완구와 함께 이른바 '7거두 공동성명'을 발표하게 된다. 이 성명서는 "미 · 소 양국이 군사상 필요로 일시 발정發定한 소위 38선을 국경선으로 고정시키고 양 정부 또는 양 국가를 형성케 되면 남북의 우리 형제자매가 미 · 소 전쟁의 전초전을 개시하여 총검으로 서로 대하게 될 것이 명약관화한 일이니 우리 민족의 참화가 이에서 더할 것이 없다(『벽옹일대기』, 301쪽)"라 하여 6 · 25전쟁을 정확하게 예언하고 있다. 하지만 이러한 모든 노력에도 1948년 5월 10일 남한에서는 단독선거가 실시되었고 7월 20일 이승만이 대통령에 당선되었다.

3. 김창숙의 유교부흥운동과 교육 활동

해방공간에서 김창숙이 수행한 가장 빛나는 업적 중의 하나가 유교부흥운동과 교육 활동이다. 그가 수행한 유교부흥운동과 교육 활동은 서로 밀접한 관계를 맺고 있다. 그는 한국 유교의 총본산이라 할 수 있는 성균관을 정상화하고 이를 바탕으로 대학을 설립하여 교육 활동을 펼치려 하였기 때문이다. 그러므로 이 두 가지를 묶어 함께 서술하기로 한다.

그는 전통적인 유가儒家의 후예로서 광복 후 피폐해진 성균관을 그대로 방치할 수 없었다. 1911년 6월 일제는 조선총독부령 제73호로 성균관에 경학원經學院을 설치하였는데 경학원의 수장首長인 대제학은 조선총독의 지휘감독을 받도록 되어 있었다. 이로써 성균관은 전통적인 국립대학으로의 교육 기능을 상실하고 일제의 어용기관이 되어버렸다. 1930년에는 동양정신과 유교부흥을 가장한 일제의 회유정책의 일환으로 경학원에 명륜학원明倫學院이 부설되었고, 1939년 2월에는 신사참배, 창씨개명 등 이른바 '황국신민화정책'을 강력히 추진하기 위하여 명륜학원을 명륜전문학원으로 개편하였으며 이해 10월에는 조선유도연합회를 만들어 본격적인 '황도유학皇道儒學'을 강요하였다. 1942년에 명륜전문학원을 재단법인 명륜전문학교로 개편하였으나 2차 세계대전 막바지의 침략전쟁을 치르기 위해 곧 폐교되고 이후 청년연성소青年錬成所, 조선명륜연성소로 바뀌었다.

광복이 되자 당시 성균관 안팎에는 수십 개의 유림단체가 난립하여 서로 대립하고 있었다. 이들 단체는 한결같이 김창숙을 위원장으로 모셔가려고 하였으나 그는 이를 모두 거절하였다. 그리고 1946년 1월에 난립한 여러 유림단체를 통합하여 유도회총본부를 결성하고 위원장에 취임하였다. 유림에서의 명망과 독립운동의 경력 등으로 볼 때 유도회를 이끌 만한 인물로 그보다 나은 사람이 없었던 것이다. 5월에는 성균관에서 유도회총본부 총회를 개최하여 유교부흥을 위한 전반적인 안건을 토의하였다. 여기서 토의된 사항은 첫째 성균관의 숙청 및 유지, 둘째 전국 향교재산의 환수 문제, 셋째 성균관대학의 설립이었다.

성균관의 숙청은, 일제시대 경학원을 중심으로 친일 행각을 한 유림들을 숙청하는 일이 급선무였다. 당시 미군정청은 종교의 자유를 내세워, 유교인의 자치기관인 경학원을 군정청이 관여할 바 아니라는 입장이었기 때문에 이른바 '황도유학'을 표방하였던 친일파들이 여전히 온존하고 있었다. 이에 김창숙은 경학원을 성균관으로 환원시키고 친일분자들의 숙청에 착수하였다. 그리하여 1950년대 중반, 이승만 정권이 친일 유림들과 야합하여 성균관을 탄압하기 전까지는 대체로 김창숙의 지도 아래 성균관이 유지되었다.

향교재산의 환원문제는 대단히 어려운 일이었다. 향교재산은 국가로부터 하사받은 학전學田과 지방민으로부터의 징수, 매수에 의한 전지로 구성되는데 각 지방에 따라 차이는 있어도 꽤 단단한 재정적 기반을 구축하고 있었다. 1918년에 조사한 바에 의하면 전국 335개 향교가 48만여 평의 토지를 소유하고 있어 당시의 시가로 1천여 만 원을 훨씬 넘는 것으로 평가되었다고 한다(『성균관대학교 600년사』, 天, 269쪽). 이 향교재산은 1910년에 제정된 「향교재산관리규정」과 1920년에 제정된 「향교재산관리규칙」에 의하여 그 재산권의 행사가 유림들로부터 지방의 부윤府尹, 군수의 손으로 넘어갔다. 이렇게 향교재산의 관리를 지방관리에게 넘김으로써 일제가 향교재산을 장악하게 되었다.

일제가 물러가고 광복이 된 마당에 향교재산의 관할권을 유림들에게 되돌려주어야 한다는 것이 김창숙의 생각이었다. 이 문제를 해결하기 위하여 1946년 6월 군정청의 문교부장 유억겸兪億兼, 차장 오천석吳天錫 등을 만나

협의한 결과는 1948년 군정법령 제194호 「향교재산관리에 관한 건」으로 구체화되었다. 이 법령에 의하여 향교재산은 각 도별로 재단법인을 설립하여 유림들이 관리하게 되었다.

유교부흥을 위한 다음 단계는 성균관대학의 설립이었다. 김창숙은 1946년 5월 유도회총본부 총회에서 다음과 같이 말하였다.

> 성균관은 곧 우리나라의 유학을 높이 장려하던 곳이다. 유교가 쇠퇴하면 국가도 따라서 망하고 나라가 망하면 국학도 역시 폐한다. …… 진실로 건국의 대업에 헌신하고자 한다면 마땅히 우리 유학문화의 확장에서 시작할 것이요, 진실로 우리 유학문화를 확장하고자 하면 마땅히 성균관대학의 확립으로써 급무로 삼을 것이다. 진실로 성균관대학을 창립코자 한다면 마땅히 우리 전국 유교인의 힘을 합함으로써 이루어질 것이다. 장차 전국 유교인이 합치느냐 못하느냐는 성균관대학이 성립되느냐 못하느냐를 점칠 것이요, 장차 성균관대학이 설립되느냐 못되느냐는 건국대업의 늦느냐 빠르냐를 점칠 것이다(김창숙, 앞의 책, 820~821쪽).

여기서 눈여겨볼 것은 그가 성균관대학의 설립을 '건국대업'과 연계한 점이다. '건국의 대업'을 이루기 위해서 '유학문화'를 확장해야 하고 유학문화를 확장하기 위해서 성균관대학을 설립해야 한다는 논리이다. 이것은 김창숙 개인의 의지이기도 하였지만 또한 그 당시 전체 유림의 뜻이기도 하였다. 그리하여 1946년 6월 성균관대학 기성회를 발족하여 김구金九를 초대 기성회장으로 추대하고 이어 재단법인 성균관대학을 설립하고 9월 25일에 성균관대학이 개교하였다. 그리고 김창숙이 초대 학장에 취임하였다.

이렇게 설립된 당시의 성균관대학은 오늘날의 사립대학과는 그 개념이 다르다. 이것은 앞서 그가, 성균관대학을 설립하여 '유학문화'를 확장함으로써 '건국의 대업'에 이바지하겠다고 말한 데서도 들어난다. 그는 전체 유림이 공동으로 운영하는 대학, 옛 성균관의 전통을 잇는 '새로운 성균관'으로서의 대학을 구상한 것이다. 그가 향교재산의 환수를 위해 노력한 일면에는 향교재산을 바탕으로 대학을 운영하려는 의도도 있었다. 1948년의 「향교재산관리에 관한 건」의 제7조에, 각 도의 향교재단은 매년 총수입의 10퍼센트를 성균관에, 20퍼센트를 성균관대학에 납부하도록 명시한 것도 이러한 의도에서였다. 이 법령이 제정되기 전에 성균관대학이 개교하였기 때문에 초기에는 향교재단의 도움을 받지 못하였지만 후에는 많은 재정적 지원을 받았다. 실례로 1951년과 1952년의 성균관대학 재정 상황을 보면, 각각 재단법인 성균관대학의 기본수입이 연정조年正租 800석인 반면에 향교재단 부담금은 16,000석이어서 향교재단 부담금이 학교재단 수입의 20배에 달하였다(『성균관대학교 600년사』, 天, 319쪽). 이제 명실 공히 성균관대학은 전체 유림의 대학이 된 것이다.

1953년 2월에는 성균관대학을 종합으로 승격하여 초대 총장에 취임하였고, 같은 해 6월에는 1948년에 제정된 미군정법령 제194호인 「향교재산관리에 관한 건」에 의거하여 각 도의 향교재산을 갹출하여 재단법인 성균관대학을 재단법인 성균관에 병합하였다. 이로써 김창숙의 유교부흥과 연계된 학교설립 계획이 일단락되었다.

그러나 1955년경부터 시작된 성균관 유도회 및 성균관대학의 분규 때문에 1957년 7월에 김창숙은 성균관, 유도회, 성균관대학 등 모든 공직에서 물러났다. '유도회 사건'으로 불리는 이 파동은 이승만과 자유당이 배후에서 조종한 결과로 일어난 것이다. 즉 독제권력이 구 경학원 출신의 친일 유림들과 야합하여 김창숙을 몰아내고 유도회를 장악함으로써 1956년 5·15총선에서 이승만, 이기붕을 당선시키기 위하여 꾸민 사건이었다. 이로써 유교의 부흥을 통하여 새 국가를 건설하려던 김창숙의 이상은 좌절되었다. 이 무렵에 쓴 「자조自嘲」라는 시에서 "저 명륜당을 바라보니/ 도리어 윤리를 어지럽히는 곳이 되어버렸네" 라고 탄식하고 있는데, 성균관의 '명륜당明倫堂' 이 '난륜구亂倫區' 로 되어버렸다는 한탄에서 그의 좌절의 깊이를 읽을 수 있다. 임시정부 시절부터 맺은 이승만과의 악연惡緣이 여전히 끊어지지 않고 있었다.

1963년에는 대학재단을 교육법인과 교화법인으로 분리하는 「사립학교법」의 공포에 따라 성균관대학의 재단이었던 '재단법인 성균관' 은 교화사업만 할 수 있었고 별도로 교육사업을 담당하는 '학교법인 성균관대학' 이 설치되었다. 이로부터 성균관과 성균관대학은 법적으로 분리되어 애초의 김창숙의 의도와는 완전히 어긋나게 되었다.

이후로도 김창숙은 노령인데도 마치 독립운동을 하듯이 반독재, 반이승만 투쟁을 계속하다가 1962년 5월 10일 국립중앙의료원에서 83세를 일기로 영면永眠하였다.

정인보, 고뇌 속에 행동한 민족주의 지성

심경호

1. 국학의 기운을 이은 민족 지성

한국의 의식가 가운데 광복절 노래, 삼일절 노래, 개천절 노래, 제헌절 노래의 가사를 지은 사람이 다름 아닌 위당爲堂 정인보鄭寅普(1893~1950)이다.

정인보는 해방 직후 연희전문학교에서 김구를 영접하는 민중 행사가 열렸을 때, 한나라 장건이 황하의 발원에 대하여 말한 이야기를 『사기』에서 인용하였다고 한다. 곤륜산에서 발원한 물이 사막 가운데 염택에서 자취를 감추어 몇 천 리를 잠류하다가 청해淸海에 이르러 지표로 나와 장장 8천 8백 리의

沈慶昊 고려대학교 문과대학 한문학과 교수.

저서로는 『강화학파의 문학과 사상(3)』(한국정신문화연구원, 1995), 『조선시대 漢文學과 詩經論』(일지사, 1999), 『한국한시의 이해』(태학사, 2000), 『한문산문의 내면풍경』(소명, 2001), 『김시습 평전』(돌베개, 2003), 『한시의 세계』(문학동네, 2006), 『산문기행』(이가서, 2007) 등이 있다. 역서로는 『주역철학사』(예문서원, 1996), 『역주 원중랑집』(공역, 소명, 2004), 『譯註 寓庵 金澍文集』(우암문집간행추진위원회, 시간의물레, 2005), 『한자, 백 가지 이야기』(황소자리, 2005), 『증보역주 지천선생집』(공역, 선비, 2008) 등이 있다.

물길을 이룬다는 내용이다. 우리 민족이 일제의 폭압으로 고난을 겪었지만 민족사의 흐름은 도도하다는 사실을 비유적으로 말한 것이다.

연희전문학교 시절 제자였던 민영규 연세대학교 명예교수는 1994년 10월 25일 정인보의 탄생 100주년 기념강연에서 다음과 같이 말하였다.

> 황하의 물이 1,000킬로미터를 땅속으로 복류한 뒤 그제서야 대륙을 가로질러 콸콸 흘러내린다고 하듯이, 정인보가 있고서 비로소 땅속에 갇혀 있던 국학의 기운이 밖으로 쏟아져 나왔다.

정인보는 1923년 연희전문학교 교수가 되었으나 일제의 탄압으로 1938년 사임하였다. 1940년에 양주군楊州郡 노해면蘆海面 창동倉洞 733번지에 거처하다가 1945년 2월에 전북 익산군 황화면 중기리 윤석오尹錫五 집에서 은거하였다. 그러다가 8·15광복을 맞아 상경하여 서울 왕십리에 사는 딸 정완貞婉 집으로 옮겼다. 1946년에는 서울 흑석동 173-3번지로 이사하고, 남조선민주의원南朝鮮民主議院 의원議員이 되었다. 그해 9월에는 『조선사연구朝鮮史硏究』를 간행하였다. 1947년 정월에는 국학대학 학장에 취임하였고, 1948년 대한민국이 수립되자 감찰위원장에 임명되었다. 하지만 1949년 4월, 장관 임영신이 관련된 독직 사건의 처리를 두고 이승만 대통령과 마찰을 빚어 사직한 뒤 남산동에 은거하였다. 1950년 6·25전쟁이 일어난 후 7월 31일 서울에서 행방불명되었다.

조동걸은 해방공간에서 정인보의 정치 활동과 학문사상을 동암東岩 백남운白南雲과 비교하여 정인보는 유심론唯心論의 입장이고 백남운은 유물론唯物論을 주장하여 사관史觀에서는 양극단에 자리했지만, 인간적으로는 친밀하여 학문 발전을 위해 서로 돕고 격려하는 관계였다고 했다.[1] 이러한 주장은

1 趙東杰, 「年譜를 통해 본 鄭寅普와 白南雲」, 『한국독립운동사연구』 5, 독립기념관 한국독립

정인보에 대한 이해와 평가에 상당한 시사점을 던져준다고 여겨진다. 해방 이후 1950년 실종되기까지의 정인보의 삶은 새로이 면밀하게 추적해볼 여지가 많고, 실상 그가 한국지성사에서 차지하는 위치에 대해서도 재평가될 점이 많다고 여겨진다.

정인보의 해방 이후 활동과 저술에 대한 개황은 정양완의 「담원 연보」[2]를 통해 살펴볼 수 있다. 이 글에서는 정인보 자신의 저술과 정인보 관련 기사를 통해서 정인보의 해방 이후 족적과 사상적 고뇌를 살펴보기로 한다.

2. 해방공간과 분단정국에서의 위당 정인보

정인보는 1945년 53세 때 8·15광복을 맞았다. 이후 서울로 돌아온 정인보는 임정臨政 환국 때 「봉영사奉迎辭」를 지었다.[3]

1945년 12월 초에 정인보는 성재省齋 이시영李始榮의 탄생을 기념하는 한시를 지었다. 이시영은 1895년 중형仲兄 이회영李會榮 및 이상설李相卨과 함께 근대학문에 몰두하였다. 1905년 외부교섭국장 때 을사조약을 계기로 사임하고, 1906년 재차 평안남도 관찰사가 되었으나 애국계몽운동에 종사하였다. 1908년 한성재판소장·법무민사국장·고등법원판사를 지냈으나 안창호·이회영·이동녕 등과 신민회를 조직하여 국권회복운동 전개하였다. 이시영은 임정 초대 법무총장, 한국독립당 감찰위원장, 임정 국무위원, 법무위원, 해방 후 대한민국 초대 부통령을 지냈다.

이시영의 저서로는 『감시만어感時漫語』가 있다. 이 글은 '박황염배지한사

운동사연구소, 1991.

2 鄭良婉 역, 『담원문록 薗文錄』, 태학사, 2006.

3 「奉迎辭」, 1945. 8 ; 『담원정인보전집』 1, 연세대학교 출판부, 1983, 324~325쪽 이하. 『담원정인보전집』 수록의 자료는 각주에서 밝히지 않기로 한다.

관駁黃炎培之韓史觀' 이라는 부제가 붙어 있다. 1933년 중국인 황염배의 『조선朝鮮』을 읽고서, 황염배가 일본을 선양하려 한 것에 분노를 느껴 쓴 글이다. 정인보는 이 저술을 높이 평가하고, 이상설과 이회영이 작고한 지금, 민족의 법제를 연찬하여 진정한 학문을 일으킬 책임은 이시영에게 있다고 기대하였다.

외면치레 학문에만 휩쓸려 오랜 세월 보냈기에　　貌學靡靡歲月多
토속도 사라지고 산하도 빛 잃었네.　　土風散失黯山河
뉘라서 알았으랴 등잔 아래 닭털 붓으로　　誰知燈下雞毛筆
고구려 · 백제 · 신라 역사 글자마다 살릴 줄을.　　字字喚回麗濟羅
옛 어른 다 돌아가고 서적조차 없어지니　　耆舊凋零編簡亡
이제 와 우리 법 밝힐 분은 쭈글쭈글한 성재省齋뿐.　　至今雞次一梨黃
이상설과 이회영에게 천추의 자취를　　溥公友老千秋蹟
그 몇 번 벌렸던고 꼼꼼히 묻잡고자.　　幾思牀前問得詳

1945년 12월 30일에 송진우宋鎭禹가 한현우韓賢宇에게 암살당하자, 정인보는 이듬해 1월 3일에 「고하송군묘비古下宋君墓碑」를 지었다. 송진우는 1919년 3 · 1운동 지도로 1년 옥고를 치렀고, 1921년 동아일보사 사장에 취임하였다가 1936년 11월 11일에 일제의 압력으로 사직하였다. 1945년 광복 후 한국민주당 수석총무로 취임해서 민족진영의 단결과 정부 수립을 위해 활동하였다. 정인보는 묘비에서 송진우가 백범 계열로서 활동하다가 암살당한 사실을 명확히 밝혔다.

1946년 2월 14일, 정인보는 남조선민주의원 의원에 취임하였다. 남조선민주의원은 미군정 하지 사령관의 최고 자문기관으로 의장은 이승만, 부의장은 김규식, 총리는 김구였다.

1946년 3월 1일 『동아일보』 석간 1면에 삼일절 · 삼일운동기념으로 「광복선열光復先烈의 영령英靈 앞에 삼천만三千萬 다 함께 머리 숙이자」를 게재하였다.

1946년 3월 14일에 전조선문필가협회全朝鮮文筆家協會 회장에 올랐다. 당일 『동아일보』 석간 2면에 「전조선물필가협회발족全朝鮮文筆家協會發足 삼천만三千萬의 공의형성公意形成 진정眞正한 민주문화民主文化 수립樹立에 세계문필가世界文筆家에게 보내는 '멧세지'」를 게재하였다. 또 「각부임원선정各部任員選定 회장會長에 정인보씨鄭寅普氏」라는 기사가 나왔다. 이승만 박사의 축사도 함께 실렸다.

1946년 4월 1일 『북미시보The Korean American Times』(동지회 북미총회, 송헌영 편)에 「대한국민 대표 민주의원 선언식」이라는 기사가 실렸다. 정인보의 이름이 이 선언문에 연명되어 있다.

이 무렵에도 정인보는 한문을 이용하여 제문과 애사를 짓고 묘지명을 지었다. 그 가운데는 평소 시문을 질정하였던 하겸진河謙鎭(1870~1946)을 위해 지은 「하회봉선생상사河晦峰先生傷辭」도 들어 있다. 하겸진은 진주晉州에서 태어난 한문학자로, 1926년 3월에 경북 유림 사건으로 달성 옥에 갇혔다가 11월에 풀려났다.

9월 16일에 대한독립촉성국민회大韓獨立促成國民會가 3차로 개편되어 조성환曺成煥 체제로 되었을 때 정인보는 부위원장이 되었다.

9월 20일에 정인보는 『조선사연구朝鮮史研究』(상, 하)를 서울신문사에서 간행하였다. 이 책은 본래 1935년과 1936년에 『동아일보』에 연재하였던 「오천년간 조선의 얼」을 책으로 엮은 것이다. 다시 말해 정인보는 1935년 1월 1일부터 12월 31일까지 158회, 1936년 1월 7일부터 8월 28일까지 282회, 2년간 440회에 걸쳐 『동아일보』에 「오천년간 조선의 얼」을 연재하여 민족혼을 진작시켰다. 정인보는 해방공간에서 민족주의를 발양할 목적으로 이 책을 펴낸 듯하다.

10월에는 「세종대왕어제훈민정음반포오백주년기념비문世宗大王御製訓民正音頒布五百周年記念碑文」을 지었다. 이 글도 훈민정음의 가치를 발양하고 민족혼을 진작시키려는 의도를 담고 있다.

1946년 11월 3일에 정인보는 민주의원民主議院을 탈퇴하였다. 당일 『동아일보』 석간 1면에 「정인보씨 민의탈퇴성명民議脫退聲明」이라는 기사가 실렸다. 이때 정인보는 아울러 독립촉성국민회의 부회장, 전조선문필가협회 회장의 직도 사직하였다.

1946년 11월 14일 『동아일보』 석간 2면에 「학원學園으로 되돌아갈 위당 정인보씨 국학대학학장國學大學學長에 취임就任」이라는 기사가 실렸다. 국학대학은 대종교 인물들이 중심이 되어 서대문 밖에 세운 대학으로, 새로운 체제의 학교기관이었다. 이때 정인보가 학교 이름을 지었다고 전한다. 정인보가 실제로 국학대학장에 취임한 것은 1947년 정월부터였던 듯하다.

정인보는 1946년 12월에 송진우의 일주기를 맞아 시조 18수를 지어 그의 죽음을 애도하였다. 곧, 12월 1일 『동아일보』 석간 3면에 「중간일주년기념일重刊一週年記念日 ; 숙초宿草 밋헤 누은 고우故友 송고하宋古下를 우노라(상)」를 게재하고, 12월 10일 『동아일보』 석간 4면에 그 하편을 게재하였다.

정인보는 1947년 「국학대학가國學大學歌」를 지어, 민족문화에 대한 자부심과 '얼' 사상을 드러내었다. 이때 그는 이미 전조선문필가협회 회장을 사직한 뒤였으나 정인보와 문필가협회의 관계를 운위하는 세론이 있었던 듯하다. 1947년 7월 1일 『동아일보』 석간 2면에 「문협文協과 무관계無關係 정인보씨 성명聲明」이라는 기사가 실렸다.

정인보는 민주의원 의원, 독립촉성국민회의 부회장, 전조선문필가협회 회장의 직을 그만둔 이유에 대해, 「일창 유치웅은 우당 어른의 작은 아들이다. 보가 굽혀 노제라고 부른다. 장마 속에 나의 강루(흑석동 집)를 찾아와 옥판선

지 두 폭을 내어놓으며 못난 글씨를 써 달라기에 문득 고시와 장구를 지으니 종이가 다하자 시도 그쳤다兪一滄致雄愚堂丈少子也 普屈乎老弟 霖雨中過我江樓 出玉版二幅 求拙書 輒爲古詩與長句 紙盡詩止」라는 제목의 장편고시에 붙인 주에서 밝혔다.

> 이때 나는 김규식 등 여러 사람과 좌우합작을 의론하여, 좌익의 이른바 일곱 원칙을 승인하였지만 신탁통치에 반대하는 데 있어서는 크게 어긋나서, 성명을 내고 민주의원 의원을 탈퇴하였으며 아울러 독립촉성국민회의 부회장·전조선문필가협회 회장 등 여러 직을 사퇴하였다.

김규식의 좌우합작을 지지하는 입장에서 좌익의 7원칙을 수용하였으나 (좌익의 주장은) 신탁통치를 반대하는 정인보의 입장과 배치되는 것이므로 아예 민주의원 의원직을 사퇴해 정치 활동에서 물러나고, 동시에 독립촉성국민회의와 전조선문필가협회에서도 손을 뗐다는 것이다.

1948년 56세 때는 흑석동에서 남산 2가 16-4번지로 이사하였다. 새 거처는 동래 정씨가 대대로 살던 곳으로 장흥고長興庫가 있던 자리라서 장흥방長興坊이라 하였다.

이해 2월, 정인보는 『담원시조 薝園時調』를 을유문화사에서 발간하였다. 서문은 양주동梁柱東이 적어, 정인보가 '현대의 고전'을 창작한 이유에 대해 이렇게 평하였다.

> 이 문학 형식의 부흥된 역사적 의의가 실제 민족적 정신의 제성提醒·보존에 있었던 만큼 그것은 다만 문학적인 감정이나 재화才華의 표현일 뿐 아니라 이면裏面에는 한 정신적인 체취와 이념적인 골수骨髓를 불가피적으로 요구하니 그를 위하여 저는 상기上記 세 조건(情, 才, 識) 외에 다시 '혼魂'으로써 이를 일관화一貫化하여야 할 것이다.

당시 정인보는 여전히 국학대학장으로 있었으나 1948년 7월 16일 『동아일보』 석간 4면에 「정인보씨 국대國大 사임辭任」이라는 기사가 나오고, 다시 8월 5일 『동아일보』 석간 2면에 「정인보 국학대학장國學大學長 유임留任」의 기사가 실려 있다. 결국 8월 28일, 감찰위원장監察委員長에 임명되었다. 정치적으로는 이시영 부대통령 계열에 속하였다. 감찰위원장으로서의 포부는 「나는 이렇게 하고 싶다」라는 글에서 밝혔다.

이때에도 비문을 짓는 등 한문 문체를 구사하고,[4] 광복의 즐거움과 분단의 슬픔을 「장흥방에 세 들어 살며 느꺼움을 읊다僦屋長興坊感賦」라는 제목으로 장편고시 5수로 토로하였다. 그 셋째 수에서는 어쩔 수 없이 일본식 집에 세 들어 사는 비애를 말하였다. 그리고 넷째 수의 일부에서는 분단의 사실을 가슴 아파하였다.

12월에는 충무공 이순신의 현양사업에 힘을 기울였다. 즉 12월 19일에 「이충무공기념사업회취지서李忠武公記念事業會趣旨書」를 지었고, 그 뒤로도 「제승당비충렬사비制勝堂碑忠烈祉碑」(除幕式禮詞), 「노량충렬사비문露粱忠烈祠碑文」, 「한산도재승당비문閑山島制勝堂碑文」, 「이충무공순신기념비李忠武公舜臣紀念碑」 등을 지었다.

1949년 57세 때는 계속하여 남산동 2가 16-4번지에 거주하였다. 당시의 근황과 관련하여 『학풍』 1949년 1월(통권 3호, 제2권 제1호)에 「위당 정인보씨 학자군상學者群像」이라는 글이 실렸다. 1949년 2월 2일에는 감찰위원장으로서 국무위원의 비행에 관하여 보고하였다. 2월 9일에는 「윤봉길열사기념비」를 지었다.

---

4 「金竹峰紀義碑」, 『담원정인보전집』 6, 「문록」 권8, 359~361쪽 ; 「石田黃先生墓碑」, 『담원정인보전집』 6, 「문록」 권7, 282~286쪽 ; 「響山李公殉節遺墟碑」, 『담원정인보전집』 6, 「문록」 권7, 286~288쪽.

3월 10일, 「사령社令을 사제私除하고 고령준행公令遵行의 관기官紀를 세우자」라는 글을 『시정월보』 2호에 게재하였다. 감찰위원장으로서 지은 국한문 혼용의 글은 이 한 편인 듯하다. 정인보는 계속하여 한시와 한문을 통해 증여의 시와 기념의 문장을 남겼다.

이해 6월 26일에 백범 김구가 피살되어, 7월 5일 효창공원에 이장되었다. 정인보는 김구가 피살된 직후 「백범김선생만련白凡金先生輓聯」을 지었다. 1949년 7월 13일 『국민보』에는 '남한소문'에 김구의 암살범 안두희의 신병에 관한 조사 이야기와 김구의 국민장에 관한 기사가 실렸다. 김구의 유해는 6월 29일 오후 5시에 입관하였으며, 경교장의 영전 아래 벽에는 정인보의 조문 만사가 걸려 있었다고 한다.

1949년 7월 23일에 정인보는 감찰위원장 직을 사임하였다. 『동아일보』 석간 1면에는 '국민國民의 기대期待에 십분十分 보답報答 못해 유감遺憾 정인보씨鄭寅普氏 퇴임사退任辭//정인보씨의 공적功績 이대통령李大統領, 높이 찬양讚揚'이라는 기사가 실렸다. 뒷날 감찰원에서 취임 초창기에 걸었던 정인보의 사진을 기념으로 두고 다시 사진 몇 장을 만들어 보내주었다고 한다. 정인보의 감찰위원장 시절 사진은 이렇게 하여 유포된 듯하다.

1949년 10월 14일 『동아일보』 석간 2면에 다음과 같은 기사가 실렸다.

> 낙성대탑발견落星垈塔發見 고려개국공신高麗開國功臣 강감찬공姜邯贊公 유적遺跡//천년전千年前 옛꿈 어린 삼층석탑三層石塔엔 이끼만 무성茂盛//정인보씨鄭寅普氏 담談//동리洞里 이노인李老人 담談//강공姜公 이십칠손二十七孫 강우근씨姜佑根氏 담談//김건렬군수金建烈郡守 담談//박문교차관朴文敎次官 담談//구지사具知事 담談

정인보의 증언은 단기 4283년(1950)에 양인섭梁寅燮과 이무영李無影이 시홍군에서 『금천지衿川誌』를 편찬할 때 적은 「시흥군지始興郡誌 머리에」로 발전한다. 정인보는 이처럼 민족사의 영웅들이 남긴 업적과 관련 유적을 고증하는 일에 치력하였다.

1949년 12월 1일 발행의 『신천지』 1949년 11 · 12월호(통권 41호, 제4권 제10호)에 「충무공 사후 350년 기념 특집 노량진충렬사비문露梁津忠烈祠碑文 · 한산도閑山島 제승당制勝堂 연구硏究」라는 논문을 기고하고, 비슷한 시기에 「선무공신삼도수군통제사식성군이공기적비宣武功臣三道水軍統制使息城君李公紀蹟碑」를 지은 일은 그러한 지향의식에서 나온 것이라고 생각된다.

1950년 58세 되던 해 1월, 「경인년庚寅年의 종종고사種種故事」를 『조선일보』에 게재하였다. 또한 1월에 「소왕계래紹往啓來의 정진精進」(새해의 제언提言)을 지었다.

2월 9일, 「부탁을 받고 국립도서관에 쓰다國立圖書館屬題」 13수를 지었다. 그 가운데 제12수는 다음과 같다.

간사하고 으스대기 사십 년에	回遹憑稜四十年
수은을 땅에 쏟아 붓느라 거듭거듭 뚫었구나.	水銀瀉地重重穿
난초 달인 물로 온통 지난 흔적 씻어 내어야만 하니	蘭湯合把過痕洗
역사서적 말할 때 부질없이 (왜인 학설) 감상 말아라.	莫漫咀含談史編

일제의 식민사관에 현혹되지 말 것을 거듭 부탁한 내용이다. 이 무렵 「의승장기허당대사기적비義僧將騎虛堂大師紀蹟碑」를 적어 임진왜란 때의 승군 의병장 영규대사靈圭大師를 추모하고, 「순난의병장사공묘비殉難義兵將士公墓碑」를 지어 광무 10년(1906) 홍주 싸움에서 왜적에게 죽임을 당한 의병장사를 추모한 것도 민족적 적개심敵愾心과 공분公憤을 드러낸 것이었다.

1950년 2월에 정인보는 「기획처차장 홍헌표가 이응로의 〈맹호우행도〉 병풍을 가지고 와서 그 어머니를 위해 수를 비는 제를 구하기에企劃處次長洪憲杓携李應魯〈猛虎雨行圖〉屛風來 求題爲其太夫人壽」라는 제목으로 장편한시를 지었다. 홍인표洪憲杓(1907~1966)는 고등고시 합격 후 군수를 지내다가 8·15광복 후 미군정청 재정부장 서리를 지냈으며, 정부 수립 후 기획처차관, 내무차관을 거쳐 체신부 장관을 지냈고, 동국대학교 교수를 역임하였다. 이응로李應魯(1904~1989)는 일제 때 선전鮮展에 입선한 뒤 1938년 도쿄로 가서 그림을 공부하다가 1945년 광복 직전 귀국하였다. 그 뒤 1958년에 파리에 정착하여 그림 활동을 계속하였는데, 1977년 백건우·윤정희 부부 납치 미수 사건의 배후로 지목되었고, 1983년 프랑스에 귀화하였다. 정인보가 이응로의 〈맹호우행도〉 병풍에 쓴 한시의 앞부분은 민족사의 험난함, 민족정신의 강건함, 개인사의 굴곡을 모두 포착해내고 상징으로 제시하고 있는 듯하다.

시커먼 바람이 비를 몰아 빗발은 창대 같고	黑風吹雨雨如戟
번개는 구름을 찢고 천둥에 벼락까지 치는데	金蛇裂雲飛霹靂
천지간엔 누구도 움츠러들지 않는 것 없건만	兩間無物不縮朒
호랑이 하나 숲에서 나오네 눈을 번쩍이며	菟出林眼閃爍
사나움만 길러서 못 갈 데가 없으니	蓄猛不知不可行
따뜻하고 바람 잔 날은 도리어 심심해 걱정.	日暖風和還愁寂
온갖 어려움 다 겪고 나니 이제 어떠신가?	百艱萬難今何如
화가는 뜻이 있어 흑백에 붙였구나.	畵者有心托粉墨

3. 위당의 재평가를 위하여

해방 후 정인보는 국학연구에 몰두하는 한편, 우익진영의 정치운동에 참여하였으나 정치권력에 뜻을 두었던 것은 아니다. 1948년 대한민국 정부 수립 때 감찰위원장에 취임한 것은 우리 민족이 일제 식민지에서 벗어나 남한에서

나마 독립된 나라를 세워 새 출발을 하는 데 기강확립과 관기숙정이라는 중요한 책무를 자당自當하려고 한 때문이었을 것이다. 하지만 좌우의 대립을 겪은 끝에 끝내 남북이 분단된 상황에서 대한민국이 탄생되는 데 대해 그는 민족의 지성으로서 고뇌하면서 정부 요직에 나갔을 것으로 여겨진다. 그 후 오래지 않아 상공부 독직 사건을 감사하다가 권력조직과 맞부딪혔을 때 정인보는 곧바로 사임하고 학계로 돌아가고 말았다.

정인보는 일제강점기부터 국가 패망의 원인을 따지고 민족자존의식을 고취하는 것을 책무로 삼았다. 정인보는 민족의 일관된 사상을 '조선의 얼'이라고 불렀고, 그러한 개념은 해방 이후에도 줄곧 사용하였다. 그렇기에 정인보는 해방 이후에도 민족정기의 고취를 위해 민족의 고전과 역사, 민족어의 가치를 재발견하는 일에 열성을 쏟았다.[5]

조동걸은 근현대 민족사학을 분류하여 정인보를 유심론 사학의 부류에 배정하되, 정인보의 역사 저술을 문학사와 같은 분류사, 문헌분석 같은 자료학으로 보아 역사학의 보조 작업이라고 규정하였다.[6] 다만 정인보의 국학 선양에 대해서는 "조선학을 외치며 겨레의 얼을 일깨우던 자체는 의미 있게 평가하여야 할 것"이라고 덧붙이고, "자료 처리에 있어 어의학적 분석이나 문헌의 엄밀한 고증은 동암東岩과 같은 것이다"라고 하였다.

하지만 정인보의 역사 저술은 역사학의 보조 작업으로 그친 것은 아니다. '자료 처리에 있어 어의학적 분석이나 문헌의 엄밀한 고증'은 바로 당시 식민사학의 방법론을 비판하면서 독자적인 방법론을 제시하고자 하는 모색이었다. 더구나 정인보는 한국사 연찬에서 문헌고증의 한계를 꿰뚫어보고 한

5 이러한 정인보의 사유방법은 강화학파의 맥을 이은 것이자 그것을 종합하고 발전시킨 것이다. 심경호, 「위당 정인보와 강화학파」, 『열상고전연구』 27, 열상고전연구회, 2008. 73~117쪽.

6 조동걸, 「민족사학의 발전」, 『한민족독립운동사』 9, 국사편찬위원회 ; 「민족사학의 유형과 성격」, 『허선도許善道 교수 정년 기념논총』.

문문장론에서 의법義法의 개념을 도입하여 그 한계를 극복하려고 하였다. 이와 관련하여 「당릉군유사징唐陵君遺事徵」에 주목할 필요가 있다.[7] 정인보는 당릉군의 사적과 관련한 자료에 모순이 있음을 보고, 선학들이 제대로 고증하지 않은 것은 당릉군의 사적을 실증할 길이 없어 어쩔 수 없이 허증虛證으로 꾸민 것이라고 평가하였다. 문헌사료가 부정확하거나 부족할 경우라도 정황의 증거를 이용하여 사적을 복원하고 또 궐의闕疑로 남겨두는 방법을 활용하였다.

정인보는 6월 25일 전쟁이 일어난 뒤 7월 31일, 박계양朴啓陽의 한양병원漢陽病院에서 피랍되었다고 한다. 정인보의 사후 저술을 편찬하는 사업이 지속적으로 이루어졌다. 하지만 그간 과연 정인보에 대한 정당한 평가가 이루어졌다고 말할 수 있는지 의문이다.

정인보의 실종 이후 일어난 가옥 소송 사건은 정인보에 대해 세간의 부당한 대우를 암시하는 듯한 느낌을 준다.[8] 앞으로 정인보의 학문과 사상에 대한 깊이 있는 연구와 정인보가 북쪽의 역사 서술과 사상에 끼친 영향에 대해서도 함께 논의하여야 할 것이다.

---

7 임란 전후에 활약한 역관 당릉군 홍순언洪純彦의 일화를 서술하고 고증한 논문이다. 안장리, 「인문학적 사유를 바탕으로 한 장르변형 글쓰기—정인보의 『당릉군유사징』—」, 『동방학지』 130, 연세대학교 국학연구원, 2005, 279~305쪽.

8 1954년 11월 5일 『동아일보』 석간 2면에 「家族도 모르게 契約變更 鄭寅普氏 家屋問題 法院側 判決注目」라는 기사가 있고, 1954년 11월 19일 『동아일보』 석간 2면에는 「原告側이 敗訴 鄭寅普氏 家屋訴訟 法的節次의 未備로」라는 기사가 있다. 또한 『국민보』 1959년 10월 28일자에는 임철호 농림부장관의 불신임 결의 사항이 있는데, 불신임 제안자인 민관식 의원은 임철호가 "정인보 선생의 주택을 자기의 권력으로 뺏어서 현재 살고 있다"는 사실을 고발하여 여야를 막론한 전 의원들에게 호응을 얻었다고 한다.

최현배, 새로운 어문생활의 표석을 세우다

남기심

1. 국가의 성립과 언어

언어는 인간사회 존립의 필수적 요건이며 일상생활의 가장 기본적인 수단이다. 언어가 없이는 어떤 단위의 사회도 이룰 수 없다. 국가의 성립은 더 말할 것도 없다. 언어는 협동을 가능하게 하고 정보를 공유할 수 있게 하며, 오

南基心 연세대학교 언어정보연구원 객원연구원.

저서로는 『國語完形補文法 硏究』(계명대학교 한국학연구소, 1974 ; 탑출판사, 1986), 『언어학개론』(공저, 탑출판사, 1977 ; 개정판, 1979), 『國語文法의 時制 問題에 關한 硏究』(탑출판사, 1978), 『표준 국어문법론』(공저, 탑출판사, 1985), 『국어 조사의 용법』(서광학술자료사, 1993), 『국어 문법의 탐』 I, II, III(태학사, 1996), 『중세어 자료 강해』(공저, 집문당, 1997), 국어문법의 탐구 IV(편저, 태학사, 1998), 『국어문법의 탐구』 V(편저, 태학사, 2001), 『현대국어 통사론』(태학사, 2001)이 있다. 논문으로는 「불완전명사 '것'의 쓰임」(『국어의 이해와 인식』, 한국문화사, 1991), 「국어의 격과 격조사에 대하여」(『겨레문화』 5, 한국겨레문화연구원, 1991), 「어휘 의미와 문법」(『東方學志』 86, 연세대학교 국학연구원, 1995) 외 60여 편이 있다.

래 축적된 지식의 전수를 가능하게 하는 까닭에 새로운 문화를 창조해내는 기본 도구이며, 같은 역사를 지닌 집단으로 하여금 전통을 유지, 발전시킬 수 있게 하는 인간 고유의 기본 자산이다. 언어는 사람 사이의 정서적 소통을 이룬다. 한 민족, 한 국가를 정신적으로 결속시키는 것이 언어다. 이때의 언어는 물론 그 민족, 그 국민의 모국어이다. 모국어를 공유하고 있다는 것은 그 민족, 그 국가의 정체성을 보이는 것이요, 그들이 하나라는 것을 뜻하며 고유한 문화가 있다는 것을 의미한다.

우리가 나라를 빼앗기고 일제의 통치를 받는 동안 우리의 국어는 일본어요, 우리말은 국어가 아닌 조선어일 뿐이었다. 공식 언어로서 일본어의 사용이 강요되었고 모든 교육이 일본어로 이루어졌다. 한글은 가르치지도 않았다. 우리는 모국어를 잃음으로써 민족으로서의 정체성을 잃고 민족적 유대가 끊어질 뻔하였다. 해방이 되어 우리말이 국어로서의 지위를 되찾고, 각급 학교의 교육이 국어로 이루어지게 되었으나 국어는 잘 다듬어지지 않은 상태였고, '한글맞춤법통일안'과 '표준어사정안'이 마련되기는 하였으나 널리 보급되지 않았으며 국민의 태반이 한글조차 읽을 수 없는 문맹이었다.

이러한 조건 속에서 국어를 정비하고, 우리말로 교과서를 편찬하여 국어를 교육의 도구로서 부족함이 없게 하고, 시급히 필요하였던 국어교사들을 길러내어 국어교육이 정상화하도록 하는 등의 일을 하는 한편, 한글만 쓰기의 기틀을 마련함으로써 대한민국이 바로 서는 데 크게 기여한 이가 외솔 최현배 崔鉉培(1894~1970)이다. 언어는 국가 성립의 기본요건이다. 원활한 언어 소통, 바르고 정확한 언어 표현력이 없이 나라가 바로 설 수가 없다. 이러한 일을 주도적으로 이끌어낸 이로 우리는 최현배를 들지 않을 수 없다. 대한민국을 세운 사람들의 한 인물로 존경받는 국어학자이며 동시에 국어교육자이자 국어운동가였던 그를 꼽는 까닭이 바로 이에 있다.

2. 최현배의 출옥과 조선어학회 활동 재개

해방이 되자 일제 아래서 오랜 세월 국어를 지키기 위해 애를 쓰고, 국어 연구에 진력해온 사람들에게 시급히 해야 할 일은 국어정책에 관련된 일들이었다.

학교교육은 잠시라도 중단할 수 없는 것이었다. 당장 해방된, 즉 1945년 가을 학기부터 학교를 열고 교육을 해야 하는데 일본어로 쓰인 교과서를 쓸 수는 없는 일이고, 준비된 교재는 없었다. 따라서 우리말로 된 각급학교 교과서를 편찬하는 일이 가장 급하였다. 그중에서도 시급한 것이 국어교재였다. 한글의 창제는 서양의 산업혁명보다 더 큰 위대한 사건이라 일컫는 이들이 있거니와, 개화기에 와서야 비로소 민족적 자각과 함께 한글의 가치에 대한 인식이 확산되기 시작하였으나 뒤이은 일제 통치 때문에 그대로 방치되었다. 글을 모르고 산업이 부흥될 수 없고, 시민 사회가 이루어질 수가 없다. 해방 당시에 우리는 그러한 문제를 안고 있었다.

최현배는 함흥 감옥에서 해방을 맞았다. 한국어의 사용이 금지되어 있던 때에 '조선어'(일제하에서 우리말은 '조선어'라고 했음) 연구단체를 만들어 조선어를 연구하고, 사전을 편찬하는 등 한국어 관련 활동을 하는 것을 독립운동을 하는 것이라 하여 많은 국어학자를 검거한 이른바 '조선어학회 사건'으로 4년 징역의 선고를 받고 함흥 감옥에서 복역 중이었기 때문이다. 8월 15일에 해방이 되었으나 최현배는 8월 17일에 감옥에서 풀려났다. 함흥을 떠나 서울에 도착한 것이 19일, 그 바로 다음 날인 20일에 동지들을 모아 '조선어학회'의 재건을 위한 회의를 열고, 9월 초에 조선어학회 안에 '국어교과서편찬위원회'를 구성, 국어교재 편찬에 착수하였다. 동시에 조선어학회 주최로 교원강습회를 열어 교사 강습에 들어갔다.

오랫동안 국어의 사용이 금지되고 일본어만을 쓰도록 강요되었기 때문에 학교에서는 물론 가정에서도 한글을 가르치지 않아서 학생 대부분이 한글을 읽고 쓸 줄 모르는 것이 그때의 현실이었다. 설사 학교에서 한국어 교육을 실시하였더라도 일제가 우리나라를 통치하던 시절의 학생 수가 많지도 않은데다가 집안에서 한글을 가르칠 수 있는 사람이 있는 가정도 많지 않았다. 이런 까닭에 국어교재의 편찬, 국어교사의 양성을 서둘러야 하였다. 특히 한글 교재는 학생들뿐 아니라 일반인들에게도 필요한 것이었다. 최현배가 감옥에서 풀려나자마자 서울에 돌아와서 즉시 '조선어학회'의 재건을 서두르고, 이러한 일에 착수한 것은 이 때문이었다. 전 국민이 한글을 제대로 읽고 쓸 줄 알게 된 것은 그로부터 상당한 세월이 지나서다.

3. 첫 번째 편수국장시절, 국어 교육의 방향을 잡다

해방된 지 약 한 달 후인 9월 21일에 최현배는 미군정청 편수국장에 취임하였다. 이때 군정청 안에 사회 각계 인사들로 구성된 '조선교육심의회'가 구성되었는데, 최현배는 그중 교과서편찬분과위원회의 위원장이 되어 교과서 편찬의 기본 방향 수립에 주도적인 역할을 하였다.

이때 '조선교육심의회'가 결의한 교과서 편찬의 기본 방향은, 첫째로 초·중등학교 교과서는 모두 한글로 하되 한자는 필요한 경우에 괄호 안에 넣을 수 있게 한 것이며, 둘째로 교과서는 가로쓰기로 한다는 것이었다. 대한민국 어문정책의 큰 틀이 이렇게 이루어졌다. 그리고 대한민국 정부 수립 후인 1948년 10월에 국회를 통과하여 공포된, 우리말은 한글만으로 쓰되 얼마동안 필요한 경우에 한하여 한자를 병용한다는 내용의 '한글 전용법'은 바로 이 교과서 편찬 방향과 맥을 같이한다. 오늘날의 우리말 출판물이 모두 한글만을 쓰되, 가로쓰기를 하고 있는 것은 이때 정한 교과서 편찬의 기본방향으로 인한 것이다. 당시의 신문을 비롯한 모든 출판물은 다 세로쓰기를 하고 있었고 한글보다 한자를 더 많이 쓰고 있었다. 교과서에서 시작된 한글만 쓰기와 가로쓰기를 일반 출판물이 모두 따라오게 되기까지는 그 후로도 몇 십 년의 세월이 필요하였다.

편수국은 그 주요 업무가 각종 교과서를 펴내는 일이다. 1945년 9월 21일에 편수국장에 취임하여 1948년 9월 21일에 퇴임하기까지 만 3년 동안 최현배는 그 유명한 『한글 첫걸음』을 비롯한 각종 교과서를 50가지 이상 펴냈다.

우리말 교과서를 한글로 편찬하자면 일본말이나 힘든 한자어로 된 용어들을 우리말로 다듬는 일을 병행하지 않으면 안 되었다.

지금 우리가 '지름, 반지름, 반올림, 마름모꼴, 꽃잎, 암술, 수술, ……' 이라고 하는 말들은 각각 '직경直徑, 반경半徑, 사사오입四捨五入, 능형菱形, 화판花瓣, 자예雌蕊, 웅예雄蕊, ……' 등을 우리말로 바꾸어 만든 용어로서 최현배가 편수국장으로 재직하는 동안 편찬한 교과서에 처음 등장하여 쓰이기 시작한 것들이다. '짝수, 홀수, 세모꼴, 제곱, 덧셈, 뺄셈, 피돌기, ……' 등이 다 그러하다. 물론 새로 만든 용어들이 전부 생명을 얻은 것은 아니다. '산수算數, 동물動物, 양서동물兩棲動物, ……' 등을 고쳐서 각각 '셈본, 옮살이, 물뭍살이, ……'라고 하였던 것이 당시 교과서에 등장하였으나 살아남지 못하고 다시 옛말로 환원되었다. 그러나 이때 새롭게 우리말로 바꾼 용어가 교과서에 쓰인 것은 기성사회에 적지 않은 충격을 주었고, 사회에서 널리 통용되어 쓰이던 '후미끼리, 벤또, 젠사이, 혼다데, 간스메, ……' 등의 일본어에서 들어온 말들을 우리말로 다듬어 만든 '건널목, 도시락, 단팥죽, 책꽂이, 통조림, ……' 등이 자리 잡을 수 있었던 원동력이 되었다. 이때의 동력이 오늘까지 이어져 그 후에 들어온 서양 외래어까지 우리말로 순화하여 쓰고자 하는 노력으로 살아 있다. 최현배의 한자 안 쓰기와 한글 가로쓰기의 주장이 그대로 정책에 반영되었기 때문이다.

최현배가 1947년 5월에 펴낸 『글자의 혁명』에서 주장한 것이 바로 이 '한자 안 쓰기(한자 폐지)'와 '한글 가로쓰기'였다. 앞에서 말한 '조선교육심의회'의 교과서 편찬의 두 가지 기본방향이 결의되던 당시에 집필 중이던 책이다.

최현배는 한자 폐지를 주장하는 근거로, 한자는 워낙 수가 많은 데다가 같은 글자가 여러 가지 뜻이 있고, 같은 사물에 대해서도 여러 글자가 있어서 배우기가 몹시 힘들고 시간과 정력을 많이 낭비하게 된다는 것, 문맹자가 많고 무식한 대중이 많은 것은 바로 한자 때문이라는 것, 활자 인쇄를 하던 당시에 한자는 인쇄하기가 불편하고 타이프라이터, 라이노타이프 같은 문명의 이기를 이용하기 어렵다는 것, 과거 수백 년 동안 한자를 씀으로써 우리말이 죽어 없어진 것이 많고 위축되었으며 어려운 한자 때문에 과거의 교육이 문자 교육에 너무 치우쳐 민족적 독창력을 발휘할 기회가 없었다는 것 등을 들었다. '한글 가로쓰기'에 대해서는, 사람의 두 눈이 나란히 수평으로 나 있고, 그 눈은 가로 째져 있어 좌우로 보는 시야가 넓을 뿐 아니라 해부학적으로 보더라도 눈알을 움직이는 힘줄이 상하보다 좌우의 것이 더 튼튼해서 좌우운동이 상하운동보다 몇 배나 용이하다는 것, 팔꿈치의 운동 범위가 상하보다 좌우가 훨씬 크며 운동이 편리하고 빠르다는 것 등을 그 주장의 근거로 들었다.

한글만 쓰기는 이미 서재필 선생에 의해 『독닙신문』에서 시도된 바 있고, 주시경 선생과 그의 제자들이 한글만 쓰기와 한글 가로쓰기를 해야 한다는 생각을 가져왔으나 나라가 남의 손에 있던 그 시대에 그러한 생각을 실현할 수가 없었고, 아직은 그러한 생각에 이론적인 뒷받침도 준비되어 있지 못하였다. 최현배가 그것을 비로소 이론화하고 가장 강력하게 주장을 한 것이다. 그러나 해방이 되어 나라를 다시 찾은 당시에도 아직은 한자가 없는 문자생활이란 것은 상상도 하기 어려웠고, 가로쓰기도 마찬가지였다.

우리는 천 몇 백 년을 헤아리는 긴 세월을 한자를 가지고 문자생활을 해왔다. 개화기 이후에 한글과 한자를 섞어 쓰는 문체가 많이 퍼지기는 하였으나 아직은 한자를 안 쓰는 한글만의 문자생활은 불가능한 것으로 인식되고 있었다. 한문은 위로부터 아래로 내려쓴다. 즉 세로쓰기를 한다. 그것도 오른쪽에서부터 써나간다. 따라서 신문, 잡지에 한글을 많이 섞어 쓰게 된 개화기 이후에도 세로쓰기를 당연한 것으로 생각하던 때였다. 사회 인식이 이러하던 시절에 교과서를 한글만으로 그리고 가로쓰기로 편찬한 것은 심한 사회적 저항을 받을 만한 일이었으니, 이러한 조치는 극히 혁명적이고 획기적인 일이었다. 그 후로 사십여 년 동안 한글만 쓰자는 이른바 한글 전용론자들과 한자와 한글을 섞어 써야 한다는 한자 혼용론자들이 치열한 논쟁을 벌였다. 이제 한글만 쓰기가 정착되기는 하였으나 아직도 한자혼용론의 불씨가 꺼지지 않고 있다. 최현배의 한글 가로쓰기의 주장은 '봄이 온다'를 'ㅂㅗㅁㅇㅣㅇㅗㄴㄷㅏ'와 같이 풀어서 가로쓰자는 것이었으나 지금과 같은 가로쓰기로 정착이 된 것이다.

4. 조선어학회로 돌아가 『큰사전』 등 발간

우리말과 글을 바로 세우기 위한 최현배의 노력은 편수국 밖에서도 끊임없이 이어졌다. 1946년 9월에는 '한글가로글씨연구회'를 창립하고, 1947년 5월에는 위에서 말한 『글자의 혁명』을 출판하여 그의 주장을 사회에 널리 펴고 있었다. 또 조선어학회의 『큰사전』 일에도 힘을 쏟아 미국 록펠러 재단의 후원을 얻어 출판의 길을 열었다.

『큰사전』 발간은 1929년 10월에 사회 각계인사 108명이 모여 '조선어사전편찬회'를 구성하여 시작한 것으로, 이는 우리나라 최초로 표준말을 사정하여 한글맞춤법에 따라 편찬한, 국민의 바른 어문생활을 위해 만든 사전이다.

'조선어사전편찬회'는 그 취지문에서 "인류의 행복은 문화의 향상을 따라 증진되는 것이요, 문화의 발전은 언어, 문자의 합리적 정리와 통일로 말미암아 촉성되는 것이다. 어문의 정리와 통일은 제반문화의 기초를 이루며 인류 행복의 원천이 되는 것이다"라고 하면서 문화 발전에 뜻이 있는 민족은 언어, 문자의 정리와 통일을 급무로 하지 않은 자가 없고 이를 위해서는 표준사전이 있어야 하는데 우리는 아직 그러한 사전이 없어 이러한 사업이 필요하다는 뜻을 밝히고 있다.

겉으로 보아 단순히 문화적 사업인 듯이 하고 있으나 실은 앞으로 언제인가 나라를 되찾을 것이고, 그때 새로운 민주시민사회를 건설할 목적으로 시작한 준비 작업의 하나였다. 이 사전편찬회를 발기한 사람들은 안재홍, 조만식, 유억겸, 백낙준 등과 같은 당시 우리 사회의 지도층 인사들과 이광수, 주요한 같은 문인들과 이극로, 정인보, 이윤재, 최현배, 김윤경, 이희승 같은 학자들 108명이었고, 비밀 후원회 조직을 가지고 있었으며 조선어학회가 원고를 작성하였다. 이렇게 시작한 『큰사전』이 1947년 10월 9일에 첫째 권, 1949년 5월에 둘째 권이 나왔다. 최현배는 이 편찬회의 준비위원이자 집행위원이었고, 이 사전은 최현배의 문법 체계를 따라 편찬한 것이다.

조선어학회는 해방 전에 '한글맞춤법통일안'을 마련하고 표준어를 사정하였으며 『큰사전』을 만든 국어연구, 국어운동 단체로서 해방 당시에 우리나라 어문정책을 뒷받침하고 있던, 그리고 국민의 어문생활을 주도하던, 우리말에 관한 가장 권위가 있는 학회였다. 최현배는 1948년 9월에 편수국장을 그만두고 조선어학회로 돌아가 상무이사로, 또 이사장으로 학회의 일을 보면서 학회가 주관하는 '세종 중등교사 양성소'의 교수로 일하기도 하였다. 최현배는 시급한 국어교사의 수급을 위해 단기 교육을 해서 자격증을 가진 국어교사를 양성할 목적으로 임시로 차린 '세종 중등교사 양성소'에서뿐 아니라 정식으로 사범교육을 받고 있는 서울대학교 사범대학에서도 국어문법을 가르쳤다. 한편 1949년에는 '한글전용촉진회'의 위원장이 되어 한글 전용의 실현을 위해 진력하였다. 한글 전용을 위한 그의 노력은 그 후로도 타계할 때까지 계속되었다.

5. 두 번째 편수국장 시절, 현실 국어의 기틀을 마련하다

최현배는 대한민국 정부 수립 후인 1951년 1월 20일에 다시 문교부 편수국장에 취임하였다. 두 번째로 편수국 일을 보는 중에 그는 우리말에 쓰이는 글자와 낱말의 사용빈도를 조사하였다. 그가 편수국장 일을 그만둔 후인 1955년에 문교부에서 낸 『우리말에 쓰인 글자(한글, 한자)의 잦기 조사』와 1956년의 『우리말의 말수 잦기 조사』가 바로 그것이다. 한글의 사용빈도 조사는 타자기 등의 자판에 어떤 글자를 어떤 위치에 배열할 것인지를 정하는 데 절대적으로 필요한 통계 자료다. 한글의 기계화에 깊은 관심을 가지고 있던 최현배가 아니고는 발상이 어려운 작업이었다. 한자의 사용빈도 조사도 아직 한자를 많이 쓰던 당시에 한자를 줄여 쓰자면 상용한자 제정 등에 꼭 필요한 정보이다. 단어의 사용빈도 조사는 초·중등학교의 단계적인 교재를 만드는 데도 반드시 있어야 할 자료이다. 저학년 교재에 사용빈도가 낮은 어려운 단어를 써서는 안 될 것이다. 공식적인 학습 교재뿐 아니라 유치원, 초등, 중등 학생들을 위한 일반 읽을거리를 만드는 데 있어서도 사용빈도가 높은,

쉬운 단어부터 시작해서 차츰 단계별로 그 정도를 높여가야 한다. 진정으로 국어교육을 걱정하지 않고서는 생각해내기 어려운 일이었다. 국내에서 어휘의 사용빈도 조사가 본격적으로 시작된 것은 극히 최근에 컴퓨터 작업을 할 수 있게 된 이후이다. 그만큼 최현배는 시대를 앞서 있었다.

6. 최현배의 국어연구와 국어운동

1953년 4월에 현행 맞춤법이 너무 어려우니 이를 폐지하고 한글맞춤법통일안 이전의 옛 철자법으로 고치라는 이승만 대통령의 지시로 국무총리의 훈령이 공포되고 그에 따른 맞춤법 간소화 안이 국무회의의 의결을 거쳐 발표됨으로써 이른바 '한글파동'이 일어났다. 즉 '믿고, 믿어'를 '밋고, 미더'로, '같이'를 '가치'로 쓰라는 것인데 각계각층의 격렬한 반대로 약 2년 만에 없던 일이 되었지마는 이 사건으로 최현배는 1954년 1월에 편수국장을 그만두고 조선어학회 사건으로 떠났던 연희대학교(지금의 연세대학교)로 돌아가 다시 교수로 취임하였다. 이 간소화 안을 반대하자면 문교부를 떠날 수밖에 없었기 때문이다.

최현배는 1894년 경남 울산에서 태어나 관립한성고등학교에 재학하던 중 주시경 선생의 조선어강습원에서 한글과 우리말 문법 강의를 듣고 큰 감명을 받아 평생 국어를 공부하기로 뜻을 세웠다. 일본 히로시마 고등사범학교에서 공부하고 동래고등보통학교 교원으로 재직하면서 『우리말본』의 기초를 잡았고, 다시 교토대학에 유학을 하고 와서 1926년부터 연희전문학교 교수가 되어 우리말 연구에 전심하였다. 그는 국어학자로서 1937년에 『우리말본』, 1941년에 『한글갈』과 같은 국어연구 사상 획기적인 큰 업적을 내었다. 오늘날의 국어문법은 『우리말본』을 바탕으로 하고 있다. '한글맞춤법통일안'이 바로 이 문법 체계 위에서 이루어졌으며, 『큰사전』 역시 이 최현배의 문법 체계를 수용하여 편찬되었다. 주시경 선생의 체계에서는 '먹는다'를 '먹'과 '는다'의 두 단어로 나누어 '먹'만을 움씨(동사)라 하고 '는다'를 또 하나의 다른 품사 끗씨(종결사)라고 하였다. 그런데 '먹는다' 전체를 한 개의 단어인 동사로 보고, '먹'을 어간, '는다'를 어미라고 하게 된 것이 바로 『우리말본』에서 비롯된 것이다. 그는 『우리말본』으로 국어 문법연구의 새 시대를 열었으며, 『한글갈』로써 훈민정음, 역대 한글 문헌, 문자론, 국어 음운사 연구에 넓은 길을 닦았다.

그러나 누구보다도 크고 뛰어난 학문적 업적을 낸 학자요, 교수이며, 학술원 종신회원으로 추대되기까지 한 최현배는 학문의 상아탑 속에만 머물러 있던 것이 아니었다. 해방 전에는 민중 계몽과 독립구국 의식 고취 단체이던 '흥업구락부'에 관계하다가 연희전문학교 교수직을 잃기도 하였고, 조선어학회 일로 옥고를 치르기도 하였으며 해방이 되자 정부에 들어가 편수국장으로 이 나라 어문교육의 기초를 세웠다. 그의 우리말과 글에 대한 연구가 단순히 학문적 관심에서만 비롯된 것이 아니었음은 그의 논문, 저서 여러 곳에서 읽을 수 있다. 그는 『우리말본』 머리말에서 다음과 같이 밝혔다.

> …… 한 겨레의 문화 창조의 활동은, 그 말로써 들어가며 그 말로써 하여 가며, 그 말로써 남기나니 : 이제 조선말은, 줄잡아도 반만년 동안 역사의 흐름에서, 조선 사람의 창조적 활동의 말미암던 길이요, 연장이요, 또 그 성과의 축적의 끼침이다. 그러므로 조선말의 말본을 닦아서 그 이치를 밝히며, 그 법칙을 드러내며, 그 온전한 체계를 세우는 것은, 다만 앞사람의 끼친 업적을 받아 이음이 될 뿐 아니라 나아가아 계계승승繼繼承承할 뒷사람의 영원한 창조활동의 바른 길을 닦음이 되며, 찬란한 문화건설의 터전을 마련함이 되는 것이다. ……

최현배는 문화 창조의 도구로서의 중요성을 '말'에 있어서뿐 아니라 '글'

에 있어서도 역설하였다.

1937년에 낸 『한글의 바른 길』에서는 "…… 사람의 겨레로서 그에게 글의 있고 없음이 그 야만의 비卑와 문명의 존尊을 가르치게 됨은 물론이거니와, 글을 가진 겨레 가운데서도 그 가진 글의 좋고 나쁨이 그 겨레의 우優와 열劣을 가르며, 대大와 소小를 가르는 것이다. 보라! 오늘날에 있어서 세계무대에서 가장 활보하는 겨레는 다 훌륭한 글의 창작자 또는 소유자 또는 완전한 사용자가 아닌가? ……" 라고 하여 아직 잘 닦여지지 않은 한글을 유용한 글자로 발전시켜야 한다고 하였다. 그는 이미 1930년에 발행한 『조선민족갱생朝鮮民族更生의 도道』에서 우리 민족을 다시 살려내는 길의 하나로, 우리말의 어법을 과학적으로 연구하여 대중이 논리적으로 사고할 수 있게 하며 우리 글, 곧 한글의 조직을 학리적으로 연구하여 합리적인 표기법을 만들어내는 것이 절대로 필요하다고 지적한 바 있거니와 최현배의 우리말과 글에 대한 연구는 실용적, 실천적 목적을 가진 것이었다. 그리고 그러한 주장이 한글맞춤법의 제정과, 표준말 사정, 한글 가로쓰기, 한글만 쓰기의 주장으로 이어지고 이들 문제를 국어정책화하여 성공적으로 정착시킨 것이다.

해방 전에, 앞으로 우리나라가 독립하였을 때 그 새 나라를 자유시민사회로 만들기 위하여 우리의 언어, 문자를 합리적으로 정리, 통일하고자 하였던 애국적 국어운동의 목표가 1933년에 마련된 '한글맞춤법통일안' 으로 큰 부분이 성취되어 그대로 오늘까지 이어지고 있거니와, 이 일에 최현배가 제정위원, 수정위원, 제안 설명위원, 조선어학회의 맞춤법 통일위원회 의장 등으로 참여한 것은 그가 위에서 말한 것과 같은 실용적, 실천적 국어관을 가지고 있기 때문이었다. 이 맞춤법은 주시경 선생과 그 제자들이 중심이 되어 제정한 만큼 주시경 학파가 주장하던 바를 기반으로 하고 있지만 최현배의 생각이 크게 반영되어 있다. 용언의 활용 체계와 어간, 어미의 개념, 체언과 토의 개념은 『우리말본』의 체계가 그대로 수용된 것이며, 불규칙 용언의 활용형을 소리대로 적도록 한 것도 최현배의 주장이 받아들여진 것이다. 예를 들어 주시경 학파의 종래 주장은 '돕다' 같은 동사의 어간 '돕'이 어미 '아/어'와 만나서 '도와'로 발음이 되는 것도 원형을 살려서 '돕아'로 적자는 것인데, 이를 '도와'로 적도록 한 것과 같은 것이 그러하다. 그때까지 'ㄱ, ㄴ, ㄷ, …… ㅇ'은 '기역, 니은, 디귿, ……' 등의 이름이 있었으나 'ㅈ' 이하는 이와 같은 두 음절 이름이 없이 '지, 치, 키, ……' 등으로 불렀다. 그런데 이들의 명칭을 '지읒, 치읓, 피읖, ……'으로 하자는 최현배의 제안이 '한글맞춤법 통일안'에 그대로 반영되었다.

최현배는 연희대학교의 교수로 돌아와 연구생활을 하는 한편, 『우리말 존중의 근본 뜻』(1951), 『한글의 투쟁』(1954), 『나라사랑의 길』(1958), 『나라 건지는 교육』(1963), 『한글만 쓰기』(1970) 등의 저서를 연달아 내면서 한글 전용, 우리말 다듬기, 나라 사랑, 국어교육 등에 관한 주장을 펴내 국어 발전에 절대적인 영향을 끼쳤다. 이러한 공로를 인정하여 정부는 1962년에 건국공로훈장을 서훈하였다. 말년에는 『우리말본』에 짝할 우리의 옛말 문법 책을 집필하던 중 1970년에 작고하였다. 정부에서 국민훈장 무궁화장을 추서하고 사회장으로 안장하였다.

이병도, 순수 학구적 자세로 한국사학의 토대를 쌓다

민현구

1. 머리말

두계斗溪 이병도李丙燾(1896~1989)는 8·15해방을 맞아 우여곡절 끝에 대한민국 정부가 수립되어 발전하는 과정 속에서 한국사학자로 크게 활약하였다. 그는 일제 시기 힘든 여건 아래 한국사연구를 새롭게 개척하여 빼어난 성과를 냈고, 진단학회震檀學會 창설을 주도하며 한국의 역사와 문화연구의 기

閔賢九 고려대학교 명예교수.

저서로는 『朝鮮初期의 軍事制度와 政治』(한국연구원, 1983), 『高麗政治史論』(고려대학교 출판부, 2004), 『한국중세사산책』(일지사, 2005), 『韓國史學의 성과와 전망』(고려대학교 출판부, 2006) 등이 있고, 편저로는 『史料로 본 韓國文化史』 고려편(공편저, 일지사, 1984)이 있으며, 역주로는 『譯註經國大典』(공역주, 한국정신문화연구원, 1985·1986)이 있다. 그 밖에 「辛旽의 執權과 그 政治的 性格」 上·下(『역사학보』 38·40 합집, 1968), 「白文寶硏究」(『東洋學』 17, 1987), 「고려에서 조선으로의 왕조교체를 어떻게 이해할 것인가」(『한국사 시민강좌』 35, 2004) 등 주로 고려사에 대한 많은 논문이 있다.

* 이 글에서는 『斗溪雜筆』(이병도, 일조각, 1956), 『나의 人生觀』(이병도, 휘문출판사, 1971),

반을 구축하는 데 크게 기여하였다. 그러한 기초 위에서 해방 후 적극적인 학술 활동을 벌여 공적을 남겼던 것이다.

해방과 더불어 국어와 국사에 대한 관심이 고조되었다. 그리고 새로운 고등교육기관으로 대학이 설립되고, 그에 따라 학술연구의 중요성이 부각되었다. 하지만 당시 해방공간은 남북의 분단이 점차 굳어지고, 좌우 대립이 격심한 정치 과잉의 상태에 빠져들고 있었다. 이병도는 이러한 여건과 추이 속에서 분명히 자유민주체제의 편에 서면서도 비교적 유연한 입장에서 순수 학구적 자세를 지키며 오로지 교육과 학문에 전념함으로써 새로운 한국사학의 기틀을 세우고, 새 나라가 건국하여 학술연구 풍토를 조성하는 데에 공헌하였다.

이 글에서는 바로 위와 같은 이병도의 족적을 좀더 자세히 살펴보고자 한다. 또한 그와 긴밀한 관계가 있는 진단학회의 동향에 대해서도 유의하고자 하는데 어떤 면에서는 이병도의 학문적 성취와 국가적 공헌은 진단학회 주요 구성원들의 경우를 대변한다고 볼 수도 있을 것이다.

2. 일제 시기 중진 한국사학자로의 성장

이병도는 1896년 8월 14일에 경기도 용인에서 충청도수군절도사를 지낸 이봉구李鳳九의 다섯 번째 아들로 태어났다. 한학을 배우다가 서울에 이사하

『歷史家의 遺香』(진단학회, 일조각, 1991), 『震檀學會六十年誌』(진단학회, 1994), 『한국의 역사학과 역사가』하(한영우 외, 창작과 비평사, 1994), 「우리나라 近代 歷史學의 발달(2)」(김용섭, 『문학과 지성』9, 1972), 「著述을 통해 본 斗溪史學」(이기백, 『출판저널』47, 1989 ; 『韓國史像의 재구성』, 일조각, 1991), 「實證史學論」(홍승기, 『現代韓國史學과 史觀』, 일조각, 1991), 「斗溪李丙燾先生墓碑」(한우근, 『民族史의 전망』, 일조각, 1997), 「李丙燾」(민현구, 『한국사 시민강좌』24, 1999 ; 『韓國史學의 成果와 전망』, 고려대학교 출판부, 2006)를 참고하였다.

여 신식 학문에 관심을 가지고 보광학교와 중동학교에 다닌 뒤 16세 때에 보성전문학교 법률학과에 입학하였다. 3년간 공부한 뒤 곧 일본 와세다대학早稻田大學에 진학하였는데, 예과를 거쳐 문학부의 사학급사회학과史學及社會學科를 졸업하기까지 4년이 걸렸다. 대학생활을 하는 동안 이병도는 독일에서 일본으로 전해진 서양 근대 역사학에 접하며 수학함으로써 실증사학의 기초를 다졌고, 역사학과 사회학이 통합·운영되는 학과의 성격에 좇아 사회학도 공부하였다. 당초 서양사를 전공하려던 이병도는 한국인으로서의 깊은 자각 아래 한국사 분야로 방향을 돌렸고, 「고구려의 대수당전쟁對隋唐戰爭에 대한 연구」라는 졸업논문을 제출하였다.

대학을 졸업한 이병도는 선배인 최두선의 알선으로 그가 교장으로 있는 중앙학교中央學校의 교원으로 취직할 수 있었다. 그가 23세 때인 1919년 가을부터 시작된 교원생활은 6~7년간 계속되었다. 주로 역사와 지리를 가르치고 영어도 담당하였다. 또 중동학교中東學校에까지 야간 강사로 출강하였는데 격무로 건강을 해쳐 요양을 하기도 하였다. 그러다가 조선사편수회朝鮮史編修會가 설치되자 이병도는 이케우치 히로시池內宏의 권유와 추천으로 직장을 옮겼다. 그는 교원의 자리를 벗어나 연구자로서의 지위와 기회를 얻은 셈인데, 당시 한국사연구의 자료가 거의 일제 관변 측에 독점되어 있는 현실도 영향을 미쳤을 것이다. 그러나 이병도는 전임직인 수사관보修史官補의 자리에서 22개월 만에 물러났다. 건강이 좋지 않았고 일본인들 틈새에서 연구와 편찬 업무도 힘겹고 불편하였을 것이다. 다만 무급촉탁無給囑託으로서 자료 이용의 길은 열어 두었다.

이병도는 짧은 조선사편수회의 전임연구원 생활을 끝으로 직장생활에서 벗어났다. 그 시점, 즉 1927년 이후부터 해방 때까지 18년간 전업專業의 연구자로서 한국사연구에만 몰두하였는데, 간혹 중앙불교전문학교와 이화여자전문학교의 강사로 출강하기도 하였다.

이병도는 당시 계몽사학 계열에 속하는 이능화李能和, 안확安廓, 황의돈黃義敦, 권덕규權悳奎, 문일평文一平, 이중화李重華 등과 어울려 함께 학문적 토론을 하며 자극을 받기도 하였는데, 스스로 '7인 그룹'으로 불렀다. 그 밖에 최남선崔南善과도 가까운 사이였다. 그러한 가운데 이병도는 1934년 진단학회의 설립에 주도적 역할을 하고, 그 운용과 학보 편집에 헌신하게 되었다.

진단학회는 3·1운동 이후 고조된 한국의 역사와 문화에 대한 학문적 관심의 결실로 세워졌다. 이 무렵 한국인으로서 그 방면에 뜻을 두고 일본의 대학에 유학하거나 서울의 경성제국대학에서 수학한 젊은 학자들이 점차 등장하면서 학술연구의 분위기가 무르익고 있었다. 일본 와세다대학에서 수학한 손진태孫晉泰, 김상기金庠基, 이상백李相佰, 이선근李瑄根 등이 이병도의 후배로서 한국사연구에 뜻을 둔 사람들이었다. 경성제국대학 출신으로는 조윤제趙潤濟, 이희승李熙昇, 이숭녕李崇寧, 방종현方鍾鉉, 김태준金台俊, 이재욱李在郁 등이 한국어·문학을 전공하였고, 한국사 분야의 신석호申奭鎬와 미학·미술사 방면의 고유섭高裕燮 그리고 농업경제를 연구하는 박문규朴文圭도 있었다. 그 밖에 연희전문학교 문과에 교수로 재직하는 백낙준白樂濬, 최현배崔鉉培, 김윤경金允經, 이윤재李允宰 등도 한국의 역사와 어문에 관심을 지닌 학자였다. 이병도를 포함하여 그들 대부분은 연구성과를 제각기 일본의 학술잡지에 발표하면서도 한국인 연구자의 결집과 독자적 학술지 발간을 열망하였다. 이러한 여건 아래 그들 가운데 비교적 나이가 많아 선배격인 이병도를 중심으로 진단학회가 설립되었다.

진단학회 발기인 24명 가운데는 앞서 말한 와세다대학, 경성제국대학 출신 및 연희전문학교 교수 이외에 이병기李秉岐, 문일평, 김두헌金斗憲, 송석하宋錫夏 등의 여러 학자도 포함되었는데, 당시 한국의 역사와 문화에 학문적 관심을 가진 대다수 한국인 학자들이 망라되었다. 찬조회원으로는 이능화, 안확 등 이병도와 7인 그룹을 이룬 계몽사학 계열의 선배학자들과 김성수金性洙, 송진우宋鎭禹, 윤치호尹致昊, 조만식曺晩植, 이광수李光洙 등 사회적 명망가 26명이 참여하였다. 이처럼 당시 한국사회의 커다란 지원 속에 한국 관련 학자 대다수가 참여하여 설립된 진단학회는 곧 『진단학보震檀學報』를 간행하였는데, 이것은 일제 시기 한국인 학자들의 손으로 높은 수준의 한국학 관련 학술잡지가 창간되었음을 알리는 것이었다. 국한문의 한글판으로 한국의 역사와 문화를 다룬 우수한 논문을 싣는 진단학보는 국제적 관심을 끄는 가운데 계속해서 제14집까지 나왔다. 이로써 이 땅에 한국의 역사와 문화를 중심으로 인문사회과학의 기초가 다져질 수 있었는데 그 가운데 이병도가 조윤제와 손진태의 도움을 받으면서 서 있었다. 1942년 일제의 탄압으로 진단학회가 해산되기까지 그는 진단학회를 위해 온 힘과 정성을 바쳤다.

이병도는 1925년에 처음으로 학술잡지에 「이율곡李栗谷의 입산동기入山動機에 대하여」라는 논문을 발표한 이후 연구를 쌓으며 많은 업적을 냈다. 특히 그가 일정한 직업이 없이 진단학회에 봉사하는 것 이외에는 오로지 전업연구자로서 한국사학에 전념하는 약 20년간 쌓아올린 연구의 내용은 방대하고 수준 높은 것이었다. 그의 한국사연구는 조선시대의 유학사, 고려시대의 지리·도참사상, 그리고 고대의 역사·지리에 걸쳐 넓고 다양하게 펼쳐졌다. 전통적인 한학의 기초 위에 근대적 역사연구의 방법을 구사해서 철저한 실증으로 무장한 이병도의 연구성과는 그것이 곧 근대 한국사학의 성립을 뜻하는 것이었다. 그는 독립투쟁이나 사회운동과는 거리를 두고 '순수 학구적 자세'로 한국사를 객관적·비판적으로 연구하여 역사적 진실을 밝히고자 하였고, 그러한 가운데 기자동래설箕子東來說을 부정하고 위만衛滿이 조선인朝鮮人이었음을 논증하여 한국 고대사회의 주체적 발전을 드러낼 수도 있었다.

그는 중후한 학문적 업적과 진단학회의 활동으로 해방 직전에 이미 한국사학의 권위자로 확고한 위치를 차지할 수 있었다.

3. 해방 직후 한국사학의 재건과 교육을 위한 활동

1945년 8월의 해방은 한국인들에게 큰 감격을 안겨주었다. 그러나 곧 미군과 소련군이 군정을 펼침으로써 한국은 독립국가를 세우지 못한 채 격동과 혼란에 빠져들었다. 커다란 변혁기를 맞아 수많은 갈등과 모순이 분출되었으며, 그것들은 좌우의 극심한 대립을 부추기기도 하였다.

새로운 국제정세는 소련의 공산혁명을 향한 세계전략과 그것을 저지하려는 미국의 정책이 대립하는 형국이었다. 결국 북쪽에서는 1946년 2월 소련의 지원 아래 '북조선임시위원회'라는 이름으로 사실상 공산주의 독재정권이 수립되었고, 남쪽에서는 북쪽의 정권과 연계된 좌익세력이 끝내 수세에 몰려 구축되고 1948년 8월 유엔 감시 아래 자유 · 보통선거에 의해 대한민국 정부가 수립되었다. 이렇게 해서 해방 후의 격동과 혼란은 자유민주주의 체제의 대한민국 건국으로 일단락되었으나, 그것은 북한의 공산주의 정권이 엄존하는 상태에서 분단의 불행을 잉태하는 것이었다.

해방을 맞은 이병도는 학술계에 밀어닥친 변화의 소용돌이에 침착하게 대처하며 활발한 활동을 벌였다. 진단학회가 해산된 뒤에 은인자중하며 일제 말기를 보낸 그는 해방과 더불어 그동안 일제에 의해 압살당한 한국사학을 다시 일으킬 책무를 수행해야 했고, 학술연구와 직결되는 고등교육기관으로서 대학의 설립에도 힘을 기울이지 않을 수 없었다. 특히 식민지에서 벗어나 국어와 국사에 대한 관심이 크게 높아지면서 그의 발길은 더욱 바빠지게 되었다. 해방 당시 49세의 원숙한 나이로 학문적 권위가 널리 알려져 있던 이병도는 그에게 부과된 소임을 충실히 수행하였다.

해방된 이튿날, 즉 1945년 8월 16일 진단학회는 총회를 개최하고 재건의 깃발을 올렸다. 10여 년 전에 설립되어 활발한 활동을 벌이다가 3년 전에 문을 닫아야 했던 이 학회는 해방에 즈음하여 새롭게 학술·문화와 고등교육을 일으키는 데, 그 터전으로서 절대적 중요성을 가지게 되었다. 그리하여 진단학회는 『진단학보』 재간의 계획을 세우는 한편, 학술·교육과 관련하여 여러 가지 활동을 벌이는데, 학회의 운영은 송석하(위원장)와 조윤제(총무)가 직접 담당하였고, 이병도는 위원으로서 일선에서 비켜선 채 많은 일을 하였다.

이병도는 우선 국사 강의에 큰 힘을 쏟았다. 일제는 일찍부터 교육과정에서 한국사를 배제하였고, 말기에 이르러서는 그에 대한 정당한 연구조차 금압함으로써 해방 당시 한국인 대부분은 한국사에 무지한 상태였다. 그러므로 진단학회에는 국어와 국사 강의 요청이 폭주하였으며, 이병도는 김상기, 신석호와 더불어 여러 차례 국사 강의에 나서야 했다. 특히 새롭게 국사를 가르칠 교원을 양성하기 위해 강습회가 개최될 때에는 강의가 수개월 동안 계속되기도 하였다.

당시 한국사를 일정한 수준 위에서 바르고 체계적으로 가르칠 수 있는 사람이 매우 제한된 상태에서 이병도는 이 일을 맡아 성실히 봉사하는 동시에 그 교재의 개발에도 힘을 기울였다. 그는 김상기와 분담하여 『국사교본國史教本』을 집필하였는데, 1946년 5월에 진단학회 명의로 편찬·간행된 이 책은 '우리 민족문화民族文化·국가사회國家社會의 변천變遷 발전發展의 대요大要'를 간명하게 서술한다는 목표 아래 시급하게 집필된 소책자였는데, 이병도가 2년 뒤 그것과 별도로 본격적인 한국사 개설서를 출간하는 사정은 뒤에서 언급될 것이다.

이병도는 대표적 한국사학자로서 이 시기 학술과 교육의 진흥 발전을 도모하려는 다양한 운동과 시책에도 간여하였다. 해방 직후 당시의 인문·자연과학을 아울러 학술계 전체를 망라하는 조직체를 만들어서 새로운 문화 건설에 참획하려는 움직임이 나타났을 때, 그는 역사와 철학 부문의 대표로 영입되었다. 이 기구는 해방되던 해 8월에 '불편부당不偏不黨'의 원칙 아래 '조선학술원朝鮮學術院'으로 출범하였으나 좌우의 대립이 격렬해지는 상황에서 당초의 원칙이 깨지고 끝내는 위원장 백남운白南雲이 정치 활동에 나서서 입당함으로써 1년도 되지 못해 와해되었다. 이병도는 또한 미군정이 신교육의 방향 설정과 제도 정비를 도모하면서 미국으로부터의 원조 문제를 적절히 심사처결하기 위해 그해 11월에 '미국교육원조 한국위원회'를 조직하였을 때 위원으로 참여하였는데, 여기에서 그는 백남운, 윤일선, 조백현, 유진오 등 교육계의 지도급 인사들과 함께 일하였다.

이 시기 이병도가 큰 관심을 가지고 치력한 것은 경성대학의 재건과 그 연장선상에서 이루어진 서울대학교 문리과대학 사학과의 창설이었다. 일찍이 이병도, 송석하 등 진단학회의 간부들은 일제 말기에 해방 후의 대학 개설을 구상하며 한강 광나루 지역에서 문학부와 이학부의 후보지를 물색한 바 있거니와, 해방으로 문을 닫은 경성제국대학의 재건·개편의 문제가 대두되자 자연히 그에 관심을 가지고 연관을 맺게 되었다. 경성제국대학은 한반도에 설치된 유일한 대학이었고 법문학부, 이공학부와 의학부를 갖춘 유수한 종합대학으로서, 특히 법문학부는 법학 이외에 한국의 언어·문학과 역사를 중심으로 동아시아 문화연구에도 상당한 비중을 두고 있었다. 해방과 더불어 거의 일본인 일색이었던 교수들 전부와 전체의 3분의 2가량이었던 일본인 학생이 사라지면서 경성제국대학은 폐쇄되는데, 그것을 인수·개편하게 된 것이다.

1945년 9월에 미군정청은 백낙준을 경성대학 법문학부장으로 임명하였고, 그는 일본인 총장에게서 공식적으로 대학을 인수받아 그 재건작업에 착수하였다. 가장 큰 문제는 교수진의 구성이었는데 법문학부의 경우, 백낙준 부장을 중심으로 이병도, 조윤제, 유진오, 백남운의 5명이 인선을 주도하였다. 어문학과 사학 방면은 자연히 진단학회 측 인사들로 충원되었다. 이병도, 조윤제 이외에 이희승, 방종현, 이숭녕, 이병기, 김상기, 손진태, 이인영 그리고 이상백, 김두헌 등이 그들인데, 실상 그들은 사계의 최고 권위자들이었다. 학생의 경우, 종전 경성제대 학생을 모체로 새롭게 편입생을 뽑아서 대학의 모습을 갖추었다. 이렇게 해서 1945년 12월에는 일제의 경성제국대학은 해방된 한국의 경성대학으로 탈바꿈해 재출발하였고, 법문학부는 한국의 역사와 문화연구의 본거지로 구축되었다.

경성대학은 1946년 9월에 국립서울대학교로 확대·개편되었고, 비로소 문리과대학에 사학과가 설치되어 이병도가 주임교수로 이끌어나가기에 이르지만, 그것을 전후하여 우여곡절이 많았다. 약 9개월간의 법문학부 시절에는 법학과 경제학 분야에 좌익계열의 교수가 많아서 대학 바깥의 정황과 맞물려 대립 갈등이 적지 않았다. 좌익 측에서는 유력한 총장 후보로 거론된 백낙준을 비방·배척하였고, 그가 물러나 연희전문학교 교장으로 부임하고 조윤제가 법문학부장을 맡은 뒤에는 독선적인 대학 운영을 이유로 그를 배척하는 이른바 '18교수단 사건'을 유발시켰다. 그리고 서울대학교 설치를 규정한 국대안國大案에 대해서는 좌익을 중심으로 거국적인 반대운동이 1년 이상 계속되었음은 널리 알려진 사실이다. 이러한 소용돌이 속에서 이병도는 어려움을 헤치고 새로운 한국사학 발전의 기틀을 다져 나갔다.

서울대학교 문리과대학 사학과는 한국사와 동·서양사를 아울러 연구·교수하는 체제로 출발하였다. 교수진은 이병도를 비롯하여 손진태, 이인영이 한국사를 맡았는데, 뒤에 유홍렬柳洪烈과 강대량姜大良이 추가되었고, 동양사는 김상기와 나중에 합세한 김종무金鍾武, 김성칠金聖七, 김일출金一出이 담당하였으며, 서양사 분야는 뒤에 김재룡金在龍이 전임교수로 발탁되었다. 경성제대 법문학부에 입학하였던 소수의 학생들 이외에 일본의 각 대학에서 수학 중이던 학생들 다수가 편입하여 이미 경성대학 때부터 사학 분야에서는 충실한 수업이 이루어졌던 것인데, 새로이 학과가 개설된 지 1년이 지나 1947년 8월에는 사학과 제1회 졸업생 9명이 나왔고, 이듬해에는 15명이 졸업하는 등 잇달아 인재가 배출되었다. 이병도는 손진태와 더불어 엄격하고 수준 높은 강의와 지도로 한국사학이 독자적 학문으로 자리 잡는 데 노력을 경주하였다.

해방 직후 진단학회의 재건과 더불어 국사 강의에 힘쓰고, 학술과 교육의 진흥에 중요한 역할을 담당하면서 많은 어려움에 봉착하였으나, 이병도는 학자로서 온건하고 합리적이며 타협적 자세로 현실에 대처하였다. 그는 분명히 자유민주체제의 편에 드는 사람이지만 정치와는 거리를 두고 사안에 따라 객관적으로 처결하였다고 생각되는데, 경성대학 법문학부 시절, 때로는 좌파 세력을 대표하는 백남운과 입장을 함께하며 대학 운영을 비판하였던 것이다. 이러한 가운데 진단학회를 기반으로 서울대학교에 국어국문학과와 사학과가 세워짐으로써 새 나라에 한국의 역사와 문화를 중심으로 학술적 기반이 구축될 수 있었다.

4. 연구와 저술로 보여준 인문학자의 전범

이병도는 서울대학교 사학과 교수로서 강의와 지도에 큰 힘을 쏟는 한편, 1946년 10월부터 동국대학교 사학과 강사로서 출강하였다. 1947년 10월부터는 서울대학교 중앙도서관장을 맡아 새롭게 출범한 이 대학이 연구와 학습의 기반을 구축하는 데 기여하였다. 실상 이병도는 사학자로 서지학書誌學에도 깊은 식견을 지녀서, 해방되던 해 12월에 서지학회書誌學會를 조직하여 학술잡지 『서지書誌』를 간행하였는데, 그가 도서관장으로 보임된 것은 우연이 아니었다. 특히 서울대학교 중앙도서관은 옛 경성제국대학이 소장한 '규장각도서奎章閣圖書'라는 큰 보물을 이어받아 관리하였기 때문에 도서관장의 소임은 무거운 것이었거니와, 그가 5년간 도서관장으로 근무하는 동안 6·25 전쟁을 맞아 1·4후퇴 때 『조선왕조실록朝鮮王朝實錄』, 『비변사등록備邊司謄錄』, 『승정원일기承政院日記』 등을 부산으로 소개疏開하여 안전하게 보존한 것은 눈여겨볼 대목이다.

이병도가 높이 평가받는 바는 이 시기 혼돈과 격동 속에서 앞서 말한 것처럼 많은 일을 하는 가운데에서도 연구와 저술을 계속하여 큰 실적을 올렸다는 점에 있다. 그는 1948년 3월에 연구서로서 『고려시대高麗時代의 연구硏究』(을유문화사)를, 이어서 같은 해 7월에는 개설서인 『조선사대관朝鮮史大觀』(동지사)을 냈는데, 이것은 힘든 일제 시기를 겪고 해방의 격변기를 맞으면서도 한국사학이 꾸준히 성장하여 높은 학문적 수준에 도달하였음을 뜻하는 동시에 새롭게 체계화된 한국의 역사상을 제시하였다는 점에서 의미심장한 일이다.

『고려시대의 연구』는 이병도가 오랫동안 쌓아온 고려의 지리·도참사상에 대한 역사적 연구를 종합·발전시켜 체계화한 것이다. 그는 중국에서 기원하고, 동방적 요소를 지닌 지리·도참사상이 한국의 역사를 통해 고질적으로 큰 영향을 미친 점에 주목하여, 그것이 크게 성하였던 고려 시기를 중심으로 철저하게 분석·검토하여 그 역사적 실체를 파헤침으로써 흥미로운 고려의 측면사側面史를 제시하였다. 독창적인 문제의식을 가지고 광범한 문헌검토와 거듭된 현지조사를 통해 수행된 이 연구는 고려시대에 대한 역사적 이해를 크게 넓혔을 뿐 아니라 방법상 한국사연구의 수준을 끌어올린 뜻 깊은 것이었다. 해방의 소용돌이 속에서 대부분 현실과 동떨어진 것이라 하여 소홀하게 여기는 이 문제를 붙들고 이병도는 연구를 심화시켜 일단락을 지었다.

『조선사대관』은 이병도 자신이 그동안 쌓은 연구성과를 바탕으로 한국사의 발전과정을 체계화시켜 집필한 개설서이다. 그동안 일본 학자들이 한국사를 왜곡시켜 서술하였고, 최남선이 소략하게 한국사를 통관한 바 있는 상태에서, 해방을 맞은 한국사회는 올바르고 충실한 내용의 한국사 개설서를 절실히 요청하였으므로, 이병도는 그에 부응하여 이 책을 저술·출간한 셈이다. 당초 이 책은 해방 직후 백남운이 주도한 '조선학술원'의 요청으로 집필이 착수되어 간행에 이르게 되었음은 흥미로운 사실이다.

이병도는 『조선사대관』에서 역사란 인간사위人間事爲의 변화를 추구하는 것이요, 조선사는 조선민족이 주위의 민족과 교섭과 투쟁을 벌이며 그 사회를 유지·발전시켜온 과정이라 하여 전 시대를 고대로부터 최근까지로 구분지어 서술하였다. 이 책은 무엇보다도 여태껏 일제의 입장에서 왜곡되어 서술된 한국사를 한국민족 중심의 것으로 바로잡아 독립적 역사상을 제시한 점에 큰 특징이 있다. 다음으로 내용의 충실성이 두드러진데, 500쪽이 넘는 큰 책 속에서 각 시기별로 다양하고 풍부한 역사적 사실을 접하게 된다. 비슷한 시기에 유물사관에 입각한 전석담全錫淡의 『조선사교정朝鮮史敎程』(을유문화사, 1947)과 신민족주의를 내세운 손진태의 『국사대요國史大要』(을유문화사, 1949)가 상당한 주목을 받았으나 『조선사대관』이 끝내 한국사 개설서로 독보적 지위를 얻게 되는 가장 큰 이유는 한국민족의 입장에서 새로이 쓰인 이 책의 충실한 내용 때문이었다고 여겨진다.

1948년 8월의 대한민국 정부 수립을 이병도는 서울대학교에서 문리과대학 사학과 교수 겸 중앙도서관장으로서 맞이하였다. 그가 해방 직후의 격동 속에서 다시 찾은 한국사를 널리 알리고 한국사학을 학문적으로 끌어올리는 데에 힘을 기울여 『고려시대의 연구』와 『조선사대관』의 두 저서를 펴낼 무렵이었다. 그의 진단학회 동지들도 좌익으로 서울을 떠난 몇몇을 제외하고는 대다수가 서울대학교 문리과대학 교수로서 한국의 역사와 문화를 다룬 연구서를 저술·출간하고 있었다. 이병도처럼 그들 대부분도 변혁기의 소용돌이에 크게 휘말리지 않고 자유민주체제 속에 새롭게 마련된 대학의 연구실에 파묻혀 연구와 지도에 몰두하는 가운데 대한민국의 탄생을 지켜볼 수 있었다. 그리하여 이병도와 그들은 복잡한 정치 과잉의 시기에 순수 학구적으로 연구와 저술을 통해 인문학자로서의 모범을 보였고, 그것을 통해 조국의 건설과 그 학술적 토대의 구축에 크게 기여할 수 있었다.

5. 순수 학구적 자세가 일군 성과와 기여

이병도는 정부 수립 이후에도 여전히 서울대학교 문리과대학 사학과 교수로서 연구와 지도에 전념하였다. 1948년 12월에는 그가 주도하여 해방 직후 한국사의 전문적 연구를 목적으로 설립된 조선사연구회朝鮮史硏究會의 학술지로 『사해史海』 제1호가 간행되었는데, 이병도는 거기에 「신라문화新羅文化의 특징特徵」을 게재하였다. 이듬해 11월에 이병도는 진단학회 운영에 복귀하여 상임위원으로서 위원장을 맡게 되었다. 해방과 동시에 학회가 재건되면서 위원장으로 일한 송석하가 별세함으로써 새로운 변화가 나타났던 것이며 이병도로서는 진단학회에 대한 애착심과 책임감 때문에 다시 짐을 지게 되었으리라 여겨진다. 실상 해방 후 4년 동안 학회 주요 구성원들의 활발한 활동과는 딴판으로 『진단학보』는 제15호와 제16호의 두 책만을 간행하였을 뿐이므로 학회로서도 새로운 활성화의 노력이 필요하였을 것이다.

그 후 6·25전쟁이 일어나 동족상잔의 비극이 초래되고 온 나라가 전쟁의 참화를 당한 가운데 대한민국의 교육계와 학술계도 치명적 타격을 입었다. 이병도는 전란 직후 1954년 5월에 서울대학교 대학원장에 오르고, 1960년에는 대한민국학술원 회장으로 선임되면서 흐트러진 대학교육을 정돈하고, 학술 문화의 창달에 힘을 쏟았다. 그는 1961년에 서울대학교 교수직에서 정년퇴임한 뒤에도 한동안 성균관대학교 교수로 봉직한 바 있거니와, 1989년 8월에 93세로 별세하기까지 끊임없이 치열한 연구생활을 이어감으로써 10여 권의 저서와 100편에 가까운 논문을 남겼다. 주요 저서인 『한국유학사략韓國儒學史略』과 『한국유학사韓國儒學史』는 그가 90세에 접어든 뒤에 마지막 정리를 거쳐 출간함으로써 학계에 깊은 인상을 남겼다. 또한 이병도는 진단학회를 계속 이끌며 이상백, 이숭녕, 김재원 등의 도움을 받아 『진단학보』를 간행하고, 『한국사』(7책)를 편찬하는 등 많은 활동을 벌였는데, 학회를 대표하는 평의원회 의장으로서 생애를 마감하였다.

이병도는 평생 순수 학구적 자세로 한국사연구에 전념하였다. 그가 복잡한 해방공간에서 정치에 휘말리지 않고 교육과 학술 분야에서 크게 공헌함으로써 대한민국의 건국과 발전에 이바지할 수 있었던 것은, 그가 이미 어두운 일제 시기에 전업 연구자로서 그러한 자세를 갖고 한국사연구에 몰두하여 큰 업적을 쌓았고, 그 권위를 바탕으로 복잡한 변혁기에도 한결같은 자세로 처신하였기 때문이라고 할 수 있다. 뒷날에도 4·19의거 직후의 과도기에 그는 교육자의 위치에서 3개월간 문교부장관으로 봉직한 바 있지만, 오로지 한국사연구에만 몰두해온 일관된 자세를 결코 흐트러뜨리지 않았다. 이처럼 이병도가 순수 학구적 자세를 견지함으로써 학문적으로 대성하고, 학술로써 국가에 공헌할 수 있었다는 점은 우리가 눈여겨볼 대목이라 하겠다.

윤일선, 학술원의 기초를 구축한 선구적 의학자

김용일

1. 출생과 해외 유학

동호東湖 윤일선尹日善(1896~1987)의 본관은 해평海平이고 아버지 윤치오尹致旿와 어머니 이경숙李敬淑의 4남 1녀 중 맏아들로 태어났다. 윤보선 전 대통령과는 육촌간이며 친척으로는 윤치영, 윤치호 등이 있다.

그는 일본강점기에 한국인으로서는 처음으로 제국대학교수 발령을 받은 의학자인 동시에 한국인 최초의 병리학자이다. 해방과 더불어 이 나라의 고등교육 체제 구축에 적극 참여하고 앞장섰다. 그는 오직 학문(의학)과 학술 활동에 전념하였고 서울대학교 총장과 대한민국 학술원 초대회장을 맡아 한

金勇一 을지대학교 명예총장, 서울대학교 명예교수.

저서로는 『의학교육평가』(서울대학교 출판부, 1985), 『배움과 가르침』(서울대학교 출판부, 1995), 『사례로 배우는 의학교육』(서울대학교 출판부, 2000)이 있으며 역서로는 『의학교육과정 개발』(세계보건기구 편, 1983), 『21세기의 의사상』(미국의학협회, 1984)이 있다. 그 외 『임상윤리학』(서울대학교 출판부, 1999), 『최신의과학용어사전』(2005) 등 편저서가 있으며 다수의 논문이 있다.

국의 고등교육과 의과학醫科學 연구발전을 이끈 전형적인 학자의 일생을 산 대표적 의학자였다고 할 수 있다.

윤일선은 1896년 10월 1일 충청남도 아산군牙山郡 둔포면屯浦面 신항리新項里에서 출생한 것으로 기술되어 있으나, 행여 반일파로 오인될까 우려한 나머지 집안의 일부가 일본에서 출생한 것으로 잘못 기재하였음을 자인하고 있다(장남 윤택구 진술). 그럼에도 본인의 회고록에 의하면, 그는 서울 저동苧洞에 있던 히노대 소학교日出小學校(지금의 극동빌딩 자리)를 다니면서부터 부친을 위시한 집안의 많은 영향을 받으면서 성장하였다. 그는 11세 때 모친을 사별하였으며 모친의 유언에 따라 과학자의 길을 선택하였다. 1911년 그는 경성중학교京城中學校(경희궁에 위치해 있던 서울고등학교의 전신, 5년제)를 졸업한 후, 일본으로 건너가 제6고등학교 제3부(오카야마 소재)를 거쳐 1919년 9월 일본 경도제국대학京都帝國大學 의학부醫學部에 입학하였고, 1923년 6월 동 대학을 졸업하였다.

오카야마 고등학교 시절 그는 물리학, 수학, 화학 등에 특히 많은 관심을 보였으며 대학 입학 후에도 2년 동안은 인문학, 특히 종교철학과 문학 등에 대한 서적을 탐독하여 독서영역을 넓혔다. 음악이나 미술에 대해서도 높은 수준의 자질을 보였으며, 그 당시의 독서 내용이나 강의는 해방 후 이 나라 고등교육정책 수립에 큰 영향을 주었다. 훗날 세브란스 의학전문학교 교수 시절 해외시찰 때에도 세계적인 학자들과의 교류는 물론 이름난 예술가의 집이나 박물관을 잊지 않고 찾아 강의할 때도 병리학에만 집착하지 않고 인문학과 문화예술의 중요성을 강조하였다. 특히 해마다 정초에 서울대학교 의대 병리학 교수들이 세배 차 방문하였을 때에도 변함없이 샌프란시스코에서 처음 본 사이크로톤의 의학적 응용뿐 아니라 음악가나 미술가에 이르기까지 화제를 넓게 이끌었다. 윤일선은 늘 새롭고 교훈적인 내용을 담아 학문을 대하는 마음가짐을 간접적으로 일깨워주었다.

일본 유학 시절 윤일선의 집안 형편은 넉넉지 못하여 고등학교 선배였던 김우영金雨英(제6고 선배이자 경도제대 선배)의 도움으로 경도제대 YMCA 기숙사에서 생활하였는데 당시 한국인 입사생入舍生이 30여 명에 이른 가운데 장학금으로 생활하였다. 나중에는 김우영과 함께 자취하였다. 특히 그는 당시 '빛은 동방에 있다'고 역설한 인도의 근대시인 타고르의 현지 강연을 들은 후 꽤 오랜 기간 종교철학에 탐닉하였다고 한다. 그가 공부한 도시 교토京都는 일본에서도 잘 알려진 학문의 도시였고, 모든 서점이 책값에 관계없이 학생들에게 외상으로 책을 주기도 하는 분위기였다.

윤일선의 교우관계는 그리 넓지 못하였고, 주로 제6고와 경도제대의 선후배를 중심으로 이루어졌으며, 그중에서 가까이 지낸 사람으로는 김우영, 이관우李寬雨, 김연수金季洙, 최현배崔鉉培, 김두종金斗鍾, 이홍우李鴻雨, 안재학安在鶴 등이 있었다. 특히 김우영은 상당한 민족주의자였으며 윤일선 역시 학문을 통해 민족의 역량을 키우겠다는 결의를 마음 깊이 새기고 있었던 것 같다.

그는 경도제국대학을 재학하면서 임상의학보다는 기초의학에 마음을 두었고, 졸업함과 동시에 바로 동 대학 의학부 병리학교실 부수副手(주임교수 후지나미藏浪鍵)로 피명被命되었으며, 이듬해에는 지도교수의 재정적인 도움을 받아 동 대학원에 입학하였으나 1년 반 만에 의병자퇴依病自退하고 한국으로 귀국해서 정양하였다. 1년 후 복학하여 동 대학원을 수료하고 1927년 경성제국대학京城帝國大學 의학부(지금의 서울대학교 의과대학) 병리학교실 제2강좌(주임교수 도쿠미쓰德光美福)의 조수助手를 거쳐 1928년 한국인 최초의 경성제국대학 의학부 조교수로 임명되었다. 1929년에는 과민성過敏性과 내분비선內分泌線과의 상관관계에 대한 실험적 연구로 모교인 경도제국대학에서 의학박사 학위를 수여받았다. 이로써 윤일선은 일본정부가 공식으로 인정하는 학위와 교수 자격을 가지게 되었다. 잠시 그대로 경성제국대학 의학부 조교수로서 학생교육과 연구에 참여하였다가 1930년 바로 세브란스 의학전문학교(지금의 연세대학교 의과대학) 교수로 피명되었다(참고로 당시 일본이나 한국의 모든 교실에는 교수 1명, 조교수 1명, 강사 1명 또는 조수가 배정되었으니 지금으로 보면 그는 병리학교실의 주임교수였다). 그로부터 4년 뒤 그는 세브란스 의학전문학교 교두教頭(지금의 의학과장 또는 부학장에 해당함)가 되어 해방되기까지 13년(1933~1945) 동안 세브란스 의학전문학교의 교육, 연구의 중심에 서서 의학교육 발전의 기반을 다졌다.

윤일선은 병리학에 대한 폭넓은 견식과 학문연구의 객관화 그리고 교육에 대한 열정으로 임용 초기부터 한국의학의 세계화에 눈을 돌리기 시작하였으며, 일제 통치하에서도 일본뿐 아니라 구미 각국의 학술 활동에 적극 참가하였다. 그중에서도 세브란스 의학전문학교의 재정적인 지원을 받아 6개월에 걸쳐 구미 및 일본의 여러 대학과 연구소를 시찰하였던 일이 주목되는데, 지금의 눈으로 볼 때 그가 직접 현장을 확인하고 의학뿐 아니라 물리학, 화학에 이르기까지 각국의 석학들을 만나 선진 각국의 교육제도와 연구방향을 조사한 것은 당대는 물론 해방 직후 이 나라 고등교육제도 및 대학원 교육의 쇄신, 특히 실증주의에 입각한 실험적 연구의 활성화에 큰 영향을 미쳤던 것으로 여겨진다.

해방과 더불어 윤일선은 경성대학 교수 겸 의학부장(지금의 의과대학장)으로 자리를 옮김과 동시에 미군정청 조선교육심의회 위원으로 활약하면서 초창기 한국 고등교육의 기반을 구축하는 데 적극 참여하였다. 1946년 경성의학전문학교 등과 경성대학이 서울대학교로 종합화되면서 그는 대학원장(1947~1954), 부총장(1954~1956), 총장(1956~1961)을 역임하였다. 대한의학협회 회장(1948)과 이사장(1952)을 맡은 동안 여러 가지 기초적 사업을 벌여 해방 후 의사들의 인술제세仁術濟世 정신을 심는 데 헌신하였다.

그중에서도 학술원 활동과 관련하여 윤일선은 학술원 창립에 주동적인 역할을 하면서 초대부터 6대에 걸쳐 회장직(1954~1960)을 역임하여 대한민국 학술원의 기초를 닦았으며, 특히 학문 증진을 위한 학술원상을 제정하는 데 앞장섰다.

2. 사회 활동과 수상

이처럼 윤일선의 학술 활동은 워낙 범위가 넓어서 일일이 열거할 수 없으나 결코 학문의 정도正道에서 벗어나지 않았기 때문에 이 글에서는 교육 · 연구와 관련된 것으로 국한하고자 한다.

윤일선은 일제치하에서도 병리학연구와 교육을 통하여 한국병리학의 탄생과 발전을 주도하였으며 한국 학문체계의 정통성正統性을 정립하는 데 온 정성을 쏟았다. 특히 정기간행물의 비치와 도서관 설립에 선봉을 섰는가 하면 학문연구의 기초가 되는 어학에 힘을 기울인 것으로 정평이 나있다. 당시 시대적 상황을 보아 영어 · 프랑스어 · 독일어 · 일본어 등 4개 외국어를 자유롭게 구사하였다는 것은 매우 주목되는 점이고, 박사학위 논문까지도 영문으로 작성하였다는 사실은 윤일선의 어학 실력을 분명히 알려준다고 할 수 있다.

그는 대학에서 교육이나 연구 활동 이외에 서울대학교 총장, 원자력원장(1963), 한국과학기술후원회 이사장(1967), 한국과학기술진흥재단 이사장(1980) 등을 맡으면서 해방 이후 과학진흥의 밑거름 역할을 하였다. 그리고 문교부, 보건사회부, 과학기술처, 유네스코UNESCO의 각종 위원회 위원으로서 과학 및 의학 분야에 대한 왕성한 자문 활동을 펼친 것도 학술 발전에 큰 도움을 주었다. 그러나 학문 이외의 외도는 모두 사양하였다.

의학 분야에서 윤일선이 보인 왕성한 활동으로는 해방 전(1930)에 조선의학협회朝鮮醫學協會 창립에 적극 참여하면서 『조선의보朝鮮醫報』 발간을 주관한 데에서 찾을 수 있다. 해방과 더불어 조선의사회(지금의 대한의학협회 · 대한의사협회 전신)를 창립하면서 위원장(1945)으로서 주역을 담당하였고, 나중에 대한의사협회 회장(1948)과 이사장(1951)을 맡았다. 한편 병리학계를 위해서는 1946년 조선병리학회(후에 대한병리학회로 개칭됨)를 설립하고 1958년까지(1대~6대) 회장을 역임하면서 이 나라 병리학교육과 연구의 기초를 닦았다.

3. 학문적 업적

윤일선의 주된 연구 분야는 당시 세계를 풍미하던 독일의학, 특히 세포병리학cellular pathology이 주축을 이루었다. 그것을 바탕으로 암, 내분비, 알레르기 영역 분야 연구에 집중하였다. 그중에서도 윤일선의 학위논문인 「호르몬과 과민반응과의 상관관계-호르몬과 면역계와의 관계, 특히 응집소와 고환과의 관계에 관하여」를 기반으로 많은 대학원생을 지도하면서 인체 각 장기에서의 변화가 각 장기별 과민증현상에 미치는 영향을 연구하고 그 결과를 체계화하였다. 일본병리학회지, 일본미생물학병리학회지, 조선의학회지, 중국의학회지, 독일학회지 등에 계속 논문을 게재함으로써 과민증연구의 세계적인 개척자로서의 역할을 주저하지 않았다. 특히 세브란스 의학전문학교 출신들의 학위 신청 자격이 허락되지 않을 때 그는 모교인 경도제국대학에서 대학원생들이 박사학위를 받을 수 있도록 손수 노력하여 많은 제자가 박사학위를 받는가 하면, 학회에서의 연구발표 체계를 세워서 한국의학의 연구 분위기 조성에 앞장섰다.

또한 독일, 미국 의학계 시찰 때 인연을 맺은 저명 연구소나 대학의 협조를 받아 발암물질이나 발암 실험용 동물주(株, strain)를 손수 분양받아 국내로 반입해와서 이 나라의 실험적 연구를 개척하였고, 이를 손수 적용하여 많은 발암 관계 실험 연구논문을 발표하는 등으로 이 나라 연구풍토 조성에 앞장섰다.

인체병리학 분야에서 윤일선이 이룬 업적 중 한국인의 암 발생에 대한 병리학적 현황분석 연구는 세계적으로 암연구 분야의 최정상급 학술지로 인정받고 있는 『암연구Cancer Research』(미국암연구소, 2006, 영향지수 : 7.656)에 「A statistical study of tumors among Koreans」(1949)란 논문으로 발표한 것이 두드러진데, 이로써 한국의학의 위상이 세계 학계에 소개되었다. 또 한국인에서 처음으로 상피병象皮病의 존재와 역학적 유의성을 처음 밝히는(1927) 등 총 253편의 논문을 정년 퇴임할 때까지 발표하거나 박사학위 논문으로 지도하면서 연구 활동을 주도하였다. 그중에서도 상피병의 최초 보고 등은 지금도 인용되고 있다.

윤일선은 1960년 과학인용지수Science Citation Index, SCI라는 개념이 도입되기 전부터, 즉 1934년 이후 50년간 병리학을 포함하여 국내 의과학 문헌 초록을 손수 만들어 지금의 SCI에 버금가는 미국 CAS(Chemical Abstract Service)에 보내어 서지학적 중요성을 우리나라 교육사회에 직접 일깨워주었으며, 실험실 연구 활동을 후학들에게 넘긴 후 한시도 국내외 정기 학술간행물을 손에서 놓은 적이 없었다. 이뿐 아니라 의학계 교육이나 연구의 방향에 대하여 많은 후학에게 자문을 서슴지 않았다.

윤일선이 남긴 에피소드 중 하나는 그가 의학도서관에 도착한 신간 학술지의 거의 대부분을 읽었다는 흔적을 남긴 것이다. 서울대 의대가 구독하는 학술지마다 윤일선의 눈길이 닿았던 표시가 있어서 그의 학문에 대한 갈구를 엿볼 수 있고, 그것이 후학들에게 얼마나 큰 자극을 주었는지를 짐작하게 해준다. 그러나 그에게도 악습이 있었는데 읽은 후 반드시 빨간색 유성 색연필로 학술지 표지 목차에 표시를 남겨서 후학들의 쓴웃음을 받기도 하였다.

윤일선의 연구업적에 대한 수상受賞은 많으나 대표적인 것으로 제1회 대한민국 학술원상(1955), 서울시 문화상(1956), 대한민국 문화훈장(1962)을 들 수 있다. 그중에서 학술원상 수상 업적으로 기록된 내용을 옮기면 그의 연구 논문 업적은 「종양의 발생기전에 관한 연구」를 필두로 「아나피락시스anaphylaxis와 조직변화에 대한 연구」, 특히 「내분비장기 관계의 연구」를 들 수 있다. 후자와 관련된 연구는 총 연구 업적의 2/3를 차지하고 있다. 위와 같은 일련의 연구는 자저自著 36편을 포함해서 300편이 넘는 논문이 모두 각종 전문학회에서 발표되었고 또 대부분은 동 학회지에 원저 논문으로 게재되었으며, 요즘의 형식으로는 교신 저자의 역할을 담당하였다. 그를 지도교수로 우리나라와 일본에서 의학 박사학위를 취득한 자의 수가 무려 26명에 달하였다.

이상과 같은 윤일선의 학술업적과 자연과학자로서의 지조志操 있는 모습은 후학들에게 귀감이 되어서, 평생 그는 결코 학문의 길을 떠나지 않은 학자로 기억되고 있다. 대한민국 학술원은 설립 50주년(2004)을 맞이하여 윤일선의 흉상을 제작하고 서초동에 소재한 학술원 건물 입구에 세웠다. 일생 학자로서의 업적과 학문적 기여를 기념하면서 현직 회원들에게 귀감이 되고 있다. 그의 흉상 뒤에 적힌 헌사獻辭에는 다음과 같이 기록되어 있다.

> (중략) 우리나라 의학계는 물론이요, 전체 과학계에서 선생님에 비견할 만한 자가 드문 탁월한 존재로서, 특히 의학계에 끼친 공헌은 지대하다 할 것이다.

4. 개인생활 및 가족

윤일선에게 지도받은 의과대학생이나 대학원생들의 눈에 비친 모습은 체격이 훤칠하면서도 마른 편이었다. 과묵하고 매사에 철저하였으며, 서거하기 전까지 책을 놓은 적이 없었고 88세가 된 해까지 빠짐없이 대한병리학회나 암학회에 출석하여 후학들의 연구를 격려하거나 자신의 의견을 제안하기도 하였다. 특히 서울대학교 총장직을 수행하는 중에나 퇴임한 후에도 학부는 물론 대학원에서 강의를 놓지 않았으며 그 내용은 언제나 최신 연구 동향이나 연구성과에 이르기까지를 섭렵하는 것이었다. 종이가 귀한 때에 공부한 탓인지 언제나 조그마한 쪽지에 인용문을 적어 낙엽 줍듯이 아주 작은 목소리로 강의에 임하였던 것은 윤일선에게 배움을 받은 후학들의 가슴속에 깊게 각인되어 있다. 더욱이 타계하기 전까지 필자를 포함한 제자들이 30여 년을 빠짐없이 세배를 가서도 똑같은 말을 반복함이 없었고 생생하게 초임 병리학자들의 마음가짐을 낱낱이 일러주며 후학들을 위한 격려를 잊지 않았으며 학문 외적인 삶조차 쾌히 자문에 응하였다. 그러다가 그는 1987년 91세를 일기로 서울에서 타계하였다.

유족으로는 장남 윤종구(전 미국 캘리포니아대학교 물리학 교수), 차남 윤택구(전 원자력병원 실험병리학과장 겸 병원장), 삼남 윤종구(전 서울의대 소아과학 교수, 신생아학)가 있으며 이들 역시 선친의 뒤를 이어 연령에 관계없이 왕성한 연구 활동을 하였다. 특히 차남 윤택구는 한국 인삼의 효과를 지속적으로 연구하고 그 성과를 국제암역학회지에 발표하여 부자간의 연구 활동을 전 세계에 과시한 바 있다.

고희동, 건국 활동에 앞장선 근대 화단의 거두

김영나

1. 들어가는 말

춘곡春谷 고희동高羲東(1886~1965)은 1915년에 동경미술학교를 졸업하고 귀국한 우리나라의 첫 번째 서양화가로 알려져 있다. 최초의 서양화가라는 명성 때문에 그의 이름은 중고등학교 미술 교과서에도 등장하고 한국 근대미술사의 서술도 고희동에서부터 시작하는 경우가 많다. 그러나 그의 작품에 대해서는 1910년대의 유화로 제작된 자화상 세 점 외에는 그다지 많은 연구가 되어 있지 않다.[1] 그 이유는 1927년부터 고희동은 완전히 동양화로 작업

金英那 서울대학교 고고미술사학과 교수.
저서로는 『서양 현대미술의 기원』(시공사, 1996), 『20세기의 한국미술』(예경, 1998), 『시대와 조형정신』(열화당, 1998), 『Twentieth Century Korean Art』(Laurence King, London, 2005)이 있으며 편저로 『한국근대미술과 시각문화』(조형교육, 2003)가 있다. 논문으로는 「박람회라는 전시공간 : 1893년 시카고 만국박람회와 조선관」(『서양미술사학회논문집』 제13집, 2000, 75-106), 「워싱톤 디시 내셔널 몰의 한국전참전용사기념물과 전쟁의 기억」(『서양미술사학회논문집』 제18집, 2002, 7-31), 「초국적 정체성 만들기: 백남준과 이우환」(『한국근현대미술사학』 제18권, 2007, 209-226)이 있다.

방향을 바꾸었고 작품의 제작 수도 그다지 많지 않았을 뿐 아니라 해방 이후에는 작품 활동보다는 화단의 원로로서 여러 단체의 리더로 활약하였으며, 1960년에는 참의원으로 선출되는 등 정치권에 발을 들여놓았기 때문이다. 그러므로 근대미술 연구자들의 일부에서는 고희동이 최초의 서양화가라는 이유만으로 근대미술사의 중요한 위치를 차지하고 있는 사실은 재평가되어야 한다는 시각도 있다. 그러나 고희동에 이어 두 번째, 그리고 세 번째 서양화가였던 김관호나 김찬영은 아예 붓을 꺾고 화단에서 사라졌다는 사실을 감안하면 고희동의 세대에서 계속 화단을 지켰다는 것 자체가 쉬운 일이 아니었을 것을 짐작하게 한다.

2. 화가로서의 고희동

고희동의 일생을 살펴보면 전통사회에서 근대사회로 변화해가던 우리나라 근대사의 굴곡이 한눈에 펼쳐지는 듯하다. 그는 1886년 3월 11일 서울 원서동 16번지에서 역관 출신의 제주 고씨 집안에서 태어났다. 고희동의 아버지 고영철은 경상도 봉화 군수와 함경도 고원 군수를 역임한 관료였다. 고영철은 중국어 역관으로 김윤식과 함께 영선사절단의 일원으로 중국 천진에 가서 영어를 배웠으며, 민영익과 함께 조선보빙사朝鮮報聘使의 일원으로 1882년에 미국 시찰을 하기도 하였다. 그는 문예에도 관심이 많아 육교시사六橋詩社라는 여항문인 모임의 일원이기도 하였다. 그의 집안에서 주목을 끄는 인물은 고영철의 형인 고영희다. 그는 일어 역관으로 독립협회의 발기인이기도 하였으나 이완용 내각에서 탁지부 대신으로 일본과의 합방에 찬성하고 후일

1 고희동 전 생애의 작품에 대해서는 〈춘곡 고희동 40주기 특별전〉, 서울대학교 박물관 전시 도록, 2005 참조.

중추원 고문이 된 대표적인 친일파였다.

고희동은 6세부터 서당에 나가 한문을 배웠는데 1899년 13세 때 아버지의 권유로 5년제 프랑스어 학교인 한성법어학교에 입학하였다. 그는 이 학교에 다니면서 프랑스어 선생 에밀 마르텔Emile Martel(馬太乙, 1874~1949)을 목탄으로 쓱쓱 그리던 레오폴드 르미옹Léopold Remion과 알게 되었다. 르미옹은 당시 프랑스에서 온 도예가로 정부에서 도예학교를 세울 예정으로 초빙되었으나 결국 계획대로 진행이 되지 않자 다시 프랑스로 돌아갔다.

1904년에 고희동은 학교를 마치지 않은 상태로 궁내부의 광학국 주사(판임관 6등)로 임명되었다. 이후 1909년까지 그는 장례원 예식관 등으로 일하였으나 을사보호조약으로 나라가 주권을 잃어버리면서 그의 마음은 이미 공직에서 떠나 있었다. 그는 당시를 다음과 같이 회고하였다.

> 내가 22세 시時였다. 그때가 마침 일본이 우리나라를 보호국으로 만든 지 2년이 되었고 필경병합畢竟倂合의 욕辱을 당하게 되기 4년 전이었다. 국가의 체모는 말할 수 없이 되었다. 무엇이고 하려고 하여도 할 수가 없게 되었다. 그리하여 이것저것 심중에 있는 것을 다 청산하여 버리고 그림의 세계와 주국酒國에로 갈 길을 정하였다.[2]

그는 당시 최고의 화가였던 심전 안중식(1853~1920)과 소림 조석진(1886~1919)의 문하에서 그림을 배우기도 하였으나 중국 대가들의 그림을 모방하는 식의 공부가 마음에 들지 않아 동경으로 유학을 가기로 결심한다. 예식관으로 재직하면서도 일본국 국비출장의 형식으로 일본에 간 고희동은 1909년 4월 동경미술학교 예과에 입학하였고 6월에는 본과로 진학하였다.

---

2 고희동, 「나와 조선서화협회 시대」, 『신천지』 2, 1954, 179~183쪽.

그는 동경미술학교에서 처음에는 과정을 따라가지 못해 교실의 한 구석에서 개인 교습을 받아야 하였으나 곧 서양화의 기본 훈련인 목탄으로 그리는 방법부터 차근차근 배우기 시작하였다.

1915년 그가 귀국하기까지 그린 작품 중 현재 남아 있는 작품은 세 점의 자화상이다. 가장 잘 알려진 〈부채를 든 자화상〉(1915년, 국립현대미술관 소장)은 당시 동경미술학교의 전형적인 사실주의와 인상주의가 합쳐진 양식을 보인다. 화가의 자화상이란 근대미술에서 새롭게 등장한 주제로 화가가 자신을 어떻게 나타내고 싶어 하였는지를 드러낸다는 점에서 흥미를 끈다. 〈부채를 든 자화상〉에서 그는 자신을 적삼 차림에 부채를 부치고 있는 모습으로 그렸다. 배경에는 책이 꽂혀 있고 그림이 걸려 있어 화실이라기보다는 서재에 더 가깝다. 반 고흐나 렘브란트와 같은 서양화가들이 일반적으로 이젤 앞에서 팔레트를 들고 그림을 그리고 있는 모습으로 자화상을 그렸다면, 고희동은 자신을 화가로 나타내기보다는 그림을 즐기고 책을 읽는 근대적인 선비로 그렸다고 할 수 있다.

실제로 관리의 경력을 가졌고 동경 유학까지 해 엘리트 의식이 강하였던 고희동은 그림 팔기를 싫어하였다고 알려져 있다. 그의 그림을 가지고 싶어 하던 사람들은 그를 방문하고 담소한 후 넌지시 보료 밑에 돈을 찔러놓고 가져갔다고 한다. 그래서 그는 늘 넉넉하지 않은 생활을 하였다고 한다.

고희동이 1915년에 동경미술학교를 졸업하고 돌아오자 매일신보는 「서양화의 효시」라는 제목으로 그의 귀국을 보도하면서 〈자매〉라는 작품의 사진을 함께 실었다. 고희동은 1917년 매일신보에 〈구정 스케치〉라는 제목으로 구정舊正의 여러 민속놀이를 연필 스케치로 연재하면서 최초 서양화가로 자신의 이름을 알렸다. 그러나 그가 화구를 매고 야외에서 풍경화를 그리면 사람들이 와서 보고는 엿장수 같다든지 닭똥(그림물감) 같은 것을 바르는 것을 배우러 유학까지 갔다 왔느냐고 비아냥거렸다고 술회하고 있어 당시 서양화가가 된다는 것이 얼마나 힘든 일이었는지 짐작할 수 있다.

그는 중앙, 휘문, 보성, 중동학교에서도 미술을 가르쳤는데 이때 그에게 그림을 배운 제자로는 장발, 이마동, 안석주 등이 있다. 그런데 무엇보다도 그의 활동 중에 가장 중요한 것은 미술인들의 교육과 공중의 의식을 고취하기 위하여 1918년에 결성한 서화협회였다. 이 단체의 발기인은 모두 13명이며 회장은 안중식, 실질적인 일을 도맡은 총무는 고희동이었다. 고희동을 제외하고는 전통적인 서화가들 중심이어서 이름도 '미술'이라는 근대적 용어를 사용하지 않고 '서화'라는 용어를 사용하였던 이 협회는 당시 미술인들이 만든 유일한 미술단체였다. 서화협회 활동의 중심은 '협전'이었다. 이것은 애호가나 소장가가 사랑방에서 펼쳐보던 전통적 그림 감상에서 다수를 대상으로 하는 대중적 전시회로의 근대적 전환을 의미하는 것이었다.

1921년 중앙학교에서 열린 제1회 〈협전〉에서 제1전시실에는 안평대군, 겸재 정선, 심전과 소림의 유작 등이 특별 전시되었고, 2실과 3실에는 서화협회 회원들의 작품들, 그리고 제4전시실에는 추사 김정희의 서예 작품들이 전시되었다. 서화협회의 〈협전〉은 "이왕가로부터 매월 다소의 금전을 받고 이완용, 민병석 등이 고문"이었다는 고희동의 회고로 미루어보아 민족주의적인 단체로 볼 수는 없지만 그런데도 1922년부터 시작한 조선총독부 주최의 〈조선미술전람회〉에 대적한 유일한 우리나라 미술인들만의 대형 전시회였다.[3]

안중식, 조석진이 사망한 이후 고희동이 중심이 된 서화협회는 경제적인 어려움 속에서도 지속하다 결국 1936년에 해산되었다.

고희동은 일본에서 귀국한 후에 서양화만 제작한 것이 아니라 동양화에도

---

3 고희동, 앞의 책, 181쪽.

손을 대었는데 1927년부터는 서양화를 완전히 그만두고 자신이 예전에 안중식, 조석진에게 배운 바 있었던 동양화로 돌아섰다. 그의 이러한 전향에 대해서는 여러 가지 설명이 가능하다. 고희동 자신은 당시 사회가 동양화를 요구하고 있었다고 언급하면서 자신의 동양화는 동양화와 서양화를 조화하려는 노력이었다고 설명한다.[4] 그러면서도 이러한 시도를 통해서 무언가 다른 것을 표현해야 할 텐데 잘되지 않는다고 애로를 털어놓기도 하였다. 1930년대 후반에는 자신이 처음 서양화를 배울 때와 비교해 서양화도 많이 달라졌다고 토로한 바 있어 서양화 붓을 다시 잡는 것도 그리 쉽지 않았을 것으로 추측할 수 있다. 한편으로는 고희동이 화실이 없어서, 집에서 그릴 수 있고 재료값이 싼 동양화로 전향하였다는 주장도 있다.[5]

고희동의 1927년 이후 동양화 작품들은 서양화의 영향이 강하게 남아 있는 작품, 절충적인 화풍, 그리고 전통 회화의 양식을 고수한 작품 등으로 나누어볼 수 있다. 대체로 초창기에 서양화의 영향이 강하게 남아 있다면 후기로 갈수록 전통회화의 성격이 강하다. 이 가운데 흥미로운 것은 자신과 친구들이 술자리를 같이하는 장면을 그린 여러 작품이다. 알려진 애주가였던 그의 술친구로는 노수현, 이도영, 김진우와 같은 화가들 이외에도 한학자 김순동, 소설가 박종화, 시인 김영랑, 김광섭이 있었고 여기에서 '협전'의 간사 역할을 하던 수제자 장석표가 합석하였다.

1940년 이후 전운戰雲이 짙어지면서 우리나라 화가들에게도 전쟁을 찬양하는 작품을 전시하라는 일본의 요구가 집요해졌고 〈조선미술전람회〉 등에서 추천작가 등으로 활약하던 일부 미술가들은 여기에 부응하는 작품을 제작함으로써 후일 친일화가의 낙인이 찍히기도 하였다.

4 『조선일보』, 1937년 7월 22일자.
5 이하관, 「조선화가총평」, 『동광』 5, 1931, 68~72쪽.

매일신보는 '조선징병제 실시 감사결의 선양주간'에 맞추어 1943년 8월 1일부터 7회에 걸쳐 1면에 〈님의 부르심을 받들고서〉라는 연재 시화詩畵를 실었는데, 고희동의 경우 8월 1일자에 김기진의 시와 함께 실린 〈호랑이〉를 그렸다. 그가 이러한 시화를 그리게 된 상황에 대해서는 알려진 바가 없으나 당시 화단의 지도자 격이었던 고희동을 일본이 그냥 둘리가 없었다는 생각이 든다. '호랑이'라는 주제 자체는 친일적이거나 전쟁과 직접적인 연관이 없다는 점에서 나름대로 고민 끝에 그린 것이 아닐까 생각된다.

어느 의미로 보면 근대 화단에서의 고희동은 앞서 가는 화가로서의 역할을 하였다기보다 신문화의 상징적인 존재였다고 할 수 있다. 다시 말하면 그는 서화협회의 〈협전〉을 주도한 인물이었고 종종 신문이나 잡지에 화단이나 작품에 대한 평문을 쓰기도 하면서 화단의 어른 역할을 하였던 것이다.

3. 1945년에서 1950년까지 고희동의 활동

1945년 해방이 되었지만 우리나라의 정세는 우리가 꿈꾸던 평화로운 독립국의 공간이 아니었다. 국내 정세가 미국과 소련의 외부 세력 속에서 쉽게 안정을 찾지 못하면서 고희동은 적극적인 대외 활동을 벌이기 시작하였다.[6]

해방 직후인 1945년 8월 18일, 전국 문화인들의 모임인 조선문화건설중앙협의회가 결성되고, 고희동은 그 산하 단체였던 조선미술건설본부의 중앙위원장으로 추대되었다. 반면 좌익 문화인들은 독자적으로 조선프롤레타리아예술동맹을 발족하였다. 미술인들을 총망라하여 건국에 협조하고 민족미술

6 이 시기 고희동의 활동은 사실적인 기록 이외에는 별로 많이 연구되어 있지 않다. 이러한 기록을 바탕으로 한 참고문헌으로는 매우 다른 시각으로 쓰여 있지만 다음과 같은 글들이 있다. 이구열, 『근대한국화의 흐름』, 미진사, 1984, 153~173쪽 ; 최열, 「광복과 전쟁시대의 미술」, 『한국미술 100년』, 국립현대미술관 전시도록, 한길사, 2006, 458~477쪽.

을 발전시키려는 목적으로 탄생된 조선미술건설본부는 187명을 회원으로 한 조직이었다. 순수미술가 이외에도 간판 제작자들을 비롯한 상업미술가들을 포함한 이 단체는 창립 당시에는 정치색을 띠지 않았다. 그러나 후일 좌익 미술가로 월북하는 김주경, 길진섭, 김용준, 정현웅 등이 중심인물이었다는 사실은 이 단체가 처음부터 갈등의 씨앗을 가지고 출발하였음을 시사한다. 이 단체에는 서양화, 동양화, 조각, 공예, 아동미술부 이외에 선전미술대가 있었다. 선전미술대의 위원장은 길진섭(후일 월북)이었는데, 해방 기념행사에서 국기를 제작하거나 표어와 도안을 작성하였고, 9월 연합군 환영식 때 미국, 소련, 영국, 중국 등 4국 국가원수들의 초상화를 제작하였다. 주목할 만한 것은 미술가 대부분이 포함되었지만 일제시대에 〈조선미술전람회〉에서 화려하게 활약하거나 일본의 협력 작가로 알려진 김기창, 김은호, 이상범, 김인승, 김경승, 윤효중, 배운성 등이 제외된 점이다.

조선미술건설본부는 그해 10월 20일부터 29일까지 덕수궁 석조전에서 있었던 제1회 〈해방기념문화대축전미술전람회〉도 개최하였는데 회화, 조각, 공예, 산업미술 등의 분야에서 97명의 132점이 출품되었다.

그러나 고희동은 조선문화건설중앙협의회가 좌경 노선의 프롤레타리아예술연맹과 통합하려는 움직임을 보이자 11월 20일에 조선미술건설본부의 해산을 선포하고 정치적 중립, 미술문화의 독립, 민족미술의 창도를 내건 조선미술가협회[7]로 이름을 바꾸면서 위원장이 되었다. 조선미술가협회의 부위원장에는 당시 미군정 고문으로 활약하던 미국 예일대학교 출신의 화가 임용련(6·25전쟁 당시 납북)이 이종우와 함께 선출되었는데, 이와 같은 사실에 대해서는 미군정을 뒤에 업고자 하는 고희동의 야망 때문이었다고 보는 시각도

7 여러 문헌에서 조선미술가협회는 조선미술협회와 혼용되어 서술되고 있다.

있다.[8]

이후 1945년 말 모스크바 3상회의三相會議에서 신탁통치가 결정되자 미술계에서도 이념적 갈등에 의해 우익과 좌익 여러 단체의 이합집산이 시작되었다. 특히 1946년 2월 1일에 비상국민회의가 열리고 의장에 이승만, 총리에 김구가 선출되었는데 여기에 고희동이 협회의 동의 없이 미술계의 대표로 참여하자 정치에서 중립을 지키겠다는 목적을 위배하였다는 비난이 쏟아지면서 2월 20일에 김주경, 오지호, 이인성, 박영선 등이 탈퇴하여 조선미술가동맹을 만들었다.

이후 이차로 윤희순, 정현웅, 길진섭, 이쾌대, 정종녀 등 32명의 회원이 탈퇴하여 조형예술동맹을 결성하였는데 위원장에는 윤희순, 부위원장에는 길진섭이, 그리고 위원으로 김기창, 김만형, 이쾌대, 정종녀, 최재혁, 정현웅, 박생광이 참여하였다. 1946년 11월에는 이 두 단체가 연합하여 조선미술동맹이 되었고 위원장에 윤희순, 부위원장에 오지호가 선출되었다. 이렇게 되면서 결국 협회라는 이름을 가진 단체는 우익, 동맹이라는 이름의 단체는 좌익을 의미하는 것이 되었으나 동맹에 가입한 화가들도 각각 정황이 달라 모두 과격한 좌익이라고는 할 수 없다. 조선미술동맹은 1947년 이후 미군정의 좌익 검거가 강화되면서 활동이 위축되었으며, 1948년 봄 윤희순의 죽음 이후 위원장이 된 길진섭이 월북하면서 사실상 붕괴되었다.

이러한 복잡한 좌우익의 갈등 속에서 굳건하게 우익 미술인들의 대표로 흔들리지 않았던 인물이 고희동이었다. 이승만의 우익 진영과 개인적으로 연계되었던 고희동의 정치적 활동은 계속되어서 1946년 2월 24일에 대한민국 대표 민주의원 서무국장이 되었고 1946년 10월 13일에는 한민당 중앙집행

8 최열, 『한국현대미술의 역사-한국미술사 사전 1945~1961』, 열화당, 2006, 63~65쪽.

위원이 되었으며 1947년에는 전국문화단체 총연합의 초대회장으로 선출되었다.

고희동은 "미술가가 건국에 이바지하는 것은 자기의 길을 전념으로 걸어가는 것밖에 없지만 모든 것이 정치서 시발함에 정치를 무관한 것이라고는 말할 수 없다. 조선에 정치하는 미술가가 있지도 않지만 있다고 해도 큰 과오는 아니다. 특히 현 단계의 조선에 있어서는 미술가가 서로 연쇄작용을 하고 있는 다른 사회와 상반해서는 살 수 없다" 라면서 그의 정치적 활동을 정당화하였다.[9]

고희동이 중심이 된 조선미술가협회는 1947년 7월에는 미군정청의 호의로 일본인들이 경성미술구락부로 쓰던 건물인 남산회관을 접수하면서 미술계의 정통성을 확보하였다. 조선미술가협회는 고희동 명의로 계약한 이 집을 조선미술연구원으로 사용하였는데 이상범, 이종우, 노수현, 이병규, 임용운, 이마동, 배렴, 이응노, 김영기 등을 교수로 위촉하였다. 이곳은 조선미술가협회뿐 아니라 공예협회, 고미술협회 등 여러 단체의 전시 및 회합 장소로 사용되었다. 조선미술가협회는 미군정의 지원 아래 1947년 11월 〈조선종합미술전람회〉를 열기도 하였다.

1948년 8월 15일, 대한민국 정부가 수립되자 조선미술가협회는 서화협회를 이어가는 정통 단체임을 주장하면서 9월에는 〈정부수립기념전람회〉를 개최하였다.

고희동은 1948년 서울시 문화상을 수상하였고, 한민당의 상임의원과 전국애국연합총선거추진위원회의 최고위원 그리고 남조선대한국민대표민주위원으로 선출되었으며, 5월 20일에는 중앙정부수립추진위원회에서 기획부에

9 고희동, 「화단 소감」, 『경향신문』, 1946년 12월 5일자.

참여하였다. 같은 해에 그는 한미친선민간사절로 미국을 방문하고 크게 감명을 받았다고 한다.

정부 수립 이후 미술계의 정상적인 활동을 위한 그의 본격적인 노력은 장관 직속의 문교부 예술위원회 위원장을 맡고 전국 규모의 전람회를 설립하면서 시작되었다. 그는 1949년에 시작한 제1회 〈대한민국미술전람회〉(이하 국전)에서부터 1959년까지 계속 심사위원장으로 있으면서 국전을 확립시키는 데 정성을 기울였다. 그러나 국제적인 경험이 없었던 이 시기에 〈국전〉은 일제시대의 〈조선미술전람회〉의 수상 제도나 무감사 제도 등을 그대로 이어받아 어떤 면에서는 〈조선미술전람회〉의 연속이었다고 할 수밖에 없었다. 고희동은 심사위원이나 추천작가들을 선정하는 데 거의 절대적인 힘을 발휘하였다. 그는 동양화부에서 장우성, 배렴을 심사위원으로 추대하였는데 그들의 스승이었던 김은호, 김기창은 오히려 심사위원들이 추천하는 '추천작가'로 떨어져, 개인적인 선호에 의해 좌우되고 원칙이 없었다는 비난을 받았고 독선적이었다는 평도 들었다. 이러한 상황은 일제시대의 최고의 화가로 칭송받았던 김은호, 김기창의 계열이 국전과 매우 소원하게 될 수밖에 없는 결과를 낳았다. 제1회 〈국전〉에는 친일미술가로 알려졌던 심형구, 박영선 그리고 좌익으로 알려진 김만형, 이쾌대, 배운성, 이국전 등도 포함되었으나 김만형, 이쾌대, 배운성, 이국전은 6·25전쟁 전후로 월북하였다.

4. 한국전쟁과 그 이후

한국전쟁이 터지자 고희동은 급히 몸을 피할 수밖에 없었다. 그는 원서동 집을 나와 체부동 친구의 집에서 그 유명한 긴 턱 수염을 자르고 숨어 지내다가 그해 7월에 다시 도봉산 근처 친구의 집으로 피신하여 농부의 차림으로 지냈다. 서울이 인민군 치하에 있을 때 미술가 열성자 대회에서 좌익 서양화가 기웅奇雄(1912~1977)은, 김일성이 남한 사람 다 용서해도 고희동과 장발만은 용서할 수 없다고 하였다고 열변을 토하였다. 서울이 수복된 이후 10월에 다시 집으로 돌아온 고희동은 그의 집에서 인민군 치하에서 김일성이나 스탈린 초상화 그리고 북한군 선전 포스터 등을 그린 부역 미술인에 대한 심사를 벌였다. 고희동, 장발, 이종우, 이마동, 이순석 등 소위 도강파가 소집한 이 회의에는 장우성과 이유태 등도 참석하였는데, 조사위원에는 이세득을 선출하였다. 결국 도상봉, 박상옥, 이봉상, 윤효중, 김환기의 이름이 조사위원에 넘겨졌으나 1.4후퇴로 전세가 역전되면서 흐지부지 되었다고 한다.

휴전 이후에도 그의 정치 참여는 계속되어 1952년에는 민주국민당 상임의원, 1955년에는 민주당 고문, 민권수호국민총연맹 상무위원장을 역임하였다. 한편 1957년에 7월 15일에서 31일까지 대한미술협회 주최로 중앙공보관에서 〈춘곡 고희동 선생 화필생애 50년기념작품전람회〉를 개최하였다.

1960년 고희동은 민주당 공천으로 참의원으로 당선하였는데 평론가 이경성은 당시 그가 매우 기뻐하면서 이렇게 말하였다고 전한다.

> 나는 정치가가 아니다. 나는 미술가이다. 나는 일생을 이 나라 미술 발전을 위하여 살아온 사람이다. 그러기에 나는 우리나라에서 가장 버림 받고 있는 미술가의 대변인으로서 정치의 표면에 나섰을 따름이다. 이것으로 미술가로서의 내 여생을 장식하고 싶다.[10]

그러나 1961년 5.16군사정변이 나면서 그는 은거생활로 들어갔으며 1965년에 세상을 떠났다. 고희동의 장례는 당시 예총장藝總葬으로 성대하게

10 이경성, 「해방 15년의 한국화단」, 『현대문학』, 1960. 8, 158쪽.

치러졌고 박종화는 조사에서 고희동은 분연히 민족미술의 대표자로서 반탁의 선두에 서서 모든 청년 앞에 굳센 의지를 보여주었다고 회고하였다.

돌이켜 보면 고희동은 일본에서 처음 서양화를 배우고 돌아온 선구자였지만 시대적인 한계 때문에 왕성하게 활동하지는 못한 화가였다. 화가로서의 그의 미술사적 평가도 2005년 서울대학교 박물관에서 열린 〈춘곡 고희동 40주기 특별전〉이 그의 일생 작품을 모아 전시한 유일한 회고전으로, 아직도 진행 중이라고 할 수 있다. 고희동의 성과는 오히려 미술계의 대변인으로 또 화단의 원로로서의 그의 위치에 있다고 할 수 있다. 궁내부 관리를 오래 하였던 그는 서화협회와 조선미술가협회(1950년에 대한미술협회로 이름을 바꾸었고 후일 미술협회의 모태가 됨)를 이끌면서 미술단체의 관리에 뛰어난 능력을 보였다. 해방 이후 좌우익의 혼란과 갈등 속에서 고희동은 신념과 사명감을 가지고 화단을 지켰으며, 그의 정치적인 활동 역시 이러한 판단에서 이루어졌던 것이다.

현제명, 한국음악의 선각자이자 개척자

김형주

1. 한국 근대음악사의 선구자 현제명

현석玄石 현제명玄濟明(1902～1960)은 해방 직후 본격적인 음악전문교육기관인 경성음악학교를 설립하였다. 그는 이 학교의 초대 학장이 되어 교육사업을 펼치고 서울대학교 음악대학으로 이관되는 행정적 수완을 발휘하는 등 무엇이든 처음 시작하는 개척자적 재질을 발휘하여 우리나라 음악교육에서부터 모든 분야에 걸쳐 어려운 사회적 여건을 초인적 능력으로 극복하는,

---

金亨柱 음악평론가, 한국음악평론가 협의회 회장, 한국작곡가회 명예회장.
저서로는 『명곡해설전서』(현대음악출판사, 1962), 『한국가곡사』(성음사, 1975), 『위대한 세계대작곡가』(현대음악출판사, 1977), 『김형주 동요작곡집』(세광음악출판사, 1980), 『세계 오페라전집』(성음사, 1982), 『세계명곡대전집』(예원각, 1985), 『음악에 얽힌 희한한 이야기』(도서출판 예원, 1996), 『김형주음악평론전집 I』(소학사, 2000), 『김형주음악평론전집 II』(현대음악출판사, 2002), 『김형주음악평론전집 III』(현대음악출판사, 2004), 『김형주음악평론전집 IV』(현대음악출판사, 2005), 『첼로 독주를 위한 '여백' 작품 49』(도서출판 지음, 2006), 『김형주음악평론전집 V』(현대음악출판사, 2007) 등이 있다.

'무'에서 '유'를 창조하는 초창기 기반을 닦은 선각자이자 선구자였다.

서구음악이란 예부터 전해 내려온 전통음악, 즉 국악의 성격이나 내용, 정서는 물론 기본 구성법이나 기법이 전혀 다른 현재 우리가 '음악'이라고 부르는 것을 말한다.

서양음악이 도입된 시기를 기원으로 하는 이른바 근대음악사의 시작은 1885년, 즉 고종 22년을 기점으로 하고 있다. 이해에 미국인 선교사 아펜젤러Appenzella는 한말 정부의 정식 입국 허가를 받고 우리나라에 처음 들어와 기독교 선교사업을 벌이며 이화학당과 배재학당을 설립하였다. 서구식으로 교육하면서 찬송가를 보급하고 '창가'라는 이름으로 서구가곡을 가르쳤다. 서구 문화권에서 멀리 떨어진 동양 문화권에 위치한 우리나라의 지정학적 원인도 있겠지만, 특히 한말 정부의 개방정책이 늦어진 탓도 있다. 서구에서는 후기 낭만주의 음악이 전성기를 구가하고 있을 당시 우리나라에서는 베토벤이나 모차르트 같은 고전주의 음악이나 브람스, 리스트, 브루크너, 바그너, 말러, 드보르작, 차이코프스키 같은 예술작품이나 교향곡, 협주곡, 실내악 같은 본격적인 양식을 갖춘 예술음악이 아닌 겨우 단순한 민요 형식에 의한 찬송가가 전부였다. 서구음악의 첫 도입이라는 후진적 여건이 이미 우리 음악사의 험난한 형극의 길을 예언해주었다고 생각한다. 또 일제강점기와 8·15 해방 후의 혼란기, 6·25전쟁 등 쓰라린 민족 수난의 격동기를 연달아 거치면서 우리의 음악사는 그야말로 형극의 가시밭길을 걸어왔다.

과거 역사를 거슬러 올라가 그 이전 것은 차치하고 16, 17세기 바로크 음악시대부터 계산한다 해도 서구 선진들이 수백 년 역사를 거쳐 발전해온 오늘날의 서구음악에 비해 우리는 겨우 백여 년, 그것도 겨우 찬송가로 시작한 빈약한 여건에서 오늘날 선진음악의 문턱까지 다다를 정도로 급성장한 것은 서구 선진들도 놀라워하는 가히 기적이라고 말할 수 있다. 오늘날의 이 기적은 모든 사물이 그렇듯 동기와 과정, 그리고 희생 없이 이루어진 것이 아니다. 정부나 사회의 지원은 생각할 수도 없을 뿐더러 자유로운 음악 활동도 할 수 없었던 일제시대, 그리고 해방 후의 사회적 혼란, 6·25전쟁, 세계에서 가장 가난한 나라라는 시대적 여건 속에서 오직 음악에 대한 열정과 의지 하나로 우리나라 음악사의 주춧돌을 닦고 황무지에 씨를 뿌리는 선각적인 활동을 한 우리 근대음악사의 제1세대라고 할 수 있는 선구자들의 희생적 삶이 있었기에 가능하였던 것이다. 그 선구자 중에서 우뚝 선, 미래를 바라보며 앞장서서 향도 역할을 한 선구자가 바로 현제명이다. 그는 대부분의 음악인이 자신의 전공 분야, 즉 연주면 연주, 작곡이면 작곡에 전념하듯이 성악 분야나 작곡 분야에도 열정을 쏟은 음악인이지만 더욱 광범위한 시각과 선각적인 사고로 우리나라 음악계가 미래 지향적으로 나가야 할 방향을 모색하였고, 음악계 전반에 대한 과제와 문제점을 찾아 연구하고 분석하였다.

1925년 미국 유학길을 떠난 현제명은 시카고 무디성경학교Moody Bible School를 거쳐 건음악학교Gunn Music School에서 성악과 작곡을 공부하였다. 1928년에 연희전문학교(지금의 연세대학교)에서 음악 주임교수를 맡아달라는 요청을 받고 학업을 중단한 채 귀국하였다. 연희전문학교는 당시 음악 주임교수였던 김영환이 사임하자 그 후임으로 현제명에게 요청한 것이었다. 당시 연희전문학교에는 정식 음악과가 없었기 때문에 현제명은 영어 과목을 맡다가 교양 과목으로 설치된 음악 과목을 맡았다. 그는 우리나라 음악계가 발전하는 데 가장 시급한 것은 장차 음악계를 이끌어가야 할 인재양성이 중요하다는 데 착안하고 재질 있는 학생들을 열정적으로 지도하였다. 강의 시간은 물론, 방과 후에도 개인지도를 통해 전공 분야별로 집중교육을 하였다. 그때 지도받은 제자들이 대부분 우리나라 음악계의 중추적 역할을 한 인물들로 이유선(성악가, 중앙대학교 교수), 김성태(작곡가, 서울대학교 음악대학 학장, 예술원 회원), 이인범(성악가, 연세대학교 음악대학 학장), 김생려(바이올리니스트, 지휘자, 서울시립교향악단 초대 상임지휘자), 김연준(한양대학교 설립자, 총장, 이사장, 일제강점기에 바리톤 김연준 독창회 개최, 3천여 곡 정도로 세계에서 가장 많이 가곡을 작곡), 정희석(바이올리니스트, 연세대학교 음악대학 학장), 문학준(바이올리니스트, 우리나라 최초 교향악단인 고려교향악단의 악장, 북한 현악계의 원조) 등이 있다.

근대음악사의 선구자였던 현제명의 업적을 살펴보면 다음과 같다.

첫째, 한정된 연희전문학교의 학생뿐 아니라 널리 음악계는 물론 음악에 관심을 두는 애호가나 연관을 가지고 있는 인사들을 위해 지식의 전달과 계몽의 차원에서 여름방학을 이용, 1931년 8월 5일부터 11일까지 남녀 여름음악 강습회를 실시하였다. 요즈음으로 말하면 연수회, 즉 여름음악캠프로서 우리나라 강습회의 첫 효시가 된 것이다. 이 강습회에서는 피아노, 바이올린, 성악, 교회음악 등의 분야별 강좌를 열어 지도하였는데 지도 강사는 베이커, 김원복, 채동선, 현제명 등이었다. 당시 이화여자전문학교(지금의 이화여자대학교)에는 1910년에 설치된 음악과가 있었다고는 하나 제약이 있어 본격적인 음악전문교육시설이 없었다. 그래서 이 강습회는 화제의 대상이 될 정도로 관심을 모았고 성황을 이루었다. 특히 주목할 것은 이 강습회를 통해 음악의 사회적 보급효과는 물론 민족의식의 계몽에도 한몫을 하는 선진사회의 밑거름이 되기도 하였다는 점이다.

둘째, 우리나라에 처음으로 경연 체제를 도입, 1932년부터 1944년까지 지속된 '전국남녀중학교음악콩쿠르'를 개최하였는데 이는 우리나라 콩쿠르의 효시가 되었다.

셋째, 전반적인 음악계 활동의 효율성을 높이기 위해 음악계의 조직화를 시도하였다. 1932년에 홍난파, 채동선, 김영환, 윤성덕 등 주요 음악인들과 뜻을 모아 조선음악가협회를 결성하고 이사장을 맡았다. 그는 명실 공히 음악계를 대표하는 실질적인 책임자로서 음악계 내부는 물론 대외적인 상징성을 가지는 음악계의 대표자가 된 것이다.

넷째, 경성방송국(지금의 KBS)을 활동무대로 하는 경성방송관현악단을 결성하고 그 주재자로 활동하였다. 그는 성악이나 작곡에 한정하지 않고 음악계의 모든 분야에 걸쳐 활동무대를 확장하면서 음악계의 발전에 도움이 되는 일이라면 누구보다 먼저 앞장섰다.

1942년에 연주단체인 후생악단이 김생려를 중심으로 조직되었으나 지속되지 못하였다. 현제명이 단장이 되면서 완전히 개편되어 이종태, 김원복, 윤기선, 정희석, 정영재, 김학상, 유경손, 나운영, 김영애 등 당시 중견 음악인들을 중심으로 구성되었다. 이 후생악단은 말 그대로 생활음악을 지향하며 일반 대중에게 음악을 보급하고 계몽하는 역할을 하였다. 이 단체는 전국의 순회연주뿐 아니라 중국과 만주에서도 왕성하게 활동하여 그 파급효과가 컸다.

다섯째, 1945년 8월 15일 조국이 해방되자 바로 다음 달 9월 15일에 그가 주동이 되어 고려교향악협회를 창설하였다. 그는 회장이 되어 우리나라 최초 교향악단인 고려교향악단을 창단하고 다음 달 10월에 서울 수도극장에서 창단연주회(지휘 계정식)를 가지는 등 교향악 분야에서도 선구적 역할을 하였다.

2. 성악가로서의 현제명

현제명은 대구에서 의사 집안의 차남으로 태어났다. 부친이 독실한 기독교 신자였기에 어려서부터 자연스럽게 교회를 다니며 교회음악을 접하게 되었다. 당시 외국인 선교사는 그의 재능을 인정하고 음악가로 키워보겠다는 생각을 토로하였다.

현제명은 대구 계성중학교를 거쳐 당시 사학의 명문인 평양 숭실전문학교

문과에 입학하였다. 대구에서 먼 숭실전문학교를 지망한 배경은 같은 장로교 계열이라는 점도 있었겠으나 당시 숭실전문학교가 음악교육이 활성화되었기 때문에 진학을 결정한 것으로 보인다. 그러나 숭실전문학교에는 정식으로 음악과는 없었기에 전공으로는 문과를 택하고 대신 과외로 음악 과목 담당 솔트 교수에게서 피아노를 배웠다. 또 학교 관악합주부에서는 코넷cornet을 불었고 합창단에서는 테너를 하였다. 그때 같이 전도여행을 다녔던 미국인 선교사 로디 히버A. Rodeheaver가 현제명의 노래와 피아노 연주 솜씨에 끌려 그 후 미국 유학길을 열어주었다.

1923년 숭실전문학교를 졸업하고 같은 장로회 미션학교인 전주 신흥학교(1900년 설립)에서 음악교사로 교편을 잡기 시작하였다. 이때 이 신흥학교와 이화여자전문학교를 나와 교회 반주자로 활동하던 부인을 만나 결혼하였다. 그러나 현제명은 결혼한 지 6개월 만에, 그러니까 1925년에 미국으로 유학을 갔다. 그는 시카고의 무디성경학교를 거쳐 건음악학교에 입학하여 4년 동안 성악과 작곡을 공부하였다. 1929년 석사학위를 받고 귀국하였는데 그 후 학구열이 강해 다시 미국으로 들어가 모교인 건음악학교에서 1937년 「자연발성법」이란 논문으로 음악박사 학위를 받고 돌아왔다.

현제명은 1929년 2월 27일 경성(지금의 서울) 하세가와마치 공화당公會堂에서 첫 번째 독창회를 개최했다. 이는 그가 성악가로서 데뷔하는 무대였으며 고봉경의 반주로 이루어졌다. 연주곡은 자신이 작곡한 가곡 〈석양〉, 〈집으로 오라〉를 비롯하여 마이어베어 작곡의 오페라 〈아프리카나〉 중에서 아리아 〈오! 낙원이여〉, 페이 작곡의 〈내 말을 전해다오!〉 헨델 작곡의 〈라르고〉, 슈베르트 작곡의 〈아베마리아〉, 라시네 작곡의 오페라 〈로자린다〉 중에서 〈전원의 노래〉, 프란스콤베 작곡의 〈아침의 미풍〉, 베르디 작곡의 오페라 〈일트로바토레〉 중에서 〈마리놀라〉 등이었다. 이 독창회는 당시 장안의 화제가 될 정도로 선풍적인 인기를 모았다. 그는 성악가로서 누구도 따를 수 없는 독특한 미성을 가지고 있었다. 그의 소리는 '하이테너'의 맑고 투명한 마치 비단결 같은 미립자의 고운 소리였다. 박사학위 논문의 주제가 '자연발성법' 연구이기에 과학적이고 자연스러운 공명에 의한 발성법이 뒷받침되었다. 그리고 연주곡도 가곡과 아리아 등 다양하게 편성되었고 서구 선진국에서의 체험과 감성의 연마에 의한 본고장의 감각을 몸에 체득한 표현법은 당시 서구권과의 교류가 자유롭지 못하고 서구음악 정보에 어두웠던 상황에서 신선하고 처음 들어본 음악처럼 느껴졌을 것으로, 따라서 유달리 관심을 모았으리라 본다.

현제명은 이 독창회를 시작으로 성악가로서 본격적인 활동을 전개하였고 '중앙악우회'라는 연주단체를 조직해서 합동 연주회도 열었다. 1930년 11월 15일 중앙기독청년회관에서 그는 후쓰와 더불어 고봉경의 반주로 연주회를 가지는 등 연주단체의 리더로서 열성적으로 활동하였다.

또 현제명은 연희전문학교와 이화여자전문학교 합동으로 순회음악단을 조직, 전국 각 지방도시를 순회하며 연주회를 열어 평소 음악과 소원하였던 지방 사람들에게 음악을 통해 접근하고 계몽함으로써 지방 음악문화 창달에도 기여하였다. 이와는 별도로 연희전문학교 학생들을 이끌고 방학 때마다 실시하는 지방 순회연주에 참가해서 독창하는 등 적극적인 자세를 보였다. 한편 1940년에는 일본 도쿄에서 열린 헨델의 오라토리오 〈메시아〉 연주에 독창자로 초청되어 큰 호응을 받았다. 그리고 1942년에는 미국의 유명한 레코드사 콜럼비아 레코드와 빅터 레코드사로부터 정상급 연주가에게만 부여하는 '청색라벨'과 '적색라벨'의 예술가로 전속하겠다는 통고를 받았다. 이는 그 이전에 출시된 그의 앨범으로 코다이의 〈조슬랭의 자장가〉, 토셀리의 〈세레나데〉, 자작인 〈니나〉, 〈희망의 나라로〉 등이 크게 히트한 결과였다.

이와 같이 해방 전, 즉 일제시대에 오늘날처럼 자유롭게 서구음악을 접할 수도 교류할 수도 없었던 암울한 시대에, 또한 본격적인 전문교육기관도 갖추지 못하였던 우리의 현실에서 서구음악을 직접 배우고 체험한 현제명의 연주 활동과 후학들의 교육에 미친 영향은 초창기 우리 성악계의 기초를 닦는 데 큰 역할을 하였고, 이는 오늘날 발전된 우리 음악의 현실을 성취시키는 원동력이 되었다. 그러나 현제명은 우리나라가 해방되자 무엇보다 시급한 음악 교육사업에 온몸을 던져 음악교육기관의 설립과 운영에 헌신적으로 몰입하였다. 그래서 연주가로서의 모습은 볼 수 없게 되었고, 특수한 경우 외에는 만년의 노래를 들을 수 없게 되었다. 이러한 사실이 끝내 아쉬움으로 남는다.

3. 작곡가로서의 현제명

현제명은 물론 성악이 전공이지만 미국 유학 시 작곡에도 관심이 있어 작곡을 공부하였다. 이것은 그의 풍부한 상상력과 정열과 의욕의 소산이라고 봐야 한다. 그의 작품은 주로 성악곡에 한정되어 있지만 특이한 것은 가곡의 대부분을 직접 작사하였다는 점이다. 이는 본인의 문학적 재질이 갖추어져 있는 탓도 있겠으나 평양 숭실전문학교 시절에는 문과에 적을 두고 공부하였다는 점도 무관하지 않을 것으로 본다. 이를테면 〈나물 캐는 처녀〉, 〈고향생각〉, 〈니나〉, 〈오라〉, 〈희망의 나라로〉 그 밖에 잘 알려지고 많이 불리는 곡 대부분이 자작시이다. 작품들은 새로운 시도나 전위성은 거의 없고 대부분 전통 보수의 수법을 따르고 있는 서구적 노래곡 형식에 의한 유절가곡이 많다. 그러나 특이하게 이은상 작시의 〈가고파〉는 창가 형식의 유절가곡이 아니다. 지금이야 일반적이지만 당시에는 이단적인 연작시로 164마디나 되는 통절가곡 형식을 채택해서 예술가곡의 효시를 남기기도 하였다. 그리고 그의 가곡은 성악가의 입장에서 곡을 썼기 때문에 선율 구성에 무리가 없고 부르는 입장에서도 자연스럽고 부르기 편하다는 좋은 점을 가지고 있다. 잘 알려진 〈고향생각〉을 비롯하여 초창기의 작품들은 미국 유학 시절에 작곡하였다고 한다.

1931년에 『현제명 작곡집 제1집』(동광사)이 출판되었는데 여기에는 〈고향생각〉을 비롯하여 10여 곡이 수록되었고, 1933년에는 『현제명 작곡집 제2집』이 발간되었다. 그리고 그해 10월 10일 이화여자전문학교 강당에서 홍난파와 더불어 작곡발표회를 가졌다. 이때 현제명은 〈가고파〉, 〈뱃노래〉, 〈새가 되어 배가 되어〉, 〈소경되어지이다〉, 〈진달래〉 등을 김영의, 김원복의 반주로 발표하였다.

현제명은 해방 전, 즉 일제시대에는 작곡가로서 왕성하게 활동하였으나 해방 후에는 주로 교육사업에 열중하는 바람에 마음의 여유와 시간이 부족한 탓인지 창작 활동을 거의 하지 못하였다. 그러나 그는 만년에도 작곡가로서의 의지나 정열이 식지 않았고, 오페라 분야에서 개척자적인 선구 의지를 발휘하였다. 현제명은 고대 소설 『춘향전』을 오페라 형식으로 재현, 우리의 오페라 역사상 최초로 서구 형식의 오페라를 작곡함으로써 국내 창작 오페라의 효시의 기록을 남겼다. 새로운 시도나 전위성은 아니지만 소재가 대중적이고 음악도 이해하기 쉬운 보수적 구성이 되어 대중성이 농후하고 이해하기 쉽다는 점에 호응도가 컸다고 본다.

오페라 〈춘향전〉은 1950년 5월 서울대 음대 주최로 현제명 지휘, 유치진 연출 그리고 이상춘, 이인범, 사상필, 이관옥, 이금봉, 권원한, 김혜란, 이정희, 김학상, 전영식, 이영순, 김학근, 정영재, 오현명의 출연진으로 국립극장의 무대에 올려 국내 창작 오페라의 첫선을 보인 것이다. 이 〈춘향전〉 공연은 당시 굉장한 선풍을 몰고와 연일 초만원을 이루며 대성공을 거두었다. 그러나 다음 달 6·25전쟁이 발발하자 모두 피난길에 올랐는데 이 〈춘향전〉도 피난길을 따라 1951년 7월에 역시 서울대 음대 주최로 현제명 지휘, 이진순 연출, 이상춘, 사상필, 홍춘화, 신선자, 김혜란, 김학상, 김웅자, 김학근, 오현명 등의 출연진으로 부산과 대구에서 공연을 가져 전쟁 중에도 큰 반향을 얻었다.

현제명은 첫 오페라 작품이 폭발적으로 성공하자 크게 고무되어 역시 전통 사극을 소재로 한 창작 오페라 제2탄인 〈왕자호동〉을 작곡해 무대에 올렸다. 서울 수복 후인 1953년 10월 임원식 지휘, 이해랑 연출, 이상춘, 임만섭, 이경숙, 엄경원, 오현명, 황병덕, 김혜경, 김학상, 김정식 등의 출연진으로 서울시공관에서 막을 올려 〈춘향전〉과 같은 성황은 아니었지만 비교적 많은 청중이 모여 성공리에 막을 내렸다.

현제명의 두 오페라 작품은 우리나라 창작 오페라의 효시라는 역사적 의미도 있지만 국내 창작 오페라의 양식적 차원이나 선구자의 규범적 시도라는 점에서도 의의가 크다고 본다. 그러한 의미에서 두 작품은 현제명의 큰 업적으로 기록되어야 할 것이다. 현제명이 남긴 작품 목록을 종합해보면 가곡 24편, 동요 5편, 군가 5편, 오페라 2편, 『현제명 작곡집 1, 2집』, 〈춘향전〉 악보 등이 있다.

4. 교육 행정가로서의 현제명

현제명은 우리나라에 무엇보다 가장 시급한 과제는 전문적인 음악교육을 통한 음악 인재양성이라고 굳게 믿었다. 재능 있는 후학들을 제대로 길러내지 않고서는 우리 음악계의 미래는 없다고 마음먹은 것이다. 그는 해방이 되자 바로 이 꿈을 실천에 옮겼다. 그는 남산 드라마센터 부근의 남산유치원 자리에 터를 잡고 우리나라 최초의 음악전문교육기관인 '경성음악학교'를 설립, 여기저기 부지런히 쫓아다니며 기부금이나 지원에 대해 섭외하는 한편, 설비작업을 하고 신입생을 모집하면서 개교하였다. 기금이 확보되어 있는 것도 아니고 요즈음처럼 정부나 대기업에서 지원받을 수 있는 그러한 세상도 아니었다. 그야말로 맨주먹으로 시작한 무모한 모험 같은 사업이었지만 그는 강한 의지로 밀고 나갔다. 또한 그는 미국을 자주 들락거리며 지인과 연고지를 찾아다니며 미국인들을 설득하여 기부금을 걷고 헌 피아노를 기증 받아 오기도 하였다. 눈코 뜰 사이 없이 뛰어다니는 열정으로 연습실에 고물 피아노라도 하나 둘 갖추는 어려운 상황 속에서 학교다운 모습을 만들었다. 정말 놀라운 의지와 추진력, 땀 흘린 노력의 결정이었다. 그리고 그의 열정은 정부를 쫓아다니며 외교적 수완으로 이어져 경성음악학교는 1946년 1월 국립 서울대학교로 편입되어 국립서울대학교 예술대학 음악부를 거쳐 서울대학교 음악대학으로 개편되었다. 비로소 현제명의 그 원대한 꿈이 이루어지고 그 결실을 보게 된 것이다. 현제명은 그 꿈의 교육 궁전에서 평소 펼치고 싶었던 이상적 교육과정과 방법을 마음껏 하나하나 실천해가면서 그의 뜻대로 유능한 음악인들을 많이 배출하였지만 그 자신은 아깝고 애석하지만 건강을 해쳐 간경화증으로 1961년 59세를 일기로 세상을 떠났다.

현제명은 음악대학을 단순한 음악 기능과 지식 전달에 그치는 것이 아닌 종합적 인간교육의 장으로 만들었다. 그는 미국 우수한 대학의 교육체제를 과감하게 도입해서 음악 외에도 교양 과목으로 정치, 사상, 철학, 문학, 미술 등 폭넓은 지식과 정신교육을 바탕으로 음악교육을 실시하는 깊이 있는 교과과정을 편성하여 종합적인 인간교육에 힘을 기울였다. 그야말로 우리나라 음악교육의 기반을 튼튼하게 닦은 초석이 된 것이다. 지금 생각해도 해방 직후 먹을 것도 부족한 세계 최빈국의 어려운 환경에서 누가 감히 음악학교를 설립할 꿈이라도 꾸는 사람이 있었겠는가 싶다. 만약 현제명 같은 '위대한 선구자'가 없었더라면 과연 오늘날과 같은 우리 음악계가 존재하였을까. 새삼 '거장'의 발자취가 크게 느껴지는 순간이다.

5. 대한민국 건국의 시각에서 본 현제명

현제명은 일반 음악인과 달리 생각하는 범주가 넓고 미래를 내다보는 지향적 사고의 성찰력이 강한 음악인이었다. 그는 연희전문학교 재직 시부터 우리나라의 미래를 이끌 후학들의 인재양성이 가장 시급하고 중요하다는 데에 선각하고 정식 음악과가 없는데도 온 정열을 쏟아 재질 있는 음악도를 모아 헌신적으로 지도하였다. 더구나 1940년대에 접어들면서 태평양전쟁이 막바지에 치닫자 그는 얼마 못 가 일본이 항복할 것이고 우리나라가 곧 해방될 것이라는 것을 예측하였다고 한다. 왜냐하면 외국유학이란 꿈꿀 수도 없었던 시대, 겨우 일본 도쿄유학이 고작인 시대에 현제명은 드물게 유학생활을 하면서 미국의 국력은 강하다라는 것을 직접 봤기 때문에 일본의 패전은 당연한 것으로 생각하였다고 한다. 머지않아 우리나라가 해방이 되고 건국이 되면 우리나라 음악계를 이끌고 갈 인재가 필요하다는 것을 미리 인식하고 있었기에 해방 직전까지 여러가지 어렵고 힘든 상황에서도 후생악단을 운영하며 유능한 음악인들을 규합하고 젊은 후진들을 지도하는 데 여념이 없었다. 이 선각이 결국 예상대로 적중해서 해방이 되고 건국이 되자 이들은 모두 우리나라 음악계의 중견이 되고 지도자 역할을 하는 인재들이 되었다.

현제명의 음악교육에 대한 원대한 꿈은 8·15 해방이 되자 앞서 언급한 바와 같이 당시 국내에 독립된 전문교육기관이 없었던 상황에서 본격적인 음악교육기관으로서의 경성음악학교의 건립으로 이어졌다. 그야말로 맨주먹으로 학교를 설립한 것이다. 그리고 국립서울대학교 설치법이 입법되자 바로 미군정청 문교부를 움직여 경성음악학교를 서울대학교 예술대학 음악부로 편입하는 데 성공하고 건국과 더불어 국립서울대학교 음악대학으로 개편, 우리나라 전문음악교육의 요람으로 그 초석을 닦게 된 것이다. 당시 현제명 아니고서는 어느 누구도 할 수 없는 위업을 해낸 것이다.

현제명은 해방이 되자 건국을 전제로 한 서둘러야 할 사업으로 음악 인재 양성과 더불어 세계적인 추세인 선진 문화국으로서의 상징이 되고 있는 교향악운동에 착안하였다. 그는 독립국가로서, 문화국가로서 국제사회에서 인정받기 위해 꼭 필요한 교향악단 창단을 서둘렀다. 1945년 8월 15일의 꼭 한 달 뒤인 9월 15일 고려교향악협회를 창립하고 회장이 되어 연주계의 견인차 역할을 할 고려교향악단을 창단, 앞서 언급한 바와 같이 그로부터 한 달 뒤에 창단연주회를 열었다. 당시 겨우 50여 명의 단원으로 시작된 교향악운동은 오늘날 약 50여 개 교향악단의 3,500여 명에 이르는 현역주자를 가지고 있는 거대 교향악단 보유국으로 발전하게 되었는데, 이것은 현제명이 선각자적인 의지와 추진력으로 문화예술의 발전에 크게 기여하였음을 뜻하는 동시에 그가 대한민국 건국과 발전에 얼마나 공헌했는가를 되새기게 한다.

한편 해방이 되자 음악계의 규합과 조직적인 음악 활동을 위해 대한음악가협회를 조직, 초대 회장이 되어 명실 공히 음악계의 대표로서 상징적인 리더로서뿐 아니라 실제 대외적인 외교 활동, 특히 당시 미군정청의 문화부 자문관으로서 문화예술계의 대변적 역할과 군정의 자문을 맡기도 하였다. 그는 국내 실정에 어두운 미 군부에 우리의 실정을 이해시키고 문화정책의 입안과정에도 자문을 통해 긍정적 영향을 미치기도 하였다. 물론 해방 직후의 정치·이념적 갈등이 극심하였던 혼란기에 장애요인도 많았고 이념적 대립상황에서 집중적 표적이 되기도 하였으나 그는 이에 굴하지 않고 꿋꿋하게 소신껏 음악계를 이끌었다. 한편 이승만 박사가 미국에서 돌아올 때부터 가까이 지내며 국내 실정과 앞으로의 문화정책에 대한 보좌역을 맡아 충언하는 등 두 사람의 친교는 1948년 8월 15일 대한민국 정부가 수립되고 이승만 박사가 대통령에 취임한 후에도 이어졌다.

6. 맺음말

우리가 사는 사회는 여러 기능이 서로 영향을 주고받으면서 연결고리를 가지고 유기적으로 발전한다. 따라서 '대한민국 건국' 이란 시각에서 볼 때 정치, 경제, 사회, 문화 등 우리 사회의 모든 분야가 각기 자기 위치에서 그리고 자기가 속한 분야에서 선구자적 개척정신으로 최선을 다해 사회에 공헌하는 국민의 잠재력이 모아져 사회 발전을 이루고 건국의 밑거름이 된 것이다. 따라서 건국은 꼭 정치인이나 정치계 또는 정치적 색채를 가지는 행위만의 전유물이 아니다. 그러한 시각에서 현제명을 생각하였다면 이는 크게 오산한 것이다. 현제명은 결코 정치인도 아니고 정치적 행위를 한 사람도 아니다. 순수한 음악인이었다. 우리나라 각계각층의 총체적 동력에서 이루어진 '건국사' 라는 것을 인식해야 한다. 따라서 '건국' 은 포괄적 의미의 가치를 가지는 어휘이다. '정치사' 와는 차별되어야 하고 정치적 행위나 정치인에 의해서만 건국이 이루어지는 것은 아니다.

여기서 기술한 것은 '현제명' 도 아니고 '현제명 인물론' 이나 하물며 '현제명 일대기' 는 더더욱 아니다. 음악인으로서의 활동 업적 중에서 후세에 결정적 영향을 끼친 선각적이고 창조적인 활동을, 기록을 바탕으로 객관적인 시각에서 서술한 것이다. 한 시대의 사조나 변천은 이미 전 시대에 동기부여와 필연성을 잉태하였기 때문이라는 것을 성찰해야 한다. 따라서 현제명에 대해 '효시', '최초'란 어휘로 표현되는 창시적이고 객관적인 실천행위는 그대로 후세의 발전으로 이어져 온 것이다. 해방 후 건국 당시의 선각과 그의 행동은 우리나라 음악계를 대표하는 건국사에 남을 큰 업적이고 발전된 오늘을 있게 한 음악계의 '거목'이라고 해야 할 것이다. 그러한 의미에서 조명한다면 '대한민국 건국사'의 시각에서 '현제명'을 선정한 것은 적절하였다고 본다. 다만 이 글은 '대한민국 건국사' 정사正史가 아니라 '인물로 본 대한민국 건국사'이기에 독자의 이해를 돕기 위해 인물 배경, 이를테면 성장과정, 가정환경, 성격과 사상경향 등 약간의 인적사항을 밝혔을 뿐이다. 다시 한번 음악계의 선각자, 그리고 헌신적으로 실천하는 선구자였던 현제명 같은 사람이 존재하지 않았더라면 과연 발전된 오늘의 우리나라 음악계가 존재할 수 있었을까하는 추모와 감사의 뜻을 되새기고 싶다.

김광섭, 시인이란 기억 뒤의 문단건설자

홍정선

1. 해방공간의 문단 풍경과 김광섭

문학의 중심은 작품이며, 작가는 작품을 쓰는 사람이다. 그렇지만 작품을 쓰는 일에 못지않게 정치적 활동을 중요하게 평가해야 할 예외적인 시기도 있다. 우리나라는 8·15해방부터 6·25전쟁이 끝날 때까지의 시기, 민족의 진로와 명운이 걸려 있었던 시기가 바로 그런 예외적인 경우이다. 우리가 이산怡山 김광섭金珖燮(1905~1977)을 시인이라는 이름과 함께 한국문단을 건설한 사람으로 기억해야 하는 이유가 여기에 있다. 김광섭은 해방공간에서 대한민국 건국운동에 발맞추어 새로운 문단 건설작업에 매진한 중요한 인물이다.

洪廷善 인하대학교 국문학과 교수, (주)문학과지성사 기획위원.

1982년부터 1992년까지 한신대학교에 재직하였고, 그 이후부터 현재까지 인하대학교에 재직 중이다. 저서로는 『역사적 삶과 비평』(문학과지성사, 1986), 『신열하일기』(대륙연구소, 1993), 『카프와 북한문학』(역락, 2008), 『프로메테우스의 세월』(역락, 2008), 『인문학으로서의 문학』(문학과지성사, 2008) 등이 있다.

해방공간에서 한국문단은 일제 시대에 형성된 민족주의 문학과 프롤레타리아 문학의 대립적 흐름이 다시 부활하고, 미군과 소련군의 진주로 상징되는 냉전체제가 좌우의 대립을 더욱 조장시키는 상황 속에서 정치권력과 밀착된 문단 헤게모니 투쟁에 휘말렸다. 약 4년간에 걸친 이 투쟁은 1949년 12월 9일 우익 문인들이 주도하는 '한국문학가협회(이하 문협)'라는 새로운 문단 조직의 발족으로 귀결되었으며, 이후 한국문단은 이 조직을 만들어낸 젊은 세대가 주도하게 되었다.

김광섭은 이 새로운 젊은 세대, 다시 말해 새로운 문단 주체세력의 핵심인물이다. 한국문학가협회 창립을 주도한 사람들은 1946년에 '전조선문필가협회'를 만들었던 사람들과 '조선청년문학가협회'를 만들었던 사람들인데, 김광섭은 전자의 대표적 인물이다. 김광섭은 일제 시대에 자신이 몸담았던 '해외문학파' 인물들을 중심으로 전조선문필가협회를 만들어 좌익 문단 견제에 앞장섬으로써 이후 한국문단을 다시 만들고 이끌어가는 핵심인물로 부상한 것이다.

그렇다면 김광섭이 해방공간에서 이처럼 중요한 역할을 할 수 있었던 힘은 어디에서 나온 것일까? 그 힘은 다른 문인들이 가지지 못한, 3년 8개월 동안의 투옥 경력에서 나왔다.

김광섭은 당시 시집 한 권을 낸 40세의 시인으로 문단의 원로도, 명성이 드높았던 문인도 아니었다. 그렇지만 그에게는 일제치하에서 비협력 문인으로 살았다는 사실을 뚜렷이 입증해주는 투옥 경력이 있었다. 모교인 중동학교 교사로 재직 중 학생들에게 민족의식을 고취시켰다는 이유로 1941년 2월에 체포되어 해방되기 9개월 전에 출옥하였던 일은 해방공간에서 창작 활동보다 훨씬 빛나는 이력으로 작용하였다. 이 점은 해방문단에 가장 강력한 영향력을 행사하던 임화를 두고 김광섭이 "일제 시대에 음으로 협력한 그로써 해방 후 좌익문인 행세를 하려는데 우익문인이라는 레테르를 천하 문인들에게서 받게 됨이 억울하였던 것 같이 지금도 기억된다"[1]고 말하는 사실에서 감지할 수 있다. 임화가 총독부의 임시 촉탁으로 잠시 일하였던 것이 해방문단에서 그의 치명적 약점으로 작용한 사실을 김광섭은 이렇게 지적하고 있는 것이다.

1945년 해방이 되었을 때 한국문단은 좌우를 막론하고 온통 친일의 흔적으로 얼룩져 있었다. 이광수, 최남선, 김동인, 양주동, 김기진, 박영희, 백철, 최재서, 유치진, 유진오 등의 예에서 보듯 한국문학을 대표하는 원로와 중진들 대부분은 친일문제에 깊이 연루되어 있었다. 이를테면 일제치하에서 가장 영향력 있는 지식인이자 민족주의 문학의 상징적 인물이었던 이광수와 최남선, 일제와 대립의 각을 세웠던 프롤레타리아 문학을 처음 시작한 김기진과 박영희 등이 학병권유, 전선시찰 및 황군위문, 대동아전쟁 찬양 등의 행적으로 말미암아 해방문단에 얼굴을 내밀 수 없는 상태에 처해 있었던 것이다. 이런 당시의 모습을 두고 김광섭은 "총독부 기밀비를 받아 술을 사 먹"던 '황국문인'들이 해방 후 "참아 정치와 같이 떠들 수" 없게 된 처지에 놓이자 '문단의 경기景氣가 자못 소소蕭蕭한' 풍경이 벌어졌다고 말하고 있다.[2]

1945년 8월 15일 해방이 되었을 때 한국문단은 이와 같은 처지에 있었다. 따라서 친일의 상처를 곳곳에 지니고 있는 한국문단, 원로문인과 저명문인 대다수가 친일문제에 깊이 연루되어 있는 한국문단을 누가 어떤 방식으로 추스르고 이끌어서 우리 문단을 다시 건설할 것인가 하는 문제가 해방 직후의 문학계, '소소한 경기'를 연출할 수밖에 없는 문학계에서 초미의 관심사가 되었다.

---

1 김광섭, 「해방 후의 문화운동 개관」, 『민성』 5권 8호(1949.8), 78~79쪽.

2 김광섭, 같은 글, 78쪽.

2. 좌우 문단의 대립과 김광섭의 문단 건설 활동

해방공간에서 가장 먼저 활동을 개시한 사람은 일제 시대에 프롤레타리아 문학의 마지막 서기장이었던 임화였다. 임화는 김남천, 이원조 등과 함께 해방 하루 만인 1945년 8월 16일에 친일문학단체인 '조선문인보국회'가 사용하던 한청빌딩을 재빨리 접수하여 '조선문학건설본부'라는 간판을 걸고 문단재건 활동에 돌입하였다. 그리고 진보적 민족문학의 건설을 목표로 내세웠다.

이 단체의 지도부는 임화와 김남천 등 프롤레타리아 문인이었지만 이들은 일제 시대의 '조선프롤레타리아예술가동맹(이하 카프, KAPF)'를 재건하고 싶어 한 것이 아니라 전 조선을 대표하는 새로운 문학단체를 만들고 싶어 하였기 때문에 '계급문학'의 이념을 뒤로 밀쳐놓고, 조선문인보국회 간부가 아닌 사람에게 문호를 개방하면서 전국적으로 세력을 규합하기 시작하였다. 김광섭이 일시적으로 조선문학건설본부에 이름을 올린 것은 이 같은 사정과 관련이 있으며 이태준, 이병기, 정지용 등 『문장』지 그룹이 이 단체의 열렬한 지지자로 변신한 것도 이 같은 사정과 관련이 있다. 상당한 친일 경력을 지닌 소설가 이태준이 이 단체의 주요 인물로 변신한 후 「해방전후」라는 고백체 소설에서 "조선문화의 해방, 조선문화의 건설, 조선문화의 통일을 부르짖는 그들의 주장엔 한 군데도 의의를 품을 데가 없었다"라 써놓은 것이 그 사실을 잘 입증해준다.

그런데 조선문학건설본부가 '진보적 민족문학의 건설'을 당면의 목표로 삼아 좌우를 망라한 세력규합을 시작한 것은 박헌영의 조선공산당 노선과 관계가 있었다. 주지하다시피 박헌영은 '8월 테제'로 불리는, 1945년 8월 20일에 발표한 「현정세와 우리의 임무」라는 글에서 해방된 조선은 프롤레타리아

계급혁명 단계에 있는 것이 아니라 부르주아민주주의 혁명단계에 있다고 주장하였다. 그러면서 이 단계에서 조선공산당이 취해야 할 노선으로 계급투쟁이 아니라 진보적인 여러 세력이 연합한 민족통일전선 구축을 제안하였다. 그리고 조선공산당과 긴밀한 관계를 맺고 있던 임화는 8월 테제를 접수하여 「현하의 정세와 문화운동의 당면임무」를 발표하고, 계급성이 아니라 인민성을 주장하였다. 또 조선공산당의 지원하에 가장 큰 걸림돌이었던 이기영의 '프롤레타리아문학동맹'을 흡수하는 데 성공하여 1946년 2월에는 '전국문학자대회'를 개최하여 '조선문학가동맹'을 발족시켰다.[3]

좌익 측의 이러한 발 빠른 움직임에 비해 우익 측의 움직임은 한동안 지리멸렬하였다. 그것은 우익 측의 경우 지도력을 발휘할 수 있는 문인들이 프로문학 쪽에 비해 친일문제에 훨씬 깊이 연루되어 있었고, 해방 직후의 정국을 기민하게 판단하고 대응할 사람들이 없었으며, 조직과 운동에 대한 경험을 가진 사람들이 좌익 측에 비해 상대적으로 적었기 때문이다. 더구나 가시적으로 임화가 주도하는 조선문학건설본부가 빠르게 당당한 세력을 구축한 결과 이 단체에 참가하지 않은 많은 문인이 관망적 태도를 취한 것도 우익 측이 지리멸렬한 모습을 보이는 데 일조하였다.

좌익 측에 대한 우익 측 최초의 대응은 1946년 9월 18일에 결성된 '중앙문화협회'이다. 박종화, 김영랑, 이하윤, 김광섭, 오종식, 김진섭, 이헌구 등이 모여서 만든 이 단체는 그런데 대응적 조직이라 부를 수 있는 모습이 못되었다. 김동리의 말을 빌면 이 조직은 아는 사람끼리의 서클에 지나지 않았다. "8·15 이후 자유진영 계열의 문인들이 처음으로 만든 것은 중앙문화협회이다. 이름은 '중앙'에다 '문화'에다 '협회'라는 따위로 모두 큼직큼직한 것을

---

3 조선문학가동맹의 노선과 모습에 대한 자세한 내용은 조선문학가동맹 중앙집행위원회 서기국에서 1946년에 펴낸 『건설기의 조선문학』을 참조.

붙였지만, 실질적으로는 과거의 해외문학파에 소속되었던 일부 회원들을 중심으로 한 일개 클럽에 지나지 않았다"[4] 이처럼 '해외문학파' 인사들을 중심으로 급조된 이 단체는 또 곽종원의 말에 따르면 "그때까지만 해도 그렇게 치열한 투쟁단계에 들어갈 형편"[5]에 놓여 있지 않았다. 해방공간에서 우익 측의 핵심 중의 핵심으로 활동한 김광섭과 조연현의 초기 행동이 보여주듯이 우익 측의 상당수 인사들은 조선문학건설본부에 대한 기대를 버리지 못하고 있었다.

중앙문화협회의 핵심인물이라 할 수 있는 김광섭은 이 단체가 만들어진 후에도, 비록 명목상이었지만 조선문학건설본부와 프롤레타리아문학동맹의 통합 교섭위원 및 외국문학분과 위원장으로 이름을 올린 것에서 알 수 있듯이, 조선문학건설본부와의 관계를 깨끗이 청산하지 않았다. 김광섭이 조선문학건설본부와 관계를 확실히 정리하고 대립적 단계로 나아가는 것은 1946년 2월 이 단체가 조선문학가동맹으로 변신하여 조선공산당과 함께하는 좌익 단체의 색채를 뚜렷하게 드러내기 시작하면서부터이다.

김광섭은 1946년 초부터 본격적으로 우익문단을 건설하기 위한 활동을 시작하는데, 그 직접적 계기는 앞서 말한 것처럼 조선문학건설본부가 1946년 2월 8일과 9일 이틀간에 걸쳐 '전국문학자대회'를 개최하고 조선문학가동맹으로 변신한 사건이었다. 이 대회에서 지도부는 박치우의 보고를 통해 공식적으로 모든 회원들에게 미국 제국주의와 파시즘의 위협에 대응하기 위해, 우익의 신탁통치 반대를 분쇄하기 위해 '민주주의 민족전선'에 적극 참여할 것을 요구하였다. 그리고 임화, 김남천 등 핵심지도부는 조선공산당이 통일전선 전술의 일환으로 당의 외곽조직으로 만든 민주주의 민족전선에 참여하

4 한국문인협회 편, 『해방문학 20년』, 정음사, 1966, 146쪽.
5 한국문인협회 편, 같은 책, 142쪽.

여 신탁통치 찬성운동에 발 벗고 나섰다. 이 같은 사건을 통해 조선문학가동맹의 방향과 노선을 확실히 파악한 김광섭은 좌익 측의 조직에 대응할 수 있는 우익 측의 문단건설에 본격적으로 매진하기 시작한 것이다. 그리하여 김광섭을 중심으로 한 해외문학파가 다시 핵심적인 역할을 하면서 좌익에 대응할 수 있는 단체다운 단체로 만들어낸 것이 '전조선문필가협회' 이다.

1946년 3월 13일에 결성된 이 단체를 통해 우익 문단은 비로소 좌익문단에 대응하는 조직체의 모습과 성격을 분명하게 갖추었으며, 이 점은 결성 시에 채택한 취지서와 강령과 성명서에서 찾아볼 수 있다. 김광섭이 취지서를 낭독하면서 '소파벌의 독재' 도 '계급적 이기' 도 용납되지 않을 것이라고 말한 것은 조선문학가동맹의 노선에 대한 비판이며, 강령에서 "민족자결과 국제공약에 준거하여 즉시 완전독립을 촉성하자" 고 주장한 것은 좌익 측의 신탁통치 찬성에 대한 반대이고, 성명서에서 "동포의 간절한 희망에 부응하는" 진정한 민족문화 건설을 주장한 것은 좌익 측의 진보적인 민주주의 민족문화 건설 논리에 대한 반대이다.

전조선문필가협회의 출범에는 그러나 김광섭이 "공산계열의 정신적 침략에 대한 긴급한 방어였으니 …… 미흡한 점이 있었다" 고 자기비판적으로 회고한 것처럼 문제점이 적지 않았다. 이 단체는 조직과 회의진행 방식이 조선문학가동맹을 고스란히 모방하고 있는 것에서 드러나듯 황급히 대응체로 만들었다는 냄새가 역력하였으며, 조선문학가동맹이 조선공산당의 지원을 음양으로 받으며 대회를 치른 것처럼 민족진영 정치단체(이승만을 위원장으로 하는 민주의원 선전부)와 일부 언론의 적극적 요청과 지원하에 결성되었기 때문에 정치성 시비에서 자유롭지 못하였다.

이처럼 정치적 긴박성 때문에 치밀한 준비 없이 만들어진 전조선문필가협회는 시작부터 재정 문제에 부딪혀 결성 이후 조선문학가동맹에 버금하는 활동을 전개할 수 없는 처지에 놓이고 말았다. 임화, 김남천, 이태준, 정지용 등 전국적 지명도를 자랑하는 인물들이 주도한 조선문학가동맹의 조직적 활동에 비해 김광섭, 이헌구, 이하윤, 이선근 등 해외문학파가 주축인 전조선문필가협회의 산발적 대응은 치밀하지도 강력하지도 못하였던 것이다. 오히려 전조선문필가협회 결성식에 참여한 김동리, 조연현, 곽종원, 조지훈 등 소장파들이 이를 계기로 1개월 후에 전위대 격으로 조직한 '조선청년문학가협회'가 투쟁적인 실제 활동에서는 앞섰다고 보아야 할 정도였다.[6] 후일 김동리와 조연현이 해방공간에서 "클럽 또는 서클적 성격을 지양한 자유진영의 문학단체를 실현시킨" 것은 자신들이 만든 조선청년문학가협회이며, 좌익단체와 제대로 투쟁한 것도 자신들이라 말하는 것은 이런 연유에서이다. 또 1950년대 중반에 김광섭, 이헌구 등과 결별하여 서로 다른 문단 조직을 운영하게 되는 것도 이런 사정과도 일맥상통한다.

그렇지만 좌익 측에 비해 뒤늦게 비조직적으로 이루어진 전조선문필가협회 출범의 의미는 다음과 같은 점에서 찾을 수 있다. 이 단체의 출범은 첫째, 조선문학가동맹이 곧 한국문단은 아니라는 사실을 입증한 데에 커다란 의의가 있다. 이 단체가 '문인'을 넘어선 '문필가' 조직이란 점을 감안하더라도 조선문학가동맹 출범에 참석한 120여 명의 작가들보다 더 많은 232명의 작가들이 전조선문필가협회 결성식에 참석한 것이 그 점을 분명히 말해준다. 둘째, 이 단체가 구심점이 되어 좌익의 조선문화단체총연맹에 대응하는 '전국문화단체총연합회(문총)'를 1947년 2월에 만들어냈다는 데에서 그 의의를 찾을 수 있다. 셋째, 1949년 12월에 출범하는 '한국문학가협회'의 모태가 되었다는 데에 그 중요성이 있다. 단독정부 수립 후 이 단체에 참가한 사람들을

6 한국문인협회 편, 같은 책, 137~144쪽.

중심으로 분열된 한국문단이 다시 통합된 까닭이다.

1946년 초 우익 측의 전조선문필가협회와 조선청년문학가협회가 만들어지던 시점에서 볼 때 좌익 측은 분명히 우익 측보다 우월한 조직력과 인적자원과 대중적 인지도를 가지고 있었다. 그렇지만 미소공동위원회가 파행으로 치달으며 1946년 말경부터 남북 분단이 가시화되기 시작하자 사정은 달라지기 시작하였다. 공산당에 대한 검거를 피해 박헌영을 비롯한 조선공산당의 주요 인물들이 월북하기 시작하자 구舊 카프계의 인물들도 그 뒤를 따르기 시작하였으며 지도부를 잃어버린 조선문학가동맹은 1946년 11월에 예정되어 있던 제2회 회의를 무기한 연기하였다. 남은 사람들은 위축된 활동을 되살리고 탄압국면에 대처하기 위해 중앙집행위원회를 열어 위원장에 이병기, 위원으로 양주동 · 염상섭 · 조운 · 채만식 · 박아지 · 박태원 · 박노갑 등 비교적 좌익색채가 옅은 인물을 보선하고, '대중화'의 기치를 내걸었으나 급변하는 정치적 국면에 대처하기에는 역부족이었다.

해방공간에서 김광섭의 문단 건설 작업은 1949년 12월 9일에 새로운 문단 조직인 한국문학가협회가 발족함으로써 일단 마무리되었다. 당시 중견 문인의 위치에서 전조선문필가협회를 만들어 좌익단체를 견제한 김광섭과 이헌구, 신예 문인의 위치에서 조선청년문학가협회를 만들어 좌익 측과 이론 투쟁을 벌인 김동리와 조연현 등이 이 단체의 창립을 주도하였다. 이 사실을 두고 조연현은 좌우 대립 시기에 "대공문화전선을 조직 지휘해온 문단의 투사들을"[7] 문단 주체세력이라고 지칭하면서 주체세력에 속한 사람으로 박종화, 이헌구, 김광섭, 오종식, 김영랑, 김진섭, 김동리, 조지훈, 박목월, 곽종원, 김송, 서정주, 모윤숙, 유치진, 최태웅, 설창수, 유동준, 임긍재, 홍구범, 이광래,

7 조연현, 『내가 살아온 한국문단』, 현대문학사, 1968, 20쪽.

유치환, 박두진을 거명하고 있다. 그의 이러한 언급에서 확인할 수 있는 것은 앞의 두 단체를 만든 사람들이 문단의 주체세력이며, 이 두 단체의 구성원들이 대한민국의 문단을 이끌어나가게 되었다는 사실이다.

대한민국이 건국하고 한국문학가협회가 발족하면서 앞으로 한국문단을 이끌어갈 문단의 주체세력이 이처럼 좌익문단과의 투쟁 경력을 바탕으로 자연스럽게 형성되고 부각되었다. 그리고 이 주체세력의 구성원들은 북한의 남침과 함께 서울에서 다시 활동을 개시한 조선문학가동맹 문인들과 협력하지 않았기 때문에 6·25전쟁 후 더욱 확고하게 위상을 굳힐 수 있었다. 그렇지만 당시 한국문단을 주도하게 된 이 주체세력의 인사들은 나이가 지나치게 젊었다. 이들은 친일의 문제로 저명문인들이 자중하고 은거해야 하는 상황에서, 좌익문단에서 활동한 경력 때문에 비중 있는 문인들이 문단 전면에 나설 수 없는 상황에서, 상당수의 대표적 문인들이 월북해버린 상황에서 20대 후반 혹은 30대의 나이에 문단을 이끄는 사람이 되었다. 그래도 전조선문필가협회를 주도한 김광섭, 이헌구 등은 40대에 가까운 중견 문인이었지만 조선청년문학가협회를 주도한 김동리와 조연현은 20대 후반과 30대 중반으로 지나치게 젊었다. 1954년에 시행된 예술원 회원 선거를 계기로 한국문단이 기존의 '한국문학가협회'와 김광섭이 이끄는 '한국자유문학자협회'로 분열된 것은 주체세력의 나이와 관련이 있다.

1954년에 이루어진 예술원 회원의 투표 결과, 제1류 문학 분야에서는 염상섭, 박종화, 김동리, 조연현, 유치환, 서정주, 윤백남이 당선되었다. 원로에 속하는 염상섭과 박종화를 제외한다면 주체세력의 두 축 중 조선청년문학가협회의 핵심인물이 다수 당선된 반면, 전조선문필가협회의 핵심인물들은 배제된 것이다. 다시 말해 전조선문필가협회 발족 당시 신예 소장파에 지나지 않았던 조연현과 김동리가 몇 년 사이에 대한민국문단의 핵심인물로 성장하여 선출된 반면, 주도세력으로 지도부에 있었던 김광섭, 이헌구 등이 모두 배제된 것이다. 더구나 영남 지역 문인들이 다수를 차지하고 이북 출신들이 탈락한 이 결과는 편파적이라는 인상을 주기에 충분하였다.

김광섭은 이러한 사태를 계기로 다시 문단의 전면에 나섰다. 대한민국 건국과 함께 대통령 공보비서관을 맡으면서 잠시 떠나 있었던 문단에 다시 복귀하여 해외문학파와 전조선문필가협회의 인맥을 주축으로 1955년에 한국자유문학자협회를 만들고 그 위원장에 취임한 것이다. 한국문단의 정통성은 조선청년문학가협회의 소장파들이 독선적으로 운영하는 한국문학가협회에 있는 것이 아니라 중앙문화협회로부터 전조선문필가협회를 거쳐 한국자유문학가협회에 이르는 자신들에게 있다고 자부하면서 김광섭은 1950년대 후반을 이 단체를 이끌어나가는 데 바쳤다. 김광섭이 조연현의 『현대문학』에 맞설 수 있는 기관지 『자유문학』을 간행하기 위해 노심초사하다가 뇌출혈로 쓰러진 것이 그 사실을 말해준다.

3. 김광섭이 시인으로 기억되는 이유

해방공간에서 한국문학의 건설이라는 막중한 책무를 자발적으로 떠맡았던 사람들 중 김동리와 조연현의 활동은 일찍부터 관심의 대상이 되어 비교적 소상히 밝혀졌다. 하지만 두 사람의 역할에 버금가는 일을 한, 어떤 의미에서는 좀더 큰 비중을 가졌던 김광섭의 면모는 점차 잊혀가고 있는데 그것은 두 가지 이유 때문이다. 김동리와 조연현은 대한민국 건국 이후 자신들의 영향하에 있던 잡지와 문단 조직을 십분 활용해 수많은 후배 문인을 키워냄으로써 기억의 연결고리를 확실하게 확보할 수 있었다. 반면에 김광섭은 정부 수립 후 문단을 떠나 관계로 진출하였으며, 1960년대에는 병마와 싸우느라 고립된 생활을 할 수밖에 없었다. 또 김동리와 조연현은 학계에서도 국어국문학과 혹은 문예창작과에 오랫동안 재직하며 스승의 길을 따르는 제자를 다수 확보하였지만, 김광섭은 상대적으로 짧은 기간 영문학과에 재직하였기 때문에 그런 제자를 제대로 키울 여유가 없었다. 그 결과 세월의 흐름 앞에서 한국문단 건설에 기여한 김광섭의 활동은 기억 속에서 축소되었다.

김광섭은 1945년부터 1960년에 이르기까지 한국문단을 만들고 이끌어간 가장 중요한 인물 중의 한 사람이었다. 그럼에도 우리가 김광섭을 한국문단의 건설자라는 측면에서가 아니라 시인이라는 측면에서 기억하는 것은 무엇 때문일까? 그것은 사람들이 김광섭을 「성북동 비둘기」의 시인으로 기억하는 사실에서 알 수 있듯, 시인으로 시작해서 시인으로 생애를 마감하였기 때문일 것이다. 또 대부분의 시인들이 활동 초기에 가장 뛰어난 작품을 남기는 우리 문단의 일반적 관례와는 달리 만년에 인생에 대한 달관과 원숙미를 과시하며 훨씬 훌륭한 작품을 썼기 때문일 것이다. 이런 점에서 고독과 고요를 동경하는 시인으로 출발한 그가 뇌출혈로 쓰러져 문단정치일선을 떠나 실존의 세계로 돌아온 것은 역설적이게도 축복이 되었다.

안재홍, 언론 구국의 국사

정진석

1. 아홉 차례 투옥, 불굴의 민족운동

민세民世 안재홍安在鴻(1891～1965)은 일제강점기에는 민족운동가로서 언론인이자 역사학자였고, 광복 후에는 정치가로 활동한 절개 높은 국사國士였다. 일제강점기에 조선인은 '정치'를 할 수 없었기에 신문사에 몸을 담고 활동을 벌이는 일 자체가 정치였다. 안재홍은 신문과 잡지에 논설을 쓰고, 역사

鄭晉錫 한국외국어대학교 명예교수.

저서로는 『일제하 한국언론 투쟁사』(정음사, 1975), 『한국언론사연구』(일조각, 1983), 『대한매일신보와 배설』(나남, 1987), 『한국언론사』(나남, 1990), 『인물 한국 언론사』(나남, 1995), 『언론유사』(커뮤니케이션북스, 1999), 『언론과 한국 현대사』(커뮤니케이션북스, 2001), 『언론조선총독부』(커뮤니케이션북스, 2005), 『극비, 조선총독부의 언론검열과 통제』(커뮤니케이션북스, 2007)가 있다. 편저로는 『한국언론관계문헌색인』(국회도서관, 1978), 『신문백년인물사전』(한국신문편집인협회, 1988), 『일제시대 민족지 압수기사모음』(LG상남언론재단, 1998) 등이 있다.

* 이 글에서는 천관우, 「민세 안재홍 연보」, 『창작과 비평』, 1978년 가을호, 212쪽 ; 『민세 안재홍 선집』(이하 선집) 4, 지식산업사, 381쪽을 참고하였다.

논문을 저술하는 방법으로 항일운동을 전개하는 동안 필화와 여러 사건에 연루되어 9차례나 투옥되어 7년 3개월에 걸친 복역의 고통을 겪어야 하였다.

종로경찰서 고등계 형사 사이가 시치로齋賀七郎는 안재홍을 '직업적 혁명운동자'로 규정하였다. 사이가는 독립운동가와 언론인, 사상범을 전문으로 다루면서 야만적인 고문을 자행하여 악명을 떨친 인물이다. 그는 1936년 6월 중국 남경에 있던 군관학교에 두 청년을 추천하였다는 혐의로 안재홍을 구속하여 심문한 수사기록에서 다음과 같이 썼다. "안재홍은 일·한병합 당시부터 조선독립을 몽상하고 이를 위해서 일생을 희생으로 바치겠다는 각오하에 실행운동을 계속하여온 자로서 조선민족주의자 간에는 절대 신용을 갖고 널리 내외주의자 사이에 알려져 있는 자"이며, "조선에서는 비합법적인 활동이 곤란하기 때문에 신문에 원고 투고, 팸플릿 발행 혹은 강연, 좌담회 등의 방법으로 민족주의를 선전선동함으로써 조선민족 독립의 필연성을 고취하여 조선민족으로 하여금 자발적인 독립운동을 하도록 상시 집요하게 불온언동을 일삼는 악당"이다.

일제강점기에 신문사에 종사하던 언론인 가운데에는 광복 후 정계에 투신하여 건국에 이바지한 인물이 많았다. 김성수, 송진우, 장덕수는 『동아일보』 계파였고, 여운형은 『조선중앙일보』를 경영한 경력이 있었다. 그러나 이들은 대개 글을 쓰는 논객이 아니라 신문사를 경영한 사람들이었다. 안재홍은 이들과 달리 주로 『조선일보』를 통해서 언론 활동을 펼치던 글을 쓰는 논객이면서 역사가였다.

해방공간에는 언론과 정치의 경계에 명확한 선이 그어져 있지 않았고, 정치와 언론이 얽혀 있었다. 언론인이 정치에 몸을 던졌고, 정치인이 신문사를 경영하였다. 좌익과 우익이 첨예한 대립을 보일 때 신문이 어떤 논조를 띠느냐에 따라 좌익, 우익, 중립으로 분류하였다. 그러한 상황에서 안재홍이 경영하던 『한성일보』는 중립적 논조를 견지하면서도 공산당을 배격하고 대한민국의 건국을 지지하였다. 안재홍은 신문을 정치에 이용하지 않았지만 신탁통치를 반대하고 대한민국의 건국을 지지하는 논조를 견지하였다.

2. 조선민족 독립의 필연성 고취

안재홍은 경기도 평택에서 태어나 1914년에 와세다대학 정경학부를 졸업한 후 1915년 서울 중앙중학교의 학감이 되었다. 교장은 한말의 언론인 유근이었다. 1917년에는 윤치호가 총무로 있던 중앙기독청년회 교육부 간사가 되었고, 1919년 3·1운동이 일어난 후 대한민국청년외교단 비밀조직에 참여하여 총무를 맡았는데 그해 11월에 검거되어 징역 3년형을 선고받고 1922년에 출옥하였다.

1924년 3월 31일 최남선이 『시대일보』를 창간했을 때 안재홍은 언론인의 길에 들어섰다. 『시대일보』의 논설위원과 정치부장을 겸하다가 이해 11월 『조선일보』로 옮겨 주필 겸 이사가 되었으며 1925년 4월에 열린 전조선기자대회에서 부의장에 선출되기도 하였다. 1927년 2월 신간회가 발족되었을 때 총무부 총무간사를 맡았고, 1926년 9월부터는 『조선일보』의 주필 겸 발행인이었다. 1928년 1월 21일 이관구가 집필한 사설 「보석保釋지연의 희생, 공산당사건의 실예實例를 견見하라」는 사설이 문제가 되어 안재홍은 금고禁錮 4개월, 편집인 백관수는 벌금 1백 원을 선고받았는데, 곧이어 5월 9일 일본군의 이른바 산동山東 출병을 비판한 사설 「제남濟南사변의 벽상관壁上觀」을 썼다가 『조선일보』는 정간당하고 안재홍은 금고 8개월의 형을 언도받았다. 복역 후 1928년 9월 29일에 출옥하여 이듬해 1월에는 『조선일보』의 부사장이 되었는데 이해에 일어난 광주학생 사건 진상보고 민중대회 사건으로 구속되었다가 기소유예로 풀려났다.

1931년 5월 『조선일보』 사장에 취임하였으나 이듬해 3월에는 만주동포구호의연금을 유용하였다는 혐의로 영업국장 이승복과 함께 구속되어 옥중에서 『조선일보』 사장직을 사임하였다. 1932년 11월에 출옥하여 1935년 5월부터 『조선일보』 객원으로 「민세필담民世筆談」을 연재하였으나 1936년 6월 중국 남경南京에 있던 군관학교에 청년 두 사람을 추천하였다는 혐의로 구속되어 이듬해 징역 2년 형을 선고받았다. 1938년 5월에는 흥업구락부 사건으로 서대문경찰서에 검거되어 3개월 만에 석방되었다. 이처럼 여러 차례 구속수감되는 수난을 겪던 중 1942년 12월에는 조선어학회 사건으로 함경도 홍원경찰서에 3개월 동안 수감되었다가 석방되었다. 그 후로 일제가 패망할 때까지 그는 거의 칩거상태에 있었다.

총독부는 1944년 12월 상순부터 남아 있는 민족진영의 지도자들을 회유하기 위해 안재홍, 송진우, 여운형, 조만식, 홍명희 등과 접촉을 시도하면서 종전 이후의 시국수습 문제를 논의하고자 하였다. 안재홍은 여운형과 함께 '민족자주', '호양互讓협력', '마찰방지'의 3원칙을 제시하면서도 총독부와 협력하는 것을 회피하였다.

3. 건국준비위원회와 국민당 창당

1945년 8월 14일 오후 일본 내각이 항복을 결정한 후 총독부는 일본 패망에 따른 혼란사태에 대비해 치안을 유지할 인물로 먼저 송진우와 접촉하였지만 협상이 결렬되자 여운형으로부터 정권이양 교섭에 동의를 얻고 안재홍에게도 이를 전달하였다. 8월 15일 정오, 일본천황의 항복 방송이 있고 난 직후에 여운형과 안재홍은 '조선건국준비위원회(이하 건준)'를 조직하고 여운형은 위원장, 안재홍은 부위원장을 맡았다. 다음 날 16일 건준은 중앙조직 구축을 완료하고 전국에 인민위원회를 조직하였다. 안재홍은 그날 오후 3시 10분부터 경성중앙방송을 통해서 "해내海內 해외 동포에게 고합니다"라는 말로 시작하여 20분에 걸쳐서 긴박한 정국의 운용에 관한 방안을 발표하였다. 연설 요지는 다음과 같다.

> 긴급한 당면 문제는 민족대중의 생명과 재산을 안전하게 보호하는 일이다. 조선과 일본 양 민족이 서로 양보하는 태도를 견지하여 일본인 주민의 생명과 재산을 보장하는 일도 중요하다. 이 같은 목적을 위해서 건준 소속의 경비대를 결성하여 일반질서를 잡을 것이며, 정규 병력 군대인 무경대武警隊를 편성하여 국가질서를 도모할 것이다. 이와 동시에 식량문제, 통화와 물가정책, 정치범 석방 등에 관해서도 대책을 수립할 것이며 행정기관을 접수하기 전까지는 직장을 충실히 지키라고 지시할 것이다. 일반 국민은 언동을 신중히 하여 일본인 주민의 감정을 자극하는 일이 없도록 주의하도록 당부할 것이다. 한일 두 민족은 장차 정치형태가 어떻게 변하더라도 자주적으로 상호 각자의 사명을 다해야 할 운명에 처해 있다는 사실을 올바르게 인식해야 한다. 조선에는 몇 십만 명에 지나지 않는 일본인들이 거주하고 있는 반면 일본에는 5백만 명의 조선동포가 있으므로 조선에 거주하는 일본 주민의 생명과 재산을 안전하게 지키는 일이 필요하다.

안재홍은 이 방송연설에서 시급한 문제의 핵심을 정리하면서 정국 운영의 큰 틀을 제시하였다. 더불어 정치정세의 급격한 변화에 침착하게 대처할 것과 일본인의 생명과 재산을 지키는 일은 재일조선인의 안전을 위해 중요하다는 사실도 일깨워주었다. 높은 정치적 식견을 갖춘 인물로서 먼 장래의 한일관계까지 내다보는 연설이었다.

1945년 8월 17일자 『매일신보』는 1면 머리에 「호애互愛의 정신으로 결합, 우리 광명의 날 맞자, 3천만에 건국준비위원회 제1성」이라는 제목으로 안재홍의 방송연설을 크게 소개하고, 같은 날 오후 1시에 건준 위원장 여운형이 휘문중학교 교정에서 연설한 내용도 박스기사로 처리하여 비중 있게 다루었다. 그러나 안재홍은 20일 뒤인 9월 4일 건준을 탈퇴하였다. 건준은 건국을 위한 과도적 준비기구라야 한다는 소신에 어긋났다고 판단하였기 때문이었다. 그가 구상한 건준의 성격은 이름 그대로 '민족해방운동 도정途程에서의 초계급적 협동전선'이 되어야 하였다. 그의 입장에서 건준은 독자적인 정강을 가진 정당이 아닐 뿐 아니라 운영자 자신들을 위한 조각본부組閣本部도 아닌 기구이기 때문에 새로운 국가는 해외에서 활동하던 독립투사들의 집결체인 임시정부를 근간으로 건설해야 하였다(「조선건국준비위원회와 余의 처지」, 『선집』 2, 13쪽 ; 「민정장관을 사임하고」, 『선집』 2, 258쪽). 민족주의 진영 주도세력에 의한 건국이라는 당초의 방침과는 달리 좌파에서 일거에 노동정권을 수립하는 것을 목표로 기민하게 움직이기 시작하자 단호히 건준에서 손을 뗀 것이다. 그가 탈퇴하고 난 후 이틀 뒤인 9월 6일 건준은 조선인민공화국 수립을 발표하였다.

4. 신민족주의 국가건설 구상

건준을 탈퇴한 안재홍은 그해 9월 20일에 『신민족주의와 신민주주의』를 출간하였다. 짧은 시간에 앞으로 건설할 국가의 철학을 담은 책 한 권을 쓸 정도로 놀라운 필력이었다. 게다가 광복의 그 순간부터 건준 활동에 적극 참여하느라 숨 쉴 틈 없는 바쁜 와중이었다. 우리는 40년간 일본에 예속되었고, 36년 동안 전 민족의 모든 계급이 굴욕과 착취의 대상이 되었지만 이제는 전 민족의 모든 계급이 함께 해방되었으므로 초계급적인 통합 민족국가를 건설하여 전 민족의 해방과 독립을 완성하여야 한다는 것이 책의 요지였다.

이 책에서 그는 배타적인 민족국가가 아닌 국제협동의 '신민족주의 국가'

건설을 제창하였다. 그는 서구의 민족주의와 민주주의는 궁정宮廷 중심의 봉건귀족과 대지주, 자본가 등이 특권을 지니고 계급적으로 억압과 착취를 자행하다가 시대의 변천에 따라 한 걸음씩 발전하는 과정을 거치면서 소시민과 농민, 노동자와 같은 하층계급에게도 점진적으로 정치 참여의 권리를 허용한 이른바 '자본적 민주주의' 였다고 지적한다. 따라서 그와 같은 사회적 기반 위에 구성된 서구의 민족주의는 우리와는 그 발생과 발전의 역사가 근본적으로 다르다고 하였다.

그는 우리는 이민족의 식민지가 되었던 시기의 동일한 예속에서 다 함께 해방이 되었으므로 모든 진보적이고 반제국주의적인 지주와 자본가와 농민과 노동자가 한꺼번에 만민공생의 새로운 발전을 요청하는 역사적 명제하에 만민공동의 신민족주의, 신민주주의 국가를 건설할 수 있는 시점에 와 있다고 보았다. 여기에는 '민생주의' 도 당연히 포함되지만, 우리의 민생주의는 쑨원孫文이나 마오쩌둥毛澤東이 주장하는 그것과는 전연 다르며 우리나라 고대로부터 내려온 고유한 이념과 합치되는 사상으로 이를 현대적으로 발전시킨 개념이라고 하였다. 그리고 이데올로기라는 추상적 존재를 달성하기 위하여 대중의 이해와 의지를 무시하는 것은 죄악이라고 하였다. 이는 대중을 위해서 이데올로기가 생긴 것이지, 이데올로기를 위해서 대중이 존재하는 것은 아니라는 주장이었다.

좌파와 우파의 이데올로기 투쟁이 본격화되기 전이었지만, 안재홍은 이미 그 같은 사태가 닥쳐오고 있음을 정확히 예견하고 이를 경계하는 동시에 국가 건설의 방안까지 제시하였던 것이다. 그는 민족주의와 사회주의를 영원히 대립하고 평행선을 그을 두 개의 선이 아니라 머지않아 통과하여야 할 역사의 점點으로 상정하고 민족주의와 사회주의 이념을 적정히 조합하여야 할 것으로 보았다.

1945년 9월 24일 안재홍은 국민당을 조직하고 중앙집행위원장이 되었다. 그의 저서에서 밝힌 정치철학을 구현할 민족국가의 발전과 국제협력이 국민당의 강령이었다. 12월 27일, 모스크바 3상회의가 5년 동안 조선을 신탁통치하기로 결의하자 29일에 서울 중구의 경교장京橋莊에서 신탁통치반대 국민총동원위원회가 결성되었다. 이 위원회는 상해 임시정부 요인의 주관하에 결성되었지만 임정요인들은 선두에 나서지 않았다. 위원장은 권동진, 부위원장은 안재홍과 김준연이었다. 3·1운동 민족대표 '33인' 중의 한 사람인 권동진은 노구에 격무를 감당할 건강상태가 아니었으므로 실질적으로는 안재홍이 이 운동을 이끌었다. 정국의 혼란은 도를 더해갔다. 그해 12월 30일 한국민주당(이하 한민당) 수석총무(당수) 송진우가 피살되었다. 광복 후 정치테러의 첫 번째 희생자였다. 송진우는 일제치하에 김성수와 함께 『동아일보』를 이끌던 언론인이자 정치인이었다. 한민당의 후임 수석총무는 김성수가 맡았다. 12월 31일에는 신탁통치를 반대하는 시위가 각지로 파급되었다.

해가 바뀌어 1946년 1월 2일 조선공산당의 박헌영은 신탁통치 지지를 선언하였고, 이튿날 좌익이 주최하는 반탁 서울시민대회는 찬탁贊託으로 일변하였다. 안재홍은 혼미한 정국의 중심에 서서 여러 갈래의 정치세력을 통합하기 위해 힘을 쏟았다. 중경重慶에서 귀국한 임시정부 주도하에 소집된 비상국민회의에서 주비籌備회장에 선임되었고, 2월 14일에 구성된 군정軍政 자문단체인 남조선민주의원 28명 중 한 사람으로 참여하였다. 당시 의장은 이승만, 부의장은 김구·김규식이었다. 2월 26일에는 『한성일보』를 창간하였다. 그의 언론 활동은 다음에 상술할 것이므로 여기서는 우선 정치적인 활동을 살펴보기로 한다.

5. 과도입법위원과 민정장관

안재홍은 1946년 12월 미군정의 남조선과도입법의원의 관선의원으로 선임되었다. 남조선과도입법의원은 미군정이 임명한 관선의원과 간접선거에 의한 민선의원 각 45명 모두 90명의 의원이었는데 의장은 김규식이었다. 해가 바뀌어 1947년 2월 5일 안재홍은 미군정청의 민정장관에 임명되었다. 미군정의 한국인 기구는 입법 김규식, 행정 안재홍, 사법 김용무의 체제를 이루었다. 이로써 정부의 세 부문은 완전히 조선인에게 옮겨졌다. 그러나 좌우익은 더욱 격렬하게 대립하여 우익과 좌익은 3·1절 기념행사도 따로 치렀다. 좌익은 남산, 우익은 서울운동장에서 행사를 거행한 후에 양측이 충돌하자 경찰이 발포하여 16명이 죽고 21명이 다치는 유혈참사가 일어났다. 지방 각지에서도 좌우익이 충돌하였다. 3월 24일에는 생활보장, 구금된 조선노동조합전국평의회 간부 석방, 국립대학안 반대 등을 내걸고 24시간의 총파업이 단행되었다. 서울에는 2천여 명의 학생들이 거리로 나와 시위를 벌였다.

민정장관 재임 전에 시작되어 재임 중에도 열렸던 미소공동위원회는 38장벽을 철폐하고 통일된 독립국가를 희망하였던 민족적 여망輿望과는 달리 성과를 거두지 못하였다. 1948년 5월 10일에는 남한 단독의 제헌국회의원 선거가 실시되었다. 사상 처음 실시된 이 선거를 반대하는 좌익의 물리적 방해는 치열하였다. 좌익단체는 선거 무효를 주장하는 성명을 냈고 여러 곳에서 선거반대 폭력도 일어났다. 선거사무소와 관공서에 대한 습격과 테러가 1,047건에 이르렀고, 살해 또는 부상 856명, 그 밖에도 여러 곳에서 방화와 파괴 등이 있었다. 북한은 선거 직후인 5월 14일 12시, 남한에 전기 공급을 갑자기 중단하였다. 북한에서 생산되는 전기에 절대적으로 의존하고 있던 남한에서는 공장 가동이 중단되고 가정과 산업 전반이 막대한 타격을 입었다. 서울 거리는 암흑천지로 변하였다.

이런 상황에서 1948년 5월 31일 제헌국회를 개원하여 초대 의장에 이승만, 부의장에 신익희·김동원을 선출하였다. 이어서 7월 20일에 열린 국회 제33차 회의는 출석의원 196명 가운데 180표를 얻은 이승만을 대통령에 선출하였다. 김구는 13표를 얻어 차점이었고, 안재홍 2표, 서재필 1표였다. 총선거가 끝난 후 6월 1일자로 안재홍은 민정장관을 사임하고 『한성일보』 사장에 복귀하였다. 그의 사임서는 6월 8일에 수리되었다.

민정장관 재임 중이었던 1947년 3월 6일 입법의원은 부일附日협력자, 민족반역자, 전범, 간상배奸商輩의 처벌을 위한 특별법 초안을 마련하여 7월 2일에 정식으로 통과시켰다. 제헌국회가 구성된 직후인 1948년 8월 5일에 열린 제40차 본회의에서도 일본 제국주의의 앞잡이 노릇을 한 친일파와 부일협력자 처단을 위한 법 제정을 논의하여 9월 7일 논란 끝에 '반민족행위처벌법'이 통과되었다. 그리고 10월 23일에는 첫 위원회를 소집하고 위원장과 부위원장을 뽑아 반민족행위특별조사위원회(이하 반민특위)가 정식으로 발족되었다. 반민특위에서는 처음 법 제정이 논의될 때부터 반민족행위를 한 친일파들을 어느 선까지 처벌해야 하는지에 대한 논란이 끊이지 않았다. 반민특위는 1949년 1월 10일 이후 친일행위를 한 부역자를 체포하기 시작하였으며 체포된 인물 가운데는 언론인도 포함되어 있었다. 오늘날까지도 많은 논란이 되고 있는 친일문제에 대한 안재홍의 의견은 어떠하였을까.

안재홍은 널리 알려진 거물 친일파는 엄중히 처벌하여 국민에게 경각심을 불러일으키도록(경성警醒)하되, 이름 없는 작은 무리(무명소배無名少輩)는 관용해야 한다는 원칙을 제시하였다. 일제치하에서 태어나고 활동한 사람들의 불가피하였던 정황을 참작하여 사면하고, 직위보다는 행위에 따라 처벌하여 반민 혐의를 받고 있는 사람들이 안심하고 국가재건에 힘쓰도록 해야 한다는 것이었다(「반민자 처단에의 요망」, 『선집』 2, 406~407쪽). 그 기준은 다음과 같다.

첫째, 널리 알려진 거물 친일파는 엄중히 처벌하는 한편으로 이름 없는 작은 무리는 되도록 관용할 것.

둘째, 면치 못할 직위에 관련되고 자발적 악질이 아닌 자는 관용할 것.

셋째, 정실과 세력관계에 제약되어 만일의 불공평이 단연 없어야 할 것.

넷째, 파별派別 감정으로 인한 중상모략에 미혹迷惑되지 말 것.

다섯째, 용의자로서 실제의 죄상이 없는 자에게는 사면을 도모할 것(따라서 직위보다도 실제의 행위에 치중하지 않으면 안 되겠다는 것이다).

안재홍은 위의 다섯 가지 기준에 덧붙여 다음과 같이 결론지었다.

그러나 일제 40년이라는 장구한 동안의 일인고로, 50수세數歲의 연령을 가진 자는 책임 있는 시대를 전부 일제치하에서 생활하여온 것은 물론, 그러한 정세 아래에서는 저마다 항일독립의 투사가 되기에는 지극히 어려운 조건이매, 이 점에 관하여는 법의 운용자가 일말의 불심佛心을 가져주기를 바란다.

6. 『한성일보』 발간

민정장관에 취임하기 1년 전인 1946년 2월 26일 안재홍은 『한성일보』를 창간하였다. 언론계는 좌우익으로 갈리어 대립이 격화되고 있었고, 정치 테러도 빈발하였다. 1945년 12월의 송진우 암살에 이어서 1947년에는 여운형(7월 19일)과 장덕수(12월 2일)가 피살되었다. 여운형은 당시 근로인민당 당수이자 『중외신보』 사장이었다. 일제시대에는 『조선중앙일보』 사장을 지냈던 언론인이다. 장덕수는 『동아일보』 창간 논설주간이었고 미국 유학 후 부사장을 지낸 언론인이면서 정치인이었다.

해방공간에는 언론인이 정계로 진출하는 사람이 있는 반면, 언론사를 경영하는 정치인도 있었다. 남조선과도입법의 관선의원 45명 가운데는 안재홍을 비롯하여 여운형(『중외신보』 사장), 홍명희(일제시대 『시대일보』 사장) 장자일(『민주일보』 부사장) 하경덕(『서울신문』 사장)이 포함되어 있었다. 신문을 경영하는 정치인들로는 신익희(『자유신문』)와 윤보선(『민중일보』)이 있었다. 해방공간의 언론과 정치는 좌익과 우익을 막론하고 독립된 분야가 아니라 거대한 실타래처럼 얽히고설켜 있었다. 해방 직후에 발행된 신문 가운데는 엄밀한 의미에서 신문으로 보기 어려운 것들도 많았고, 신문이 무엇인지도 모르는 인물들이 어떤 목적을 지니고 신문 발행에 뛰어들기도 하였다.

안재홍은 당시를 언론과 정치를 분리할 수 없는 상황으로 보았다. 그는 "언론도 곧 행동의 하나이니 언론은 곧 실천을 개시하는 자아의사自我意思의 나타남" 이라고 규정하였다. 언론의 자유는 때로 한도를 넘어 선동가와 음모가적인 파벌싸움 때문에 지나치게 악용된 면도 없지 않았으며 언론이 건국이념에서 양립하지 못할 정도에 이르렀다고 지적하였다. 언론의 자유가 "방사放肆의 경지에까지 분방奔放하고 있어 몰비판적인 대중으로 하여금 그 거취에 어리우게(미혹迷惑)한 일이 하나 둘이 아니었다" 는 것이 당시 언론에 대한 안재홍의 평가였다.

또한 건국이념이 같은 민족진영에서도 정당과 정파가 갈라져서 정권쟁탈의 싸움에 언론이 동원되었다. 정부의 의자 수를 다투는 예비공작으로 음성적 모략이 횡행하고 배후에 있는 정상배政商輩들의 사주로 언론이 몹시 왜곡되었던 것이다(안재홍, 「현하 한국 언론기관의 사명」, 『신천지』, 1949. 1). 이 같은 사태의 가장 큰 원인은 언론인재의 빈곤 때문이기도 하였다.

『한성일보』는 김제영이 발행하던 『신조선보新朝鮮報』(1945년 10월 5일 창간)를 인수하여 제호를 바꾸어 새로 창간하는 형식으로 출발하였다. 편집 겸 발행인 양재하(편집국장), 인쇄인 김종량(상무이사 겸 업무국장), 주필 이선근으로 광복 직후의 다른 신문과 마찬가지로 타블로이드 2면으로 시작하였다. 『한성일보』는 서울 태평로 1가 31번지 지금의 프레스센터 건물 자리의 『경성일보』 인쇄시설과 사옥을 활용하였다. 『경성일보』는 일제시대부터 가장 우수한 시설을 갖추고 있었으므로 제작 여건은 좋았다.

『한성일보』는 『동아일보』, 『조선일보』, 『경향신문』, 『국제신문』과 함께 중앙언론계의 주류로 자리 잡은 5대 유력지의 하나로 반탁에 앞장섰다. 1946년 8월 1일에는 경제보국회가 기금 500만 원을 모아서 한성일보재단을 확립하였다. 사장 안재홍, 부사장 공진항, 전무 박기효, 상무 김종량, 주필 이선근, 편집국장 함대훈의 편집진용에 이사진도 강화하였다. 같은 날 상무 김종량은 경성일보사의 시설을 관리하는 공동관리인에 임명되었다. 경성일보사의 시설은 여러 신문이 쟁탈전을 벌였는데 명칭을 서울공인사公印社로 바꾸고 『동아일보』와 『한성일보』의 대표가 공동관리인에 임명되어 두 신문의 인쇄를 우선적으로 취급할 수 있게 된 것이다.

『한성일보』의 구성원 중 관직에 진출한 이들이 많았다. 안재홍은 민정장관이었고, 주필 이선근은 1947년 11월 국립서울대학교 학생처장에 취임하였다가 법과대학 학장이 되었는데 6·25전쟁 직전인 1950년 2월 국방부 정훈국장에 임명되었다. 함대훈은 1946년 12월 언론계를 떠나 미군정청의 공안公安국장과 공보국장을 역임하고 1947년에는 경찰전문학교장이 되었다. 사장 안재홍이 정계에서 활동하였기 때문에 편집국장 또는 주필을 맡고 있던 양재하가 제작을 실질적으로 총괄하는 상황이었다.

1946년 12월에는 『한성일보』의 자매지로 중국어판 『화문한성일보華文漢城日報』를 창간하여 한국어와 중국어 2개의 신문을 발행하였다. 중국어판은 송지영이 편집주간을 맡았는데 남한 거주 중국교민의 자치기관인 남한화교

자치총구南韓華僑自治總區와 계약을 맺고 한중韓中합작으로 편집하였다. 중국어판은 주간 발행으로 시작하였으나 1948년 10월에는 주 2회간으로 발행 간격을 좁혔고, 이듬해 12월에는 『한성중화일보漢城中華日報』로 제호를 바꾸어 격일간으로 발전시켰다.

『한성일보』는 1949년 2월 4일부터 약 7개월간 휴간에 들어갔다가 9월 1일에 속간하였다. 광복 후에 나타났던 많은 신문이 경쟁을 벌이면서 적자생존의 방안을 찾다가 어느 정도 정비되는 시점에서 『한성일보』는 장기간 휴간하지 않을 수 없었던 것이다. 휴간 중에 자본금 2천만 원의 주식회사 설립을 추진하던 안재홍은 1950년 2월 새 재단에 판권을 이양하여 한성일보사는 1천만 원의 주식회사로 개편되었다. 3월 2일 안재홍은 주식회사 한성일보사의 취체역 회장으로 물러앉고 사장에는 장내원이 취임하였다.

안재홍은 1950년 평택군에서 무소속으로 출마하여 제2대 국회의원에 당선되었으나 1950년 9월 21일 납북되었다. 『한성일보』도 발행되지 못하던 중 1952년 2월에 김종량이 사장을 맡아 서울에서 복간을 시도하였으나 등록허가가 취소되고 말았다.

일제치하에 국내 언론인 가운데 가장 빈번한 투옥을 당하면서도 항일투쟁을 벌이다가 광복 후에는 정치 일선에 나서서 모든 정치세력을 결집하여 새로운 민주국가를 건설하려하였던 안재홍은 6·25전쟁 발발 후 납북되어 그 포부를 펴지 못한 채 불우한 말년을 보내다가 1965년 3월 1일에 사망하였다. 만 74세였다. 이후 1981년부터 2004년까지 『민세 안재홍 선집』(지식산업사) 전 8권이 출간되었다.

이관구, 좌우를 아우르려 한 언론계의 중추

조맹기

1. 해방 전 경력

성재誠齋 이관구李寬求(1898~1991)[1]는 일제시대와 해방정국을 풍미하였던 언론인이었다. 그는 신문편집인협회 초대회장(1957)을 역임할 만큼 출중한 언론인이었다.

이 글에서는 해방정국기에 이관구가 『서울신문』의 주필로서 기여한 바를 주로 다루고자 한다. 아울러 그의 경력에서 우선 좌우파적 경향을 논하고, 신탁통치 문제에서 보여준 태도와 행적, 그 후 남조선과도입법의원으로서의 활동 등을 중심적으로 다루고자 한다.

趙猛基 서강대 언론대학원 교수.

저서로는 『한국언론사의 이해』(서강대학교 출판부, 1998), 『커뮤니케이션 사상사』(커뮤니케이션 북스, 2001), 『커뮤니케이션 역사』(서강대학교 출판부, 2004), 『한국언론인물사상사』(나남, 2006)가 있으며 그 외 다수의 논문이 있다.

1 이관구의 가계와 기록은 다음과 같다. 이관구의 조부는 명성황후를 지키기 위하여 일본 부랑

이관구는 좌파와 우파 사이에서 유연하게 『서울신문』의 주필직을 수행하였다. 다시 말해 한국적 풍토에 적합한 국사 언론인의 리더십을 발휘한 것이다. 특히 신탁통치안 찬반贊反투쟁 하에서의 그는 가히 역사기록에 남을 만한 업적을 쌓았다.

이관구는 1927년 신간회新幹會 활동을 계기로 『조선일보』에 입사하였다(조선일보사 사료연구실, 『조선일보 사람들-일제시대편』, 랜덤하우스중앙, 2004, 107쪽). 조선일보 사장 이상재李商在가 당시 신간회 회장이었으며, 이관구는 신간회 중앙위원 겸 정치부 간사였는데, 『조선일보』에 발탁되었던 것이다. 그는 신문사에서의 취재 경험을 바탕으로 성장한 언론인은 아니었지만 신간회와의 인연으로 곧 정치부장을 맡으면서 안재홍安在鴻 등과 함께 사설과 시평을 썼다(조선일보사 사료연구실, 107쪽).

이관구는 1926년 일본 교토제국대학 경제학부를 졸업하고, 동 대학원을 수료하였다. 당시 교토대 경제학부는 마르크스 경제학이 주류를 이루었다. 그의 지도교수 가와카미 하지메河上肇는 이름난 마르크스주의 경제학자였다. 그는 지도교수의 영향을 많이 받아 사회주의 성향을 키웠다(조선일보사 사료연구실, 109쪽). 이관구의 아들 이신복李信馥 전 성균관대 교수가 "내가 분석해봐도 선친이 일제시대 때 쓰신 논설은 사회주의 성향을 띤 것이 태반" 이라고 말한 점으로 비추어 보아도 그의 사상적 경향을 잘 알 수 있다.

배에게 맞서다 살해된 이경직李耕稙이고, 아버지는 항일에 생을 바친 이우규李禹珪이다. 이러한 집안 출신인 이관구는 신간회(회장 이상재) 활동을 도와 신간회 중앙위원 겸 정치부 간사로 임명되었다. 그는 『조선일보』에 재직한 2년여 동안 300여 편의 논설과 시평時評을 남겼다. 일제시대 사설이나 시평은 거의 대부분 무기명이지만 이관구가 쓴 글은 그의 부인이 스크랩하여 보관되었다. 그의 부인은 6·25전쟁 때 피난살이를 하면서도 사설 묶음만은 반드시 지니고 다녔다고 한다(조선일보사 사료연구실, 『조선일보사람들-일제시대편』, 랜덤하우스중앙, 2004, 107쪽). 그의 자녀들은 이를 기초로 하여 1986년 『성재 이관구 논설선집』을 출간하였다. 그러나 이 책에는 1956년 『경향신문』 이후의 사설을 제외한 해방 후의 사설은 누락되어 있다.

이관구의 사회주의적 행보는 탄력을 받기 시작하였다. 일본인들과 '제남사건의 벽상관' 등 『조선일보』의 반일 사설로 신경전을 벌였던 그는 1929년 10월 조선일보사를 퇴사하고 1933년 『조선중앙일보』에 입사하였다. 당시 여운형이 사장이었던 『조선중앙일보』에서 이관구는 1936년 10월까지 만 4년 동안 주필과 편집국장 자리를 오가면서 논객으로 활동하였다.

해방 이후 인민당 당수였던 여운형과 같이 이관구는 일제시대 『조선중앙일보』의 주요 구성원이었다. 당시 『동아일보』, 『조선일보』에 비해 『조선중앙일보』는 진보적 색깔을 띠었다. 이관구는 물론 이 신문을 통해 일제시대의 노동자 착취현상이나 노동문제 등에 관해 많은 논설을 집필하고 게재하였다. 『성재 이관구 논설선집』에서 보듯, 그는 친親마르크스 형식의 논조를 유지하였다.

그는 당시 『조선중앙일보』에 '백두산 탐험기'를 16회 연재할 만큼 글재주가 뛰어났던 것 같다. 이관구는 일반적 탐험기의 딱딱한 내용을 풀어서 재미있게 쓸 줄 알았다(이혜복 외, 『한국언론인물사회 상 : 8·15전편』, 사단법인 대한언론인회, 1992, 113쪽). 그는 부드러운 문장으로 '백두산 탐험기'를 성공시킨 것이다. 그렇다면 이관구는 마르크스 경제학뿐 아니라 정통문학을 논할 줄 아는 재능이 있었던 것으로 여겨진다. 언론사 생활에 만족하였던 이관구에게 불행이 찾아왔다. 『조선중앙일보』가 '손기정 일장기 사건'으로 폐간된 것이다. 그는 이 신문이 폐간된 후, 1939년 4월부터 주식회사 대동출판사大東出版社 주간으로 만 2년 동안 출판일을 하였다.

2. 『서울신문』 주필 및 편집국장

이관구가 언론사 전면에 다시 나타난 때는 1945년 11월 23일 미군정이

『매일신보』의 정간을 풀고 『서울신문』으로 제호를 변경하도록 한 후의 일이다. 당시 주요 신문은 좌익계 『조선인민보』(1945년 9월 8일 창간), 『해방일보』(1945년 10월 9일 창간) 등이 주동이 되었으며, 우익지 『조선일보』(1945년 11월 23일 복간), 『동아일보』(1945년 12월 1일 복간), 『한성일보』(1946년 2월 26일 창간) 등은 늦게 시작하였다. 그들 신문에 비해 『서울신문』은 당시 인적 구성, 시설 면에서 월등한 위치를 점하고 있었다.

오세창吳世昌 사장은 10월 25일 주주총회 후 '독립의 완성'이란 표어를 걸고 『매일신보』 재건에 앞장섰다. 그리고 얼마 뒤에 이관구는 초대 취체역 주필 겸 편집국장을 맡았다. 그는 신문사의 '민족적 욕구' 논조를 결정하는 중요한 위치를 점하게 되었다. 그 자세한 내막을 서울신문사는 이렇게 정리하고 있다.

미군정청으로부터 하경덕河敬德, 이관구 두 사람이 신문 창간 작업을 맡았다(『서울신문 100년사-1904~2004』, 서울신문사, 2004, 295쪽). 일간지 『코리아타임즈』를 창간한 경험이 있는 미국 하버드대학 사회학 박사 출신 하경덕은 1945년 11월 10일 이관구를 끌어들여 '쇄신 『매일신문』'의 인선작업을 한 것이다.

『서울신문 100년사』는 "이관구에게 인선작업을 맡기게 된 이유로 그가 과거 신간회에도 참여함으로써 좌우의 양쪽에서 무난히 수용할 수 있는 인물이었기 때문이다"라고 기록하였다(서울신문사, 295쪽). 미군정은 앞서 『매일신보』에 정간 명령을 내린 바 있었다. 정간 이유로 "매일신보가 해방 후에 사원들로 구성된 자치위원회를 결성하여 좌익계열과 밀접한 관계를 가지고 미군정에 비판적인 태도를 취하였기 때문이었다"라고 지적하였다(강준만, 『한국대중매체사』, 인물과 사상, 2007, 302~303쪽).

해방 후 여운형은 건국준비위원회를 결성하는가 하면 박헌영朴憲永은 조선공산당을 재건하였으며 송진우宋鎭禹는 한국민주당을 결성하였다. 일제시대 행적이나 조직으로 보아 당시 우파는 좌파에 비해 취약한 상태였다.

총독부의 통제에서 벗어난 『매일신보』는 여운형 중심의 건국준비위원회 중심으로 정국의 향방을 자세히 보도하였다. 미군정은 10월 30일 군정법령 제19호 언론 구조의 큰 틀을 어겼다는 이유로 정간을 시켰던 것이다.

미군정이 한국의 언론보도에 결정적 반감을 가진 것은 '전조선신문기자대회' 였다. 이 대회는 1945년 10월 23일 서울 종로 중앙기독교청년회 대강당에서 열렸는데, 창립선언문에서 "신문이 흔히 불편부당不偏不黨을 말하나 이것은 흑백을 흑백으로써 가리어 추호도 왜곡치 않는 것만이 진정한 불편부당인 것을 확인한다. 엄정중립이라는 기회주의적 이념이 적어도 이러한 전 민족적 격동기에 있어서 존재할 수 없음을 우리는 확인한 것이다. 우리는 용감한 전투적 언론진을 구축하기에 분투함을 선언한다" 라는 내용을 담았다(정진석, 『언론과 한국현대사』, 커뮤니케이션북스, 2001, 483~484쪽).

전조선신문기자대회는 좌익이 주축이 되었음을 쉽게 알 수 있었다. 좌익에 앞장선 『매일신보』를 미군정이 허용할 이유가 없었을 것이다. 당시 상황으로 봐 『매일신보』는 정간의 길을 걸을 수밖에 없었고, 『서울신문』으로 다시 태어나면서 이 살얼음판을 헤쳐 나갈 중심적 인사를 물색한 것이다. 그 대상이 언론인 이관구였던 것 같다.

이관구는 1945년 11월부터 1946년 3월 20일까지 『서울신문』의 주필 편집국장을 겸임하였으나 홍명희洪命憙의 아들 홍기문洪起文과의 불화로 4월 16일 고문으로 이동하였고, 4월 26일자로 고문직마저 사임하고 말았다. 그는 『서울신문』의 논조에 더는 관여할 수 없었다. 그 후 그는 『합동통신』 부사장, 과도정부의 관선 입법의원 등을 거쳤으나 뉴스를 만드는 곳으로부터는 멀어졌다. 심경에 변화를 가져온 이관구는 자리를 옮겨 1949년 9월부터

1957년 3월까지 성균관대학교 경제학과 교수로 재임하였다.

3. 신탁통치안 찬반운동

이관구가 해방정국기에 기여한 것은 1945년 11월 23일부터 1946년 3월 20일까지 가장 큰 신문에서 주필 겸 편집국장으로 일한 것이다. 그 당시 한반도에서 일어난 중요한 사항은 신탁통치 찬반논쟁이었다. 모스크바 3상회의의 신탁통치안은 한반도 분단에 큰 영향을 미쳤던 것이다. 그때 이관구는 신문 논조에 결정적 영향을 미치는 주필 겸 편집국장을 지낸 것이다.

1945년 12월 28일 미국 · 소련 · 영국 세 나라 외상外相이 모스크바에서 합의한 내용이 발표되었는데 그 가운데에는 한국의 신탁통치 문제를 담고 있었다. 이것이 국내에서 '찬반탁' 논쟁을 불러일으켰다. 당시 한국민주당 대변지 『동아일보』는 "소련이 신탁통치 주장, 미국은 즉시 독립 주장, 소련의 구실은 38선 분할점령"으로 요약하여 보도하였다.

맥아더 사령부가 1945년 9월 2일 북위 38도선을 경계로 하는 미 · 소 양군의 한반도 분할점령을 처음 밝힌 바 있었다. 그 후 한반도에서는 현안을 둘러싼 논쟁이 심화되었으며, 각 언론단체는 그 논쟁에 휩싸이기 시작하였다. 정치조직이 결성되지 않은 상태에서 언론을 중심으로 질서가 재편될 수밖에 없었다.

그리하여 조선공산당은 『해방일보』, 조선인민공화국은 『조선인민보』, 한국민주당은 『동아일보』, 국민당은 『한성일보』와 짝지워진 형국이 나타났다. 『서울신문』은 신한민족당과 연결되어 있었다고 봐야 하겠다.

신한민족당은 1945년 12월 14일 창당한 민족주의자의 정당이었으며, 후일 안재홍의 국민당과 함께 김구金九의 한국독립당으로 합당하였다. 그 지도부는 권동진權東鎭이 당수였으며, 오세창이 부당수로 지도부를 구성하였다. 이 당에는 우익뿐 아니라 좌익계의 고려청년당·조선혁명당 계열이 포함되어 있었다(최영희, 『격동의 해방 3년』, 한림대학교 아시아문화연구소, 1996, 133쪽). 당시 『서울신문』의 논조를 알 수 있게 해주는 대목이다.

각 정당은 모스크바 3상회의에 촉각을 세웠다. 그들은 12월 27일 모스크바 3상회의에서 합의한 3항에 미·소 양군 사령관이 공동위원회를 구성하여 조선 임시민주정부의 수립을 원조하고, 조선은 최고 5년간 4국의 신탁통치를 받는다는 내용이 들어 있는 점에 주목하였고, 특히 '신탁'의 문구가 나오자 국내 여론은 요동을 쳤다.

이 신탁통치안에 대해 당초 전 국민이 맹렬히 반대하다가 좌익이 1946년 1월 2일을 기점으로 반탁에서 찬탁으로 바뀌었으며, 우익은 반탁노선을 처음부터 시종일관하였다.

김구를 중심으로 한 임정계의 반탁은 그 강도를 높였다. 1945년 12월 28일 임정을 중심으로 '신탁통치반대국민총동원위원회'가 결성되었다. 권동진을 위원장으로 안재홍과 김준연을 부위원장으로 한 그들은 12월 30일 서울운동장에서 '신탁통치반대국민대회'를 열었다. 한편 좌익은 1월 2일 이후 '신탁통치 절대 지지'로 입장을 선회하였다. 그들은 좌익정당, 사회단체들을 총망라하여 2월 3일 서울운동장에서 '민족통일자주시민대회'를 열고, 4일에는 '조선민주주의 민족통일전선'을 형성하였다.

좌우익 사이의 테러전은 심화되었다. 신탁통치 반대를 외치던 데모대 일부가 1945년 12월 31일 저녁 을지로 2가에 있던 『조선인민보』의 인쇄소를 습격하였다. 한편 신탁통치 찬성을 외치던 데모대는 1월 7일에는 반공극우지인 『대동신문』을 습격하였다. 당시 좌익적 성향을 띠고 있던 『서울신문』은 1월 6일 이후 모두 3차례 우익에게서 테러를 당하였다(서울신문사, 앞의 책, 318쪽).

신탁통치 반대지와 찬성지가 서로 갈리었다. 반대지는 『동아일보』, 『조선일보』, 『한성일보』, 『대동신문』, 『대한독립신문』 등이었으며, 찬성지는 『조선인민보』, 『자유신문』, 『서울신문』, 『중앙신문』, 『현대일보』, 『독립신보』, 『중외신보』, 『해방일보』 등이었다. 신문들은 자신과 주장이 다르면 역적시하고 온갖 욕설로 상대방을 비방하고 중상하였다. 더욱이 반대파 언론에 폭력과 테러로 시설을 파괴하는 등 사회불안을 조성하였다.

좌익진영이 3상회의 결정을 '민족해방 확보의 진보적 결정'이라고 한 후 『서울신문』은 반탁에서 찬탁으로 논조를 바꾸었다. 당시 사설을 쓴 주필 이관구는 "찬탁을 비판하는 내용으로 공무국에 넘긴 사설이 좌익계 편집국 간부에 의해서 고쳐진 채 인쇄되었다"라고 술회하였다(서울신문사, 앞의 책, 322쪽). 즉 "편집국에서 원고가 공장으로 넘어오면 공장 노총간부가 보아서 비위에 맞지 않으면 몰수해버리기 일쑤여서 편집국장이나 담당자는 모두 허수아비 꼴이었던 것이다"라고 하였다(서울신문사, 앞의 책, 313쪽).

해방 후 언론계에서는 출판노조를, 교통 분야에는 철도노조를 결성하는 등 다양한 노조가 결성되었으며, 전국 노조를 규합하여 '전국노동자평의회'를 결성하였다. 특히 신문사, 출판사, 인쇄소 등의 직공들을 포섭한 출판노조는 좌익세력의 가장 유력한 무기였다(송건호 외, 『한국언론 바로보기』, 다섯수레, 2000, 159쪽). 해방 직후 『매일신보』를 비롯한 각 신문사 좌익계 공무국 직원들은 출판노조에 포섭되었고 조판과 인쇄 등 공무 관계의 요직을 장악하였다. 일인日人들이 남기고 간 커다란 인쇄공장이 거의 출판노조에 장악되었다. 언론계에서는 좌익을 대적할 수 없을 정도가 되었다.

『매일신보』 자치위원회는 1945년 9월 23일부터 경영간부가 없는 공백상태의 『매일신보』를 장악하였다. 자치위원회(위원장 윤희순尹喜淳)는 편집국, 공무국 등에 소속된 600여 명의 사원을 통제하였다(서울신문사, 앞의 책, 296쪽). 전국출판노조 산하 공장노조를 결성한 공무국 사원들은 신문제작에서 분명한 견해를 가지고 자치위원회 못지않은 발언권을 행사하였다. 그러나 『매일신보』 자치위원회는 대외적으로 '불편부당 엄정중립의 보도기관'이라고 표명하였다. 『매일신보』 자치위원회는 1945년 10월 23일 「매신每申은 어디로」의 성명을 내고, "『매일신보』는 특정 정당의 기관지나 개인 소유가 절대로 될 수는 없고, 공정한 민중의 기관이어야 한다"라는 요지를 발표하였다.

이관구는 1945년 11월 23일 「혁신에 즈음하여」라는 사설에서 "해방 벽두의 건국 대업이 바야흐로 바쁜 이때에 수십 년간 압축된 세력을 내뿜어 자유로운 언론으로서의 진실한 임무를 다할 날이 시작되었다. 여기서 우리는 일당일파에 기울어지지 않고 언론보도에 공정하고 또 적확的確할 것은 물론이려니와 한 걸음 나아가 민족총력의 집결통일과 독립완성의 시급한 요청에 맞추어 단호 매진하는 동시에 국내를 비롯하여 연합우방의 동업기관과 더불어 어깨를 걸고 민주주의적 질서수립을 위하여 상응한 노력을 기울이려 한다"라고 하였다.

4. 이관구의 입장

이관구 사설의 요지는 '민족적 욕구와 국제적 협조의 조화'로 자치위원회와 같은 논조였다. 그는 『서울신문』이 책임 있는 권위지로서 해방 직후 민족이 처한 상황에서 중차대한 언론으로서의 사명을 3,000만 동포 앞에 다짐한다는 것이다. 그의 논조는 "일당일파에 기울어지지 않는 공정하고 또 적확한 보도"를 강조하였다. 즉 그는 사설을 통해 이 신문은 당파들의 대변지가 아님을 분명히 하고 '민족총력의 집결통일과 독립완성'을 위한 '민주주의적

질서수립'의 필요성을 강조하였다.

『서울신문』은 모스크바 3상회의의 결정에 따라 신탁통치 찬반논의가 한창일 때, 1946년 1월 평양에 서병곤徐丙坤 기자와 윤일모尹逸模 기자를 특파하였다. 그리고 1946년 4월 1일부터 4월 13일까지 무려 10회에 걸쳐 마르크스경제사학자로 연희전문학교 교수로 재직하다 정계에 투신한 백남운白南雲의 기사를 게재하였다. 그는 제1회에서 '민주정치는 여론정치'라고 규정하고, 인민 본위의 민주주의 정치를 구가하기를 원하였으며, 마지막 호에서는 민주경제만이 민족갱생의 길이라 하였다.

『서울신문』은 미소공동위원회(이하 미소공위)에 대해 엄정중립으로 접근함으로써 그 자체를 부정하는 논조를 취하지 않았다. 미소공동위원회 본회의에 앞서 예비회담이 1946년 1월 16일 덕수궁 석조전의 미군정청 제1회의실에서 열렸다.『서울신문』은 이튿날 「역사적 미·소회담 개막!」이라는 제목과 함께 "우리 3천만 민족의 운명과 새 역사가 창조되는 순간이 드디어 왔다"라고 1면 톱기사로 분위기를 잡았다. 열강에 의한 한반도 문제해결과 병행, 미소공동위원회를 내부적으로 민족 자체역량의 성숙을 통해 완전독립을 이룰 수 있는 계기로 파악하였던 것이다(서울신문사, 앞의 책, 324쪽).

예비회담에서의 합의대로 3월 14일 열릴 예정인 미소공위 정식회담이 소련 측 대표의 미착으로 연기되었다고 발표하였다. 그날 우익의 전조선문필가협회는 YMCA에서 결성대회를 열었는데 참석자는 정인보, 이선근, 이병도, 손진태, 이관구 등이었다. 이들은 진정한 민주국가 건설과 즉시 완전독립 촉구 및 조선 문화의 발전 등을 강령으로 내세우고 일제에 유린된 민족문화 재건을 다짐하였다(최영희, 앞의 책, 182쪽). 이관구는 좌익으로부터 결별할 수준까지 온 것이다.

한편 제1차 미소공위가 3월 20일 열렸으나 난항을 거듭하였다. 회담 첫날부터 소련은 우익 반탁세력의 임시정부 참여 배제를 강력히 주장하는 한편, 미국은 좌익의 한반도 지배를 허용할 수 없다고 맞서게 됨으로써 양자는 충돌하였다. 결국 5월 9일 미소공위는 결렬되고 말았다. 이러한 위기 속에서 미군정은 1946년 5월 18일 '조선공산당의 위조지폐 인쇄' 라는 죄목으로 『해방일보』를 폐간 처분하였다. '조선정판사 위조지폐 사건' 이 터졌던 것이다. 공산당이 사용하던 조선정판사의 사옥과 시설 일체가 압수되어 천주교에 넘겨졌고 천주교 측은 그것을 구한말에 발행되다가 폐간된 『경향신문』의 복간에 이용함으로써 이 신문이 1946년 10월 6일 간행되기에 이르렀다.

그 후 약 1년간 복잡한 정세 변화가 이루어진 끝에 1947년 5월 21일 제2차 미소공위가 열렸다. 『서울신문』은 5월 20일자 사설 「미, 소공위의 재개」에서 다시 한번 미소공위에 기대를 걸었으며, 우리의 동포들은 냉정한 사안과 침착한 태도로 일관할 것을 주문하였다. 그러나 이해 7월 좌우합작의 핵심적 인물이었던 여운형이 피살됨으로써 이미 교착상태에 빠지기 시작한 제2차 미소공위의 실패를 예견케 하였다.

이관구는 1946년 5월 제1차 미소공위가 무기휴회로 들어간 후, 김규식金奎植, 여운형 등 온건한 좌우 양파의 지도자 중심으로 미군정이 만든 '조선과도입법의원'(1946년 12월 12일~1948년 5월 19일)의 의원으로 선임되었다. 당시 민선의원 45명, 관선의원 45명으로 구성된 이 기구에서 이관구는 관선의원으로 뽑혀 활동하였다. 당시의 정황을 보면, 제1차 미소공위가 실패하고 좌우합작 시도가 가시지 않는 가운데 미군정의 지원 아래 중도적인 김규식을 의장으로 남조선과도입법의원이 구성되었던 것이다.

그러나 점차 냉전의 기운이 감돌며 미국과 소련의 대립이 표출되는 가운데 한국문제는 1947년 9월부터 미국 주도 아래 유엔UN으로 넘어가고 말았다. 미국은 1947년 9월 국무장관 마셜George C. Marshall의 유엔 연설을 통해 한반도 문제의 의제 채택을 정식 거론하였고(서울신문사, 앞의 책, 326쪽) 뒤이어 유엔은 1948년 2월 26일 미국의 결의안대로 "접근 가능 지역인 남한에서만이라도 총선을 강행한다"라는 결정을 내렸다. 이 결과 유엔 주도 아래 남한에서의 자유 보통선거에 의해 대한민국 정부가 들어섰고 이로써 '해방정국'은 막을 내렸다.

5. 풍토적 국사 언론인

물론 이관구에게 한계가 있었다. 이관구는 풍토적 국사로서 그 명성을 떨쳤으나, 당시 언론사 사원에 불과하였다. 그는 인사명령에 따라 영향력을 발휘하거나, 그렇지 않을 수도 있었다. 오세창 사장은 『서울신문』을 떠나기 이틀 전인 1946년 3월 20일 주필 이관구가 편집국장을 겸임하도록 하였다. 그 당시 좌파에 경도되어 있었던 홍명희의 장남인 초대 편집국장 홍기문洪起文은 일선에서 물러나 편집고문을 맡았다. 그러나 오세창 사장이 마지막으로 단행한 인사는 그가 떠난 후 별로 영향을 미치지 못한 것 같았다. 인사이동은 채 한 달이 되지 않았던 4월 16일 홍기문이 편집국장에 복귀하고 이관구가 편집고문으로 임명되었다. 그러나 이관구는 4월 26일자로 고문직마저 사임하고 말았다. 그는 그 이유로 "편집국과 공무국 일부 사원들의 입김이 크게 작용한 결과였다"라고 하였다(서울신문사, 앞의 책, 315쪽).

홍기문은 1933년 『조선일보』에 입사한 좌익의 기자였다. 그의 아버지 홍명희洪命憙와는 15세밖에 차이가 나지 않았다. 그는 『서울신문』 주필 겸 편집국장을 지내고 다시 『조선일보』로 돌아와 전무이사로 재직하였다. 1948년 그는 월북하였고, 김일성대학 교수와 사회과학원장 등을 지내며 『리조실록』을 완역하는 데 공헌하였다. 그의 둘째 아들 홍석중은 소설 『황진이』로 북한 소설가로서는 처음으로 '만해문학상'을 수상하였다.

홍기문과의 인사 갈등을 보면 이관구의 성향을 알 수 있었다. 이관구는 일제시대에는 진보적 글을 쓰고 해방 이후에는 우파로 활동하였던 것이 사실이었다. 그는 『서울신문』 재직 시 과거 『조선중앙일보』의 사장이었던 여운형을 『서울신문』에 자주 등장시켰다. 그러나 그와 깊게 동조하지는 않았다.

홍기문은 『서울신문』의 주필 겸 편집국장직에 있었으나 그의 뜻대로 논조를 끌고 갈 수는 없었던 것 같다. 오세창 사장 이후 『서울신문』은 1946년 6월 10일 주주총회를 열어 취체역 사장으로 하경덕으로 선출하였다. 그는 『매일신보』에서 『서울신문』으로 개제할 시기에 부사장직을 맡았고, 원래 『사회법칙론Social Laws』을 저술한 자유주의자였다. 또한 하경덕은 하지Jone R. Hodge 사령관의 정치고문인 버치Leonard Bertsch와 하버드대학 동창이었다고 한다(서울신문사, 앞의 책, 295쪽). 전문경영인 하경덕은 연희전문학교뿐 아니라 홍사단 등에도 관여한 사람이었다.

6·25전쟁 당시 서울에 있으면서 북한의 회유에 불응한 하경덕은 9·28수복 직전 서대문형무소에 투옥되었다가 혼란을 틈타 탈출을 시도하였다. 그가 좌쪽으로 경도될 아무런 이유가 없었다.

하경덕은 자유주의 맥락에서 『서울신문』을 미국식 경영체제로 운영하기를 원하였다. 초기에 오세창은 81세 고령이었기 때문에 실제로는 하경덕이 실권을 쥐고, 『서울신문』의 창간에 개입하였다. 그리고 2대 사장이 된 그는 "국토의 분단, 정치지도자들의 대립, 극에 달한 민심·민생 등으로 광복의 기쁨이 광복의 시련으로 변하였다"라고 전제한 뒤 "하루 바삐 민족독립국가 수립을 위하여 안으로는 자치적인 통일운동을 전개하면서 국제의 공명노선을 밟아갈 것"을 다짐하였다(서울신문사, 앞의 책, 316쪽). 하경덕 2대 사장은 1946년 6월 19일 주주총회에서 정관상의 회사명인 주식회사 매일신보를 주식회사 서울신문으로 변경하였다. 『서울신문』은 그의 체제하에 완전히 장악되었다.

『서울신문』은 1946년 11월 30일자 독립운동가였던 「김창숙 씨 담談」을 통해 신문에 "불순분자 단호 제거하고, 자당自黨을 고집하지 말고 서로 겸허하라"라고 경고하고 "첫째, 친일분자를 포함하지 말고, 둘째는 임시정부나 인민공화국이나 과도정권 수립에 겸허한 태도를 가져달라"라고 주문하였다.

1948년 5월 10일 치러진 총선은 일부 우익과 좌익 전체가 불참하였는데도 전국 유권자 788만여 명 가운데 90.8퍼센트가 투표에 참여해 198명의 제헌의원을 선출하였다. 5월 31일 국회 개원과 6월 10일 국회법 통과로 대한민국 정부수립을 위한 준비작업이 진행되었고, 7월 9일 헌법 초안 전문이 초안되었다.

해방정국이 끝나자 『서울신문』의 영향력은 『동아일보』, 『경향신문』, 『조선일보』로 그 영향력이 이전되었다. 그러나 『서울신문』은 해방정국의 격동기에 좌우를 수용하려 노력한 유일한 신문이었다. 당시 『서울신문』은 좌 또는 우의 정론지만이 득세하는 좌우격돌 시대에 불편부당의 중립을 유지하려 한 권위지였다(서울신문사, 앞의 책, 314쪽). 그리고 그 뒤에는 '풍토적' 국사 언론인으로서 좌우를 조화롭게 아우르는 이관구의 노력이 있었다.

함태영, 해방정국에서 기독교 조직을 재건하다

류대영

1. 머리말

대한민국 제3대 부통령 송암松岩 함태영咸台永(1873~1964)은 고종의 친정이 시작된 해에 태어나서 개화기, 일제강점기, 해방과 분단, 6·25전쟁, 이승만 정권, 4·19혁명 그리고 박정희 군사정권으로 이어지는 오랜 시간을 살면서 활동하였다. 그는 개화기부터 군사독재에 이르는 한국 근현대사 한 세기

柳大永 한동대학교 교수.

저서로는 『대한성서공회사 II : 번역·반포와 권서사업』(공저, 대한성서공회, 1994), 『초기 미국 선교사 연구, 1884-1910 : 선교사들의 중산층적 성격을 중심으로』(한국기독교역사연구소, 2001, 2003), 『북한 종교의 새로운 이해』(공저, 다산글방, 2002), 『개화기 조선과 미국 선교사 : 제국주의 침략, 개화자강, 그리고 미국 선교사』(한국기독교역사연구소, 2004), 『미국 종교사』(청년사, 2007)이 있다. 논문으로는 「Korean Protestant Churches' Attitude towards the Vietnam War」, *Korea Journal*, 44/4(Winter 2004), 「Fresh Wineskins for New Wine: A New Perspective on North Korean Christianity」, *Journal of Church and State*, 48/3(Summer 2006), 「The Origin and Characteristics of Evangelical Protestantism in Korea at the Turn of the Twentieth Century」, *Church History*, 77/2(June 2008) 등이 있다.

의 영욕, 환희, 고난을 몸소 경험하며 살았다는 점에서뿐 아니라 법조인, 독립운동가, 목사, 교회 행정가, 교육 행정가, 정치인이라는 다양한 삶의 궤적을 그리며 그 격동의 시기를 지났다는 점에서 주목할 만하다. 해방 이전 함태영의 삶은 우리나라 최초의 근대적 법조인, 3·1운동을 주도한 독립운동가 그리고 기호지역을 대표한 기독교 지도자로 정리할 수 있다. 대한민국 건국과 관련된 그의 활동은 이러한 이력과 긴밀하게 연결되는 가운데 전개되면서 정치적으로 그 영역이 확대되었다. 그런데 특기할 점은, 함태영의 해방 이전 이력이 모두 해방 이후 이승만과 그가 정치적 인연을 맺는 데 기여하였다는 사실이다. 해방공간에서 가장 강력한 정치세력으로 등장한 이승만은 3·1운동 이후 목회자의 길을 가고 있던 그를 정치로 끌어들였으며, 결국 그로 하여금 군정기의 민주의원 의원, 대한민국의 제2대 심계원장 그리고 제3대 부통령이 되게 하였다.

2. 법조인이자 독립운동가, 목사

함태영이라는 인물이 처음으로 사람들의 입에 오르내리게 된 것은 그가 지조 있는 법조인이라는 평을 받게 되면서부터였다. 그는 1895년 갑오경장의 일환으로 설치된 우리나라 최초의 근대적 법학교육기관인 법관양성소 제1기생이었다. 6개월 동안의 속성 교육을 받고 이준李儁 등 47명의 동기생 가운데 최우등으로 졸업한 함태영은 1896년 한성재판소 검사시보로 발령을 받고 법조인으로서의 삶을 시작하였다. 이후 그는 경기재판소 판사, 고등재판소(평리원) 검사, 법부 서기관 등을 역임하면서 법부의 관료로 지냈다. 함태영이 사법관료로 있었던 기간은 한편으로는 독립협회를 중심으로 한말의 개혁운동이 절정에 이르고, 또 한편으로는 일본의 제국주의 침략 앞에 국권이 무너

져가는 격변의 시기였다. 이때 그는 국왕에 충성하면서 근대적 법정신에 따라 인도적이고 공평무사하게 법을 집행하기 위해서 애썼던 것으로 보인다.

함태영은 정치 사건만을 다루는 특별재판소였던 고등재판소 검사로 있을 때 그의 삶에 큰 영향을 준 사람들과 만나게 되었다. 즉 1898년 11월 공화정을 만들려 한다는 무고誣告를 받고 체포된 독립협회 간부들을 그가 직접 담당하게 되었던 것이다. 이때 그는 17명의 독립협회 간부들을 취조하면서 그들이 "그렇게 당당할 수가 없다"는 점에 놀랐다고 한다. 특히 그는 월남 이상재의 정열과 인품에 매료되었다. 월남을 "취조하면서 오히려 설교당하는 셈"이 되어, 평생 흠모하게 되었다고 한다.[1] 이상재를 비롯한 독립협회 지도자들에게서 깊은 인상을 받은 함태영은 그들이 매우 가벼운 처벌을 받고 풀려날 수 있게 도와주었다.[2] 이 사건 이후 함태영은 민족운동가들 사이에서 우호적인 인물로 평가받았던 것으로 보인다. 독립협회 지도자들과는 별도로 만민공동회의 주동자들도 곧 체포되었는데, 그중에는 이승만이 있었다. 세월이 흐른 후 이승만은 이때 함태영이 "잘 돌봐준다"하여 "마음 든든하였다"고 술회한 바 있다.[3] 그런데 당시 이승만이 함태영에게 신세졌다는 이후의 풍문과는 달리 함태영은 3월에 한성재판소 검사로 전보되고 그마저도 곧 사임하여 7월에 있었던 이승만의 재판에 영향을 끼치지는 않았다.

국왕 고종을 '명군'으로 여기며 충성을 아끼지 않았던 함태영은 1907년 고종이 강제 양위한 이후에도 관직을 버리지 않았다. 그는 국치國恥 이후 1911년까지 총독부 직속의 재판소인 경성공소원控訴院의 판사로 있었다. 그가 일제의 관직을 버린 것은 종교에 귀의하게 된 이후였다. 그는 복부(혹은 넓

1 함동욱, 「고종황제와 검사 함태영」, 『신동아』 8, 1982, 481쪽

2 『독립신문』, 1898년 11월 12일자.

3 함동욱, 앞의 글, 485쪽

적다리)에 생긴 큰 종양을 치료한 일이 계기가 되어 기독교로 개종한 것으로 보이는데, 치료를 도와준 미국 장로교 선교사 언더우드Horace G. Underwood에게서 큰 영향을 받았다.[4] 함태영은 14살 연상의 언더우드를 아버지라고 부를 정도로 따랐다고 한다. 그는 언더우드의 동료 게일James S. Gale이 담임목사로 있던 서울 연동교회를 다녔다. 당시 연동교회는 그의 부친 함우택이 다니고 있었을 뿐 아니라 독립협회 사건으로 수감되었다가 언더우드, 게일 등의 전도와 보살핌을 받고 감옥에서 개종한 이상재, 이원긍, 김정식, 유성준 등이 다니고 있었다. 과거 검사와 피의자로 만났던 이들이 모두 기독교인이 되어 다시 한 교회에서 재회하였던 것이다.

함태영은 양반과 천민·상민 출신들이 섞여 있던 연동교회에서 천민 출신들이 장로가 되는 데 항의하여 자신의 부친과 이원긍이 다수의 교인을 이끌고 나가 묘동교회를 세우자 이것을 부당하게 여겨 따라가지 않았다. 이것은 그가 신앙인으로서 원칙과 일관성을 가지고 살려고 노력하였음을 보여주는 한 가지 예라고 할 수 있다. 함태영은 1911년에 장로가 될 정도로 신앙생활을 깊이 하였으며 평양신학교에 진학하여 목회자의 길을 걷게 되었다. 이때 평양신학교에 같이 다닌 사람 가운데 한 학년 아래의 남강 이승훈이 있었다.

이승훈과의 인연은 3·1운동에서 함태영이 주도적인 역할을 하는 것으로 이어졌다. 교회의 장로로서 평양신학교 학생이던 이 두 사람은 3·1운동을 준비하는 과정에서 사실상 기독교를 대표하였는데, 이승훈보다 9살 아래인 함태영이 실무를 담당하였다. 함태영은 기독교 측의 연합과 동지규합, 천도교와의 교섭, 서명날인 주선, 독립선언서 배포 등을 실질적으로 주도하였으며 재정을 책임졌다. 따라서 그는 '33인' 가운데 한 사람이 아니었는데도 3·1

4 『연동교회 100년사 : 1894~1994』, 대한예수교장로회 연동교회, 1995, 266쪽에는 '복부 내종'이라고 되어 있고 함동욱, 앞의 글, 487쪽에는 '넙적다리에 큰 종양'이라고 되어 있다.

운동 주모자로 기소된 48명 가운데서 손병희, 최린, 이승훈, 한용운 등 7명과 더불어 최고형인 징역 3년을 받았다. '33인' 이 아닌 사람으로 최고형을 받은 사람은 함태영밖에 없었다. 판결문은 그가 '실로 중요한 역할' 을 하였는데도 독립선언서에 서명하지 않은 이유에 대해서 "투옥된 사람의 가족을 원조해주는 한편, 독립운동을 계속할 목적이었다" 고 밝혔다.[5] 이와 관련하여 함태영은 "33인의 독립선언 후에 제3차 독립선언자를 비밀편성할 사명을 가지고 있었다" 고 술회한 바 있다.[6]

3년의 형기를 마치고 오산학교로 돌아간 이승훈과는 달리 함태영은 평양 신학교에서 학업을 마쳤다. 그는 1922년 신학교를 졸업하고 목사 안수를 받은 후 청주읍교회를 시작으로 목회자의 길을 걷기 시작하였다. 목사로서 그는 마산 문창교회, 서울 연동교회 등에서 목회하였으며, 여러 지역의 노회장, 장로교 총회장, 조선신학원 이사장, 조선예수교연합공의회 회장 등 교회 행정가로 활약하였다. 강점기에 교계의 지도적 위치에 있던 많은 사람과 달리 함태영은 친일반민족의 수렁에 빠지지 않았다.

3. 해방과 건국

1941년 함태영은 12년 동안 담임하던 연동교회를 사임하고 원로목사로 추대된 후 경기도 광주에 가서 은둔하듯이 지내다가 해방을 맞은 것으로 알려져 있다. 일제강점기에 장로교는 물론이고 기독교 전체를 대표할 수 있는 지도자로 활약한 함태영은 해방정국에서 기독교 조직을 재건 · 재편하는 일

5 김정준, 「함태영 : 풍운의 현대사와 종교심」, 『한국인물대계』 9, 박우사, 1973, 86쪽에서 재인용.

6 함태영, 「기미년의 기독교도」, 『신천지』 3, 1946, 62쪽

에 관여하였다. 먼저 그는 모든 개신교단을 아우르는 조선기독교 남부대회에 법제부장으로 참여하여 교파를 초월한 단일한 교회를 만드는 일에 적극적으로 나섰다. 그러나 이 조직은 해방 이전 일제가 만든 조직의 연장선상에 있었고, 각 교파는 초교파적 단일교단 설립에 대한 의지가 약하였기 때문에 목적한 바를 이룰 수 없었다. 초교파적 단일교회 설립이 무산된 후 각 교파는 각각 독자적으로 교단을 설립하기 시작하였다. 함태영은 1946년 6월 조직된 남한의 장로교 조직인 조선예수교장로회 남부총회의 부총회장으로 해방 이후 장로교회의 재건에 앞장섰다.

해방 직후 기독교계의 조직 재건은 종교의 차원을 넘어 중요한 정치적 의미를 가지는 사건이었다. 해방공간의 '3영수' 였던 김구, 김규식, 이승만은 모두 기독교인이었다. 이들은 모두 새로운 국가를 기독교 위에 세워야 한다는 뜻을 공공연하게 피력하고 다녔다. 세 사람 가운데서도 국내 기반이 상대적으로 약하였던 이승만은 기독교계를 자신의 세력으로 만들기 위해서 가장 많은 노력을 기울였던 것으로 보인다. 그는 1945년 11월 신문기자단과 가진 회견에서 독립촉성과 관련하여 불교, 유교 등 다른 종교단체는 활발히 움직이는데 "기독교도들만이 소극적인 태도를 취하는 것" 을 지적하면서 "3 · 1운동 당시보다도 더 활발한 움직임이 있기를 바란다" 고 주문하였다.[7] 이것은 이승만이 그해 10월에 독립촉성중앙협의회를 발기할 때 기독교계에서 별다른 반응을 보이지 않은 데 대해 불만을 표출한 것으로 보인다. 이승만의 말에 자극을 받은 것인지, 남부대회는 임시정부 요인들이 환국한 직후 독립촉성기독교중앙협의회라는 조직을 발족시켰다. 함태영이 협의회의 회장이었다. 이 조직은 1945년 12월 천주교, 불교, 유교, 천도교, 대종교 등 다른 종교단체와 함께 조선독립촉성종교단체연합대회를 만들어 신속한 독립을 요구하고 신

7 『자유신문』, 1945년 11월 20일자.

탁통치를 반대하였다.

독립촉성기독교중앙협의회의 회장을 맡은 데서도 확인할 수 있지만, 함태영은 기독교와 독립촉성 및 건국운동의 접점에 위치하고 있었다. 이것은 무엇보다 3·1운동의 주역으로 잘 알려져 있으며 그 후 강점기에 변절한 기록이 없는 그를 임정요인을 비롯한 독립운동가들이 동지로 인정하였기 때문일 것이다. 그런데 3·1운동 이후 줄곧 목회자의 길을 걷고 있던 함태영을 정치영역으로 끌어들이는 데 큰 역할을 한 사람은 이승만이었던 것으로 보인다. 이승만은 귀국 직후 최우선적으로 만나야 할 사람으로 윤치호, 신흥우와 함께 함태영을 꼽고 찾아 만날 정도로 그를 중요하게 여겼다. 물론 여기에는 46년 전 독립협회 사건과 관련하여 그가 함태영에게서 받은 깊은 인상도 작용하였을 터이다. 그러나 당시 이승만이 가졌던 정치적 야심, 기독교계 및 독립운동가 집단 내부에서 차지하던 함태영의 위상, 그리고 이후 전개된 두 사람 사이의 관계를 볼 때 이승만이 함태영을 유용한 정치적 조력자로 여겼다는 점도 충분히 짐작할 수 있다.

해방공간에서 함태영의 정치 활동은 처음에는 임정 중심의 우파 민족주의 지도자 집단, 그리고 시간이 지나면서 이승만의 정치적 이해관계와 맞물려 전개되었다. 해방 직후 그가 최초로 보인 정치적 행동은 1945년 9월 한국민주당 창당 발기인의 한 사람으로 이름을 올린 일이었다. 지주 기득권세력을 배후로 가졌던 한국민주당은 여운형의 건국준비위원회와 조선인민공화국을 강력하게 비판하면서 임시정부를 통한 독립정부 수립을 요구하였다. 임정요인들이 환국한 이후, 그는 3·1운동을 기념하고 순국선열을 추념하는 각종 대회가 개최될 때마다 주최측의 요인으로 참여하였다. 1948년 8월에는 김구의 어머니와 부인, 그리고 아들 인의 유해가 돌아와서 기독교회연합장으로 그 장례식이 거행될 때도 그가 사회를 보았다.

미군정기 함태영의 정치 활동 가운데 가장 두드러진 것은 신탁통치 반대운동과 우익계 건국운동에 참여한 일이었다. 1945년 12월 말 임정요인들을 중심으로 통일전선 조직인 신탁통치반대국민총동원위원회가 결성되었다. 이 조직은 외국군정의 배제를 통하여 신탁통치를 거부하며, 임정을 중심으로 즉각 독립을 성취하는 데 목적이 있었다. 함태영은 이 위원회의 상임위원 21명 가운데 한 명이었다. 그런데 미군정은 외세를 배격하고 파업투쟁을 벌이는 등의 활동을 한 이 조직을 일종의 쿠데타로 보고 억압하였다. 미군정의 반대에 부딪친 임정은 대의체로 비상정치회의(비상국민회의)를 만들었다. 여기에 이승만과 독립촉성중앙협의회가 참여하자 중도파 및 좌익이 모두 빠져나가고 우익세력만 남게 되었다. 함태영은 기독교 대표 자격으로 비상국민회의의 28인 최고정무위원에 선임되었다. 이승만과 임정의 연합기구인 비상국민회의가 설립되는 과정에서 중도 및 좌파 임정계가 대거 이탈하자 혼자 남게 된 임정 우파는 점점 힘을 잃었다. 1946년 2월 이승만과 미군정은 비상국민회의를 미군정의 자문기구인 남조선대한국민대표민주의원(이하 민주의원)으로 개편하였다. 이 과정에서 함태영은 비상국민회의 최고정무위원 28명으로 구성된 민주의원의 의원이 되었다. 그러나 1946년 12월 남조선과도입법의원이 구성되면서 민주의원은 사실상 그 기능을 상실하였다.

함태영의 이름이 다시 중앙 정치무대에 등장한 것은 1948년 9월 제헌국회가 반민족행위처벌법을 통과시킨 후였다. 특별법에 따라 반민족행위특별조사위원회와 반민족행위특별재판부를 설치하였는데, 특별조사위원회는 특별재판부의 부장 후보로 당시 대법원장 김병로와 함께 함태영을 배수 공천하였던 것이다. 그러나 국회 본회의의 무기명 투표 결과 김병로가 85표를 얻어 38표를 얻은 함태영을 이기고 재판부장에 당선되었다. 이후 함태영은 특별재판관 선거에도 공천되었지만 낙선하고 말았다. 1948년 12월 유엔은 남북한에 각각 설립된 두 정부 가운데 남한 정부만을 승인하고 그 정통성을 인정하였다. 분단이 돌이킬 수 없는 현실이 되면서 3영수의 합작운동이 추진되었다. 기독교인들이 이 일에 발 벗고 나섰는데, 그것은 세 사람이 기독교인이라는 공통점을 가졌기 때문이었다. 이때 함태영은 천주교와 개신교 각 교파를 망라한 기독교계의 3영수 합작추진 교섭위원으로 활동하였다. 물론 합작운동은 성공할 수 없었다. 그러나 1년 후 그는 제2대 심계원장審計院長의 자격으로 새로운 공화국에 참여하였다.

4. 심계원장에서 부통령으로

함태영이 심계원장에 임명된 것은 1949년 11월 26일로 그의 나이 77세였다. 심계원은 오늘날 감사원과 비교할 때 감찰기능이 없이 국가의 수입과 지출의 결산 및 감사를 임무로 하는 기관으로서 제헌헌법에 따라 설치된 대통령 직속의 헌법기관이었다. 함태영의 경력이나 성품으로 볼 때 이것은 그에게 잘 어울리는 자리처럼 보였다. 그는 과거 법관으로 있을 때 상부나 궁중의 "법에 없는 부탁이나 간섭"을 여러 차례 받았지만 "한 번도 법 아닌데 굴종한 일이 없었다"라고 말한 바 있다.[8]

함태영은 취임사를 통해, "나라가 바로 되려면 정의가 서야 하고, 정의가 서려면 법이 법대로 시행되어야 하는 것인데, 법이 옳게 시행되고 아니고는 오로지 우리 관직자의 손에 달린 것"이라고 주장하였다. 그리고 모든 공직자 가운데서도 심계원은 "파사현정破邪顯正의 양심노릇을 하는 관직"이라고 정의하였다. 그는 공직자는 "절대 염결廉潔하여 황금이나 권세가 자신의 인격

8 함태영, 「吏道所感」, 『신천지』 5, 1950, 87쪽.

을 더럽히는 것을 절대 용납해서는 안 된다" 고 강변하였다.[9]

6·25전쟁이 발발하였을 때 함태영은 심계원장이었다. 전쟁의 와중인 1952년 7월 이승만은 정권연장을 위한 '발췌개헌'을 피난지 부산에서 억지로 통과시켰다. 대한민국 최초의 개헌이었던 이 발췌개헌의 핵심은 대통령과 부통령 직선제였다. 전쟁 직전에 있었던 국회의원 선거에서 야당이 압승하여 국회에서 간선으로 선출되는 대통령에 재선되기 어려웠던 이승만이 재집권을 위해서 계엄령 속에서 강제로 통과시킨 개헌안이었다. 직선제 개헌안이 통과되자 대통령·부통령 선거일이 8월 5일로 공고되었다. 제2대 대통령과 제3대 부통령을 선출하는 선거였다. 부통령의 경우 초대 부통령 이시영이 1951년 사임한 데 이어 제2대 부통령 김성수도 1년여 만에 이승만의 독선에 항의하며 사임하여 공석이 된 상태였다. 국회에서 선출한 제2대 부통령 선거에 출마하여 낙선한 바 있는 함태영은 새로운 직선제 부통령 후보로 등록하였다. '파사현정의 양심노릇'을 하는 심계원장으로 있으면서 그가 불법적인 발췌개헌을 반대하지 않았으며, 개헌의 결과 치러진 선거에 친이승만계 후보로 출마한 것은 "법 아닌데 굴종한 일이 없었다"는 자평自評과 어울리지 않는 행동이었다.

1952년의 정부통령 선거는 대통령보다는 부통령이 누가 될 것인지가 관심의 대상이었다. 이승만은 처음에 입후보를 하지 않겠다는 성명을 발표하였지만 '민의에 입각하여' 출마하는 형식을 빌려 가장 먼저 후보등록을 하였다. 이시영, 신흥우, 조봉암이 경쟁자로 나섰지만 이승만의 당선은 예정된 것이나 마찬가지였다. 부통령 선거는 반전에 반전을 거듭하다가 처음의 예상과는 전혀 다른 결과가 나타났는데, 함태영이 이 극적인 드라마의 중심에 있었다. 당시 부통령 후보로 함태영 외에 이범석, 조병옥, 이갑성, 이윤영 등 모

9 『동아일보』, 1949년 12월 5일자.

두 9명이 등록하였다. 이 가운데 조병옥과 전진한을 제외한 나머지 7명이 모두 이승만 지지자였으므로 사실상 부통령 선거는 이승만이 누구를 선택할 것인가 하는 문제와 다르지 않았다.

대통령제하의 부통령은 애매한 위치였지만, 1875년 생으로 78세였던 이승만의 나이를 고려할 때 유고 시 대통령직을 승계할 부통령이 누가 될 것인가는 중요한 문제였다. 부통령 후보군 가운데 객관적으로 가장 유력한 사람은 원외 자유당 후보였던 이범석이었다. 그는 자유당 조직뿐 아니라 대한청년단의 지지를 받고 있었는데, 자유당과 대한청년단은 이승만을 후보로 옹립한 조직이기도 하였다. 이러한 정황과 관련하여 미국 대사 무초John J. Mucho는, "이승만이 그를 강력하게 막아서지 않는다면 거의 당선이 확실시된다"고 미국무부에 보고하였다.[10] 무초는 부통령 선거와 관련하여, 이승만의 뜻이 결정할 문제이지만 누가 이범석에 이어 내무장관이 될 것인지가 중요하다고 덧붙였다. 부통령 후보로 나선 이범석에 이어 내무장관으로 임명된 사람은 김태선이었다. 국무총리 장택상과 김태선은 이범석을 좋아하지 않았다. 김태선이 내무장관이 된 후, 경찰력과 공무원이 동원되어 이범석의 선거운동을 방해하고 함태영의 당선을 도왔다. "대통령 이승만, 부통령 이범석"이라는 파출소 앞 간판이 하루아침에 "대통령 이승만, 부통령 함태영"으로 바뀌었다고 한다.[11] 물론 이 모든 관권동원의 배후에는 이승만의 '암묵적 동의'가 있었다.[12]

함태영은 정치적 기반이 없는 사람이었다. 따라서 그가 '100만 기독교 신자를 배경으로' 출마하였다고는 하지만, 이승만에게서 어떤 암시를 받지 않

10 1952년 7월 23일자 무초의 편지, *Records of the U.S. Department of State: Relating to the Internal Affairs of Korea*(대한민국 내정에 관한 미국무부 문서 II, 이하 Records).

11 김재준, 『凡庸記 : 장공 김재준 자서전』, 풀빛, 1983, 228쪽.

12 1952년 9월 15일자 무초의 편지, Records.

았더라면 심계원장 자리를 내버리고 부통령에 입후보 하였을 리 만무하였다. 저마다 이승만의 지지를 선전하였지만 이승만은 공식적으로는 부통령 후보 가운데 누구도 지지하지 않았다. 그러나 시간이 지나면서 함태영이 그의 '의중지인'이라는 사실이 명백하게 드러났다. 기독교인들이 주도하였던 함태영의 선거운동은 다른 유력 부통령 후보와 비교할 때 조직이 빈약하고, 인력이 부족하였으며, "화려하지 못"하였다.[13] 그도 그럴 것이 함태영 선거운동은 그와 이승만이 '불가분의 관계'에 있음을 밝히는 것으로 충분하였을 터였다. 함태영이 298만 표를 얻어 1백만 표 이상의 차이로 이범석을 이기고 당선되자, 무초는 그것이 당시 선거에서 "가장 의미 있고 가장 놀라운 점"이라고 하였다. 그의 분석대로 이승만이 부통령으로 "함태영을 원한다는 말을 아래로 전달하기만 하면" 그들은 그가 원하는 바대로 하였던 것이다.[14]

함태영은 부통령으로서 자신의 역할이 "국민의 소원과 말이 정치에 도달할 수 있게 하는 교량"이 되는 데 있다고 보았다.[15] 그는 이승만을 자주 방문하였으며, 행정에 관한 자기 의견을 개진하기도 하였다. 그러나 이승만이 함태영에게 기대한 것은 그러한 부통령이 아니었다. 한 간접적인 회고에 따르면, 하루는 이승만이 '잔뜩 성'이 나서, "내가 대통령이지 당신이 대통령이오?"라고 일갈하였다 한다.[16] 이후로 함태영은 일절 경무대나 중앙청에 발을 들이지 않았으며, 꼭 필요한 일이 있을 때는 비서를 보냈다.

심계원장 시절과 마찬가지로 부통령 재임 중에도 함태영은 한국신학대학 학장직을 계속 유지하였으며, 그 일에 상당한 애정을 쏟았다. 그는 김재준을

13 『민주일보』, 1952년 8월 1일자 ; 『부산일보』, 1952년 8월 4일자.

14 1952년 8월 8일자 무초의 편지, Records.

15 함태영, 「人和를 圖謀하자」, 『해방20년』, 세문사, 1965, 435쪽 ; 최종고, 『한국의 법학자』, 서울대학교 출판부, 2007, 68쪽에서 재인용.

16 김재준, 앞의 책, 297쪽.

도와 해방 후 조선신학교(한국신학대학)를 재건하였으며, 신학노선 문제로 장로교단이 분열되어 더 진보적인 대한기독교장로회가 설립되는 과정에서 김재준의 힘이 되어 주었다. 정치보다는 교회가 그의 자리였을까?

5. 맺음말

4년 임기의 부통령직을 마치고 1956년 퇴임하면서, 함태영은 직책의 "어느 것 하나 만족한 열매를 거두지 못하였음"을 부끄러워하면서 국민에게 사과하였다.[17] 그동안 전쟁은 끝났으며, 이승만은 '사사오입 개헌'을 통해 영구집권의 토대를 마련하였다. 심계원장 시절에 겪었던 '발췌개헌' 정국과 마찬가지로 '사사오입 개헌' 파동 때도 함태영은 이승만에게 저항하지 않았으며, 80세가 넘었는데도 부통령직을 사임하지도 않았다. 한말 고종의 신하로 끝까지 충성하였던 그에게 대통령과 맞선다는 것은 있을 수 없는 일이었을지도 모른다. 그가 이승만 '독재의 장식품'과 같았다는 평가와 그럼에도 그에게는 '품위'가 있었다는 평가는 서로 상충되는 듯하면서도 정곡을 찌르는 것 같다.[18] 부통령 사임 후 함태영은 세계일주 여행을 하였다. 여행 중 그는 네덜란드 헤이그에 묻혀 있는 옛 법관양성소 동기 이준의 묘를 찾았다. 그는 거기에 누워 오고가는 사람들에게 애국이 무엇인지 '가르치고' 있는 이준에게 감읍感泣하며 "아무것도 한 것이 없는" 자신을 한탄하였다.[19] 함태영은 이준이 순국한 후 반 세기 이상을 더 살면서 건국공로훈장을 받았으며, 죽어서는 국민장의 예우 속에 박정희의 조사弔辭를 듣고 의정부시 자일동에 영면하였다.

17 김정준, 앞의 글, 87쪽.
18 김재준, 앞의 책, 229쪽.
19 김정준, 앞의 글, 88쪽.

한경직, 기독교적 민주주의 국가를 외친 목회자

홍경만

1. 머리말

추양秋陽 한경직韓景職(1902~2000)은 한국 기독교계에서 가장 뛰어난 설교자라고 평가되는 목사 중 한 사람이었다. 이것은 그의 설교가 그만큼 감화력이 있어 많은 교인에게 호응을 받았기 때문이다. 아울러 교회 운영에 있어서 뛰어난 수완을 보여주었기 때문이다.

그런데 한경직은 해방 후 대한민국 건국 과정에서 정치에 참여한 일이 전혀 없다. 해방 직후 신의주에서 「기독교 사회민주당」을 창당하였던 일 말고

洪景萬 전 신구대학 교수.
저서로는 『한국 근대 개신교사 연구』(경인문화사, 2000), 『더린개사람 이야기』(케이엔비, 2000), 『한국문화사의 이해』(공저, 신구문화사, 2006)가 있으며 논문으로는 「한국 개신교의 형성과 그 정치적 성격」(한양대학교, 『한국학논집』 2, 1982), 「1920년대 한국 개신교의 성격」(『신구대학 논문집』 3, 1985), 「춘생문 사건」(이재룡박사 환력기념 논문집, 『한국사학논총』, 1990)이 있다.

는 정당 활동을 한 일이 없다. 사회 단체에 관여한 일이 없으며 정계에 투신하지도 않았다. 다만 해방 후 분단된 상황에서 정국이 혼란스러워 과연 어떠한 정체政體가 바람직한 것인지 알 수 없는 판국에 새로 건국될 나라는 반드시 기독교 정신에 입각한 민주주의 국가가 되어야 한다는 것을 설교로 역설하였던 것이다. 이 무렵 국가 건설을 담당할 영향력 있는 인사 중에는 기독교인들이 많았고 정부가 조직되었을 때 다수의 기독교인이 정계에 투신하였다. 그리하여 뒷날 자유당 정권이 무너졌을 때 한국의 개신교는 독재정권을 옹호한 교파라고 비판되고 한경직도 독재정권에 항의하지 않았다는 비판을 받기도 하였다.

이 글에서는 우선 해방 후 한국교회의 상황을 살펴보고 한경직이 목사로서 교회 목회牧會를 통하여 대한민국 건국에 공헌한 점을 고찰한 후 그의 기독교적 민주주의 국가 건설을 위한 설교를 분석하고자 한다.

2. 한경직의 목회 시작과 해방 무렵 한국교회의 상황

한경직은 초등교육부터 고등교육까지 모두 기독교계 학교에서 수학하였다. 진광학교를 마친 후 오산중학교를 거쳐 숭실대학에 진학해서는 자연과학을 공부하였다. 그가 오산학교와 숭실대학에서 배운 것은 나라를 찾기 위한 애국사상, 민족부흥을 위한 자연과학과 기독교 신앙이었다. 자연과학을 공부하던 한경직이 기독교 전도자가 되기로 마음먹은 것은 구미포 바닷가에 갔을 때 근본적으로 우리 민족이 새로워지려면 복음을 전파해야 된다고 생각되었기 때문이라 하였다(이만열, 「한경직 목사를 만남」, 『한국기독교와 역사』, 1991년 7월, 138~139쪽).

숭실대학 졸업 후 한경직은 미국 엠포리아Emporia대학에서 인문학을 전공하고 곧 프린스턴Princeton신학교에 입학하였다. 프린스턴신학교는 미국 최초의 대학원 과정 신학교였다. 한국에 온 선교사 중에는 프린스턴 출신이 가장 많다.

1차 세계대전 후 미국은 미증유未曾有의 번영 시대였다. 전 세계 각종 공산품의 절반이 미국에서 생산되고 있었다. 1923년 하딩Warren Gamaliel Harding 대통령 사후 대통령직을 승계한 쿨리지John Calvin Coolidge 때(1923~1928)가 번영의 절정기였다. 칼빈파의 독실한 신자인 쿨리지는 청렴결백하여 하딩 때의 부정부패를 일소하고 미국을 번영으로 이끌어갔다. 미국이 전 세계의 경제를 지배하기 시작한 것이다. 한경직은 이러한 번영의 절정기인 1926년에 미국에 갔다. 그는 이러한 미국의 번영을 보면서 미국은 기독교 정신에 입각한 민주주의 국가이며 기독교적 민주주의가 나라를 부강하게 한다고 느꼈을 것이다.

당시 미국 교계에는 근본주의Fundamentalism 신학이 대두되고 있었다. 근본주의는 유럽에서 들어온 자유주의적 신학에 대한 반발로 일어난 보수주의를 말한다. 이 두 신학파의 신학 논쟁이 프린스턴에서도 일어났다. 메첸 J.G. Machen(1881~1937)을 중심으로 하는 교수와 학생들이 논쟁 끝에 따로 떨어져 나가서 신학교를 세우고 새로운 장로교 교단을 만들었다. 한경직은 이러한 논쟁을 보면서 "절대로 끼어들지 않겠다"고 회고하고 있다(이만열, 같은 책, 140쪽).

프린스턴신학교를 마친 후에는 박사과정에 진학하여 교회사를 전공할 생각이었으나 폐결핵으로 더는 학업을 계속할 수 없어 귀국하였다. 귀국 후 평양 숭인상업학교 교사로 있을 때 숭실대학의 초빙을 받았으나 총독부에서 인가하지 않아 부임하지 못하고 신의주 제2교회에 부임하게 되었다.

한경직이 1933년 신의주 제2교회에 부임한 이후 가장 큰 시련은 신사참배

문제였다. 일본은 중일전쟁(1937)을 일으켜 대륙침략을 본격화하면서 조선총독부는 압제정치를 한층 강화하여 한국교회에 신사참배를 강요하였다. 드디어 1938년 장로회 총회에서는 일제의 강압으로 신사참배를 의결하였던 것이다. 이때 한경직은 총대總代 명단에는 기록되어 있으나 미리 일경에 의하여 감금상태에 있었음으로 회의에는 참석하지 못한 것 같다. 그러나 일제의 강압으로 교인들의 신사참배를 허락할 수밖에 없었다(이만열, 같은 책, 151쪽). 그리고 한경직을 위시하여 윤하영, 홍화순 목사 등은 일제의 강압으로 교회를 사임하게 되었다.

이후 1945년 7월에는 기독교 각 교단을 통합하여 '일본기독교 조선교단'을 만들어 일본 기독교에 예속하였다. 그리고 '조선예수교 장로회 총회'는 제31회 총회(1942)를 마지막으로 열리지 않았다. 이로써 한국 개신교 각 교파 교단은 와해되었다.

해방 후 한국 개신교의 과제는 일제 때 와해된 교회의 재건이었다. 그런데 신사참배 거부로 투옥되었다가 풀려난 교회 지도자들과 신사참배에 순응한 교직자들 사이에 마찰이 생겼다. 이것은 뒤에 교회 분열의 한 원인이 되었다.

평양에서는 출옥자들이 산정현 교회에 모여 한국교회 재건 원칙을 발표하였다. 그 내용은 일제에 순응하여 신사참배에 참여한 목사들은 최소한 2개월간 휴직하고 자숙해야 한다는 것이 주요 골자였다. 이에 대하여 신사참배에 순응한 교직자들의 반발이 일어났다. 이들은 신사참배에 대한 회개의 문제는 하나님과의 직접 관계에서 해결될 문제라고 주장하였다(김양선, 『한국기독교해방십년사』, 대한예수교 장로회 총회 종교교육부, 1956, 45쪽).

이들은 1945년 12월 '5도 연합노회'를 구성하였는데 이것은 당시 남북 분단으로 총회를 가질 수 없으므로 통일될 때까지 총회를 대행할 잠정적 협의기관이었다. 그리고 전 교회는 신사참배의 죄과를 통회하고 교직자는 2개월간 근신할 것이라 하여 앞서 출옥자들이 내세운 기본원칙을 완화하는 성격의 결의문을 발표하였다. 이에 대하여 출옥자들을 중심으로 하는 파에서는 따로 노회를 조직하기 시작하였다. 이들은 평안도와 황해도의 30여 개 교회를 규합하여 '혁신복구파'를 조직하였다. 그리고 이들의 일부는 월남하여 뒤에 '대한예수교 장로회(독노회)'라는 교단을 조직하였다.

한편 1946년 평양에서 교회 중심의 3·1절 기념행사를 열기로 하였는데 이에 대하여 당시 북조선 임시 인민위원회는 교회 주최의 기념행사를 금지하고 위원회 주최의 기념행사에 참여하게 하려고 교회의 행사를 탄압하였다. 그리고 강양욱, 홍기주 등 친공산계열 목사들을 중심으로 기독교도연맹을 조직하였다.

남한에서는 1945년 9월 건국될 국가의 건국이념을 제공하기 위해서는 각 교파를 재건하여 분산하기보다는 연합체를 구성하는 것이 좋을 것으로 보고 장로교와 감리교 연합으로 남부대회를 열었다. 그러나 각기 옛 교파 교단을 재건해야 된다는 의견이 많아 무산되고 말았다. 그리고 1946년 6월 남부총회를 열었다. 당시 남북 분단으로 북한 대표가 참석하지 못하므로 이를 남부총회라 하였으나 뒤에 남부총회를 1942년 마지막으로 개최되었던 31회 총회를 계승한 것으로 보고 이를 대한 예수교 장로회 제32회 총회로 인정하였다.

남한에서도 신사참배 문제로 교회가 분열하게 되었다. 1945년 9월 경남노회가 재건되어 신사참배에 참여한 목사, 전도사, 장로는 자숙하고 사직할 것을 의결하였다. 그리고 이들은 고려신학교를 신설하였다. 그런데 1948년 장로회 제34회 총회에서는 고려신학교는 장로회 총회와 관계가 없다고 선언하였고 제36회 총회에서는 고려파를 제외한 경남노회를 승인하였다. 그리하여 고려파는 뒤에(1952) 분리하여 고신파 교단을 조직하였다.

또 하나의 교회 분열은 예수교장로회와 기독교장로회의 분열이다. 1939년 서울에 설립된 조선신학교를 1946년 남부총회에서 총회 직영신학교로 결정하였다. 그런데 1947년 4월에 열린 33회 총회에 신학생 51명이 김재준 교수의 자유주의 신학에 항의하는 진정서를 제출하였다. 이 문제가 오랫동안 논란이 되다가 1953년 총회에서 김재준의 파면을 결정하였다. 그리하여 뒤에(1954) 한국 기독교장로회 교단을 조직하였던 것이다. 이때 한경직은 김재준과 친분이 두터웠기 때문에 입장이 아주 난처하였다고 회고하였다(이만열, 앞의 책, 158쪽).

3. 교회운동을 통한 건국·구국 활동

1938년 신의주 제2교회를 사면한 한경직은 그가 세운 보린원에서 원장으로 있다가 해방을 맞았다. 이때 평안북도 도지사의 요청으로 자치회를 조직하여 치안을 담당하기도 하였는데 위원장은 이유필, 부위원장은 윤하영과 한경직이었다. 그리고 1945년 9월 초 윤하영과 함께 '기독교 사회민주당'을 조직하였는데 이들은 기독교 정신에 입각한 민주주의 정부 수립과 사회 개혁을 정강으로 하였다. 그러나 곧 소련군이 들어오고 공산당이 조직되어 탄압을 가해 한경직은 10월 초에 윤하영과 함께 월남하였다. 이후 기독교 사회민주당 용암포 지부 조직대회에 공산주의자들이 침입하여 폭력을 행사한 사건이 생겼다. 여기에 자극된 신의주 학생들의 대대적 시위가 일어났다. 이때 소련군이 이들에게 사격을 가하여 50명의 사상자를 냈는데 이것이 신의주 반공학생 사건이었다(1945년 11월 23일). 이후 기독교 사회민주당은 해체되고 말았다.

그리고 북한에서 계속되는 기독교 박해 때문에 다수의 교직자와 교인이 월남하기 시작하였다. 한경직은 남하해오는 교인들을 위해서도 교회가 필요하다고 생각하였다. 그래서 일본 천리교 경성분소 자리에 '베다니전도교회'를 설립하였다. 첫 예배 때에 27명이 참석하였다. 교회 명칭을 베다니전도교회라 한 것은 베다니는 마르다와 마리아 등 예수를 극진히 섬기던 여성들이 살았던 곳이고 교회 구역에 여자신학교가 있기 때문이었다(『영락교회 35년사』, 영락교회 홍보출판부, 1983, 47쪽). 그래서 그는 여자신학교 교장과 조선신학교 교수를 겸하였다. 1946년에는 1,000명 이상의 교인이 모였다. 1946년 11월에는 대한예수교 장로회 경기노회에 가입하였다. 이때부터 교회 이름을 '영락교회'로 바꾸었다. 영락교회라고 개명한 이유는 원로목사들이 교회 이름은 지역 명칭을 따르는 것이 바람직하다 하였는데 그때 동리 명칭이 영락동(지금의 저동)이기 때문이었다.

기독교 교인이 아닌 사람들까지도 영락교회를 찾아왔다. 이렇게 영락교회는 피난민들의 만남의 장소가 되었다. 1947년에는 2부제 예배가 시작되었고 강신명을 동사同事목사로 초빙하였다 그리고 계속 남하하는 피난민을 위하여 천막을 치고 570여 명을 수용하였다. 1947년 말에는 교인 수가 4,500명을 넘었다. 1949년에는 교인 수가 6,000명이 되었다. 1950년에는 350평 규모의 석조 예배당을 신축하였다(『영락교회 35년사』, 75~86쪽).

이때 월남한 교인들은 북한 공산당의 탄압을 피해 신앙의 자유를 얻으려고 월남한 사람들이었기 때문에 자연히 반공의식을 가지게 되었다. 여기서 한경직은 반공을 설교하지 않을 수 없었는데, 그가 반공을 설교하게 된 것은 공산주의가 해방과 대한민국 건국 어간에 있어서 기독교적 민주주의 국가를 건설함에 방해가 된다고 생각하였기 때문이다. 그리고 북한에서 공산주의자들이 행한 기독교 박해와 남한 공산주의 계열의 파괴 행위를 보았기 때문이었다. 물론 공산주의가 유물론, 무신론을 주장하는 이념을 가지고 있기 때문에 근본적으로 기독교 사상에 반대된다고 본 것은 사실이다. 한경직은 1947년

「기독교와 공산주의」 라는 설교에서 이렇게 말하였다.

> 공산주의도 노농계급 해방운동이고 기독교도 노농계급에게 복음과 해방을 주는 종교인데 오늘날처럼 서로 반대하는 지경에 있는 것은 무슨 까닭입니까? 이렇게 된 책임은 양편에 다 있다 아니할 수 없습니다. 제정 러시아에 있어서 희랍 정교회가 귀족 또는 정부와 결탁하였던 실패에 책임이 있고 공산당 사상과 그 운동자들이 종교에 대하여 무리한 박해를 자행한 것에 책임이 있습니다(『한경직목사 설교집』1, 140쪽).

원래 무산계급을 위하는 것은 예수의 정신이라고 말한다. 그런데 유물론은 자아의 존재를 부정하기 때문에 이것은 인간의 의식意識에 대한 모순이며, 우주의 원인 곧 신을 부정하기 때문에 이성理性에 대한 모순이고 무생물에서 생명이 생길 수 있다고 보기 때문에 과학적 모순이라고 비판하고 있다(『한경직목사 설교집』1, 127쪽). 유물주의 곧 공산주의는 인간의 최대 본능인 물욕에 호소하여 인간을 동물로 환원하게 하는 것이고 말한다(『한경직목사 설교집』1, 76쪽). 그리고 마르크스주의는 윤리 없는 종교라 보고 공산주의라는 말은 경제적 술어이지 정치적 술어가 아니라고 보고 있다(『한경직목사 설교집』1, 142쪽).

한경직은 영락교회를 설립하고 목회를 시작하면서 전도와 교육과 사회봉사 등 3대 목표를 세웠다. 우선 전도를 위해서 전국적으로 수많은 교회를 설립하였다. 그리고 1948년 여순반란 사건이 일어났을 때 그는 기독교 구국전도운동을 전개하였다. 1949년에는 43명의 목사를 선발하여 지리산 지역 13개 군민들에게 특별 전도대를 파견하고 자신도 전도대에 참가하였다(『한경직목사 설교집』1, 94~95쪽). 교육을 위해서는 우선 1947년 대광중고등학교를 설립하였다. 그리고 계속하여 각급 학교 설립에 주도적으로 참여하였다. 아울러 사회봉사를 위해서 고아원과 모자원 등을 설립, 운영하였다.

4. 기독교적 민주주의 국가 건설을 위한 설교

이 무렵 한경직의 교회 설교는 교인들이 국가 건설을 위하여 힘쓸 것을 강조하는 내용이 많았다. 1946년 다음과 같이 설교하였다.

> 해방된 오늘날 나라를 다시 찾아 나라의 주인공이 된 우리로서는 누구나 다 정치에 관여하여 국가의 흥함을 기대하는 것입니다. …… 오늘의 기독교인은 잠잠합니다. 최선의 정치이념이 우리에게 있는데도 왜 이다지도 퇴영적입니까? 좀더 주도성을 가집시다. 노동운동도 좋고, 정치운동도 좋습니다. …… 전도는 최대의 정치운동이요, 누구나 다 할 수 있는 일입니다(『한경직목사 설교집』 1, 대한예수교장로회 총회 교육부, 1977, 19~27쪽).

한경직에게 있어서는 교회운동과 건국운동이 하나로 묶여 있었던 느낌이다. 해방 후 혼란한 상황에서 갈팡질팡하는 국민에게 기독교인이 해야 할 사명을 다음과 같이 말하고 있다.

> …… 신자의 사명이 여기 있습니다. 천고에 빛나는 진리를 파악한 우리가 철저한 사상으로 교회운동에 나서야 되겠습니다. 이것이 무엇보다 필요합니다. 강연회나 토론회를 개최함으로써, 잡지나 소책자를 발간함으로써, 기타 여러 가지 방법으로 적극적으로 이 운동을 추진해야 할 것입니다(『한경직목사 설교집』 1, 26~27쪽).

한경직에게 있어서 교회와 국가의 개념은 한 범주 안에 존재한다. 1947년 12월 「교회란 무엇인가」라는 제목의 설교에서 다음과 같이 말하며 교회가 국가의 정신적 간성이라고 주장하고 있다.

…… 교회는 타세계적인 듯하지만 실상은 가장 현실적인 것입니다. …… 타세계적인 생각도 된다. 그러나 내세의 구원은 현실에서 시작됩니다. …… 그러므로 교회가 서는 곳에 사회의 정치, 경제, 문화, 도덕 각 방면에 새로운 부흥과 정화가 일어납니다. 이렇게 교회는 건전한 국가의 초석이 되는 것입니다……(『한경직목사 설교집』 1, 17쪽).

해방 후 대한민국 건국 시 한경직 설교의 주제는 대부분 새로 건국할 국가는 어떠한 형태의 국가가 되어야 하는가, 민주주의 국가를 건설하기 위하여 기독교 교인 곧 국민은 어떠한 일을 해야 하느냐는 문제들이었다.

현대문명은 헬라, 로마의 몸에 기독교의 혼이 들어간 문명이기 때문에 기독교문명이라고 하며 그 혼이 된 기독교신앙을 기초로 한 윤리적 원리는 곧 민주주의의 기본사상이기 때문에 민주주의문명이라고 한다는 것이다. 그리고 종교는 도덕적 동물인 인간이 선의 탐구와 양심적 생활을 동경하여 신을 예배하는 태도와 인간의 존재와 원대한 우주 속에서 인생의 의의를 발견하고 인간의 생활을 더욱 풍부하게 하려는 데서 비롯된다고 강조하였다.

한경직은 그리고 기독교만이 참 하나님을 분명히 가르쳐주기 때문에 기독교만이 참 종교, 진리의 종교라고 정의하였다. 그러나 다른 종교의 진리를 부인하는 것은 아니며 기독교를 태양에 비유한다면 다른 종교는 달과 별에 비유할 수 있다고 말하였다.

그는 또 신신학 사조Modernism를 경계하였다. 한편 반대로 극우極右사조를 경계하였는데 이들은 이성을 무시하고 광신 또는 미신에 흐르고 문자주의에 빠져 성경의 근본정신을 망각한다고 경고하였다. 또한 교회의 주도권을 잡기 위해서 밤새 찬송하고 기도하는 일 곧 찬송과 기도를 싸움의 도구로 사용하는 부류들을 경계하였다.

그는 국가의 필요성은 인간에게 죄악이 있기 때문이라고 보았다. 정부는 신이 악을 행하는 자를 벌하기 위하여 세운 것이라고 보았다. 그리고 통치자가 책임을 다하지 못하면 신이 주권을 옮기기도 하고 나라를 망하게도 한다는 것이다. 신이 인간에게 통치자를 택할 권한을 주었다는 것이다. 따라서 주권의 근본이 신에게 있다는 것을 알고 있기 때문에 인간은 신의 명령에 순복하는 나라를 만들 의무가 있다는 것이다. 즉 기독교적 민주주의 국가를 세워야 한다는 이론이다. 기독교를 이해하지 못하는 자는 민주주의를 이해하지 못한다고 하면서 민주주의라는 꽃은 기독교문화의 밭에서만 아름답게 피는 것이라고 말하였다.

특히 장로교는 그 조직 자체가 민주적으로 되어 있고 민주주의 원칙에 입각해 있다는 것이다. 그러나 교회와 국가는 분리되어야 한다고 보았다. 교인 개개인은 교인인 동시에 국민이므로 정치에 참여할 수 있으나 교회가 정치에 관여할 수는 없다는 것이다. 교회는 다만 정치 잘할 사람을 길러내는 곳이라는 점을 강조하였다.

5. 맺는 말

한경직은 나라가 잘되어야 교회도 잘되고, 교회가 잘되어야 나라도 잘된다는 입장에 서 있었다. 그러나 교회가 잘된다는 것이 물량적으로 교회가 대형화되는 것만을 의미하는 것은 아니라는 생각이었던 것이다. 그는 교회가 커지면 분립해야 한다고 생각하였다. 분립分立하지 않으면 교회가 분열分裂된다는 것이다.

그리고 교회 안에서 신학사상이나 교회 주도권 문제로 분열하는 것은 교회를 위해서나 국가를 위해서 좋지 않다는 생각이었다. 교회의 구성원은 다양하기 때문에 교회에 대한 생각과 신학사상이 각기 다를 수 있다는 것이다. 따라서 신학사상은 넓게 가질 수 있으나 그 다양함 때문에 분열하지는 말아야 한다는 것이다.

한경직이 1955년 장로회 총회 회장에 당선되었을 때 취임사에서 "총회 회의는 온유와 겸손과 화평정신으로 진행하기 바란다"고 하였다. 그는 교회가 양극화되는 것을 우려하였다. 그래서 언제나 '좌로나 우로나 치우치지 않는' 것이 그의 기본정신이었다. 극단적 보수주의나 극단적 자유주의가 아닌 중간 코스로 가는 것이 그의 행동방식이었다고 말할 수 있다.

국가와 사회에 대해서도 극단적인 행동을 견제하는 태도였다. 교회의 사회참여는 '공격이 아닌 충고'라야 된다는 것이었다. 통치자가 잘못하면 그를 선택한 국민으로서의 책임도 느껴야 한다는 것이었다. 정부에 대하여 공격을 행동화하면 사회가 혼란해진다고 보았던 것이다. 국가가 '성경에 의지해서' 운영되도록 교회가 협조하여야 된다는 생각이었던 것이다.

한경직은 전도로서 국가의 이념과 국민이 가져야 할 태도를 설교하고, 교육을 통하여 국가에 필요한 인재를 기르고, 사회봉사를 통하여 간접적으로 나라가 잘되도록 하는 것이 그의 임무라고 생각하였던 것이다. 즉 그는 교회운동 곧 목회를 통하여 기독교적 민주주의 국가 건설을 주장하였다.

해방 직후에 북한 공산주의자들의 기독교 박해로 월남한 한경직은 아무런 정치 활동도 하지 않았다. 그는 남하해오는 교인들을 위해 교회를 지어 그것을 영락교회로 발전시키고, 그들 수많은 피난민을 주 대상자로 삼아 목회 활동을 하는 데 주력하였다. 자연스럽게 반공적 내용을 담은 설교를 하면서 기독교적 민주국가의 건설을 강조하였다. 그리하여 해방공간에서 한경직은 정치와 직접적 관계를 맺지 않은 채 교회 활동과 건국운동을 함께 묶어 목회 활동을 이끌어나갔고, 그러한 가운데 자유민주적인 대한민국 정부가 수립되었던 것이다.

김법린, 한국불교 새 출발의 견인차

김상현

1. 프랑스 유학과 피압박민족대회 참가

범산梵山 김법린金法麟(1899~1964)은 해방 후 한국불교의 새로운 발전을 앞장서 이끌었던 대표적인 고승이다. 불교는 민족의 전통종교이면서도 억불과 왜색의 600년 암울한 시대를 벗어나 진정한 해방을 맞고 있었다. 해방공간에서 김법린이 불교계의 대표적 지도자가 되어 새롭게 출발하는 불교를 견인할 수 있었던 것은 시대적 사명을 자각하며 젊은 날을 살았고 조국의 광복을 염원하며 그날을 위해 준비하고 투쟁한 그 결과였다.

김법린은 경북 영천에서 아버지 김정택金玎宅과 어머니 김아기金岳伊 사이에서 태어났다. 그는 보통학교를 졸업하던 1912년에 은해사銀海寺 양휘허楊揮虛의 문하로 출가하였다. 1915년 범어사梵魚寺에서 비구계를 받았고, 1917년

金相鉉 동국대학교 문과대학 사학과 교수.
저서로 『신라화엄사상연구』(민족사, 1991), 『역사로 읽는 원효』(고려원, 1994), 『신라의 사상과 문화』(일지사, 1999), 『원효연구』(민족사, 2000)가 있다.

에는 범어사 강원의 사교과四教科를 수료하였다. 19세 때 상경하여 곧 휘문고보徽文高普에 진학하였고, 1918년에는 불교중앙학림佛教中央學林으로 편입하였다.

이처럼 불교계의 촉망받는 청년으로 성장한 김법린은 불교중앙학림 재학 시절부터 독립운동에 가담하였다. 이 무렵 그는 평생의 스승인 만해 한용운韓龍雲을 만났다. 한용운은 잡지 『유심惟心』을 발행하고 있었는데, 김법린은 유심사惟心社를 드나들며 그의 지도를 받던 불교계 청년 중의 한 명이었다.

이 무렵 한용운은 최린과 더불어 3·1운동을 몰래 준비하고 있었다. 1919년 2월 28일 밤 한용운은 김법린·백성욱白性郁 등의 불교계 청년들을 불러 만세운동에 적극 동참할 것을 당부하였다. 이에 그들은 불교중앙학림의 여러 동지와 함께 역할을 분담하고, 3월 1일 서울의 만세운동에 참가한 후 각자 지방 사찰로 내려가 지방의 만세운동을 주도하기로 계획하였다. 김법린도 부산으로 내려가 범어사 승려 및 청년학생들과 함께 3월 18일 동래시장 만세운동을 주도하였는데, 당시의 사정은 그의 「삼일운동과 불교」에 자세히 전한다. 김법린은 곧 만주를 거쳐 상해임시정부로 갔다. 3·1운동 주동자에 대한 체포령이 내려지고 상해임시정부의 수립 소식도 들었기 때문이다. 상해에서의 안창호의 강연, 이동휘의 격려 등은 그를 크게 감동시켰다. 그는 5월에 국내로 잠입, 상해임시정부와 연락을 취하면서 비밀신문 『혁신공보革新公報』를 발행하는 한편 독립운동자금 조달, 의용승군義勇僧軍 조직 등의 활동을 전개하였다. 의용승군 조직 계획이 종로경찰서에 탐지되어 「불교선언서」만을 남긴 채 무산되었다. 이 선언서는 상해임시정부 기관지인 『독립신문』에 게재되기도 하였다. 이 일로 체포령이 내리자, 김법린은 다시 상해로 망명하였다.

1920년 3월 남경南京의 금릉대학金陵大學에 입학하여 영어와 중국어를 배우던 김법린은 임시정부가 주선한 장학단체의 도움으로 프랑스 유학길에 올랐다. 1926년 7월에 파리대학 문학부 철학과를 졸업하고 이해 11월에 파리대학 대학원에 진학하여 근세철학을 연구하였다. 풍진 세월의 유학생은 공부에만 몰두할 수 있는 것도 아니었다. 1927년 2월 제1회 세계피압박민족반제국주의동맹대회가 벨기에 브뤼셀에서 개최되자 김법린은 독일 유학생인 이극로李克魯 · 이의경李儀景 · 황우일黃祐日 등과 함께 한국대표로 참석하였다. 21개국 대표 147명이 참석한 이 대회에서, 그는 시모노세키조약下關條約에 보장된 조선 독립의 실현, 총독정치의 중지, 상해임시정부의 승인 등을 주장하며 조선 독립의 정당성을 역설하였다. 이때 조선의 식민 현실을 설명하고 일제에 대한 투쟁 의지를 밝힌 문건 「한국의 문제」를 영어와 독일어로 작성하여 배포하였는데, 이 문건은 지금도 전하고 있다. 그는 이 대회에서 아시아민족회의 위원으로 선출되기도 하였다. 그리고 8개월 후 반제국주의동맹의 제1회 중앙집행위원회 회의가 브뤼셀에서 열렸을 때, 김법린은 이 회의에 참석하여 조선의 현실을 알리고 독립을 위한 지원을 호소하기도 하였다.

김법린 등의 조선 독립을 위한 국제 활동이 『동아일보』 등을 통해 국내에 전해지자 조선불교 중앙교단에서는 그에게 귀국을 요청하는 서한과 여비를 보냈다. 여비는 동지인 김상호金尙昊가 전국 사찰을 돌며 마련한 것이었다. 그는 1928년 1월에 귀국하였다. 귀국 후 김법린은 범어사 · 각황사 · 천도교기념관 등에서 '구미의 불교', '불교와 소펜하웰의 철학', '인도철학사상에 대한 불교의 지위' 등의 주제로 여러 차례 강연을 하였다. 이러한 그의 강연은 주제부터 새로운 것이었다. 이 무렵 김법린은 불교계 잡지인 『불교』 · 『일광』 등에 철아鐵啞라는 필명으로 불교학 · 불교운동 · 서양철학과 관련된 여러 글을 발표하기도 하였다.

1929년 1월 김법린은 백성욱 · 김상호 등과 함께 조선불교선교양종승려대회 개최를 주도하여 경기도경찰서에 피검되기도 하였다. 1929년 10월에 조직된 조선어사전편찬회에서는 방정환 · 이극로 · 최현배 등과 함께 준비위원으로 활동하였으며, 1929년 12월의 제2회 세계반제국주의동맹대회에 초청받지만 일경의 저지로 출국하지 못하였다.

2. 만당의 조직과 조선어학회 사건

일제치하의 공개적 활동에 한계를 느낀 김법린의 활동은 비밀결사로 이어졌다. 그는 1930년에 백성욱 · 김상호 · 이용조 등과 함께 비밀결사 만당卍黨을 조직하고, 동지를 규합하였다. 그리고 그는 일본 고마자와駒澤대학에 유학하여 산스크리트어와 인도철학을 다시 연구하는 한편, 만당의 일본지부를 조직하여 자신은 지부장으로, 최범술崔凡述 · 허영호許永鎬 · 장도환張道煥 등을 당원으로 포섭하였다. 1931년 3월에는 조선불교청년동맹의 동경지부장으로 선출되어 공개적 항일 활동을 전개하기도 하였다.

1932년 3월 일본에서 귀국한 김법린은 9월부터 한용운이 발간하고 있던 잡지 『불교』의 주간을 맡았다. 그러나 1933년 7월 『불교』의 발행이 중단되고 불교사가 문을 닫았다. 불교계의 분규와 교무원의 재정난이 원인이었다. 만당 동지 최범술의 권유로 김법린은 가족과 함께 사천 다솔사로 거처를 옮겼다. 최범술은 김법린 전 가족과 범부凡夫 김정설金正卨의 전 가족을 다솔사로 옮기도록 하고 그들의 생활을 도왔다. 그리고 다솔사에 강원講院을 설립해서 김법린 등에게 강의를 요청하였다. 이 무렵 한용운을 비롯한 불교계 내외의 많은 인사가 왕래하던 다솔사는 독립지사들의 집합처 구실을 하였다. 훗날 범부는 다솔사의 당시 상황을 이렇게 술회하기도 하였다.

범산과 나는 사천 다솔사에서 그곳 주지이며 동지인 최범술과 더불어 학원을 경영하고 있었다. 범산은 역시 다솔강원 원장으로 있으면서 틈틈이 불경과 한국역사를 교수하며 조국정신을 고취하기에 진력하였다. 우리 셋은 비록 도원결의를 한 것은 아닐지라도 언제나 진배없었고, 또 세상 사람들이 그렇게 ('삼범三凡' 이라고) 불렀다. 범산은 호요, 범술凡述은 아명이며, 범부는 내 자字이건만, 우연하게도 무슨 돌림자를 쓴 것처럼 일치된 것은 사실이다.

다솔사 강원에서 강의하던 범산은 후에 해인사와 범어사의 강원에서도 불교 · 영어 · 역사 등을 강의하며 독립의식을 고취시켰다.

김법린은 전통불교에 기반을 둔 승려였지만, 해외유학을 통해 신학문을 공부한 대표적인 지성인이었다. 그는 문헌학적 연구방법론에 입각한 현대불교학을 개척할 만한 기초를 다진 선구자였는데도 당시의 여러 상황 때문에 이를 꽃피우지 못하였다. 그는 『유식이십론唯識二十論』 번역과 연구 이후 서구의 불교학을 소개하는 이외에는 본격적인 연구 성과를 내놓지 못하였다. 그러나 경전의 성립사적 연구를 강조하는 그의 방법론은 오늘날의 문헌학적 연구방법론과 일치한다는 지적이 있을 정도로 선구적인 것이었다.

다솔사를 근거지로 하여 몰래 활동한 만당이 일제에 노출되어 1938년 8월에 김법린은 박근섭朴根燮 · 장도환 · 최범술 등과 함께 진주경찰서에 피검되어 3개월간 수감되었으나 증거불충분으로 기소되지는 않았다. 1942년 10월에는 조선어학회 사건으로 김법린도 함남 홍원경찰서에 피검되어 고초를 당하였다. 최현배 · 이희승 등 16명과 함께하였던 혹독한 수감생활은 징역 2년 집행유예 4년을 선고받고 출옥하던 1945년 1월 18일까지 2년 3개월간 계속되었다.

3. 불교의 해방과 종무원장 취임

2년 이상의 수감생활에서 풀려난 김법린은 1945년 1월부터 범어사에서 건강 회복을 위해 요양하고 있던 중에 조국 광복의 날을 맞았다. 그는 불교의 해방과 발전을 위해서 누구보다도 먼저 나섰다. 해방 당시는 1941년 4월에 창설된 조선불교조계종이 한국불교를 대표하고 있었다. 종정은 방한암方漢岩이었지만 실질적인 책임자는 종무총장 이종욱李鍾郁이었다. 해방이 되자 누가, 어떻게 조선불교조계종을 접수하여 혁신시킬 것인가의 문제가 있었다. 그 역할을 자임하며 범어사에서 급거 상경한 사람이 바로 김법린이었다. 그는 상경하자마자 선학원禪學院에서 서울의 유지승려 35명과 의논하고 곧바로 조선불교조계종의 접수에 착수하였다. 당시의 상황은 안광석安光碩의 증언을 통해 짐작할 수 있다. 범어사에서 해방소식을 들은 안광석은 임무를 띠고 동래포교당에서 범산, 혜명과 만나 18일 저녁에 상경하여 선학원으로 갔다. 임무란 범산을 주축으로 당시의 종무원을 접수하는 일이었다. 서울의 유지 승려와 범산 등 범어사 승려 일행은 19일 오전에 종무원으로 갔다. 일본식 낙자가사를 입고 앉아 있던 종무총장 이종욱은 세 부장과 함께 순순히 사직하고 종권을 인계하였다. 이렇게 김법린 일행은 조선불교조계종을 접수하였다.

그런데 왜 하필이면 김법린이 종권 인수를 자임하고 나섰던 것일까? 당시 김법린의 덕망은 불교계에 널리 알려져 있었다. 여러 차례의 옥고를 거치면서도 일제에 매수되지 않았던 불교계의 대표적 독립 운동가였으며, 프랑스 및 일본에 유학하여 근대불교학을 연구하였고 범어사 및 다솔사 강원에서 강의할 만큼 학식도 갖추고 있었기에 종권을 인수받을 만한 적임자로 인식되었을 것이지만, 그보다도 불교 해방에 대한 김법린 자신의 열망과 사명감이 그를 움직인 동력이었다.

종단을 인수받은 김법린 일행은 8월 21일 태고사에서 서울에 있던 승려 35명과 회합하여 조선불교혁신준비위원회를 조직하였다. 물론 위원장은 김법린이 맡았고, 유엽柳葉·오시권吳時權·박윤진朴允進·정두석鄭斗石 등을 비롯한 35명의 승려가 주축이 되었다. 준비위원회는 불교의 혁신을 구체적으로 실현하기 위해 전국승려대회를 준비하였는데, 9월 22일 태고사에서 개최된 승려대회에는 초청하였던 전국 각 본말사의 대표 79명 중에서 60명이 참석하였지만, 북한 지역의 대표는 대부분 참석하지 못하였다.

이 대회는 대의원 의장 박영희朴暎熙, 부의장 최범술을 선출한 뒤에 당시 불교계의 주요 현안을 심의하였다. 조선불교 조계종이라는 종래의 종명을 폐지하고 조선불교로 지칭하도록 했으며 총본산 태고사와 31본사를 해산시키고 중앙총무원을 설치하였다. 그 산하기관으로 각 교구에 교무원을 두도록 하였으며 종정을 교정教正으로, 종헌을 교헌教憲으로 변경하고 종회 대신에 중앙교무회를 설치하였다. 그리고 이 대회에서 교정에 박한영朴漢永, 총무원장에 김법린이 추대되었다. 그리고 교헌教憲을 제정하기 위한 기초위원도 선출하였다. 대회 개최 직후인 24일에는 선출된 간부들이 취임하였는데 총무부장에 최범술, 교무부장에 유엽, 사회부장에 박윤진 등이었다. 중앙감찰원장에 박영희, 기관지 『신생新生』의 발행인에 장도환을 임명하였다. 새로 출발한 교단의 집행부는 '산간 사원의 불교를 도시 대중의 불교로'를 구호 삼아 불교의 새로운 발전을 모색하기 시작하였다. 1946년 3월 15일 태고사에서 제1회 전국교무회의를 개최하여, 교구제教區制 실시, 재산통합, 교도제教徒制 실시, 역경사업 발기, 일제세력의 숙청, 광복사업 협조 등을 토의하였다.

새로운 교단이 체제를 갖추어가고 있었지만 안정된 상태는 아니었다. 해방공간의 정치·사회·문화 등 거의 모든 분야가 혼란스럽고 어수선하였듯이, 불교계도 예외는 아니었다. 불교계에도 여러 단체가 출현하였다. 곧 불교청년당, 혁신불교도동맹, 조선불교혁신회, 불교여성총동맹 등이다. 이들 단체들은 목적과 성격이 달랐지만, 중앙총무원과는 모두 대립하고 있었다. 그들은 중앙총무원의 집행부를 보수 세력으로 규탄하고 교단의 진보적 혁신을 외치면서 대립하였다.

일제의 잔재를 척결하고 전통불교에 토대하되 시대에 맞는 새로운 불교를 건설해야 하는 당시의 불교계에서 김법린을 중심으로 한 교단 측과 불교혁신단체들과는 현안에 대한 입장을 달리하고 있었다. 당시의 좌우 대립과 연계되어 교단의 내적인 갈등으로 발전되어 가는 양상이었다. 특히 당시 정치 상황에서 좌익을 경계하였던 김법린 등은 불교청년당을 중심으로 한 세력을 좌익으로 의심하고 있었기에 문제는 더욱 복잡하였다. 1946년 11월 28일 제2회 중앙교무회가 개최될 때, 혁신단체들은 교헌 수정안을 제출하고 교단 개혁방안의 실천을 요구하였지만, 자신들의 요구 사항이 받아들여지지 않자 곧 교무회를 부인하는 성명을 발표하였다. 기존의 총무원을 불신하고 교단 간부들을 친일로 매도하고 훼욕하는 정도였다. 중앙총무원에서는 「경계문」을 발표하고, 민족운동으로 옥중에서 갖은 고초를 당하였던 선배들을 친일로 욕하는 그 배후를 의심하였다.

1946년 12월에는 혁신단체의 연합체인 불교혁신총연맹을 결성하고 교단의 배척을 천명하기에 이르렀다. 그리고 총연맹이 개최한 1947년 5월 8일의 불교도대회에서 조선불교정통총본원을 설치하고 장석상張石霜을 교정으로 송만암을 총본원장으로 천거하였다. 이로써 당시 불교계는 양분되었다. 총본원 측에서는 중앙총무원 측에 태고사를 인도해줄 것을 요구할 정도로 대립하였다. 그러나 중앙총무원에서는 혁신파들의 움직임을 '일시의 과도기적 유행병'으로 보면서 그들의 사상에 대해 의구심을 가졌다. 김법린이 당시의 불교 교단을 "이색문화와 갖가지 색깔의 사상들이 침입한 것"으로 인식하였던 것도 이 때문이었다. 사실 중앙총무원과 과격하게 맞섰던 사람 중에는 이북을 다녀온 이도 있었는데, 장상봉張祥鳳과 곽서순郭西淳 등이 그 경우였다.

중앙총무원은 1946년 3월의 교무회의에서 사찰령 폐지를 강력히 추진하기로 결의하고, 이해 7월과 8월 두 차례 미군정 장관에게 사찰령 철폐를 신청하였다. 미군정에서 이 신청을 받아들이지 않자 총무원장 김법린은 1947년 3월에 사찰령 폐지 건을 입법의원에 제출, 8월 8일 사찰령의 폐지와 함께 사찰재산임시보호법이 입법의원을 통과하였다. 종교의 자유를 저해하는 일제의 악법을 철폐하고 사찰 재산을 보호하는 제도적 장치를 마련한다는 취지였다. 그러나 미군정 당국은 10월 29일 이 법의 인준을 보류하였다. 사찰재산임시보호법에 적산사찰의 재산도 포함될 수 있다는 우려 때문이었다. 김법린 총무원장은 1948년 신년에 발표한 「신년의 전망과 약속」이라는 글에서 사찰령의 족쇄에 묶여 있던 당시 불교계의 어려운 상황에 대해 이렇게 피력하였다.

> 몰이해한 이민족 이교도의 손에서 부대낌은 갱생의 길이 참으로 막연한 바가 있다. 사해화死骸化한 사찰령으로 사찰 재산의 동결을 꾀하는 위정자의 몰이해한 조치도 있어서 불교의 자산 신장과 자유산업 운영의 편익은 전연 희망이 없다.

이민족, 이교도의 손에 의해 부대낀다는 표현에는 미군정의 부당한 조치에 대한 강한 불만을 담고 있다. 미군정은 일제에 의해 제정된 악법 사찰령을 철폐시키지 않았고, 사찰재산임시보호법도 인준하지 않았다. 이러한 미군정의 조치는 결과적으로 불교 발전을 억압하고 불교의 자주화를 원천적으로 봉쇄한 것으로 평가되기도 한다.

4. 교육과 포교를 위한 열정

교도제教徒制 실시와 관련된 문제는 해방 직후 한국불교계의 큰 논란거리였다. 교도教徒란 승려와 일반 신도의 중간에 위치하는 것으로 대처승을 교도의 위치에 둠으로써 청정비구의 지위를 격상시키려는 것이 혁신파의 의도였다. 따라서 혁신파에서는 계를 지키지 않고 수도하지 않는 승려는 일반 교도로 하고 비구승 중심의 교단을 건설할 것을 주장하였던 것이다. 이에 대해 당시 총무원장 김법린은 "불교가 비구승단으로 다시 돌아가는 것은 시대의 역행으로서 대승불교 해방불교의 승단은 아직 만해 선생의 불교유신정신에 입각하여 대변동이 없음"을 분명히 하였다. 이것은 혁신계열의 주장이었던 비구승단 중심의 교단 운영을 시대적 역행으로 규정하고 만해의 불교유신정신에 입각한 대승불교 승단을 건설하고자 하였던 당시 교단 측의 확고한 입장을 확인할 수 있다. 물론 당시 교단의 간부 대부분이 대처승이었다는 현실적 문제도 있었지만, 또 간부 중의 많은 사람이 한용운의 영향을 받은 제자였기에 한용운이 『조선불교유신론』에서 제창한 대승불교의 건설이 시대적 요구라고 판단하였던 것 같다. 이 때문에 김법린은 "교헌 개정 및 교도제의 제정은 불교대중화의 준비 단계의 조치일 뿐, 철없는 훼승혁신론毁僧革新論에 의거한 것이 아님"을 분명히 밝히기도 하였다.

김법린은 불교 교육사업의 중요성을 여러 차례 강조하였고, 또 그 실천을 위해서 노력하였다. 1946년 봄 총무원장으로서 교정教政의 진로를 밝힌 글에서도 김법린은 홍학興學으로써 인재를 양성해야 한다고 역설하였다. 즉 "홍학의 경우, 혜화전문학교를 대학으로 승격하여 명실 공히 우리 교단의 최고 학부가 될 만한 대학으로 하고, 또 중학도 설립하여 일반학도에까지 민족정신과 불교의 정신을 넣어줄 것이며, 한편 모범총림模範叢林을 시설하여 선禪,

敎, 의식儀式 등으로 순수한 수행 방면의 청풍납자淸風衲子와 도제의 양성을 도모할 것" 이라고 하였던 것이다. 김법린은 프랑스와 일본 유학을 통해 교육의 중요성을 잘 알고 있었기에 불교의 현대적 교육의 필요성을 절감하였던 것이 분명하다. 일제 말기인 1945년 5월 일제의 억압에 의해 폐쇄되었던 혜화전문학교는 1945년 9월 22일의 전국승려대회에서 그 복교를 결정하고 학장으로 허영호를 결정한 바 있었기에, 이해 11월 30일에 개교할 수 있었고, 1946년 9월에는 동국대학교로 승격되었다. 김법린은 1949년에 동국학원의 이사장직을 맡아 동국대학교의 발전을 도모하기도 하였다. 훗날 1962년에 그가 동국대학교 총장에 취임한 것도 우연이 아니었다.

일반 학생에게도 민족정신과 불교의 정신을 심어주기 위해서는 불교계에서도 사립학교를 세울 필요가 있었다. 이와 같은 필요에 의해 불교계에서 설립한 학교로 서울의 명성여중, 대구의 능인중학교, 대전의 보문중학교, 양주의 광동중학교, 경남의 해동중학교, 목포의 정광중학교, 동래의 금정중학교, 양산의 보광중학교 김제의 금산중학교, 인천의 선혜여중 등이 있었다. 국화여자전문학원은 혁명불교도연맹에서 세운 학교였고, 해인대학은 해인사에서 세운 것이다.

비구승단의 적극적인 보호를 목적으로 모범총림을 설립하고자 하였는데, 1946년 10월에 신설된 해인사의 가야총림이 최초였다. 김법린은 "우리 불교의 혜명 상속과 우리 승단의 청규 호지는 이에 지남이 없겠다" 고 하였다. 초대 가야총림의 조실은 이효봉이었다. 어려운 여건에서도 가야총림이 불법의 수호와 재건에 기여한 바 적지 않다. 포교사업과 관련하여, 김법린은 포교사의 양성, 사원의 도시 진출, 교도제 실시 준비, 대장경 번역 출판, 언론기관 설치 등 사업을 목표로 하고 있었는데, 역경을 위해서는 1945년 12월에 해동역경원을 창립하였다.

해방공간에서의 김법린의 주된 활동은 불교의 안정과 발전을 위한 노력이었지만, 이 밖에도 그는 크고 작은 건국사업에 참여하였다. 그는 1946년 2월 1일 임시정부 측의 주도하에 소집되었던 비상정치회의인 비상국민회의의 대의원이 되기도 하였고, 이해 12월 미군정청이 장악하였던 민정이양을 위해 잠정적으로 설치되었던 남조선과도입법위원의 의원으로 참여하기도 하였다. 대한민국 감찰위원회 위원(1948), 고등고시 위원(1949) 등을 맡기도 하였다. 1952년 10월 제3대 문교부장관에 취임하였지만, 1954년 한글파동으로 이승만 대통령과 의견을 달리하면서 장관직을 사임하였다. 1954년 범어사가 있는 부산 동래에서 제3대 국회위원에 출마하여 당선되기도 하였다. 고시위원회 위원장(1952), 유네스코 한국위원회 초대 위원장(1953), 초대 원자력원장(1959) 등을 역임하였다. 1962년 동국대학교 대학원 교수였던 김법린은 이듬해 7월에 동국대학교 총장에 취임하였다. 그는 "학문 없는 학원은 시체와 같고, 업적 없는 학자는 노래하지 않는 가수다. 백성을 괴롭히는 정치가 필요없듯, 공부하지 않는 학생은 소용이 없다" 고 강조하며 학교 발전을 위해 매진하다가 1964년 3월 14일에 순직하였다.

김활란, 여성교육 · 여성 활동에 새 지평을 열다

이배용

1. 머리말

우월又月 김활란金活蘭(1899~1970)은 조선이 근대사회로 넘어가는 과도기에 태어나 구한말, 일제강점기, 해방, 대한민국 건국, 6 · 25전쟁 등 한국 근현대사의 거대한 물결의 중심에서 암울하고 혼란스러운 격동의 세월을 살아냈다. 그러면서도 부단히 여성교육의 지속적 확대와 여성의 지위 향상을 위해 노력하여 우리 여성사女性史에 불멸의 인간상을 남겨주었다는 점에 그의 생애가 지니는 특징이 있다. 특히 해방 이후에는 여성교육, 정치, 외교 등 여러 분야에서 두드러진 활동을 벌여 대한민국 건국에 중요한 역할을 하였다.

1948년 대한민국 정부 수립 이후에 김활란은 신생국가의 틀을 마련하기

李培鎔 이화여자대학교 총장.
저서로는 『한국 근대 광업침탈사 연구』(일조각, 1989), 『한국사회사상사』(지식산업사, 1996), 『한국사의 새로운 이해』(이화여자대학교 출판부, 1997), 『우리나라 여성들은 어떻게 살았을까』(청년사, 1999), 『한국 역사 속의 여성들』(어진이, 2005) 등이 있다.

위해서는 무엇보다도 역사의 수레바퀴의 한 축인 여성의 '힘'이 절대적으로 필요하다고 여겨 여성의 '힘'을 키우는 데 주력하였다. 그리고 그 힘은 교육과 조직에서 나온다고 믿었으며, 그것은 궁극적으로 여성의 인간화 실현의 방법과 직결된다고 생각하였다.

김활란은 대한민국의 건국과 발전의 과정에서 자신에게 '부과된' 과제를 기꺼이 받아들이고 실행해나갔으며 이러한 노력들은 곧 대한민국 미래의 청사진을 그려나가는 것이었다. 이렇게 해서 그의 노력은 여성교육·여성운동·국제 활동의 커다란 열매들을 맺을 수 있었다. 특히 그가 교육의 세계화를 강조하고 국제무대에서 문화 교류의 초석을 놓기 위해 적극적으로 활동한 것은 크게 돋보인다고 할 수 있다.

이 글에서는 1945년 해방 이후 대한민국 건국과 초기 발전과정에서 전개되는 김활란의 활동을 몇 단락으로 나누어 살펴보고자 한다.

2. 여성교육의 전문화·세계화를 향한 선도적 노력

해방이 되자 독립국가 건설은 한민족의 염원으로 굳어졌으나 자주·민주국가 건설이라는 구체적 과제도 크게 부상되었다. 이러한 과제 해결의 한 축을 김활란은 여성의 무한한 잠재적인 힘에서 찾고자 하였다. 그는 여성 의식을 각성시켜 여성으로 하여금 대한민국 건국의 일익을 담당하게 하고자 했다. 김활란에 따르면, 올바른 여성의식은 기본적으로 여성에게 남자와 똑같은 교육의 기회를 부여하는 데서만 가능하다는 것이었다. 그러므로 그는 보통교육부터 고등교육까지 여성에게 남자와 같은 교육의 기회를 확대·지속시키는 작업에 주력하였으며, 나아가 여성교육의 전문화 및 세계화를 선도적으로 추진하였다.[1]

1945년 해방이 되자마자 김활란은 이화여자전문학교 교장으로서 이 학교를 종합대학으로 승격시키는 작업에 다른 어느 학교보다 먼저 돌입하여 이화여자대학교를 한국 최초의 사립종합대학으로 만들었다. 종합대학 인가 신청은 여성교육의 문호개방과 학문 영역의 확대를 통해 대학이라는 '큰 그릇' 속에 많은 인재를 양성해 건국의 동력을 마련한다는 취지에서 나온 것이었으며 이는 모든 한국대학의 모델이 되었다.[2]

이화여대를 종합대학으로 승격시키면서 그는 학제도 한림원, 행림원, 예림원으로 체계화하여 교양 중심의 교육을 넘어 전문교육을 실시할 토대를 마련하였다. 즉 한림원에 문과 · 가사과 · 교육과 · 체육과, 예림원에 음악과 · 미술과, 행림원에 의학과 · 약학과 등 총 8개 학과를 설치하여 교육의 전문화를 꾀하는 선도적인 작업을 실시하였다.

이화여대의 학제를 분화하고, 교육의 질을 향상시키는 면에서도 김활란은 크게 두 가지의 원칙 아래 학교 발전계획을 추진하였다. 첫째는 남녀평등의 균형을 잡기 위해 여자대학이 반드시 필요하다는 것이었다. 그는 이화여대를 남녀 공학으로 하자는 제안이 나올 때마다 "국회 의석의 절반을 여성이 차지하는 날이 올 때까지 안 됩니다" 라고 단호하게 말하였다고 한다.[3] 둘째는 세계의 흐름에 발맞춰 새로운 전공 분야를 개척해나간다는 것이었다. 이것은 한국여성을 남성과 차별 없이 전문인으로, 세계 여성지도자로 성장시키겠다는 장기적 안목에서 나온 것이었다.

그러나 세계화를 지향하면서도 교육의 내용은 "한국적인 한국의 방향을

---

1 김활란, 『김활란 박사 이화근속 50주년 기념 국제세미나, 앞으로 오는 50년과 여성의 역할』, 이화여자대학교 출판부, 1968.

2 오천석, 「육영생활 40년-교육인으로서의 김박사」, 『김활란 박사 소묘』, 이화여자대학교 출판부, 1959, 161~172쪽.

3 이배용, 『한국 역사 속의 여성들』, 어진이, 2005, 269쪽.

창도하고 한국에 의한 학문을 가져야 되며, 무조건 외국의 학문만을 도입해 오지 말고, 무조건 외국의 방법만을 빌려오지 말고 한국 나름의 한국적인 것에 의한 지대한 발전이 사회과학 분야에 충만되어야 한다"고 강조하였다.[4] 이것은 한국에서 여성교육의 '세계화'를 지향하면서도 그 토대는 한국적인 것이어야 된다는 그의 기본적인 교육이념을 잘 보여주는 것이다. 그는 이러한 뜻과 방향에 따라 졸업생들의 외국유학을 적극 권장하여 서구의 발전된 학문을 습득하도록 기회를 제공해주었으며 이를 통해 교육의 세계화를 지향하였다. '여자여, 배우자, 세계로 가자'라는 모토를 내걸며 많은 제자를 외국에 유학시켜 선진교육을 받아오도록 하였는데, 이것은 여성들을 세계적인 리더로 육성시키겠다는 선각자적인 생각과 한국의 미래를 위한 믿음이 있었기에 가능하였다.

한편 김활란은 1945년 9월 백낙준, 정인보 등과 함께 미군정의 조선교육심의회의 교육위원으로 선정되었다. 교육심의회에서 그는 미군정의 교육정책과 운영 등에 자문을 주는 한편, 장래 한국교육 건설의 핵심이라 할 수 있는 교육이념분과의 위원으로 활약하며 한국교육의 원칙과 목표를 결정하여 교육의 근간을 세우도록 하였다. 그리고 미군정이 교육정책을 실시해나가는 과정에서는 고등분과위원으로 미국 각지에 파견되어 미국교육제도를 시찰, 연구하는 책임을 맡아 선진교육시스템을 도입하여 민주주의 건설을 위한 민주교육 촉진에 앞장섰다.[5]

1950년에는 한국 최초로 여자대학교 대학원을 신설하여 여성학자 양성의 새로운 장을 열었다. 6·25전쟁이 나자 그는 부산 피난 상황에서도 어느 학교보다도 먼저 부민동에 30개의 천막교사를 세우고 각 지방에 흩어져 있던

4 김활란, 「이화창립 제80주년 기념강연」, 『이대학보』, 1966년 5월 30일자.
5 『서울신문』, 1946년 4월 27일자 ; 『동아일보』, 1946년 8월 18일자.

선생님들과 학생들을 소집하여 '교육의 중단 없는 전진'을 강조하며 학업을 지속하도록 하였다.[6] 이러한 작업은 당시 다른 대학들이 전시연합대학을 추진하고 있던 상황 속에서도 교육에서의 독자성을 가진 여성교육의 특수성을 고려한 조치였다. 이것은 어려울수록 그 어려움을 극복하는 힘은 '여성' 그리고 '여성교육'이 근간이 되어야 한다는 믿음에서 나온 것이며, 이 믿음은 시련을 이기게 하는 힘이 되었다고 할 수 있다. 이와 같은 여성교육에 대한 그의 열정은 1953년 전란 중에도 100명의 졸업생을 배출하는 성과를 보여주었다. 그리고 1954년에는 5명의 석사학위자를 배출하여 학계를 비롯한 각 분야의 여성지도자로 성장시켰다.

그의 여성교육의 확대 방안은 1945년 900명이었던 학생이 그가 정년퇴임하던 1961년에는 8,000명에 달하였다는 사실이 보여주는 것처럼 큰 성과를 이루었다.[7] 한편 양적인 교육 확대뿐 아니라 질적인 교육 발전을 위해 지속적으로 여성전문교육을 강조함으로써 국민의 지적 수준을 향상시킴과 동시에 대한민국을 이끌 주역들을 양성할 수 있었다.

3. 여성지위 향상을 위한 폭넓은 여성 활동

해방이 되자 김활란은 앞서 말한 교육 활동 이외에도 국가건설을 위해 국내외에서 활발하게 활동하였다. 국내적으로는 여성의 힘을 결집시켜 건국사업을 위해 독립촉성부인회를 조직하였고, 이 단체를 중심으로 재건사업, 신

6 김활란은 1951년 『동아일보』에 이화의 학생과 교사들을 모으는 기사를 지속적으로 내보냈다. 그리고 전쟁 중에도 교육환경은 비록 열악했지만 사범대학과 법정대학을 신설하여 5개 단과대학 18개 학과의 명실상부한 종합대학으로서의 면모를 갖추어나갔다. 이화100년사 편찬위원회, 『이화백년사』, 이화여자대학교 출판부, 1994, 323~325쪽.

7 같은 책, 291쪽.

탁통치 반대운동 등을 주도하였다. 국외적으로는 각종 국제회의에 참석하여 조선의 독립국가로서의 자격, 능력을 강조하였을 뿐 아니라 국제 · 문화교류를 증진시키는 작업에 열정을 쏟았다. 1946년 4월과 1947년 8월, 10월에는 미국, 중국 등을 방문하며 신탁통치의 불필요성을 역설하는 한편, 태평양회의 등에 참가하여 여러 국가와의 문화교류를 증진시켜 한국의 국제적 위상을 높이기 위하여 노력하였다.

1948년 5 · 10총선거 실시가 결정되자 김활란은 대한민국 건국의 기초를 다질 참정권이 여성에게 부여된 것에 대해서 크게 기대하였다. 그것은 여성의 권익과 지위 향상을 가져오고 그것이 한국사회 발전의 동력으로 작용할 것이라 인식하였기 때문이다.

1948년 남한만의 총선거가 실시되자 김활란은 여성들의 정치의식 함양을 위한 기회로 삼고자 서대문구에서 무소속으로 출마하였다. 선거 유세를 하는 동안 그는 여권의식, 여성의 정치의식을 일깨우는 선거 캠페인을 부각시키고자 하였다. 그는 '누군가가 참여하여 여성의 의식을 각성시켜야 한다면 내가 하겠다'는 사명의식을 가지고 여성 자각의 불씨를 지피기 위한 작업의 선두에 섰고, 이것을 기초로 대한민국 정치의 기둥을 세우고자 하였다. 이 과정에서 김활란은 여성 네트워크를 형성, 여성의 조직력을 결집시켜 '여성의 문제는 여성의 힘'으로 해결해야 한다는 소신을 가지고 선거에 임하였다.

'여성의 대표를 국회로', '여성도 국가건설에 일익을 담당하자' 등과 같은 선거 캠페인 외에 김활란은 정견을 외교정책, 문교정책, 사회정책으로 나누어 밝히면서 선거에 임하였다.[8]

---

8 제헌국회가 성립될 무렵 서대문 애국부인회에서는 김활란 총장을 찾아와 여성을 대표하여 출마를 요구하였다. 그러나 당시 김활란은 어떠한 정치적 위치를 확보하는 것을 극히 삼가고 있었던 때로 "내가 할 일이 분명하고 또 정부를 위해서도 정치적인 위치를 떠나서 할 수 있는

一. 외교정책

1. 일체의 소극적인 사대사상적 추종외교를 일취하고, 과감한 민족적 자주외교 방침을 수립함.
2. 도의적 문화민족으로의 온갖 민족적 특장特長을 외국에 계몽, 인식시키는 동시에 국제적 친선, 협조, 공헌을 도모함.
3. 외교문제연구 및 외교관 양성기관의 급속설치.

二. 문교정책

1. 민족본위의 민주주의적 인격제일주의의 교육제를 확립하고, 국민도의 정신의 앙양, 종교운동의 순화, 민족예술의 진흥을 도모함.
2. 교육의 기회균등 정책을 강화하고, 국민교육의 의무제를 철저히 실행함.
3. 과학교육의 진흥을 적극화하며 과학성省, 국립 이화理化연구소, 도서관, 실험관의 설치.

三. 사회정책

1. 국민 생활권의 균형, 남녀평등의 원칙을 견지하야 써 민족역량의 총집결로 국력 진작을 도모함.
2. 봉건적 사회제도의 철저한 개선을 단행하고 토지, 공장의 적격, 적성자에의 귀속을 합리화시킴.
3. 근로자, 전이재戰罹災 동포의 주택, 문화, 보건시설의 국가책임제의 확립.

그러나 당시 출마한 여성후보 19명이 모두 당선되지 못하였으며, 전체적으로 여성후보 지지율은 매우 저조하였다. 이러한 현실에 대해 김활란은 "지식계급의 여성과 일반 여성들과의 긴밀한 관계"가 형성되지 못하였다며 여

일이 얼마든지 있을 것이다"라며 거절하였다. 그러나 너무나도 완강히 요구하는 바람에 "나 하나 편한 것을 바라고 여권을 포기할 수 없고, 이 기회에 여성 개발과 함께 권리를 확보하기 위해" 승낙하였다고 한다. 김옥길, 「수난 속에 피어난 생명(해방 전후)」, 『김활란 박사 소묘』, 이화여자대학교 출판부, 1959, 92~93쪽 ; 김활란, 「국회의원 선거에 제하여 유권자 제현에게 올니는 말슴」, 『전단』, 1948년 5월 1일.

성운동의 전진을 위한 반성의 기회로 삼고 여성단체 활동을 적극 추진하는 계기로 삼았다.

선거 직후 김활란은 초대 내각구성작업의 산실이었던 이화장 조각본부에 참여하며 이승만 대통령의 조언자로, 연락책으로 활동하였다. 조각이 완료되자 구미 지역 대통령특사 및 유엔파견대표로 임명되어 유엔에서 적극적으로 대한민국의 국제적 승인을 위한 외교 활동을 전개하였다. 또 한 번 정치 전면에 선 것은 전쟁이 한창이던 1950년 공보처장직 임명을 통해서였다.[9] 짧은 공보처장 재임 기간 그는 국내외 사정을 정확하게 파악하고 민의를 정당하게 포착하여 민간의 사정과 민의를 토대로 정부에게 시책을 건의함으로써 소임에 주력하였다.

김활란은 무엇보다도 학교라는 교육기관 외에 여성계몽을 위해 여성의 지위 향상을 이끌어낼 수 있는 효과적인 기관으로 사회운동단체에 주목하였다. 김활란이 여성단체를 조직하고 그 '힘'을 경험한 것은 1922년 YWCA를 결성하면서부터라고 할 수 있으며 근우회에서도 활동하였다. 해방 이후 김활란은 본격적으로 여성이 나라를 위해 일할 수 있는 기틀을 마련하는 작업의 일환으로, 다른 한편으로는 남성들과 대립하는 것이 아니라 남성과 동등해지고 나아가 서로 융합할 수 있는 방법의 모색으로서 여성운동단체 결성을 주도해나갔다.[10] 1946년 4월 독립촉성애국부인회, 1950년 1월 대한민국여학사협회, 1956년 12월 한국여성단체협의회 등을 결성하여 여성들의 사회

9 이승만 대통령이 당시 공보처장 이철원이 중병으로 일할 수 없게 되자 그 후임으로 김활란을 임명한 것이었다. 김활란은 "…… 전쟁에 나가지 못한 힘을 이 직책에 쏟고 싶다.……"며 공보처장 취임을 허락하였다. 김은우, 「후방 전투와 재건사업-6·25 동란에서 수복까지」, 『김활란 박사 소묘』, 이화여자대학교 출판부, 1959, 99쪽.

10 김활란, 「A Monthly Journal of Christian Progress」, 『The Korea Mission Field』, 1932. 3.

활동을 효과적으로 유도하는 한편, 여성의 힘을 결집하여 여성의 권익과 지위 향상을 도모하였다. 한편 세계여성단체협의회에도 진출하여 여성들의 활동영역을 국제무대까지 넓혔다.

이와 같이 여성단체의 전국적 조직을 통해 여성들이 사회참여를 하면서 여러 가지 여성문제가 전면에 부각되기 시작하였다. 구체적으로 제도상의 여러 가지 모순점을 시정하기 위한 방안, 즉 남녀평등, 결혼의 자유, 인신매매 금지, 재산 균등배분, 봉건적 가족제도와 인습 타파 등을 표방하였고 그것을 구현시키려 했다.[11]

특히 김활란은 서구의 여성운동이 남자의 정치 · 경제 · 문화 독점 현상을 억제하고 여성의 정치 · 경제적 권리를 신장하는 데 있던 것에 반해, 한국의 여성운동은 한국의 특수성 때문에 필연적으로 '애국운동'의 형태로 나타났던 점을 중시하였다. 즉 "서구의 여권운동이 어느 정도 목적을 달성하면 획득한 권리를 향유하는 가운데 그 열이 식어버리는 것과는 달리 한국의 여성운동은 세계에 그 유례를 찾아보기 어렵도록 줄기찬 힘, 솟구치는 힘으로 그것이 단기간이든 또는 장기에 걸친 활동이든 간에 가리는 일 없이, 권리 획득이나 보상을 바라는 일 없이 지속적으로 운동에 몰두하는 태도, 이것은 진흙 속에서 솟는 맑은 샘같이 사회를 윤택하게 해준다"며 한국의 여성단체 활동을 간접적인 여권운동 나아가 국가건설운동이라고 높이 평가하였다.

한편 김활란은, 여성운동은 영원히 이어져야 한다고 믿었다. 그리고 여성단체는 어느 사회에서나 심장의 동맥 역할을 해야 하고 모든 여성단체들이 공동 목표를 세우고 국가와 지역사회를 위하여 힘을 모아야 한다고 하였다.

그리고 여성단체를 통해 김활란은 단체 상호 간의 유대를 긴밀히 하고 국

11 김활란, 『김활란 박사 이화근속 50주년 기념 국제세미나, 앞으로 오는 50년과 여성의 역할』, 이화여자대학교 출판부, 1968, 14쪽.

제단체와의 교류를 통한 아이디어, 정보, 체험 교환이 활발히 진행되어 여성이 가정주부로서 또는 직장여성으로서만이 아니라 한 시민으로서 그 의무와 책임을 다하여 궁극적으로는 조국 근대화에 이바지시키고자 하였다.

이와 같이 김활란은 여성의 지위 향상과 사회 발전을 중심에 두고 여성의 정치 참여, 사회 참여를 이끌어내고자 하였다는 점에서 대한민국 여성 활동에 새로운 지평을 열었다고 할 수 있다.

4. 국제무대에서 펼친 빛나는 외교 활동

김활란이 대한민국 건국의 주춧돌을 쌓는 데 일익을 담당한 또 다른 분야는 외교 부문이다. 외교 활동에 있어서 김활란의 주목적은 유연하면서도 당당한 자세로 한국과 한국문화를 세계에 알리고 나아가서 상호 간의 문화 교류를 증진시키는 것이었다. 그리고 신생 대한민국이 국제무대에서 세계의 다른 나라들과 어깨를 나란히 하며 국가의 권익을 지키고, 이를 통해 통일의 기반을 마련하고자 하였다. 이러한 활동은 자연스럽게 대한민국의 대외적 위상을 높이는 작업이기도 했다.

1948년 8월 대한민국 정부는 수립되었으나 아직 국제적으로 승인을 받지 못한 상태에서 김활란은 대한민국의 국제적 승인을 위해 구미 지역의 대통령 특사로 활동하였다. 1948년 9월 유엔총회에 한국대표로 참석한 그는 그해 12월 유엔으로부터 대한민국 정부 승인을 얻어내는 데 주도적인 역할을 담당하였다. 즉 김활란은 한국문제의 유엔 총회 상정이 연기될 가능성이 보이자 이승만에게 긴급 연락하여 유엔 정치위원회에서 한국문제를 시급히 해결하도록 국제적 압력을 가해줄 것을 요청하는 등 한국문제의 조속한 해결을 시도하였다.[12] 이후로도 1949년부터 7차례나 유엔총회에 참석하여 외교사절의 역할을 담당하였다.

김활란의 외교 활동은 1956년부터 1959년까지 한국의 유일한 여성대표로 유엔총회에 참석하여 외국인들로 하여금 '한국은 몰라도 헬렌 킴은 안다'는 유명한 일화를 만들어냈다. 당시 한국은 유엔회원국이 아니었기 때문에 유엔총회에서 발언권이 없었다. 유엔에 한국대표로 파견되었던 김활란은 각국의 외교사절들과의 다양한 만남을 통해 한국의 문화와 역사를 알리고 한국의 입장을 이해시키는 데 주력하였으며 궁극적으로는 한국의 유엔 가입에 대한 국제적 지지의 분위기를 조성하는 데 노력하였다.

이와 같은 공식적인 활동 외에도 김활란은 부산 피난 시절 전쟁이 장기화될 것을 우려하여 민간외교 단체인 '전시외교동맹'을 조직하였다. 이 단체는 서울에서 내려온 문화인과 지식층을 모아 강연회, 가두선전 등을 하였다.[13] 그것은 한국전쟁에 참가한 외국 군인들이 이 전쟁에 참가한 사실에 보람을 느끼도록 만들어주는 일이었다. 이외에도 피난민들의 의논 상대가 되어 주고 전쟁에 대한 모든 뉴스를 수집하여 불안해 하는 사람들에게 일일이 답변해줌으로써 위안을 주는 등 이 단체는 다양한 활동을 하였다.[14]

1951년에는 민간외교 대표자격으로 유엔본부를 방문하였으며 이때 미국 트루먼 대통령을 면담하며 유엔군 파견에 대한 한국민의 감사의 뜻을 전하며 적극적인 한국지원을 요청하였다. 한편으로는 영자신문 『코리아 타임스』를 창간하여 외국인들에게 한국의 문화와 역사를 알리는 등 민간외교에 앞장서

---

12 『서울신문』, 1948년 12월 4일자.

13 김정옥, 「지공무사 사가족애」, 『저소리가 들리느냐-김활란 그 승리의 삶』, 이화여자대학교 출판부, 1996, 36쪽.

14 전시국민홍보외교동맹은 공산군을 물리치고 민족사를 영원히 계승할 웅대한 투쟁에 더욱 급속한 성과 실현을 기하고자 설치된 정부의 측면적 협력기구로서 전국 각계를 망라해 국내외의 신문, 전파 등과 같은 선전기관과 협력하여 동맹을 조직하였다. 『부산일보』, 1951년 1월 6일자.

기도 하였다. 특히 『코리아 타임스』는 홍보 · 외교 차원에서 한국을 소개하고 대한민국의 문화와 민족을 상세하게 알리자는 목적에서 발행하여 커다란 반향을 일으켰다.

또한 김활란은 한국전쟁 이후 온 국민이 실의에 빠져 있던 상황에서 한국에 필요한 새로운 지식과 기술 도입에 큰 도움을 줄 수 있는 국제기구는 유네스코라고 판단하고 정부에 유네스코 가입을 적극 추진하였다. 이에 그는 1962년에서 1966년까지 유네스코 한국위원회 대표로 총회에 참석하여 모든 사람을 위한 평생교육과 과학 · 문화의 진전을 위해 적극 노력하였다.

이와 같이 김활란은 신생 대한민국의 국제적 위상을 높이는 외교 활동을 적극적으로 추진하였으며 따라서 그를 대한민국을 국제적인 자주국가의 반열에 올려놓은 중심인물이라고 할 수 있을 것이다.

5. 맺음말

해방과 대한민국 건국이라는 시대적 상황에서 한국 최초의 여성박사, 한국 최고 여성교육기관의 장, 각종 여성단체의 장으로서 김활란은 대한민국이 탄생하여 그 기틀을 마련하는 데 중요한 한 축을 맡아 적극적으로 활동하였다.

그는 여성교육의 새로운 지평을 열었다. 대한민국이 선진국으로 나아갈 수 있는 단초를 여성을 대상으로 하는 전문, 고급인력 양성에서 찾을 수 있다고 생각하여 여성교육의 확충과 수준향상을 도모하면서 특히 전문화와 세계화에 주력하였다. 그 시기에 여자전문학교를 종합대학으로 승격시키고 학문분야를 체계화하여 단과대학들을 만들어나가면서 여성교육 확대와 수준향상의 방향으로 나아가게 하는 동시에, 전공교육을 강화시키고 외국유학을 적극 권장함으로써 여성교육의 전문화와 세계화를 추진하였다. 이것이 바로 여성 인재육성, 다시 말하면 여성 전문인력, 여성 고급인력의 양성을 위한 것이었다. 이처럼 해방과 대한민국의 건국·발전에 즈음하여 김활란은 시대적·국가적 요청에 부응하여 새로운 여성교육을 이끌어 나갔지만, 그 저변에는 민족교육의 실행과 한국여성의 인간화라는 소명의식이 있었으며, 그 때문에 이 운동은 흔들리지 않고 진행될 수 있었다.

김활란은 다양한 여성운동을 펼쳤고 정치 활동을 하였다. 정치 활동은 김활란의 '주' 된 활동영역은 아니었지만 여성의 권익신장과 지위 향상의 기회로 간주하여 그것을 마다하지 않았다. 또한 그는 국제무대에서도 한국문화의 우수성을 알리고 문화 교류를 증진시키기 위한 외교 활동을 활발하게 벌였으며, 특히 대한민국을 세계에 소개하고 자주국가로서의 위상을 높이기 위한 노력은 빛나는 성과를 거두었다.

김활란의 여성교육 활동과 다양한 사회운동은 결국 한국여성의 지위 향상과 대한민국의 국가적 권익을 위한 것이었다. 여기에 일생을 바친 김활란의 '중단 없는' 활동은 1963년 대한민국의 최고 훈장인 대한민국장, 국제적으로는 필리핀의 막사이사이상 공익 부문상, 미국 감리교의 저명한 교회 지도자를 대상으로 하는 다락방상의 수여 등을 통해 널리 인정받았다. 한국 여성교육에 새 지평을 열고 대한민국에 헌신한 김활란의 활동은 미래의 새로운 여성운동에 뚜렷한 지표를 제시했다고 여겨진다.

임영신, 대한민국 정부 수립에 공헌한 여성지도자

김호일

1. 머리말

승당承堂 임영신任永信(1899~1977)은 20세기 대한민국이 낳은 여걸 중의 여걸이었다. 민족의 암흑기에 태어나 일찍이 조국의 광복을 위하여 항일운동에 앞장선 독립운동가였고, 중앙보육학교를 인수하여 중앙대학교로 성장시킨 교육자이며, 여권 신장과 참정을 위해 노력한 선구자이기도 하였다. 또한 해방공간의 혼란기에 특명 전권대사로 유엔UN에 파견되어 정부 수립 결

金鎬逸 중앙대학교 문과대학 사학과 명예교수, 안중근기념관 관장.
저서로는 『한국개항전후사』(한국방송사업단, 1985), 『일제하 학생운동』(독립기념관 한국독립운동사연구소, 1991), 『한국의 향교』(대원사, 2000), 『한국 근현대이행기 민족운동』(신서원, 2000), 『다시 쓴 한국개항전후사』(중앙대출판부, 2001), 『한국근대학생운동사』(선인, 2005) 등이 있다. 그 밖에 「일제하 민립대학설립운동의 일고찰」(『중앙사론』 1, 1972), 「8 · 15해방의 역사적 의의」(『한국민족운동사연구』 23, 1999), 「일제하 대한광복단의 역사적 위상」(『백산학보』 70, 2004) 등 한국근현대사에 관한 다수의 논문이 있다.

* 이 글에서는 임영신박사회갑기념사업추진위원회, 『任永信博士 빛나는 生涯』, 기념사업추진

의안을 이끌어내는 등 유능한 외교관으로서 빛나는 업적을 쌓았으며, 정치가로서 역량을 십분 발휘하여 대한민국 정부 수립 후 초대 상공부장관과 제1~2대 국회의원을 역임하였다.

그는 평생 동안 국가와 민족을 위해 봉사하였으며, 후학들에게도 "의義에 죽고 참에 살자(중앙대학교 교훈)" 고 가르쳐 자신의 애국애족정신을 전하였다.

이 글에서는 주로 해방 이후 대한민국 정부 수립을 전후한 시기에 임영신이 펼친 정치 · 외교 활동을 통하여 정부 수립과정과 정국 운영에서 드러나는 그의 업적을 살펴보고자 한다.

2. 독립운동과 교육 활동

임영신은 1899년 11월 20일(음) 지금의 충남 금산군 상옥리에서 임구환任九桓과 김경순金敬順의 12남매 중 다섯째로 태어났다. 위로는 오빠 세 명과 언니 한 명, 아래로는 이복동생 두 명을 포함하여 남동생 세 명과 여동생 네 명이 있다. 그는 어릴 때부터 자매와 어울리기보다 남자 형제들과 세상사를 의논하는 것을 좋아하여 자연스럽게 나라와 민족에 대한 관심을 가지게 되었다.

임영신은 5세 때 마을에 들어온 최씨 부인의 전도를 받아 기독교를 접하게

위원회, 1959 ; 중앙대학교 50주년 기념사업회, 『임영신박사연설문집』, 기념사업회, 1968 ; 孫忠武, 『漢江은 흐른다—承堂 任永信의 生涯』, 동아출판사, 1972 ; 임영신, 「나의 이력서」, 한국일보 1976년 7~8월자 ; 承堂任永信博士全集編纂委員會, 『나의 40년 투쟁사』, 편찬위원회, 1986 ; 承堂任永信博士全集編纂委員會, 『承堂任永信博士文集』 I · II, 편찬위원회, 1986 ; 李炫熙, 『承堂 任永信의 愛國運動硏究』, 동방도서, 1994 ; 중앙대학교80년사편찬실무위원회, 『中央大學校80年史』, 중앙대학교 출판부, 1998 ; 김원경 편, 『중앙대학교 설립자 승당 임영신의 빛나는 생애』, 승당임영신박사기념사업회, 2002 ; 『자료 대한민국사』, 국사편찬위원회, 1998~2000 ; 『국무회의록』, 국가기록원 소장, 1949 ; 『동아일보』 · 『조선일보』 기사 등을 참고했으며 세세한 출전 표시는 생략하였다.

되었고, 집 근처에 있는 심광학교心光學校에서 한글을 배웠다. 이어 1914년 초 미국인 여선교사이자 기전여학교紀全女學校 교장 골든Golden이 금산교회에서 집회를 가질 때 임영신은 그를 찾아가 공부할 수 있게 도와달라고 부탁하였다. 이에 골든은 임영신의 부모에게 딸의 학교 입학을 권유하였지만 완강한 반대에 부딪혔다. 하지만 임영신은 4일 동안의 단식 끝에 "공부 때문에 집을 떠난다면 자식 취급을 하지 않겠다"던 아버지의 승낙을 받아 그해 9월 기전여학교에 입학하였다. 그는 교사 박현숙朴賢淑의 지도 아래 유현정柳賢貞·오자현吳慈賢·송귀내宋貴耐·유채용 등과 함께 비밀결사대를 조직하고, 매일 조회시간에 부르는 일본 국가를 부르지 않을 것과 신사참배 거부 등 항일운동을 전개하였다. 이뿐 아니라 교실에 걸려 있는 사진 속 일본천황의 눈을 뾰족한 연필로 찔러 교실에서 천황의 사진을 영구히 내리게 만들었다. 또한 학부형이었던 김인전金仁全 목사를 통하여 독립운동의 정신무장을 공고히 하기도 하였다.

1918년 3월, 임영신은 기전여학교를 졸업한 뒤 충남 천안군 입장면에 있는 양대소학교 교사로 부임하였다. 이듬해 2월 27일 함태영咸台永에게서 「독립선언서」 1장을 건네받은 임영신은 밤새 500장을 등사하고, 기도동지회원들에게 양대리 장날에 만세시위를 벌이도록 부탁하였다. 그리고 자신은 「독립선언서」를 몸에 숨긴 채 전주로 이동하여 여러 동지와 의논한 끝에 장날인 3월 13일에 만세시위를 거행하기로 결의하였다. 거사 당일 임영신은 결사대 동지 14명과 군중들에게 태극기와 선언서를 나누어 주고 앞장서서 만세를 부르다가 경찰에 체포되었다. 임영신과 결사대원들은 이른바 소요죄와 보안법 위반으로 재판에 회부되었고, 임영신은 대구복심법원의 최종 판결에서 징역 6개월에 집행유예 3년의 형을 받았다.

당시 기전여학교 학생들의 항일투쟁과 유치장에서의 단식투쟁 사실은 국내외에 널리 알려졌다. 박은식朴殷植은 『한국독립운동지혈사』에서 이들의 항일운동에 대해 다음과 같이 기술하였다.

> 전주군의 여학생들인 임영신 · 정복수 · 김공순 · 최경애 · 김인애 · 최약한 · 강정순 · 함의선 · 함연순 · 최금종 · 송순의 · 길순실 · 김신희 · 정월초 등 14인은 3월 13일에 독립운동을 일으켜 체포되었다. 여학생들은 필사의 결심으로 단식하기 4일에 이르렀다. 일본인 검사는 학생들이 범법사실을 시인하도록 위협적으로 심문하려 하였다. 그러나 학생들은 화평한 기상과 담대한 언사로 대꾸하였다. "우리가 어찌 너희 일본인의 판결에 복종하겠는가. 너희는 우리의 강토를 전부 빼앗고 우리의 부형을 학살한 강도들인데, 도리어 삼천리 강토의 주인인 우리에게 불법이라고 하는가. 너희야말로 불법이다." 일본인 검사는 크게 노하여 칼을 뽑아 학생들의 왼쪽 귀를 자르려 하였고, 여러 학생의 옷을 벗기고 나체로 서게 한 다음 조롱까지 하였다. 이때 임영신은 야만이라고 외치며 손을 들어 일본인 관리를 후려갈겼다.

이와 같이 일제의 가혹한 탄압에도 임영신의 애국심과 항일정신은 더욱 강렬해졌고, 조국의 독립을 위해 끝까지 투쟁할 것을 결심하였다.

감옥에서 풀려난 임영신은 대한민국임시정부가 있는 상해로 가려고 하였으나, 부모의 반대와 일제의 감시로 뜻을 이루지 못하였다. 그 대신 일본 히로시마여자전문학교에 편입하여 1921년에 졸업하였다. 졸업 즉시 귀국하여 공주 영명학교永明學校에서 후학 교육에 매진하던 중 더 큰 배움을 얻고자 미국 유학을 결행하였다.

임영신은 1926년 9월 로스앤젤레스에 있는 남캘리포니아대학University of Southern California에 입학하여 1930년에 졸업하고, 이어 대학원에 진학하여 이듬해 논문 「한국 불교도들이 기독교 신앙으로 전향하는 길」로 신학 석사 학위를 받았다. 그동안 그는 식모 · 보모 · 농장일은 물론 화물자동차 운전, 주유소 경영 등 동분서주한 끝에 3만 불을 저축할 수 있었다. 이 자금을 바탕으로 1933년 1월 유학 10년 만에 귀국한 뒤 운영난에 처한 중앙보육학교中央保育學校를 인수하고 교장에 취임하였다. 평소 "전문학교를 세우고 민족 역량을 배양하여 그들로 하여금 일제에 빼앗긴 조국을 구하도록 하겠다"던 그의 염원이 실현되는 순간이었다. 그 후 학교 운영자금을 마련하고자 1937년에 재차 미국으로 건너가 여러 방면으로 모금 활동을 벌인 끝에 뉴욕의 파이퍼 부인Mrs. Annie Phiffer의 적극적인 지원 약속으로 파이퍼 재단에서 30만불을 유치하고 귀국하였다.

이같이 임영신의 열정과 노력으로 중앙보육학교는 계속 유지되었으며, 해방된 해에 중앙여자전문학교로 개편된 데 이어 1947년에는 중앙여자대학으로 교명이 바뀌었다. 이듬해에는 남녀 공학의 중앙대학으로, 1953년 2월에는 종합대학으로 승격하여 오늘에 이르고 있다.

3. 정치 · 외교 활동

1945년 8월 15일 일본의 패망과 함께 갑자기 찾아온 해방은 온 나라를 극심한 혼란으로 몰아넣었다. 게다가 우리 민족의 의사와 관계없이 북위 38도선을 경계로 미국과 소련이 한반도를 분할 점령하여 군정軍政을 실시함에 따라 우리 민족의 수난은 이루 말할 수가 없었다.

이때 임영신은 미국의 이승만李承晩과 중경의 김구金九가 귀국하기를 기다리자는 데 뜻을 같이하였다. 그러나 여운형呂運亨이 건국준비위원회建國準備委員會를 발족하여 독자적인 정당 활동을 전개하자 이에 반대하는 인사들이 조선국민당朝鮮國民黨을 결성하였으며, 임영신은 여기에 발기인으로 참여하였다. 또 한편으로 '여성 해방'을 위해 여성만으로 조직된 정당의 필요성을 느끼고 각 도 대표들을 모아 대한여자국민당大韓女子國民黨 발기인회를 개최하였다. 그리고 마침내 10월 3일 대한여자국민당은 서울 중앙여자전문학교 강당에서 창당을 선언하였다. 선언문과 당 강령綱領은 다음과 같다.

선언문

역사의 수레바퀴가 반만 년의 거친 풍운을 헤치고, 국민 자신의 의사를 토대로 하는 민주 정당을 수립함으로써 국가 민족의 만년대계를 확립코자 하는 오늘 조선 여자국민당은 강력 무비한 조직과 철통 같은 이론 무장과 단련된 투지로 전국 여성의 선두에 서서 이 성스러운 사명을 다하고자 하는 바이다.

강령

1. 우리는 여성의 힘을 모아 남성으로서만이 이루어질 수 없는 민주사회 건설을 기하자.
2. 우리는 자본주의가 가지고 있는 그릇됨을 배제하고 근로자 및 여성의 생활을 향상하는 건전한 민주경제 확립을 기하자.
3. 우리는 자주독립국가로서 민족문화의 향상으로 진정한 세계 평화와 인류의 번영을 기하자.

여성으로서 자질을 향상하여 정치 · 경제 · 사회적 지위를 높이며, 독립국가 건설에 초석이 되고자 함을 강조하고 있다. 임원은 위원장에 임영신, 부위원장에 김선金善과 이은혜李恩惠, 총무에 박현숙朴賢淑, 부총무에 황현숙黃賢淑 등이었다.

한편 그해 10월 16일 이승만이 미국에서 귀국하였다. 처음에는 미군정청에서 제공하는 조선호텔에 머물렀으나, 곧 장진섭張鎭燮이 돈암동에 있는 자신의 별장을 내주어 그곳으로 이사하였다. 이때 임영신은 영부인 프란체스카Francesca Donner가 한국에 들어온 1946년 3월까지 윤치영尹致暎과 함께 이승만의 비서 역할을 하며 살림 전반을 도맡아 처리하였다.

해방의 흥분이 점차 가라앉을 무렵인 1945년 12월 미국과 소련은 모스크바 3상회의를 갖고 한국이 자치능력을 갖출 때까지 신탁통치를 하겠다고 성명을 발표하였다. 이에 국내 지도자들은 모임을 갖고 전국적인 반탁운동을 벌이기로 결의하였다. 임영신 또한 여자국민당원을 동원하여 매일같이 신탁통치 반대시위를 벌이는 한편, 여자국민당 당수의 이름으로 「신탁통치는 국제적 배신행위」라는 강경한 성명서를 발표하였다. 그 내용은 첫째 신탁통치안은 카이로선언과 포츠담선언을 배신한 국제적 음모이고, 둘째 우리는 미개한 민족이 아닌데도 독선적 판단으로 결정한 것이며, 셋째 모스크바 결의는 민족분열의 영구화를 가져온다는 것이었다. 이와 함께 미국과 영국에 대해서는 세계 적화에 여념이 없는 소련의 간계를 물리치고 포츠머스 조약에서 일제의 한국 침략을 묵인하였던 것 같은 과오를 두 번 다시 저지르지 않기를 바라며, 카이로 · 포츠담선언에서 보여준 한국에 대한 호의와 국제적 신의를 끝까지 저버리지 말 것을 요구하였다. 이러한 가운데 박헌영朴憲永을 중심으로 한 조선공산당 측이 하루아침에 반탁에서 찬탁으로 돌변함으로써 어수선한 정국은 계속되었다.

1946년 5월 미소공동위원회가 무기 휴회에 들어가고, 과도정권을 수립하는 과정에서 민주의원을 발족하기에 이르렀고, 의장에 이승만, 부의장에 김규식金奎植이 추대되었으며 임영신은 의장 비서로 임명되었다. 이때 이승만은 이미 북한에 공산 정권이 들어선 마당에 미소공동위원회마저 결렬되자 남한만이라도 단독정부를 수립해야 한다고 생각하였다. 그리하여 그는 한국의 독립문제를 유엔에 상정하여 우리의 사정을 세계 여론에 호소함은 물론, 하지 John R. Hadge 장군의 신탁통치 계획을 미국민에게 알려 그것이 잘못인 것을 깨우치며, 나아가 미국무성에 압력을 넣어 하지를 소환하게 하려는 목적으로 임영신을 대표로 파견하기로 하였다. 임영신이 미국의 많은 인물을 알고 있기 때문에 우리의 사정을 이해시키는 데 가장 적당하다고 판단하였기 때문이다.

그리하여 1946년 9월 1일 임영신은 인천을 출발, 일본을 거쳐 18일 만에 샌프란시스코에 도착하였다. 유학과 학교운영자금 모금에 이어 세 번째 태평양을 건넌 것이다. 임영신은 구미위원부歐美委員部 의장인 임병직林炳稷과 함께 유엔본부가 있는 뉴욕으로 갔으나 출입증이 없어 총회에 참석할 수 없었다. 이에 서울에 급히 연락하여 동아일보 미국 특파원 기자증을 받아 유엔사무처에 등록하고 활발한 활동을 전개하였다. 특히 전 대통령 부인인 엘리노어 루스벨트Eleanor Roosevelt 여사의 소개로 트리그브 리Trygve H. Lie 유엔 사무총장을 만난 이후에 그로부터 많은 도움을 받았다. 11월 2일 마침내 조선민주의원에서 유엔총회에 제출한 청원서가 유엔에 공식 접수되었고, 한국 국민의 염원이 담긴 청원서를 리 사무총장이 낭독하였다.

> …… 한국 정부는 외세의 간섭 없는 자치정부를 원하고 있습니다. 그러므로 3천만 한국 국민은 한국 사태에 대하여 유엔의 보호와 즉각적인 조치를 요구하는 바입니다. ……
>
> 전쟁은 1년여 전에 종결되고 일본은 자치정부가 허용되었는데, 한국은 그렇지 못합니다. 일본은 자유선거가 허용되었으나, 한국은 그렇지 못합니다. 자치정부를 가질 수 있는 권리와 특전을 허용 받지 못한 우리들은 유엔의 존엄한 기구에 호소합니다. 우리 3천만의 공명정대한 외침에 귀를 기울여 한반도에 자치정부가 수립되도록 해주시기를 기원합니다.

용기를 얻은 임영신은 각국 대표들을 찾아다니며 한국문제에 많은 관심을 가져줄 것을 호소하였고, 중국 · 인도 · 필리핀 대표는 적극적인 지원을 약속하였다. 또한 임영신은 유엔출입기자단과 국제기자클럽이 마련한 공동 기자회견에서 "세계 평화와 동양의 평화를 위해서는 한국이 완전히 독립해야 하며, 외세의 간섭 없는 자주 · 자치 정부를 수립할 수 있어야 한다"라고 강조하였다. 그러나 막상 미 · 소 양국은 한국문제를 자신들이 적당히 처리하기를 원하였으며, 유엔에 상정하지 않으려는 움직임을 보였다. 이렇듯 유엔에서 한국문제 토의가 미·소의 방해로 중단되자 이승만은 직접 미국행을 단행하였다. 그는 미국무부와 의회 지도자 및 언론계에 한국문제를 올바로 인식하도록 외교적 노력을 기울이다가 임영신에게 계속적인 활동을 맡기고 1947년 4월 귀국하였다.

곧이어 제2차 미소공동위원회가 결렬되자 미국은 한국문제 해결을 위해 미·소·영·중이 워싱턴에서 회의를 열자고 제안하였다. 그러나 소련이 이 제의마저 거절하자, 미국은 유엔총회에 한국문제를 의제에 넣도록 요청하였다. 그리하여 유엔임시위원단의 감시 아래 남북한에서 선거를 실시하여 대표를 선출하고, 국회와 정부 및 군대를 조직한 다음 미·소 점령군을 철수하게 한다는 결의안을 제출하였다. 결국 1947년 11월 14일 개최된 유엔총회에서 한국정부 수립에 대한 결의안이 43대 30으로 통과되었다.

1948년 1월 유엔은 한국임시위원단을 서울에 파견하였고, 소련에 의해 위원단의 북행이 차단되자 남한 지역에 한하여 선거를 실시할 것을 결의하였다. 그리하여 5월 10일 총선거를 통해 제헌국회가 구성되고 헌법·정부조직법이 공포되었으며, 이승만이 초대 대통령으로 선출되었다. 이처럼 2년여에 걸친 임영신의 외교 활동은 대한민국 정부 수립으로 결실을 맺었다.

국회에서 압도적인 지지로 대통령에 당선된 이승만은 청산리전쟁의 영웅 이범석李範奭 장군을 국무총리로 지명하여 국회의 인준을 받은 것을 비롯하여 이시영李始榮(부통령)·신익희申翼熙(국회의장)·김병로金炳魯(대법원장)·장택상張澤相(외무장관)·윤치영尹致暎(내무장관)·조봉암曺奉岩(농림장관)·전진한錢鎭漢(사회장관)·이인李仁(법부장관) 등으로 초대 내각을 구성하였다. 그리고 임영신에게 급히 귀국할 것을 지시하였다. 주위에서는 임영신이 오랫동안 교육계에 종사하였으므로 문교장관에 임명하는 것이 적당하다고 하였으나, 이승만의 생각은 달랐다. 일제가 남기고 간 광산·공장과 미군정 철수 후 국가에 귀속될 재산을 정비하고 보호하려면 가장 믿을 수 있는 사람을 상공장관에 임명해야 한다고 생각하였고, 그 적임자로 임영신을 염두에 두었던 것이다. 8월 4일 귀국한 임영신은 이승만의 뜻을 받들어 상공장관에 취임하였으니 각료 가운데 유일한 여성이었다. 이로써 한국 역사상 최초의 여성 장관이 탄생하게 되었다.

오직 국가와 민족을 위하여 중책을 수행하고자 마음먹은 임영신은 첫 상공부 시정목표를 ① 국민경제의 윤리화, ② 민간 자문기관 설치, ③ 생산 회복과 급속한 증강정책, ④ 기초산업의 국영화와 민간기업체의 육성, ⑤ 생산·배급·소비의 종합 계획화, ⑥ 기구와 수속을 간소화하여 청백 행정 실시, ⑦ 공업기술 향상을 위한 연구소·기술자양성소 설치 등에 두었다.

한편 1949년 1월에 경북 안동지구 국회의원인 정현모鄭顯模가 경북지사로 임명되자 보궐선거를 치러야 하였다. 이때 임영신은 후보로 나서서 장택상·권중순 등 경쟁자를 물리치고 당선됨으로써 대한민국 최초의 여성 국회의원이 되었다. 이후 상공장관과 국회의원을 겸직하던 임영신은 독직사건瀆職事件으로 그해 6월에 상공장관을 사임하였다. 그리고 이듬해 1월에 치러진 제2대 민의원 선거에서 고향인 금산에서 출마하여 유진산柳珍山을 제치고 당선되었다.

이즈음 임영신의 외교적 수완이 다시 한번 발휘된 것은 6·25전쟁이 발발한 1950년 6월의 일이었다. 이에 앞서 그는 국회가 개원하자 자신의 공약사업인 금산의 인삼재배에 관한 여러 문제를 연구하고 있었다. 그러던 중 파이퍼 여사가 유산으로 남긴 중앙대학교 기금문제를 상의하고자 미국에 건너간 것이 6월 22일이었고, 뉴욕의 한 호텔에서 전쟁발발 소식을 들었다. 곧바로 임영신은 『뉴욕타임즈』를 비롯한 주요 신문에 미국이 한국의 전쟁사태에 책임져야 한다는 성명서를 보내는 한편, CBS · NBC 등 방송국과 백악관에 한국문제를 자세히 설명하며 도와줄 것을 호소하였다. 그 결과 6월 27일 개최된 유엔안전보장이사회에서 북한의 공격을 격퇴하고 국제평화와 안전을 회복하기 위해 한국에 유엔군을 파견하기로 결의하기에 이르렀다. 이 같은 임영신의 눈부신 활동상은 주미대사 장면張勉의 귀국 기자회견을 통하여 국내에 알려졌다.

학교기금문제를 해결하고 돌아온 임영신은 1952년 임시수도 부산에서 실시된 제3대 정 · 부통령 선거에 여자국민당 대표로서 부통령에 출마하였다. 그러나 한국 최초의 여성 부통령 후보라는 족적을 남긴 채 선거 결과에서는 낙선하였다. 그는 처음부터 부통령 당선을 기대하지 않았다. 오직 이승만의 대통령 당선을 위해 전국 유세를 펼쳤으며, 단지 여성도 부통령에 출마할 수 있다는 의지와 신념을 보여주려는 데 목표를 두었다.

4. 맺음말

이상 살펴본 것과 같이 임영신은 평생을 국가와 민족을 위해 헌신하였다. 20세의 어린 몸으로 3 · 1운동에 앞장서 독립만세를 외쳤는가 하면, 민족의 힘을 길러 일제에 빼앗긴 조국을 찾고자 교육사업에 매진하였다. 또한 그는 초대 상공장관이자 최초의 여성 장관, 최초의 여성 국회의원, 최초의 여성 부통령 후보라는 발자취를 남길 정도로 뛰어난 정치가요, 여성계의 선구자였다. 그러나 대한민국 정부 수립과 정국 운영 과정에서 임영신을 더욱 돋보이게 만든 것은 그의 빛나는 외교 활동과 결실이라 할 수 있다. 해방 이후 미 · 소에 의해 한반도가 분할된 상황에서 외세에 의한 신탁통치 반대 및 민주독립국가 건설을 위해 유엔에 파견되어 외교 활동을 벌인 결과, 남한에서나마 총선거를 실시하여 제헌국회를 구성하고 합법적인 민주정부로서 출발할 수 있었던 것이다. 또 1950년 동족상잔의 비극이 일어났을 때 유엔군이 한국에 파견될 수 있도록 하는 데 임영신의 피나는 외교 활동이 결정적인 계기가 되었음도 확인하였다. 이처럼 임영신은 대한민국 정부가 수립·유지되는 데 그의 피와 땀과 정열을 쏟아 부었던 만큼 대한민국 건국의 일등 공신으로 자리매김해도 손색이 없을 것이다.

평소 임영신과 가장 친하게 지낸 사이이며 초대 내각에서 내무장관을 역임한 윤치영은 진정한 의미의 애국자는 임영신밖에 없다고 평하였다. 또한 송진우宋鎭禹는 임영신을 가리켜 '400년 만에 태어난 위대한 여성'이라 극찬하였고, 시인 조병화趙炳華는 '온 몸과 얼로 나라를 위해 사신 고귀한 생애'라고 칭송하였으며, 한국 최초의 여기자 최은희崔恩喜는 임영신을 '민족정기의 표상'이라고 정의하였다. 한마디로 임영신은 '치마 두른 호걸豪傑'이었다.

| 한국사 시민강좌 제44집 |

(2009년 2월 발간 예정)

■ **특집—최신 발굴자료로 본 백제사**

소생하는 백제의 역사와 문화 | **이기동**

풍납토성과 한성백제 | **이남규**

고분의 변천으로 본 초기 백제의 성장 | **김기섭**

공산성과 사비도성 | **서정석**

백제 농업기술의 선진성 | **이현혜**

동아시아에서 본 무령왕릉 | **권오영**

백제대향로의 비밀 | **이내옥**

왕흥사지 출토 사리함과 백제 불교 | **길기태**

■ **한국의 역사가**

정약용 | **조성을**

■ **나의 책을 말한다**

『목간이 말해주는 백제 이야기』 | **윤선태**

■ **역사의 진실을 찾아서**

한강유역 고구려 고분 발굴 이야기 | **최종택**

■ **한국사학에 바란다** | **복거일**

■ **역사학 산책**

영산강유역 전방후원분의 정체 | **임영진**

일본의 고대국가 형성과 백제 | **연민수**

한국사 시민강좌

연2회 발행

제1집 ~ 제23집 특집 주제

제 1 집 • **특집** — 植民主義史觀 批判

제 2 집 • **특집** — 古朝鮮의 諸問題

제 3 집 • **특집** — 廣開土王陵碑

제 4 집 • **특집** — 世界 속의 韓國思想

제 5 집 • **특집** — 韓國史上의 分裂과 統一

제 6 집 • **특집** — 農民과 國家權力

제 7 집 • **특집** — 開化期 自主와 外壓의 갈등

제 8 집 • **특집** — 高麗의 武人政權

제 9 집 • **특집** — 朝鮮 후기의 商工業

제 10 집 • **특집** — 韓國史上의 理想社會論

제 11 집 • **특집** — 任那日本府說 批判

제 12 집 • **특집** — 解放政局

제 13 집 • **특집** — 변혁기의 帝王들

제 14 집 • **특집** — 한국의 風水地理說

제 15 집 • **특집** — 韓國史上의 女性

제 16 집 • **특집** — 조선시대의 科學技術

제 17 집 • **특집** — 해방 직후 新國家 構想들

제 18 집 • **특집** — 한국 大學의 역사

제 19 집 • **특집** — 日本의 大韓帝國 침탈의 不法性

제 20 집 • **특집** — 韓國史學, 무엇이 문제인가

제 21 집 • **특집** — 오늘의 북한 역사학

제 22 집 • **특집** — 부정축재의 사회사

제 23 집 • **특집** — 한국의 문화유산, 왜 자랑스러운가

제 24 집 ~ 제 46 집 특집 주제

제 24 집 • **특집** — 족보가 말하는 한국사

제 25 집 • **특집** — 20세기 한국을 움직인 10대 사상

제 26 집 • **특집** — 역사적으로 본 한국의 오늘과 내일

제 27 집 • **특집** — 단군, 그는 누구인가

제 28 집 • **특집** — 한국인의 해외 이주, 그 애환의 역사

제 29 집 • **특집** — 양반문화의 재평가

제 30 집 • **특집** — 정신적 유산을 남긴 사람들

제 31 집 • **특집** — 실패한 정치가들

제 32 집 • **특집** — 한국인의 기원

제 33 집 • **특집** — 한국사에서의 보수 · 진보 읽기

제 34 집 • **특집** — 한국을 사랑한 서양인

제 35 집 • **특집** — 고려의 멸망과 조선의 건국

제 36 집 • **특집** — 국운을 좌우한 외교정책

제 37 집 • **특집** — 책의 문화사

제 38 집 • **특집** — 대한민국 건국사의 새로운 이해

제 39 집 • **특집** — 고려사회 속의 인간과 생활

제 40 집 • **특집** — 한국사의 15개 대쟁점

제 41 집 • **특집** — 역사와 소설, 드라마

제 42 집 • **특집** — 역사상 한국인의 해외 견문록

제 43 집 • **특집** — 대한민국을 세운 사람들

제 44 집 • **특집** — 최신 발굴자료로 본 백제사

제 45 집 • **특집** — 놀이와 축제의 한국문화사

제 46 집 • **특집** — 한국사에 펼쳐진 과거제

『한국사 시민강좌』 편집위원회

편집위원 : 민 현 구
유 영 익
이 기 동
이 태 진
(가나다순)

한국사 시민강좌 2008년 제2호 〈제43집〉

2008년 8월 20일 1판 1쇄 발행
2010년 3월 30일 1판 2쇄 발행

편집인 『한국사 시민강좌』 편집위원회
발행인 김 시 연

발행처 (주) 일 조 각
서울특별시 종로구 신문로2가 1-335
전화 (02)733-5430~1(영업부), (02)734-3545(편집부)
팩스 (02)738-5857(영업부), (02)735-9994(편집부)
www.ilchokak.co.kr
등록 1953년 9월 3일 제300-1953-1호(구 : 제1-298호)

ISBN 978-89-337-0545-2 03900
ISSN 1227-349X-43

값 10,000 원